AtV

Wilhelm von Sternburg, Jahrgang 1939, arbeitete drei Jahrzehnte als Journalist für verschiedene Zeitungen sowie für Rundfunk und Fernsehen, von 1989 bis 1993 war er Chefredakteur Fernsehen des Hessischen Rundfunks. Seit 1994 lebt er als freier Schriftsteller und Publizist in Wiesbaden und Irland.

Sternburg drehte mehrere Filme für die ARD (u.a. über Lion Feuchtwanger, Erich Maria Remarque, Anna Seghers und Arnold Zweig), veröffentlichte Bücher zu historischen Themen »Deutsche Republiken. Scheitern und Triumph der Demokratie« (1999) »Als Metternich die Zeit anhalten wollte. Deutschlands langer Weg in die Moderne« (2003) und Biographien über Konrad Adenauer (AtV 1714); Carl von Ossietzky (AtV 1658), Erich Maria Remarque und Lion Feuchtwanger.

Arnold Zweigs Weg vom Nietzscheaner und Kunstästheten der Vorkriegsjahre zum Zionisten, vom kurzzeitigen Kriegsjubler zum zeitweise bekennenden Pazifisten ist gezeichnet von Brüchen wie von Kontinuitäten. Die »Hölle von Verdun«, das Sterben in den Materialschlachten und die Reflexion der gesellschaftlichen Hintergründe des Ersten Weltkriegs wurden zentrale Themen seiner großen Romane. Auch die Schriften Martin Bubers und Gustav Landauers, vor allem aber die Lehre Sigmund Freuds haben seine Epik, Dramatik und Publizistik tief geprägt. Der Schock der Vertreibung durch die Nationalsozialisten und die Vereinsamung während der Emigration in Palästina verdüsterten sein Dasein erneut. Im Oktober 1948 kehrte er nach Ostberlin zurück. Wilhelm von Sternburgs Porträt des in der DDR Hochgeehrten und in der Bundesrepublik weitgehend mit Nichtachtung Gestraften regt an, das Werk Arnold Zweigs neu zu entdecken.

Wilhelm von Sternburg

»Um Deutschland geht es uns«

Arnold Zweig

Die Biographie

Aufbau Taschenbuch Verlag

Mit 23 Abbildungen

ISBN 3-7466-1183-0

1. Auflage 2004
Aufbau Taschenbuch Verlag GmbH, Berlin

Umschlaggestaltung Preuße & Hülpüsch Grafik Design
unter Verwendung eines Fotos der Stiftung
Archiv der Akademie der Künste; Arnold Zweig 1947
Druck GGP Media, Pößneck
Printed in Germany

www.aufbau-taschenbuch.de

Für Inga

Inhalt

Der Streit
um den Schriftsteller Arnold Zweig

Höhen und Tiefen dieses Schriftstellerlebens, sie spiegeln sich auch wider in den politischen Katastrophen des Jahrhunderts, das begann, als Arnold Zweig 13 Jahre alt war. Mit 28 wurde er für vier Jahre Soldat, mit 46 ging er für 15 Jahre in die Emigration, mit 61 kehrte er für die letzten zwei Jahrzehnte seines Lebens in das zerstörte, geteilte Deutschland zurück. Er war 40, als das Buch erschien, das seinen Dichterruhm begründete, er war 73, als der Kritiker Marcel Reich-Ranicki schrieb: »Für die Germanistik in Westdeutschland existiert er nicht. Seine Romane und Erzählungen, Stücke und Essays sind hier in Vergessenheit geraten.«[1] 1915 erhielt er den renommierten Kleist-Preis für sein Drama »Ritualmord in Ungarn«, aber die Kriegszensur verbot sofort die Aufführung des Stückes. Die nächste Ehrung, es war der DDR-Nationalpreis erster Klasse, ließ 35 Jahre auf sich warten. Zu diesem Zeitpunkt feierte ihn das kommunistische Deutschland schon als Staatsschriftsteller, während die Bundesrepublik den »Ja-Sager« mit Nichtachtung oder allenfalls hämischen Anmerkungen strafte.

Arnold Zweig war das, was in der ersten Hälfte dieses Jahrhunderts in Deutschland in der Regel lebensbedrohende Folgen nach sich zog: Er war Jude und wurde Sozialist. Er überlebte – gefeiert und verachtet, geehrt und diffamiert. Wo er sich niederließ, in seinem langen, von dramatischen Umschwüngen gezeichneten Leben, blieb er ein Fremder. Im kaiserlichen Deutschland seiner Jugend träumte er vom Preußen Theodor Fontanes, aber der Mann der Stunde hieß schließlich Erich Ludendorff. In den Jahren der Weimarer Republik erhoffte er einen demokratischen Sozialismus, wie ihn auch Heinrich Mann und Carl von Ossietzky beschworen, aber Reichspräsident wurde 1925 Paul von Hindenburg. Im »Neuen Kanaan«, das er Ende 1933 für lange Jahre betrat, fand er nicht die Ideen eines Martin Buber oder Gustav Landauer wieder, sondern rabiaten Sprachchauvinismus und jüdischen Nationalismus. Und auch in der DDR, zu deren Bestand und Politik er immer wieder und nicht selten mit simplen Propagandafloskeln »Ja« sagte, bestimmte nicht der Geist seiner sozialistischen Helden Rosa Luxemburg, Karl Liebknecht oder Gustav Landauer das Handeln der kommunistischen Herrschaftseliten, sondern das kalte Machtdenken eines Stalin und Ulbricht.

Der Jude Arnold Zweig blieb ein Heimatloser, der sein Leben lang von einem Vaterland träumte, das er nirgendwo fand. Nicht im preußischen Deutschland und nicht in Erez Israel, aber auch nicht in Ostberlin. Tragik und Größe dieses Schriftstellerlebens machte aus, daß er sich immer wieder zu seinen Träumen bekannte. Wortreich und gelegentlich die Wirklichkeit verdrängend in seinen Essays, mit analytischer Schärfe und leidenschaftlichem, humanistischem Engagement in den besten seiner Bücher. Der persönliche Preis, den dieser Bekenner in einem Jahrhundert des ideologischen Wahns dafür zahlen mußte, war hoch. »Traum ist teuer«, so lautet der Titel seines letzten, mit starken autobiographischen Zügen befrachteten Romans, in dem der Zukunftsoptimismus schon arg aufgesetzt wirkt, die melancholische Trauer um die privaten und gesellschaftlichen Verluste das eigentliche Thema ausmachen.

»Politisch sein ist heute unumgänglich«, schrieb Arnold Zweig 1919 an eine Brieffreundin.[2] Hinter ihm lagen die Jahre des Krieges, die er in der Hölle von Verdun und dann an der Ostfront erlebt hatte. Ein politisierender Schriftsteller ist er, stärker als viele seiner literarischen Weggenossen, danach immer geblieben. Die Deutung der Welt durch die Literatur wurde für ihn nicht mehr nur ein künstlerisches, sondern auch ein gesellschaftspolitisches Anliegen, aus dem er allerdings als Dichter neuartige ästhetische Konsequenzen zog. Das Elend des modernen Europa, charakterisiert durch Revolution und Krieg, Ideologie und Wirtschaftskämpfe, bewegte sein Denken und Schreiben. Will man das Werk Arnold Zweigs auf einen Grundnenner bringen, dann gilt wohl, daß hier ein Schriftsteller den Versuch unternommen hat, einer im Chaos versinkenden Gesellschaft die Hintergründe ihres moralischen und materiellen Zusammenbruchs aufzuzeigen. Zweigs Schriften, zunächst noch getragen vom Idealismus seiner klassischen Vorläufer, weisen auf das Ende abendländisch-humanistischer Illusionen hin, die auf den Schlachtfeldern der Kriege, in den Gefangenenlagern und Folterkammern der faschistischen und kommunistischen Diktaturen zerbrachen. Arnold Zweig schrieb nicht lediglich Antikriegsromane, wie manche seiner Rezensenten es sahen. Der Erste Weltkrieg steht zwar im Zentrum seines Hauptwerkes – dem fünfbändigen Zyklus über den »Großen Krieg der weißen Männer« –, aber er wird doch nur als epische Rahmenhandlung herangezogen, um die sich in ihm exemplarisch entfaltenden Triebkräfte zu analysieren. Der Krieg ist aus der Sicht Zweigs die übersteigerte Variante der modernen abendländischen Zivilisation; die, die ihn auslösten, förderten, sich an ihm bereicherten, entlarvt er als Alltagsmenschen, die nicht nur, aber überwiegend der Schicht der herrschenden Eliten angehörten.

Geistig ist der Künstler und politische Denker Arnold Zweig einen weiten Weg gegangen. Vom Nietzscheaner und Kunstästheten der Vorkriegsjahre zum glühenden (theoretischen) Zionisten, der das »Neue Kanaan« in mehreren Büchern enthusiastisch feierte; vom (kurzfristig) chauvinistischen Kriegsjubler zum zeitweise bekennenden Pazifisten; vom republikanischen Sozialisten zum »Marxisten des real existierenden Sozialismus«. Es war ein Weg voller Brüche, aber auch voller unübersehbarer Kontinuitäten. Im Werk – auch dem späten – erheblich konsequenter als im Leben.

Dabei war er unter den Intellektuellen seiner Zeit zweifellos kein Einzelfall. Die historischen Umbrüche unserer Epoche setzten in der Hochphase von Industrialisierung und Imperialismus ein, führten über zwei Weltkriege, die russische Revolution, den Eintritt Amerikas in die Weltgeschichte, das Scheitern der ersten deutschen Republik, die Millionen von Gräbern der nationalsozialistischen Judenvernichtung und der stalinistischen Terrordiktatur, das Ende des britischen Weltreiches hin zu einer ideologisch geteilten Welt. Diese historischen Entwicklungen haben das geistige Europa grundlegend erschüttert, tradierte Werte und Weltbilder zusammenbrechen lassen, Desorientierung erzeugt. Arnold Zweig aber gehörte zu denen, die immer wieder Stellung bezogen, das Wort als Waffe gegen den Ungeist ihrer Zeit einsetzten. Nicht allein als Literaturproduzent, sondern auch in Hunderten von Artikeln und Essays, als politischer Beobachter der Zeitenläufe. Nicht selten hat ihn die Wirklichkeit widerlegt, häufig aber sah er die Entwicklungen und Zusammenhänge hellsichtiger als die Akteure auf der politischen Weltbühne.

Diese öffentlichen Bekenntnisse haben den Streit um den Schriftsteller Arnold Zweig bis heute nicht verstummen lassen. Schon zu Lebzeiten war er vom Hader der Parteien betroffen, auch die Literaturgeschichte hat sich im »Fall« Arnold Zweig von den Mißklängen politischer Kritik nicht frei machen können. Seine Entscheidung, sich in Ostberlin niederzulassen, die DDR und ihr System zu unterstützen, wurde ihm in der Bundesrepublik lange nicht verziehen. Auch aus diesem Blickwinkel stellt die Rezeption des Werkes von Arnold Zweig allerdings im westlichen Deutschland keinen Einzelfall dar.

Dies ist in den letzten drei Jahrzehnten anders geworden. Die westdeutsche Germanistik, angestoßen von Außenseitern wie Walter A. Berendsohn und Hans-Albert Walter, hat die Exilschriftsteller und damit den wohl doch bedeutendsten Teil deutschsprachiger Literatur der ersten Hälfte des 20. Jahrhunderts wiederentdeckt. Gewichtige Einzelstudien jüngerer Germanisten, die wachsende Zahl von Dissertationen und vor allem natürlich der Neudruck ihrer Werke schaffte den deutschen Lesern Zugang zu einer fast vergessenen Literaturepoche. Das galt zunächst auch für Arnold Zweig. Seine Romane und Dramen, seine Novellen und ein beträchtlicher Teil seiner literarischen und politischen Essays erschienen – vor dem Fall der Mauer – als DDR-Lizenzausgaben in der alten Bundesrepublik. Zwei seiner sechs großen jüdischen Abhandlungen über den Zionismus und den Antisemitismus[3] wurden im deutschen Weststaat neu aufgelegt. Die kenntnisreichen Arbeiten des Briten David Midgley und der israelischen Autoren Manuel Wiznitzer und Arie Wolf[4] untersuchten wichtige Einzelaspekte von Leben und Werk.

In der DDR sah dies zunächst scheinbar besser aus. Als Zweig 1948 nach Ostberlin kam, wurde er geehrt und gefeiert, seine Bücher erschienen bald in beachtlichen Auflagen, in den Schulen wurde zumindest der Grischa-Roman zur Pflichtlektüre. Aber sein Werk bereitete den marxistischen Interpreten nicht geringe Schwierigkeiten. Einen Schüler Sigmund Freuds, einen Schriftsteller, der das versunkene Zeitalter des europäischen Bürgertums gelegentlich in hymnischen Sätzen in Erinnerung brachte, galt es da einzugliedern, ein Werk, dessen jüdische Dimension dem »sozialistischen Realismus« zutiefst fremd war. So ist es eigentlich kaum überraschend, daß auch in der DDR die Zweig-Forschung alles in allem recht eng blieb, es selbst in Ostberlin um den greisen Dichter in seinen letzten Lebensjahren ruhiger wurde. Eberhard Hilschers Buch in der Reihe »Schriftsteller der Gegenwart« (Erstausgabe 1967), die damals einzige Gesamtdarstellung, die ohne einengenden Schwerpunkt Leben und Werk Zweigs gewidmet ist, ein von Georg Wenzel zusammengestellter informativer Dokumentationsband (erschienen 1978), einige Arbeiten für den engeren Forschungsbereich – der Rest war Schweigen[5].

Und Israel, das Land, in dem er fünfzehn Jahre seines Lebens verbrachte, für dessen Existenz er zwischen 1912 und 1933 in Büchern und Aufsätzen mit einer Leidenschaft eintrat wie kaum ein anderer aus der ersten Reihe der deutschen Intellektuellen? Im »Neuen Kanaan« ist er praktisch ein Vergessener. Schon als er dort lebte, nahmen ihn das Land und seine Bürger kaum zur Kenntnis. Nur zwei seiner Romane wurden ins Hebräische übersetzt: 1931 »Der Streit um den Sergeanten Grischa«, 1943 »Das Beil von Wandsbek«. In den achtziger Jahren wurden in Tel Aviv Neuübersetzungen dieser beiden Werke in kleinen Auflagen veröffentlicht. Noch einige wenige Erzählungen, ein paar Aufsätze – mehr können hebräisch sprechende Leser von dem jüdischen Dichter und frühen Zionisten Arnold Zweig in der Landessprache nicht zur Kenntnis nehmen. Wer sich nach der Staatsgründung Israels dort mit diesem Autor beschäftigte, war zudem allzu schnell bereit, sein Leben in Palästina und seine Rückkehr nach Europa unter nationalen Aspekten des jungen Staates zu beurteilen und nicht zu akzeptieren, daß der alternde Schriftsteller materielle Sicherheit und ungestörte Arbeitsmöglichkeiten suchte.

So ist Hans-Albert Walter leider voll zuzustimmen, wenn er 1985 in seinem großen Essay über den Roman »Das Beil von Wandsbek« lapidar vom »Elend der Zweig-Rezeption« spricht: »Ein Schriftsteller von europäischem Rang, in der Bundesrepublik aber hartnäckig noch immer verkannt. Ein Spitzenwerk der deutschen Literatur unseres Jahrhunderts, auf gleichem Niveau mit den Henri-Quatre-Romanen von Heinrich Mann, mit Brechts großen Stücken, mit Anna Seghers' ›Transit‹ – doch welcher Literaturhistoriker hierzulande würde ›Das Beil von Wandsbek‹ mit diesen Werken in einem Atem nennen, welcher Kritiker es Thomas Manns ›Doktor Faustus‹ an die Seite stellen?«[6]

Vielleicht wäre dies möglich, wenn das Werk und die geistige Welt seines Schöpfers wieder stärker Gegenstand der Forschung würden. Denn hier gibt es sowohl auf dem biographischen als auch auf dem werkinterpretatorischen Feld nach wie vor große Lücken. So weisen beispielsweise die frühen Jahre dieses Autors noch viele weiße Flecken auf, wie es die glänzende Studie über den Kriegsroman der Weimarer Republik des Hamburger Germanisten Hans-Harald Müller bewiesen hat.[7] Müller zeigt in seiner Untersuchung über das Frühwerk überraschende, neue Perspektiven der inneren Entwicklung Zweigs in diesem Lebensabschnitt auf, deutet seinen Weg vom zerrissenen Décadence-Autor zum selbstbewußten Kulturzionisten anhand der beiden bedeutendsten Frühwerke – »Aufzeichnungen über eine Familie Klopfer« und »Die Novellen um Claudia« – und durch Hinzuziehung bis dahin unberücksichtigter Texte über Zweigs Problematisierung seiner jüdischen Identität.

Und hat Hans-Albert Walters Wandsbek-Essay nicht eindrucksvoll belegt, welche Rolle die Psychoanalyse des so hoch verehrten Sigmund Freud in Zweigs großen Romanen spielt? Ein Tatbestand, der nicht nur in der ehemaligen DDR-Germanistik – hier wohl vor allem aus ideologischen Gründen – sträflich vernachlässigt wurde. Marcel Reich-Ranicki – dem zu danken ist, über Zweig zu einem Zeitpunkt (1963) bei uns geschrieben zu haben, als kein Kritikerkollege dies für notwendig hielt – meint zu Recht: »Nicht der dialektische Materialismus hat ihn fasziniert, sondern die Psychoanalyse. Nicht Marx hieß also der Leitstern, dem er auf dem größten Teil seines Weges folgte, sondern Freud.«[8] Aber auch in Reich-Ranickis liebevoll-kritischer Betrachtung des literarischen Œuvres von Arnold Zweig wird der Einfluß der Psychoanalyse auf Dramaturgie und Gestaltung seiner großen Romane nicht in seiner ganzen Bedeutung erfaßt.

Eberhard Hilscher schrieb in der DDR zwar richtig, daß »die Einwirkung der Psychoanalyse auf Zweig … sich von ›Pont und Anna‹ über mehrere Essays bis zu ›Traum ist teuer‹ verfolgen« läßt und daß er »keinem anderen Denker … so oft gehuldigt [hat] wie Freud.«[9] Hilscher verminderte jedoch in früheren Auflagen seiner Zweig-Interpretation die Freudsche Bedeutung für das Werk Zweigs zumindest indirekt. »Trotz allem«, hieß es dort, »lassen sich wesentliche Thesen der Psychoanalyse (namentlich unter dem Blickwinkel der Pawlowschen Physiologie) heute nicht mehr aufrechterhalten.«[10] In einem Vortrag, den Hilscher im Frühjahr 1989 an der Hamburger Universität hielt, wird eine solche Einschränkung allerdings wohltuend revidiert: »Für mich gab es nie einen Zweifel an der eminenten Bedeutung Freuds für Zweig.«[11]

In Georg Wenzels Zweig-Dokumentation werden Äußerungen des Schriftstellers über den großen Analytiker zwar breiter zitiert, aber für die DDR war der Einfluß Freuds auf das Werk Zweigs allenfalls so lange beachtenswert, wie »der Sozialismus für ihn nicht die ausschlaggebende Weltanschauung« war.[12]

Also mancherorts allzulang bedenkliche Erkenntnislücken und Abwehrpositionen. Bei diesem Schriftsteller ist das besonders bedauerlich, da er dazu neigte, viele seiner Arbeiten – Essays, Erzählungen, Dramen, aber auch Romanabschnitte – bei Neuauflagen immer wieder umzuschreiben, neu zu formulieren. Zweig paßte das Sein vieler seiner Werke dem Bewußtsein an, das er zum Zeitpunkt der Korrektur für sich in Anspruch nahm. Da wurden die Aussagen früherer Erzählungen bei der Neufassung geradezu auf den Kopf gestellt, wie etwa die Kriegsnovelle »Die Bestie«, aus der Jahrzehnte später die Chronik »Westlandsaga« entstand. Zweigs Entwicklung als Schriftsteller und politischer Denker nachzuvollziehen wird durch dieses Arbeitsverfahren sicher nicht einfacher. Noch undurchsichtiger wurde vieles durch einzelne, ideologisch motivierte Eingriffe der staatlichen DDR-Verlage, die sein Werk nach 1948 neu auflegten. Das galt nicht nur für seine in den zwanziger und dreißiger Jahren häufig geäußerte Kritik am bolschewistisch-stalinistischen Terror, sondern beispielsweise auch für seine verschiedentlich bekundete Sympathie, die er dem Politiker und Revolutionstheoretiker Trotzki entgegenbrachte. Die große zweibändige Bibliographie, die 1987 in der DDR erschien, erleichtert immerhin erste Orientierungen über das so umfangreiche Werk. Ähnliches gilt für das wertvolle »Findbuch«, das Zweigs langjährige Sekretärin Ilse Lange zusammengestellt hat. Aber beide Veröffentlichungen können nur ein Anfang sein, ein Ansporn für die künftige Zweig-Forschung.[13]

Trotz solcher bedrückender Rückblicke gibt es seit Mitte der achtziger Jahre auch Erfreuliches zu konstatieren. Die Wiederholungen von Romanverfilmungen (aus der DDR) im westdeutschen Fernsehen, die Würdigung Zweigs im November 1987 anläßlich seines 100. Geburtstages in Fernsehbeiträgen aus Ost und West,[14] akademische Veranstaltungen in beiden Teilen Berlins und im britischen Cambridge, in Gent oder in den USA, die Arbeiten von David Midgley, Manuel Wiznitzer, Geoffrey V. Davis, Hans-Albert Walter, Arie Wolf, Hans-Harald Müller[15] oder der Referenten auf diversen Veranstaltungen der Arnold-Zweig-Gesellschaft, die als Aufsatzsammlungen publiziert wurden,[16] dies alles signalisierte doch ein neues Interesse. Und vor allem seine Bücher sind – wie schon erwähnt – für die Leser wieder greifbar.

In der DDR erreichte die Gesamtauflage bis zum Ende des zweiten deutschen Staates etwa 2,8 Millionen Exemplare, wie Eberhard Hilscher berichtet.[17] In der Bundesrepublik wurden bis Mitte der achtziger Jahre rund 270 000 Zweig-Bücher verkauft. Mitarbeiter der Akademie der Künste planten Ende der achtziger Jahre eine 14bändige Gesamtausgabe. Dieses sehr ehrgeizige Vorhaben wurde nach der Wende wieder begonnen. Mitte der neunziger Jahre erschienen die ersten Titel der auf 26 Bände angelegten »Berliner Ausgabe«, die von der Humboldt-Universität und der Akademie der Künste herausgegeben wird. Damit wird Zweigs Werk im ersten Jahrzehnt des neuen Jahrtausends erstmals in einer textkritischen Gesamtausgabe vorliegen.

Aber das Gesamtbild der Zweig-Rezeption hat sich in den neunziger Jahren wieder verdunkelt. Das vorsichtig wachsende Interesse an seinem Werk, das in den achtziger Jahren zu beobachten war, hat inzwischen erneut nachgelassen. Die »Grischa«-Geschichte ist noch als Schullektüre ausgewiesen, die Romane »Erziehung vor Verdun« und »De Vriendt kehrt heim« und der Freud-Essay weisen bescheidene Verkaufszahlen auf (seit 1991 wurden insgesamt etwas mehr als 50 000 Zweig-Bücher verkauft). Wiederentdeckt haben wir diesen Schriftsteller also immer noch nicht.

Es ist ein umfangreiches Werk, das den Leser erwartet: Zehn Romane veröffentlichte er, zehn Dramen, etwa siebzig Erzählungen und Novellen, fünf große Buchessays über den Zionismus und den Antisemitismus, ein sehr persönliches Buch über Sigmund Freud, Hunderte von politischen und literarischen Aufsätzen und Aufrufen, Lyrikbände mit insgesamt etwa 250 Sonetten, Balladen, Romanzen, Prologen oder auch nur schlicht gereimten »Danksagungen«. Die Briefwechsel mit »Vater Freud«, mit Lion Feuchtwanger, mit dem Freund der Palästina-Jahre, Louis Fürnberg, und mit Helene Weyl wurden bereits veröffentlicht.[18] In verschiedenen Archiven[19] lagern noch Tausende unveröffentlichter Briefe Zweigs, eine Fundgrube für Wissenschaftler und Biographen. Der berühmte Romancier, über weite Strecken seines Lebens von Europa (in den letzten Lebensjahrzehnten vom westlichen Teil unseres Kontinents) und Amerika abgeschnitten, war ein beachtlicher Briefeschreiber (»Nur im Brief lasse ich mich gehen und überlege kein Wort bevor ich es schreibe ...«[20]). Neben den bereits veröffentlichten Briefsammlungen gibt es beispielsweise umfangreichere Korrespondenzen mit Robert Neumann, Anna Freud, Walter Berendsohn und dem Maler Hermann Struck, mit der Jugendfreundin Agnes Hesse und der langjährigen Sekretärin und Geliebten Lily Offenstadt oder Susanne Koch-Hanslik, der Altersliebe des Dichters. Und natürlich mit Beatrice, der Lebensgefährtin.

Der Durchbruch als Schriftsteller gelang Zweig mit der Veröffentlichung seines zweiten Dramas im Jahre 1914, sein Ruhm setzte ein, als 1927 sein erster großer Roman erschien. In beiden Werken spiegeln sich exemplarisch die zwei großen Lebensthemen dieses Dichters wider: seine Auseinandersetzung mit dem Judentum, in das er hineingeboren wurde, und die Verarbeitung des Kriegserlebnisses, das für ihn in den Jahren an der Front zur physischen, dann zur psychischen Existenzfrage geworden war.

Die Bedrohung des Menschen durch den Menschen hat dieser bürgerliche Kultureuropäer seit den frühesten Lebensjahren in doppelter Weise erfahren. Die Erzählungen über die wilden Pogrome, die das östliche Judentum im Rußland der Zaren in regelmäßigen Abständen heimsuchten, warfen ihre Schatten auch auf die jüdische Gemeinde von Glogau, dem niederschlesischen Städtchen, das nur wenige Kilometer von der russischen Grenze entfernt lag und in dem der Knabe Arnold Zweig aufwuchs. Später auf den Schlachtfeldern von Verdun erlebte er aus unmittelbarer Nähe und als einfacher Soldat 15 Monate lang das Morden in einer entfesselten Welt. Die früh und zunächst als bedrohlich empfundene »Einzigartigkeit« seines Judentums führte Zweig zeitweise in eine Schaffens- und Existenzkrise. Sie endete, als der junge Student die Werke Martin Bubers kennenlernte. Bubers Kulturzionismus, seine Forderung nach innerer Umkehr der – vergeblich – die Assimilierung anstrebenden westeuropäischen Juden boten Arnold Zweig erlösende Antworten auf seine Zweifel, Hemmungen und Depressionen. Ein Bekenntnisbrief Zweigs vom 16. Dezember 1912 an Buber belegt dies eindrucksvoll: »Ich habe zwei Sommer lang in Zehlendorf gelebt, den letzten und den vorletzten, und wenn es mir gegeben worden wäre, irgendwie Ihre Bekanntschaft zu machen, hätte mir nicht leicht etwas Erfreulicheres begegnen können. Aber als ein junger Mensch, ohne von sichtbaren Leistungen berechtigt zu sein, gewissermaßen aus dem Nichtsein heraus zu Ihnen zu kommen, war mir nicht erlaubt – und so mußte ich bis heute warten, Ihnen zu sagen, daß Ihre drei Bücher[21] mich wieder mit der ganzen Intensität geistiger Erlebnisse den jüdischen Problemen zugeworfen haben, nachdem der hoffnungslos verphraste Ton der Zionisten wie der anderen Parteien, das grenzenlos widerliche Zanken um Personen und alle jene Erörterungen, die von den wesentlichen Sachen so fern wie möglich waren, mich ganz in allgemein künstlerische und geistige Sphären gejagt hatte. Dafür, daß ich wieder an das Judenproblem gehen konnte, habe ich Ihnen zunächst aufrichtig zu danken.«[22]

Zweig bekennt sich in den nächsten beiden Jahrzehnten zum Zionismus, widmet diesem Thema zahlreiche Zeitschriftenaufsätze und mehrere umfangreiche Buchessays. Er bleibt seit der Begegnung mit den Schriften Bubers bis zum Lebensende ein selbstbewußter Jude, frei von Identitätszweifeln oder gar jüdischem Selbsthaß, wie er etwa Otto Weininger oder Karl Kraus auszeichnete, frei auch von der düsteren Schwermut des Juden Jakob Wassermann.[23] Wie tiefgreifend diese »Befreiung« war, zeigt auch sein künstlerisches Schaffen zwischen 1912 und 1914. Mit dem Drama »Ritualmord in Ungarn«, den Erzählungen »Episode«, »Die Krähe« und »Quartettsatz von Schönberg« wendet er sich im literarischen Werk entschieden zionistischen Fragen zu und erreicht seine ersten Höhen als Schriftsteller. »Arnold Zweig ist nahezu ein Genie«, heißt es denn auch 1916 in der »Schaubühne«, die die »Ritualmord«-Rezension von Julius Bab abdruckt.[24] Moritz Goldstein ist vier Jahre später nicht mehr so enthusiastisch, aber auch er beendet seine Anmerkungen zu diesem Drama mit dem Satz: »Erschütternder kann gegen Bosheit, Dummheit, Rohheit einer mächtigen Umwelt, für Recht, Menschenwürde und Adel einer unterdrückten Minderzahl nicht gepredigt werden, als es dieses Stück Wirklichkeit tat und in Arnold Zweigs Ritualmorddrama immer wieder tun wird.«[25]

Für lange Zeit und radikal wird diese Entwicklung Zweigs durch den Ausbruch des Ersten Weltkrieges unterbrochen. Das Erlebnis des massenhaften Todes, die Entdeckung der gesellschaftlichen Hintergründe, die Europa in den Selbstmord trieben, lassen ihn im November 1918 als gebrochenen Mann in einen labilen Frieden zurückkehren. Depressionen, die Schreibhemmungen – nicht im essayistischen, aber im literarischen Schaffen – hervorrufen, drohen ihn zu überwältigen. Wieder ist es die Gedankenwelt eines europäischen Juden, die ihn aus dieser dunklen, orientierungslosen Lebensphase herausführt. Die Lehren Sigmund Freuds werden in den zwanziger Jahren zu einem zentralen Bestandteil von Zweigs Weltbild.

In seinem ersten Brief an den Wiener Arzt, in dem er um die Zustimmung Freuds bittet, ihm sein neuestes Buch, »Caliban«, widmen zu dürfen, bekennt Zweig am 18. März 1927: »Erstens wäre ohne Ihr Denken, ohne Ihre prinzipiellen Einsichten und neuen Maximen (Wiedereinsetzung der Seele in die Psychologie), ohne Ihre schöpferische Methode des Philosophierens mein bescheidener Beitrag zur theoretischen Erkenntnis nie möglich gewesen. Zweitens schuldet Ihnen der Antisemitismus, den Sie in allen Spielarten erlebt haben müssen, eine Referenz. Und drittens verdanke ich Ihrer neuen Seelenheilkunst persönlich die Wiederherstellung meiner gesamten Person, die Entdeckung, daß ich an einer Neurose litt, sowie schließlich die Heilung dieser Neurose durch Ihre Methode und auf Ihren Wegen.«[26]

Es ist kein Zufall, sondern unterstreicht nur die überwältigende Wirkung Freuds auf den so lange Verzweifelnden, daß exakt in den Monaten, als der Brief an den Begründer der modernen Psychoanalyse verfaßt wird, das für viele Leser und Kritiker auch heute noch bedeutendste Buch Arnold Zweigs entsteht, der Roman »Der Streit um den Sergeanten Grischa«. In den Jahren zuvor war er – im Vergleich zur Vorkriegszeit – literarisch praktisch verstummt. Außer einigen neuen Erzählungen und der Umarbeitung älterer Stücke schrieb Zweig neben seinen der zionistischen Frage gewidmeten Büchern und Essays lediglich Aufsätze zur Literatur und zur aktuellen Politik. Wie einst die Begegnung mit Buber, so wird jetzt das Freud-Erlebnis zum rettenden Anker. Die Entdeckung und Durchdringung seiner Lehre hilft Zweig die schöpferische Blockade zu überwinden.

Nur sechs Jahre später bricht die dritte Katastrophe in dieses Schriftstellerleben ein. Die Flutwelle des Nationalsozialismus, die im Januar 1933 Deutschland überschwemmt, treibt auch Arnold Zweig hinaus aus dem Land, dessen Geist und Sprache ihn geprägt haben, dem er sich so wurzelhaft verbunden fühlte. Der Schock der Vertreibung, der damit einhergehende materielle und ideelle Verlust, der endgültige Zusammenbruch seiner zionistischen Illusionen, den die Konfrontation mit der Wirklichkeit Palästinas und seiner persönlichen Situation dort nach sich zieht, verdüstern dieses Leben, ohne daß diesmal allerdings die literarische Produktion unterbrochen wird. Im Exil vollendet Zweig den Roman »Erziehung vor Verdun«, schreibt er neben Erzählungen, Bühnenstücken und Essays »Einsetzung eines Königs« und »Das Beil von Wandsbek« – drei Romane, die ihn auf dem Gipfel seiner epischen Kraft zeigen.

So ungebrochen er auch als Schriftsteller ist, die Briefe und privaten Aufzeichnungen des Exils weisen auf die wachsende, vielfach beklagte Vereinsamung hin, in die ihn das isolierte Leben im einst so gepriesenen »Neuen Kanaan« gestoßen hatte. Nur zwei Jahre nach seiner Ankunft in Haifa, am 22. November 1935, heißt es in einem Brief an Freud: »Ich bin jetzt fast zwei Jahre hier und konstatiere, daß ich für … die Arbeit gut gewählt habe, daß aber meine persönliche Wirkung, politisch und kulturell, gleich Null ist.«[27] Ein Gefühl, das bleiben wird und schließlich eine Krise heraufbeschwört, die seinen gesamten Palästina-Aufenthalt bestimmt.

Die historischen Entwicklungen – das Zurückweichen der westlichen Demokratien vor der Hitler-Diktatur, der Beginn des neuen Weltkrieges, die Rolle der Sowjetunion im antifaschistischen Kampf – und die persönliche Lage führen ihn, in sehr langsamen Schritten und im Gegensatz zu den Begegnungen mit den Werken von Buber und Freud theoretisch sehr wenig fundiert, zu einem dritten Juden, der die Geistesgeschichte (und vor allem die Realpolitik) des 20. Jahrhunderts bewegt hat, zu Karl Marx. Im August 1951, jetzt lebt er schon in der DDR, schreibt er an Lion Feuchtwanger: »Ich lasse mir jetzt bei reifem Verstand Schriften vorlesen, die ich als Student hätte kennenlernen sollen statt des Zionistenkrams, nämlich Marxes und Engels' ›kleinere‹ Arbeiten über Bonaparte, Klassenkampf in Frankreich, Wohnungsfrage, Bauernkrieg und so fort – prachtvoll und fördernd, und ein Genuß!«[28] Eine späte Liebe, voller gegenseitiger Mißverständnisse. Im Marxismus jedoch – oder dem, was er darunter verstand – sah Zweig angesichts der chaotischen Untergänge seiner Zeit einen Haltepunkt, eine Hoffnung, die ihn vor der Resignation schützte.

Von Martin Buber entfernte er sich, Sigmund Freud blieb ihm über alle Veränderungen seines Lebens und Denkens hinweg nahe wie kein anderer, Karl Marx entdeckte er spät und recht oberflächlich. Kulturzionismus und Psychoanalyse sind – neben den klassischen europäischen Bildungswerten des Bürgertums, an denen die Elite der deutschen Juden länger festhielt als die christliche Oberschicht – die entscheidenden geistesgeschichtlichen Fundamente, auf denen sein vieltausendseitiges Werk ruht. Zweifellos ist das differenzierter zu sehen, als dieser knappe Hinweis es anzeigen kann. In der Zeitschrift »Orient« schrieb Zweig im Juni 1942: »Die Erlebnisse eines Schriftstellers fallen in einen tiefen Brunnen, gleich metallenen Kugeln. Dort setzen sie Patina an, oxidieren, verbinden sich mit ihrer neuen Umgebung. Zieht man sie heraus, so sind sie meist verwandelt, auf ihren wesentlichen Nenner gebracht, kunstgerecht verwittert.«[29] Zweig bezog diese Sätze auf die literarische Umsetzung seiner Kriegserlebnisse. Aber besitzen sie nicht auch Gültigkeit für die geistigen Abenteuer dieses Schriftstellers?

Der politische Streit um Arnold Zweig, dessen einschneidendste Folge die Jahrzehnte währende Nichtbeachtung seines literarischen Werkes in der Bundesrepublik war, entzündete sich vor allem an seiner Hinwendung zum Marxismus. War die russische Oktoberrevolution für das europäische Bürgertum schon ein nie überwundener Alptraum, traten in den Jahren nach dem Ende des Faschismus die Ost-West-Auseinandersetzungen hinzu. So wurden Autoren wie Lion Feuchtwanger, Heinrich Mann, Anna Seghers oder Arnold Zweig auch Opfer einer ideologischen Kulturpolitik. Selbst Bert Brecht brauchte lange, bis er sich auf den westdeutschen Bühnen durchsetzen konnte. Angesichts des Untergangs der DDR und der oberflächlichen westlichen Aufarbeiter ihrer Geschichte gerät vor allem für die jüngere Generation in Vergessenheit, wie sehr auch die alte Bundesrepublik ihre Bürger gegenüber dem anderen Deutschland indoktrinierte, ihre Ideologen mit Halbwahrheiten, einem ausgeprägten Machtdenken und intellektuellen Verdrängungen gegen die aus dem Exil in die DDR zurückgekehrten Schriftsteller argumentierten. Der in Ostberlin lebende und geehrte Grischa-Autor, immer schon ein leidenschaftlicher und öffentlicher Bekenner, trug mit seinen vielfachen politischen Bekundungen, die leicht in Schwarzweißmalerei verfielen, seinen Teil dazu bei, daß man ihn und sein Werk nur noch in politische Kategorien einordnete. Dies mag im Hinblick auf Zweigs tagesaktuelle Einwürfe berechtigt gewesen sein, zumal er seine kritischen Anmerkungen gegenüber den Regierenden in der DDR fast immer in internen Zirkeln äußerte. Seine westlichen Kritiker übersahen dabei allerdings, wie sehr sie mit ihren recht vordergründigen Attacken gegen den greisen Dichter selbst den Denkschablonen des Ost-West-Konflikts unterlagen. Trotzdem schreibt Hans-Harald Müller in seiner Untersuchung über Zweigs frühe Jahre zu Recht: »Von Bedeutung sind Zweigs Arbeiten zwischen 1914 und 1916 nicht wegen ihrer literarischen oder essayistischen Qualität ... sondern aufgrund der Tatsache, daß der Ästhetizist Arnold Zweig sich erstmals auf das Gebiet der Politik begeben hatte; dieser Schritt erwies sich in der Biographie Zweigs als irreversibel: in der Folgezeit fühlte er sich verpflichtet, jede geistige Umorientierung auch in einem politischen Kontext zu begründen: die Desillusionierung über den deutschen Nationalismus, die Hinwendung zum Pazifismus, zu dem er sich seit 1916 bekannte, und die gleichfalls 1916 erfolgte Rückbesinnung auf die jüdische Identität.«[30]

Diese Reihe ließe sich fortsetzen bis in die letzten Lebensjahre hinein. Er stritt in öffentlichen Stellungnahmen für die gefährdete Weimarer Republik, dann gegen das europäische Krebsgeschwür, den Faschismus, besonders seine nationalsozialistische Variante, und den aus seiner Sicht bedenklichen jüdischen Nationalismus in Palästina. Er setzte sich ein für die Volksfront, pries die Politik der Sowjetunion, lobte öffentlich die DDR und ihre Führung, kritisierte in häufig überzogenen Formulierungen den Adenauer-Staat und die Nato-Politik.

Verfolgt man die politische Essayistik Zweigs über die rund sechs Jahrzehnte ihrer Entstehung hinweg, wird deutlich – und da unterscheidet er sich kaum von vielen anderen europäischen Intellektuellen seiner Epoche –, daß sie getragen wird von Idealen und Utopien. Politik als Organisation und Apparat, als das »zähe Bohren dicker Bretter« blieb Zweig zeitlebens fremd. Das gilt für seine zionistische Phase nicht weniger als für seine Auffassung vom Sozialismus. Er empfand sich als Sohn der europäischen Aufklärung, als Enkel des abendländischen Humanismus. Den Erschütterungen seines Zeitalters setzte er den Glauben entgegen: »Der Mensch ist erziehbar.« Bei einer PEN-Club-Veranstaltung in der Hamburger Universität im Jahre 1961 gab Zweig eine Erklärung ab, die mit Worten begann, die für seine Haltung schon immer Gültigkeit besaßen: »Wenn ich sagen soll, was ich bin, so sage ich, ich bin ein Ja-Sager.«[31] So war es wohl. Er blieb, allen Schrecken der Zeit und den sein privates Leben stets bedrohenden Depressionen zum Trotz, ein optimistischer Mensch.

Inwieweit Zweig in seinen späteren Jahren tatsächlich Marxist war, wird in der Betrachtung seines Lebens und Werkes noch zu untersuchen sein. Sozialist war er gewiß. Als Jude spürte er sehr früh den Druck und die Verachtung, die in der spätbürgerlichen Gesellschaft auf den »Außenseitern« lasteten, auf der jüdischen Minderheit, die überwiegend nach Assimilierung strebte, und auf den Arbeitermassen der mit Macht einsetzenden Industrialisierung, die sich im Bismarck-Reich um die Partei Lassalles und Bebels scharten. Dem wilhelminischen Staat stand er, damals noch um die eigene künstlerische und jüdische Identität ringend, distanziert gegenüber, auch wenn er der antidemokratischen Haltung der deutschen Eliten bis 1916 verfallen blieb. Der moderne europäische Antisemitismus, der in der Dreyfusaffäre seinen ersten spektakulären Höhepunkt fand, trat schon in Zweigs Jugendjahren in Deutschland deutlich zutage und traf den werdenden Dichter tief.

Zweigs Zionismus war ein sozialistischer, ein »proletarischer« Zionismus. 1918 heißt es in einem Artikel der Zeitschrift »Der Jude«, einer Buchrezension: »Diese jungen Menschen lebten in ›genossenschaftlichen Siedelungen‹. Ein prachtvoll erfundenes Wort, um die Tatsache des Kommunismus, die Tatsache des gelebten Kommunismus vor dem bürgerlichen Zionisten zu verstecken. Diese Jünglinge und ihre Gefährtinnen lehnten den Einzelbesitz ab; sie lebten in gemeinschaftlichem Eigentum ...«[32] Die russische Oktoberrevolution, die er als Soldat an der Ostfront erlebte, begrüßt er bereits Ende 1917 in einem Brief an Agnes Hesse mit enthusiastischen Worten: »Die Welt ist heller geworden, nicht wahr? ... der große radikale, aus der Verzweiflung geborene Mut der russischen Proletarier hat eine starke Kerze gezündet, und wir hoffen, daß dies Licht auch bald nach Westen hinüberleuchten wird.«[33]

Die Jahre im Krieg haben Zweig voller Abscheu erkennen lassen, wie tief die Kluft zwischen der wilhelminischen Offizierskaste und den einfachen Soldaten war, er sah Korruption und Gewinnlertum bis in die höchsten Militärränge hinein. Die Ereignisse in Petersburg und Moskau im Jahre 1917 waren für ihn die Antwort der gequälten Völker auf ein bankrottes Gesellschaftssystem – Gedanken, die sich in Deutschland bis weit in das linke Bürgertum hinein breitzumachen begannen.

Zweig wird bis zum Ausbruch des Zweiten Weltkriegs häufig

deutliche öffentliche Kritik an der politischen Wirklichkeit in der Sowjetunion üben. An seiner sozialistischen Position, die weniger von Marx als von den Utopien Gustav Landauers und der zionistischen Siedlerbewegung, den Idealen eines Erasmus oder der französischen Enzyklopädisten untermauert wird, hält er jedoch unbeirrbar bis ans Lebensende fest. Um dies zu verstehen, ist es unerläßlich, sich in eine Zeit zurückzuversetzen, in der Stalins Terror und das Israel von Begin und Scharon noch weitgehend im Schoß der Geschichte verborgen lagen. Die von der Krise des alten Europa verunsicherten Intellektuellen und nach neuen Werten suchenden jungen Menschen sahen in Palästina und in der Sowjetunion, in den Hoffnungen der jungen Kibbuz-Pioniere und der Petersburger Revolutionäre, neue Wege zu einem menschlicheren, vom Klassendruck der Vergangenheit befreiten Morgen.

Die Auseinandersetzungen über Zweigs politische Positionen haben zudem offensichtlich gelegentlich vergessen lassen, daß er vor allem ein Schriftsteller war. Sein Bild vom Menschen, von seiner Zeit, seine Deutungen der menschlichen Triebe, der gesellschaftlichen Katastrophen, sie müssen in seinem literarischen Werk gesucht werden. Ein Dichter war er, und nur am Rande ein politischer Publizist.

Arnold Zweig zählt zu den großen deutschsprachigen Romanciers des 20. Jahrhunderts. Er sah sich nach eigenen Bekundungen in der Tradition der europäischen Epik eines Balzac, Flaubert, Gogol, Tolstoi, Kipling, Keller oder Fontane und schuf doch auch ganz eigene Formelemente und Töne. Er fand erst relativ spät – im Alter von vierzig Jahren – zu der Literaturform, die ihn endgültig frei machte, seine dichterischen Phantasien produktiv zu nutzen. Er hat beachtliche Novellen und Erzählungen geschrieben, einige seiner Bühnenstücke – »Ritualmord in Ungarn«, »Das Spiel vom Sergeanten Grischa«, »Bonaparte in Jaffa« – zeugen von (begrenzter) dramatischer Kraft, Teile seiner Lyrik sind voll poetischer Schönheit. Im Zentrum dieses dichterischen Werkes aber steht der Roman. Einsetzend nicht mit den »Novellen um Claudia«, einem Prosawerk, das er zwar »Roman« nannte, aber das doch nur durch die beiden Hauptfiguren thematisch verbundene Erzählungen darstellt, sondern mit dem Grischa-Buch. Ihm folgten fünf weitere Romane, die ebenfalls vom »Großen Krieg der weißen Männer« berichten. Dann das – mit Blick auf die Entwicklungen im Nahen Osten wieder höchst aktuelle – Palästina-

Buch »De Vriendt kehrt heim«, der Henker-Roman »Das Beil von Wandsbek« und – sozusagen als Nebenprodukt – »Versunkene Tage«, die wehmütige Erinnerung an eine mit dem Kriegsausbruch von 1914 untergegangene Zeit, überarbeitet und vollendet von einem Exilschriftsteller, der auf dem Berg Karmel vereinsamte; und der mißlungene Schwanengesang »Traum ist teuer«. Die ersten vier Romane des Kriegszyklus, die Geschichte des Wandsbeker Schlächtermeisters Albert Teetjen und seiner Frau Stine und der Bericht über die Ermordung des orthodoxen Juden de Vriendt in den Straßen Jerusalems – das sind einige tausend Seiten bedeutender Literatur. Sie zeigen Zweig als packenden Erzähler, begabten, ja genialen Roman-Konstrukteur, der seine Fabel mit dichterischer Sicherheit in viele dramatische und poetische Verästelungen hineinführt. Und doch mündet sie immer ein in die Warnung vor der Herrschaft des Menschen über den Menschen, die Beschwörung des Rechts, das auch den Geringsten auf der Leiterstufe des Gesellschaftssystems schützen muß, die Utopie von der Überwindung einer darwinistischen Welt.

Es ist viel geschrieben worden über literarischen Naturalismus, über Im- oder Expressionismus, über noch nicht oder doch schon Neue Sachlichkeit. Zweig stand in der Tradition des realistischen Romans. Er schrieb – auf den ersten Blick – keine Experimentalliteratur wie etwa Proust, Joyce oder Musil – was ihm mancher Kritiker sehr bald übelnahm. Der Berliner Germanist Gert Mattenklott schreibt über einen im ersten Drittel unseres Jahrhunderts viel gelesenen anderen jüdischen Autor, den 1943 aus dem holländischen Exil verschleppten und in Auschwitz umgebrachten Romancier Georg Hermann: »Für wen Sprachkrise und Formverfall, Bedeutungsverlust und Sinndefizit untrügliche Qualitätsmerkmale von Literatur im 20. Jahrhundert geworden sind, der braucht mit Hermann nicht erst anzufangen.«[34] Und auch nicht mit Arnold Zweig. Die Romane von Georg Hermann (»Jettchen Geberts Geschichte«, »Henriette Jacoby« und »Kubinke« waren die im deutschen Bürgertum meistgelesenen) wurden im übrigen von Sigmund Freud, der mit dem Autor im Briefwechsel stand, sehr geschätzt.

Aber Zweig war trotz seiner Ablehnung von Sprachexperimenten doch auch ein höchst »moderner« Autor. Die Tiefenpsychologie Freuds, die Verarbeitung der dieses Jahrhundert bewegenden neuen Lehren der Soziologie und der Politologie – wo ist eigentlich in den Weimarer Jahren und in der deutsch-deutschen Nachkriegsära ein anderer Schriftsteller zu finden, der die gesellschaftlichen Prozesse, das Bild vom Menschen unserer Zeit so »modern« zu deuten wußte wie der Dichter Arnold Zweig? Vielleicht ist es so, wie Hans-Albert Walter einmal anmerkte, daß Zweig »zu modern« für manchen seiner Kritiker war und noch ist, die beispielsweise Phänomene der Tiefenpsychologie als entscheidendes Formelement seiner Epik schlichtweg überlesen haben.

Nicht der Krieg war sein eigentliches Thema, sondern die Welt in der Zeit der Nach-Aufklärung. Möglicherweise wird die Bereitschaft, seine Werke wieder zu lesen, stärker, nachdem eine Generation herangewachsen ist, die zu entdecken beginnt, daß Geschichte keine Stunde Null kennt, daß die Ludendorffs und Hitlers keine »Unfälle« waren, die modernen europäischen Kriege und der Faschismus auch in der Kontinuität einer historischen Entwicklung standen. Und gilt es nicht gerade in Jahren epochaler Veränderungen, die auch Deutschland tief getroffen haben, sich zu erinnern, welche Kräfte und welche gesellschaftlichen Strukturen gerade die Geschichte dieses Landes so abgründig bewegten? Ganz abgesehen von den literarischen »Genüssen«, die dieser Schriftsteller für seine Leser bereithält. Es bleibt also gültig, was Hans-Albert Walter 1985 mit Blick auf die beschämende Wirkungsgeschichte über Zweigs große Romane schrieb: »Sie haben ... Zeit vor sich, viel Zeit. Nur wir versäumen etwas.«[35]

Junger Mann vor 1914

Das Jahr, in dem Arnold Zweig geboren wurde, war das letzte, das einen »preußischen« Kaiser auf dem deutschen Thron erlebte. Vier Monate nach dem 10. November 1887 starb Wilhelm I. im Greisenalter. Eine Zeitenwende zeichnete sich ab. Als dann Wilhelm II. den Thron bestieg, endete die Ära Bismarck. Der Reichsgründer hatte die deutsche Politik über ein Vierteljahrhundert geleitet, sie beherrscht. Drei Kriege schmiedeten das Reich zusammen, innenpolitisch rissen die Sozialistengesetze, die die Organisationen der zahlenmäßig rasant wachsenden Arbeiterschaft treffen sollten, und der Kulturkampf, der die im Reich in die Minderheit geratenen Katholiken politisch unterdrückte, die deutsche Gesellschaft auseinander. Das Beben, das diese Politik Bismarcks auslöste, sollte noch weit bis ins 20. Jahrhundert hinein zu spüren sein. Am Ende verließ der »eiserne« Kanzler Berlin als Gescheiterter. Die Sozialdemokraten wurden in den Jahren nach Bismarcks Abgang zur stärksten Partei im wilhelminischen Reich, auch wenn sie diese Position nicht in politische Macht umsetzen konnten. Bismarcks Kampf gegen den Kulturkatholizismus wiederum führte zur Gründung der Zentrumspartei, die der Papstkirche in Deutschland bis 1933 eine bedeutende, für Regierungsbildungen nicht selten entscheidende politische Bastion schuf.

Als Wilhelm II. in die europäische Politik eintrat, erreichte der Imperialismus seine entscheidende Etappe. Der junge Kaiser suchte die Annäherung an die Arbeiterschaft. Bismarcks Rücktritt erfolgte auch im Zusammenhang mit den Bergarbeiterstreiks im Ruhrgebiet, denen der Kanzler martialisch entgegentreten wollte, während Wilhelm sich weigerte, sein Regiment damit einzuleiten, daß Militär auf Arbeiter schoß. Die Sozialistengesetze wurden aufgehoben. Während die Popularität des Kaisers wuchs, blickten die preußischen Altkonservativen nicht ohne Mißtrauen auf diese Veränderungen. Aber sie sollten ihrer Sorge bald enthoben werden. Den Gesten folgten keine Taten. Der begabte, aber sprunghafte Monarch war ein Konservativer, ein Schwärmer, der die eigene Kraft und schließlich die seines Reiches gefährlich überschätzte. Das preußische Dreiklassenwahlrecht blieb bestehen, der Reichstag war ohnmächtig, die Kanzler aber von den Strahlen der Gnadensonne des Herrschers abhängig. Während in Frankreich und England das Bürgertum Stück um Stück politische Positionen eroberte, blieb das Deutsche Reich fest in der Hand von Militär und preußischer Aristokratie. Bismarcks Kampf um die Erhaltung des Status quo wurde abgelöst durch eine zumindest verbal aggressive Politik, die schließlich während der Bülow-Ära in den Kampf um einen »Platz an der Sonne« einmündete.

Wenn die soziale Lage der deutschen Arbeiter auch befriedigender erschien als die der Genossen in Frankreich, England oder gar im despotisch regierten Zarenreich, eine politische Heimat fanden sie nicht im »Wilhelminismus«. Was nicht ausschloß, daß sie trotz der revolutionären Reden ihrer Funktionäre in ihrem Herzen konservativ blieben. Das Bürgertum suchte Ersatz für die politische Entmündigung in der Kunst und im Biergarten, im »Flottenverein« und bei den »Alldeutschen«. Die Politik der Führungseliten war also nicht isoliert, sie fand breiten Widerhall bei den Untertanen. »Diese Generation«, schreibt der Historiker Fritz Fischer, »aufgewachsen in der Spätbismarckzeit, war überzeugte Anhängerin jener ›Weltpolitik‹, die der junge Kaiser sehr bald als Programm ... in einer Ansprache von 1896 verkündet hatte.«[1]

Es war der Beginn einer Epoche, die angesichts des »Fortschritts«, des Bruchs mit vielen über Jahrhunderte gültigen Traditionen, auch Ängste und Unsicherheiten auslöste, Strukturen aufbrach, lange gewachsene familiäre und regionale Zugehörigkeiten verschwinden ließ. Von Millionen wurde diese Entwurzelung kompensiert durch den Rausch des Nationalismus, die Machtlosigkeit, die der einzelne angesichts einer unüberschaubar werdenden Welt empfand, aufgehoben in dem zur Schau gestellten Glanz des Staates, in dem er lebte und mit dessen herausfordernden Ansprüchen er sich bald identifizierte. Der Imperialismus war nicht nur eine Krankheit der europäischen Eliten, er war eine Massenbewegung. Am Ende konnten sich ihr auch die europäischen Arbeiterparteien nicht entziehen, taumelten sie kaum weniger geblendet in die Katastrophe des Krieges.

Die Intellektuellen, die Schriftsteller, sie spotteten und lästerten über den bürgerlichen Patriotismus, die bierselige Gartenlaubengemütlichkeit der Jahrhundertwende, den geschmacklosen Protz der im Gründerrausch heraufgeschwemmten Emporkömmlinge. Sie höhnten über einen Kaiser, der in phantasiereichen, bunten Uniformen öffentlich paradierte und über die Kunst seiner Zeit dilettantisch schwadronierte. »Wenn nun die Kunst«, so hieß es in einer programmatischen Kaiserrede 1901, »wie es jetzt vielfach geschieht – weiter nichts tut, als das Elend noch scheußlicher hinzustellen wie es schon ist, dann versündigt sie sich damit am deutschen Volke ... soll die Kultur ihre Aufgabe voll erfüllen, dann ... kann sie [das] nur, wenn ... sie erhebt, statt daß sie in den Rinnstein niedersteigt.«[2] Das letztere tat sie – will man die kaiserliche Sicht übernehmen – in den naturalistischen Dramen Gerhart Hauptmanns, die in diesen Jahren die Theaterbesucher erschütterten, aber auch laute Proteste auslösten. Zum »Rinnstein« der Seele führten die Stücke des Norwegers Henrik Ibsen, der in Deutschland seine größten Triumphe feierte. Vielleicht weil gerade die wilhelminischen Untertanen im Lebensdrama eines Baumeisters Solness, in der Tragödie einer Hedda Gabler spürten, welche Leere sich hinter den wachsenden Produktionszahlen, den glänzenden Schlachtschiffen, dem Machtgepränge des Reiches verbarg.

»Das Politische ekelt mich an«, heißt es 1917 in einem Brief Arnold Zweigs.[3] Auch wenn dieser Satz, geschrieben an der Front, einen anderen Hintergrund hat, so spiegelt er doch sehr genau die Empfindung der meisten Intellektuellen in den Jahren vor 1914 wider. Der Ästhetizismus, die Flucht ins vermeintlich Unpolitische ist ihre Antwort auf eine Gesellschaft, die nach der Flotte ruft und nach Kolonien, die den Wert des Lebens nach Aktienkursen und Bilanzgewinnen bemißt. Das Dandytum Oscar Wildes, die elitären Hymnen Stefan Georges, der Klangzauber Debussys, die exzentrische Melodik der Salome-Partitur, die verschlungene Ornamentik des Jugendstils feiern sie – das Leben als Kunstform.

Um den deutschsprachigen Roman wird es still im lauten Reich. Die großen späten Prosaschriften Theodor Fontanes, »Effi Briest« (1896) und »Der Stechlin« (1897), das geniale Frühwerk Thomas Manns, »Buddenbrooks« (1901), Heinrich Manns »Die kleine Stadt« (1909) bleiben Ausnahmen. Deutsche Leser versinken gemütvoll in den Romanen einer Eugenie Marlitt oder Hedwig Courths-Mahler, Ludwig Ganghofer erreicht riesige Auflagen,

Gustav Freytag und Felix Dahn befriedigen die wirklichkeitsverdrängende Sehnsucht nach germanisch-mittelalterlicher Ordnungswelt. Der Kaiser hält Ernst von Wildenbruch für einen Jahrhundertschriftsteller. Als der Tanz des europäischen Imperialismus an den Abgrund führte, die Waffenkammern überquollen, die Sprache der Gewalt, die jahrelang die Kabinettsorder in Berlin und Wien, aber auch in Petersburg, Paris und – gedämpfter – in London, die Schlagzeilen der Zeitungen, die Titel der zahlreichen Flotten- und Kolonialbücher geprägt hatte, nun Taten verlangte, da fiel der Schleier des Ästhetizismus abrupt nieder. Der Geist der Zeit hatte auch die Intellektuellen vergiftet. Sie jubelten so laut wie die Arbeiter, deren Führer noch gerade in Basel geschworen hatten, daß die Werktätigen für die Interessen ihrer Unterdrücker nie aufeinander schießen würden, wie die Bürger, die den Krieg als Befreiung von einem oft grauen Alltag empfanden. Die Kriegspsychose verschonte nur wenige. Auch nicht den jungen Schriftsteller Arnold Zweig, der gerade an einer jüdischen Tragödie schrieb, als Europa daranging, seine Weltstellung zu verspielen.

Zu den bedeutendsten irrationalen Phänomenen der christlich-abendländischen Geschichte gehört der Judenhaß oder – moderner ausgedrückt – der Antisemitismus. Er bleibt bis in unsere Tage eines der dunkelsten Kapitel in der endlosen Reihe geistiger und gewalttätiger Auseinandersetzungen zwischen den Völkern und Gesellschaften. Alle Erklärungsversuche sozialer, tiefenpsychologischer oder theologischer Art – so bedeutsam sie auch zweifellos sind – können angesichts der historischen und aktuellen Wirklichkeit doch nur Teillösungen anbieten, lassen einen rational nicht faßbaren Rest offen. Ganz zu schweigen von den pseudowissenschaftlichen Rassentheorien, die im Gefolge der Schriften des Grafen Gobineau ihre sumpfigen Blüten trieben.

Arnold Zweig war Jude. Neben der Deutung des Imperialismus, neben dem Versuch, die gesellschaftlichen Kräfte zu analysieren, die die Politik dieser Epoche prägten, war es seine Identität als Jude, die sein Werk und sein Denken ausfüllte. Zahlreiche Aufsätze, seine Theaterstücke und mehrere Bücher hat er diesem Thema gewidmet. In seinen Romanen spielen jüdische Menschen eine herausragende Rolle. Als einer der ganz wenigen bedeutenden Schriftsteller Weimars wählte Zweig 1933 Palästina als Zufluchtsort.

Die Forschung in Westdeutschland hat mehrfach darauf hingewiesen, daß der Antisemitismus im kaiserlichen Deutschland keine bedrohliche Größenordnung erreicht habe. So zieht Hans-Günther Zmarzlik das Fazit: »Der Druck der Antisemitismen im Wilhelminischen Deutschland hat insgesamt nachgelassen; es wird stiller um sie ...«[4] Dies mag zutreffend sein, wenn der Blick auf die Geschichte des Antisemitismus nach 1918 fällt. Richtig ist auch, daß wohl die Mehrzahl der damals in Deutschland lebenden Juden sehr optimistisch erwartete, die angestrebte Assimilierung werde das Judenproblem von selbst aufheben. Der Aufstieg der Enkel einer Getto-Generation schien diesem Optimismus recht zu geben. Etwa vier Fünftel der deutschen Juden waren um die Jahrhundertwende dem mittleren oder gehobenen Bürgertum zuzuzählen, ihr Anteil an der Studentenschaft auf den deutschen Universitäten, der bei acht bis zehn Prozent lag, war überproportional zu ihrem Bevölkerungsanteil von knapp einem Prozent. Im Kulturbereich – in der Presse, den Theatern – spielten sie zahlenmäßig und intellektuell eine immer bedeutendere Rolle.

Aber es gibt auch ganz andere Tatsachen: Juden hatten keinerlei Aufstiegschancen beim Heer, in der öffentlichen Verwaltung, an den Universitäten. Und blättert man in den Tagebüchern, Briefen oder autobiographischen Schriften deutscher Juden der wilhelminischen Jahre, dann wandelt sich das Bild. Das Erkennen der eigenen Situation, des Judeseins, löste tiefe Depressionen und Existenzkrisen aus. »In den Jugendjahren eines jeden deutschen Juden gibt es einen schmerzlichen Augenblick«, schreibt Walther Rathenau, »an den er sich zeitlebens erinnert: wenn ihm zum ersten Mal voll bewußt wird, daß er als Bürger zweiter Klasse in die Welt getreten ist, und daß keine Tüchtigkeit und kein Verdienst ihn aus dieser Lage befreien kann.«[5] In Arthur Schnitzlers Autobiographie über seine Wiener Jugendjahre heißt es: »Es war nicht möglich, insbesondere für einen Juden, der in der Öffentlichkeit stand, davon abzusehen, daß er Jude war, da die andern es nicht taten, die Christen nicht und die Juden noch weniger.«[6] Die Betrachtungen des Fürther Juden Jakob Wassermann, eines vor allem in den Weimarer Jahren viel gelesenen Autors, über seinen Weg als Deutscher und Jude enden mit dem verzweifelten Aufschrei: »Was bleibt? Selbstvernichtung? Ein Leben in Dämmerung, Beklommenheit und Unfreude ... unfaßlich für die Erleuchteten oder Seelenhaften, die nur zu wählen haben zwischen grenzenloser Einsamkeit und aussichtslosem Kampf? Es ist besser, nicht daran zu denken.«[7] Auch Arnold Zweig berichtet 1919: »Entscheidende Jugenderlebnisse: mein Judentum ...«[8] In seiner Erzählung »Aufzeichnungen über eine Familie Klopfer«, die starke autobiographische Passagen enthält, klingt die Trauer, das Entsetzen eines Rathenau oder Wassermann über die schockartig einsetzende Identitätskrise an: »Dann erfährst du, daß du ein kleiner Judenjunge bist und was es bedeutet, einer zu sein; die Jungens rufen es dir auf der Straße nach, daß sich dir das Herz umdreht vor Zorn, manche Lehrer lassen es dich höhnisch fühlen, und manchmal sondern sich auch die Klassenkameraden von dir.«[9]

Der Antisemitismus ist kein spezielles deutsches, sondern ein europäisches Phänomen. Die im Gefolge der Französischen Revolution einsetzende juristische Gleichstellung der Juden, ohnehin nur mühsam durchsetzbar, mündete ab 1890 in ein neues Anschwellen des Antisemitismus. In Rußland finden sich seine Spuren in den Schriften so namhafter Autoren wie Puschkin, Gogol oder Dostojewski. Die Pogrome, die unter Nikolaus II. in den neunziger Jahren einsetzten und in der Zeit von 1903 bis 1905 einen weiteren Höhepunkt erreichten, zeigten, welche fürchterlichen praktischen Folgen er nach sich zog. In Frankreich führte die Dreyfusaffäre an den Rand eines Bürgerkrieges. Als 1898 aufgedeckt wurde, daß die belastenden Unterlagen, die zur Verurteilung des jüdischen Hauptmanns Dreyfus geführt hatten, auf Fälschungen beruhten, löste dies eine Staatskrise aus. Die Dreyfusaffäre aber war nur das Ventil wilder antisemitischer Auswüchse. Schon seit Jahren war die Zahl judenfeindlicher Schriften und Bücher in Frankreich drastisch angewachsen. Das Buch von Eduardo Drumont, »Das jüdische Frankreich«, erschienen 1886, erreichte in einem Jahr 114 Auflagen. Eine Schrift, die mit nur einem Satz zu umschreiben ist: Alles kommt vom Juden; alles kommt dem Juden zugute. Das konservative, das katholische Frankreich sah in Büchern wie diesem, die die drohende »Weltherrschaft der Juden« apokalyptisch beschworen, den willkommenen Beweis für seine These, daß die laizistische Republik, geführt von den Juden, den Niedergang von Staat und Zivilisation herbeiführen mußte. In der Zeitung »La Croix« war zu lesen:

»Wer daran festhält, von Jesus nichts wissen zu wollen, ist schon von der hauptsächlichsten Seite her Jude.«[10] Die römische Kirche aber bedachte antisemitische Schriften mit wohlwollenden Kommentaren. In der Vatikan-Zeitung »Civiltà Cattolicà« hieß es am 8. Februar 1898: »Die Verurteilung von Dreyfus war für Israel ein schrecklicher Schlag; sie hat alle kosmopolitischen Juden über die ganze Welt hin an der Stirne gekennzeichnet, vor allem in jener ihrer Niederlassungen, die Frankreich regiert ... Die Verschwörung wurde in Basel auf dem zionistischen Kongreß angezettelt, der offenkundig darum zusammengetreten war, um über die Befreiung Jerusalems zu diskutieren.«[11]

Auch die Sozialisten waren nicht frei von antisemitischem Denken, erlagen häufig der dumpfen Propaganda, an der sich nicht wenige der großen Geister Frankreichs beteiligten. Selbst ein so untadeliger Mann wie Jean Jaurès erklärte nach der Verurteilung von Dreyfus: »Die Juden sind Kosmopoliten ohne Vaterland, Konservative ohne Wissen ... Die Wahrheit liegt darin, wenn man ihn nicht zum Tod verurteilt hat, so rührt das daher, daß die ungeheuren Bemühungen der Judenheit nicht ohne Erfolg geblieben sind.«[12] Und Georges Clemenceau, der leidenschaftliche Dreyfus-Verteidiger und mutige Kämpfer gegen den französischen Antisemitismus, ließ sich im Herbst 1917 zu bitteren Worten über die Juden hinreißen, als er ihnen vorwarf, die Urheber der russischen Revolution gewesen zu sein und damit die alliierte Kriegskoalition geschwächt zu haben.

In dieser schwülen, haßerfüllten Atmosphäre erschienen die »Protokolle der Weisen von Zion«, die plumpe Fälschung eines zaristischen Polizeioffiziers. Bis in die dunklen Jahre des Holocaust hinein blieben sie jedoch für Europas Antisemiten der Beweis jüdischer Infamie und Herrschaftsphilosophie. Ein Tatbestand, der einmal mehr zeigt, daß der Judenhaß tief in der Geistesgeschichte auch des modernen Abendlandes verwurzelt war und daß sich eine Brücke vom Antisemitismus des 19. Jahrhunderts zur Judenvernichtung in den dreißiger und vierziger Jahren unseres Jahrhunderts spannt.

In der deutschen Geistesgeschichte saß der antisemitische Stachel tiefer als bei unseren Nachbarn. In den Werken von Fichte und Hegel, Marx und Schopenhauer wird dies nicht weniger sichtbar als im unheilvollen Einfluß des aggressiven Rassisten Richard Wagner, der die Oberschicht des wilhelminischen

Deutschland weit über seine Musik hinaus blendete. Sein Essay »Das Judentum in der Musik« (erschienen 1850/69) wurde zu einem entscheidenden Anstoß für die neue antisemitische Welle, die Deutschland bald überflutete. Wagners Schwiegersohn Houston Stewart Chamberlain veröffentlichte 1899 die »Grundlagen des 19. Jahrhunderts«, ein düsteres Gebräu wissenschaftlich unhaltbarer Rassentheorie, das zum Bestseller mit Langzeitwirkung wurde. Chamberlain, die Witwe Cosima und der Bayreuther Kreis wurden zu Vordenkern des Holocaust. Die beiden meistgelesenen bürgerlichen Romane zwischen 1850 und 1890 waren in Deutschland Gustav Freytags »Soll und Haben« (1855) und Wilhelm Raabes »Der Hungerpastor« (1864). Die Juden Veitel Itzig und Moses Freudenstein, ihre negativen Romanfiguren, prägten für Generationen von Deutschen ein verzerrtes, in seiner Intention bösartiges Charakterbild von ihren jüdischen Mitbürgern. Beide Autoren zählten dabei keineswegs zum Kreis der deutschen Antisemiten.

Die politische Organisation des Antisemitismus in den wilhelminischen Jahren war gegenüber der geistigen Vergiftung, die er schuf, relativ wirkungslos. Ihren Höhepunkt erreichte sie bei den Wahlen von 1893, als die »Antisemitische Volkspartei« mit 260 000 Wählern 16 Sitze im Reichstag errang. Danach verlor sie von Wahl zu Wahl an Stimmen und Sitzen. Aber diese Entwicklung kann nicht verbergen, daß auch in den politischen Führungskreisen der Antisemitismus keineswegs verpönt war. Der Einfluß des Hofpredigers Adolf Stoecker, des Historikers Heinrich von Treitschke (»Die Juden sind unser Unglück«) oder des Wagnerianers Chamberlain (Briefpartner und Lieblingsautor Wilhelms II.) blieb auch beim Kaiser nicht ohne Wirkung. Viele seiner berühmt-berüchtigten Randnotizen zeugen davon. Ein Bericht über Demonstrationen 1905 in Riga trägt die kaiserliche Anmerkung: »Immer sind es die Juden!« Die Nachricht, daß russische Juden nach Deutschland geflohen waren, kommentiert er mit den Worten: »Hinaus mit diesen Schweinen!«[13] Der britische Historiker John C. Röhl zitiert in einer Charakterstudie über Wilhelm II. einen bislang unbekannten Brief des Kaisers aus dem Jahre 1919: »Die tiefste, gemeinste Schande, die je ein Volk in der Geschichte fertiggebracht, die Deutschen haben sie verübt an sich selbst. Angehetzt und verführt durch den ihnen verhaßten Stamm Juda, der Gastrecht bei ihnen genoß! Das war sein

Dank! Kein Deutscher vergesse das je, und ruhe nicht bis nicht diese Schmarotzer vom Deutschen Boden vertilgt und ausgerottet sind! Dieser Giftpilz am Deutschen Eichbaum!«[14]

In Wien aber, wo die Juden in einzelnen Gemeindebezirken bis zu einem Drittel der Bevölkerung ausmachten, streifte zehn Jahre, bevor der deutsche Kaiser diese furchtbaren Sätze niederschrieb, ein gescheiterter Prüfling, der von einer Künstlerkarriere träumte, durch die Straßen der Stadt. In der antisemitischen Atmosphäre der Habsburger Metropole und bei den begeistert aufgesuchten Aufführungen von Wagner-Opern formte sich in ihm ein Weltbild, dessen politische Umsetzung schließlich die Mordvisionen Wilhelms II. Wirklichkeit werden ließ, dessen Taten Namen wie Auschwitz und Treblinka in die Geschichte von Deutschen und Juden einbrennen sollten. Der arbeitsscheue Vagabund hieß Adolf Hitler.[15]

Die zunächst nur für eine jüdische Minderheit akzeptable, aber historisch gesehen folgenreichste Antwort, die das westeuropäische Judentum auf die durch den Antisemitismus hoffnungslos gewordenen Assimilationsbestrebungen gab, kam von Theodor Herzl. Als Pariser Korrespondent der Wiener Zeitung »Neue Freie Presse« hatte er den Dreyfus-Prozeß aus unmittelbarer Nähe beobachtet. 1896 erschien seine Schrift »Der Judenstaat«. In der Einleitung schreibt Herzl: »Wir haben überall ehrlich versucht, in der uns umgebenden Volksgemeinschaft unterzugehen und nur den Glauben unserer Väter zu bewahren. Man läßt es nicht zu … Im jetzigen Zustande der Welt und wohl noch in unabsehbarer Zeit geht Macht vor Recht. Wir sind also vergebens überall brave Patrioten, wie es die Hugenotten waren, die man zu wandern zwang. Wenn man uns in Ruhe ließe … Aber ich glaube, man wird uns nicht in Ruhe lassen.«[16] 1897 fand in Basel auf Initiative Herzls der erste zionistische Kongreß statt. Nach seiner Rückkehr notiert er in seinem Tagebuch: »Fasse ich den Basler Kongreß in ein Wort zusammen – das ich mich hüten werde, öffentlich auszusprechen –, so ist es dieses: In Basel habe ich den Judenstaat gegründet.«[17] Damals empfand die Masse der assimilierten europäischen Juden eine solche Vision als Utopie. Am 14. Mai 1948, dem Tag der Gründung des Staates Israel, wurde sie Wirklichkeit. Acht Wochen später, am 15. Juli 1948 – die den Massenmorden in Europa entronnenen Juden kämpften in ihrem neuen Staat schon wieder ums nackte Überleben –, bestieg in Tel Aviv ein alt wirkender, gebeugter Mann ein Flugzeug nach Prag. Als der Zionismus, für den er so früh und mit so leidenschaftlichen Worten gerungen hatte, triumphierte, verließ Arnold Zweig Palästina für immer.

Im gleichen Jahr, in dem Herzls programmatische Schrift »Der Judenstaat« erschienen war, zog die Familie Zweig aus der kleinen niederschlesischen Garnisonsstadt Glogau ins Oberschlesische, in die kohlengeschwärzte Bergarbeiterstadt Kattowitz; sie tat dies nicht freiwillig, sondern als Opfer eines latenten Antisemitismus, der auch in Preußen zu spüren war. Der Vater, Adolf Zweig, hatte Bankrott gemacht, ein den bald fünfköpfigen Haushalt gut ernährender Getreidehandel war zusammengebrochen. Hintergrund für den wirtschaftlichen Ruin bildete ein 1890 vom preußischen Landtag verabschiedetes Gesetz, das dem kaiserlichen Heer vorschrieb, seine Versorgung durch direkten Kauf beim Produzenten zu sichern – eine Anordnung, die vor allem auf die jüdischen Händler zielte, in deren Händen die Lieferungen an die Garnisonen weitgehend lagen. Auch Adolf Zweig reiste über das Land, kaufte bei den schlesischen Bauern die Ernte als Zwischenhändler auf. Das neue Gesetz vernichtete die Basis seines Geschäftes. Der gelernte Sattler gründete ein Speditionsunternehmen, blieb erfolglos, erwarb die Lizenz für eine Gastwirtschaft, die ihm wieder entzogen wurde, als es im Schankraum am Kaisergeburtstag zu einer blutigen Schlägerei zwischen Soldaten kam.

Adolf Zweig war ein beruflich Gescheiterter und hatte Glogau als Gedemütigter verlassen müssen. Nicht nur der Antisemitismus war daran schuld. Wie zahllose andere Kleinhändler und Handwerker war er das Opfer der Industrialisierung beziehungsweise einer Gesetzgebung, die vor allem den Interessen der ostelbischen Großagrarier oder der mächtigen Industriekonzerne an Rhein, Ruhr oder auch in Schlesien dienen sollte. Auch wenn sich der Sohn Arnold später nur sehr knapp darüber geäußert hat, in seinen Erzählungen und Romanen, in denen biographische Bezüge bis ins Detail hinein unübersehbar sind, aber auch in mancher Briefanmerkung wird deutlich, welch tiefe Schatten durch den beruflichen Niedergang des Vaters auf das Zusammenleben der Familie fielen. Die »Flucht« nach Kattowitz hatte den Schleier kleinbürgerlicher Idylle zerrissen. Noch vierzig Jahre später erinnert er seinen Bruder Hans in einem Brief an

»die ganze Geschichte vom Einsturz unserer Existenz in Glogau und der Verbannung nach Kattowitz«[18]. Der Leser spürt in diesen Zeilen den traumatischen Schrecken, der Arnold Zweig seit diesen frühen Jahren nie mehr ganz verlassen sollte.

Es war bis zum neunten Lebensjahr aber wohl eine glückliche Jugend. In Glogau »empfing ich die ganze Sorgfalt einer jüdischen Familie, die linde Luft niederschlesischer Landschaft, die retardierende Kraft einer wegab liegenden Kleinstadt und die stärksten Eindrücke preußischer, militärischer Sauberkeit, Strammheit, Genauigkeit in frühester Jugend – all das zu meinem Heil«.[19]

Die kleine Residenzstadt wurde vom mittelalterlichen, gotischen Dom, den Türmen der jesuitischen Barockkirche überragt, die alten Festungswälle erzählten von kriegerischen Tagen, als um Niederschlesien Deutsche und Polen, Habsburger und Hohenzollern gekämpft hatten. Breit floß die Oder an dieser Stelle, trug sie mit Schlesiens schwarzem Gold, der Kohle, beladene Schlepper bis nach Stettin. Noch in einem Jahrzehnte später niedergeschriebenen Rückblick auf diese Zeit ist etwas von dem Stolz zu spüren, in Preußen geboren zu sein: »Heute setze ich die Bemerkung voran, daß meine Ahnen zwischen 1740 und 1756 der preußischen Monarchie einverleibt wurden und also aufhörten, der jungen Maria Theresia Untertanen zu sein, als Friedrich II. auch die Kreise Lublinitz und Rosenberg annektierte, ihren kulturellen Zusammenhang mit der mährischen Landschaft beendend. Mein Vater, Handwerker wie seine Brüder, war der erste unserer Reihe, der sich in einer Stadt niederließ, der Festung Glogau in Niederschlesien; dort kam ich zur Welt.«[20]

In der Erzählung »Aufzeichnungen über eine Familie Klopfer« malt Arnold Zweig in der Gestalt des Großvaters von Heinrich Klopfer ein liebevolles Bild aus den glücklichen Tagen des Vaters: »Ich liebte ihn, den alten Mann, obwohl er ... stets nach Leder, Pech und säuerlichem Lack roch, staubig und meist in Pantoffeln einherging, die er hinten hinunterzutreten pflegte, ich liebte ihn ... und damals ging es ihm durchaus nicht schlecht: er hielt Pferde und einen großen Lagerplatz vor der Stadt mit Laube und kleinem Gärtchen, in dem seine Kinder spielen konnten ...«[21] Übergangsjahre waren es für die Menschen, vor allem für die, die am Rande des Hohenzollernreiches lebten. Der Vormarsch der Fabriken, das Wachsen der Städte hatte die letzten Ausläufer ländlich-freier Lebensform, romantischer Naturbetrachtung noch nicht überdeckt. »Meine Mutter, Bianca Spandow, besaß noch Visitenkarten ihres Vaters, die ›Arnold van Spandow‹ lauteten; nach ihm wurde ich genannt. Er war ein Mann, der das Herumschweifen, das Angeln und Träumen an dem Fluß Oder mehr liebte als nützliche Beschäftigung, die er seiner Frau überließ ...«[22]

Die Geschichte seiner Vorfahren liegt im übrigen weitgehend im historischen Dunkel. Einige seiner Biographen weisen auf die jüdisch-spanische Herkunft der Familie seiner Mutter hin. So meint der Belgier Paul Huys: »Bianca Spandows Urahnen waren gebildete spanische Juden, die im Laufe des fünf- oder sechzehnten Jahrhunderts wie viele ihrer Stammesgenossen von der Inquisition aus Spanien vertrieben worden waren.«[23] Zweigs Schwester Ruth wiederum sprach einmal von französischen Vorfahren, dann wieder von holländischen Einwanderern. Manche eigene öffentliche Auslassung des dann schon berühmten Schriftstellers über Herkunft und Jugend sind zweifellos immer auch ein wenig stilisiert. Sicher ist, daß Zweigs väterliche und mütterliche Vorfahren mindestens seit drei Generationen in Schlesien lebten und arbeiteten.

Zum berühmten Namensvetter und Zeitgenossen Stefan Zweig bestanden übrigens allenfalls sehr weit entfernte verwandtschaftliche Bande. »Meine Beziehungen zur Familie des Kollegen Stefan Zweig«, schrieb der andere Zweig im Alter, »endeten 1745, als unser Ast der Zweigs in das annektierte preussische Oberschlesien auswanderte.«[24] Der Autor historischer Porträts und Romanbestseller merkte nach Arnold Zweigs Welterfolg mit dem Grischa-Roman zu dieser Namensgleichheit freundlich an: »Sie hätten sich einen Nom de plume geben sollen, einen Schriftstellernamen! Jetzt, wo von Ihnen eine internationale Wirkung ausstrahlt, wird der Verwechslung unserer beiden Werke auch außerhalb Deutschlands kein Ende sein.«[25] So ganz verkehrt war diese Prognose nicht.

Zeit seines Lebens fühlte sich Arnold Zweig mit der Landschaft verbunden, in der er geboren wurde. Wenn Marcel Reich-Ranicki später vom »preußischen Juden«[26] oder Jean Améry von dem »roten Preußen«[27] sprachen, so trifft dies zweifellos einen Teilbereich von Identität und Selbstverständnis dieses Schriftstellers. Sichtbar wird diese »Zuneigung« beispielsweise in Zweigs General von Lychow, mit dem er in seinem »Kriegszyklus« das längst versunkene Preußen auferstehen läßt. Tucholsky fand in seiner Grischa-Rezension die hübsche, an einen von Zweig hochgeschätzten epischen Berichterstatter des Preußens der Vor-Kaiserzeit erinnernde Formulierung: »Excellenz von Lychow, geb. Fontane«[28]. Seine schönsten Literaturessays schrieb Zweig über den Preußen Heinrich von Kleist und dessen Schauspiel »Der Prinz von Homburg« und über den Schöpfer der »Minna von Barnhelm«, Gotthold Ephraim Lessing, einen allerdings skeptischen Betrachter Preußens.

Im Sommer 1933, als der Nachfolgestaat Preußens ihn mit dem Tod bedrohte und er fliehen mußte, beginnt er sein Selbstporträt als Sohn des jüdischen »Kleinbürgertums« mit den selbstbewußten Sätzen: »Die Vorfahren des Schriftstellers A. Z. leben und sterben als kleine Schankpächter und Landjuden im Kreise Lublinitz in Oberschlesien, wo Kartoffelbau, Getreide und Wald die Charakteristika der Landschaft bilden. Dort, in einem Dorfe namens Slupna wird 1856 dem Kretschmer (Schankpächter) Isaak Zweig als zweiter von vier Söhnen Adolf Zweig geboren, der wie alle seine Brüder ein Handwerk erlernt, dieser die Sattlerei.«[29]

Allerdings wird sein »Preußentum« auch durch manche Bemerkung relativiert. Im 1927 erschienenen Essay »Caliban« heißt es in einem Absatz, in dem er über seine Jugendjahre spricht: »Da hatten Lehrer den Bartels gelesen und trugen nun deutsch vor, da kamen Kameraden aus antisemitischen Familien, da herrschte eine naive Anbetung des Militärischen, da war Held gleich Soldat, Preuße gleich Retter Deutschlands und Deutschlands Gerüst, Opposition gleich Ressentiment der Schlechtweggekommenen, Preußische Staatseinrichtung gleich göttlicher Ordnung, Herrenschicht gleich adliger Mensch ...«[30] 1933, als der Antisemitismus zur deutschen Regierungspolitik wird, formuliert er recht unzweideutig, »und stets ist der preußische und der russische Militarismus geistesfeindlich gewesen, also: antisemitisch«[31]. Und die preußischen Tugenden seiner Romanfigur General von Lychow werden vom Dichter Arnold Zweig denn doch auch sehr kritisch betrachtet. Am Ende verweigert auch von Lychow den letzten Einsatz, um das Leben des zu Unrecht verurteilten russischen Sergeanten Grischa zu retten. Er reist nach seiner großen Auseinandersetzung mit Schieffenzahn nicht zurück nach Merwinsk, sondern in den Urlaub, und er läßt damit dem Verhängnis seinen Lauf. »Ich bin, oh Himmel! preußischer General«[32], so entschuldigt im Grischa-Buch von Lychow sein »Versagen«. Ein Satz, den wenige Jahre nach der Veröffentlichung dieses Romans viele preußische Militärs aussprechen werden, als sie die verbrecherischen Befehle Hitlers in falsch verstandener Gehorsamsethik in die Tat umsetzen.

Zweigs preußische Identität muß also sehr differenziert gesehen werden. Er fühlte sich vor allem und zuerst als Reichsdeutscher, als Erbe deutscher Geistesgeschichte, als Intellektueller, den die deutsche Sprache geformt hatte. Es darf zudem nicht übersehen werden, daß die Landschaft seiner Jugend bis zu Friedrichs räuberischem Einfall in Schlesien nicht von den Hohenzollern, sondern von den Habsburgern regiert wurde.

Der Umzug nach Kattowitz, die beengten Verhältnisse, in denen die Familie – zwei jüngere Geschwister, der Bruder Hans und die Schwester Ruth, waren hinzugekommen – über Jahre hinweg leben mußte, bringen erste Brüche im Leben des jungen Arnold Zweig. Der Vater kehrte in den alten Beruf zurück, das Sattlerhandwerk, kämpfte lange und zäh, bis er wieder ein eigenes Geschäft für »Lederwaren, Pferde- und Hundehaltung« gründen konnte. Ruth Zweig schreibt 75 Jahre später: »Er begann in einer Dreizimmerwohnung in der Körnerstraße, Erdgeschoß. In einem Zimmer befand sich die Werkstatt, in den zwei anderen wohnten fünf Personen. Nach einem Jahr zog die Familie in ein Gartenhaus in der Friedrichstraße 10. Sie hatte nun eine Dreizimmerwohnung für sich allein; die Werkstatt war in einem Seitengebäude in zwei Räumen untergebracht. Im Jahre 1905 zog die Familie in die Friedrichstraße 13, wo sich im Erdgeschoß das Geschäft ... befand. Daran schlossen sich Lagerraum und Werkstatt. Im ersten Stock des Hauses bewohnte die Familie eine Fünfzimmerwohnung.«[33]

Der Weg, der vom dunklen Erdgeschoß hinaufführt zur Fünfzimmerwohnung, zermürbt Adolf Zweig. Er verfällt ins Grübeln, die Ehe ist zerrüttet, das Geschäft wird schließlich hauptsächlich durch die Mutter am Leben gehalten. In seiner Novelle »Cinéma«, die 1911 entstand und in der die Geschichte des pubertierenden Buchhändlerlehrlings Benno Bremm erzählt wird, findet sich möglicherweise einiges von der familiären Atmosphäre dieser Jahre im Empfinden des heranwachsenden Arnold Zweig wieder. Der kleinbürgerlichen Realität seines Alltags entzieht sich Bremm durch die Flucht in die Traumwelt des Kinos, in die Romanillusionen einer Welt von tapferen und galanten Kavalieren,

Frauenhelden und Duellanten. »Die Luft der Bremmschen Wohnung und besonders die des Zimmers, in dem sie lebten und speisten, war gesättigt von verdrängter Feindseligkeit und schwer von dem süßlichen Geruche des eben gegessenen Gerichts ... Man sprach nicht miteinander; einer machte dem andern durch seine bloße armselige Gegenwart den Vorwurf, daß man es ›im Leben‹ zu nichts gebracht habe, daß er ihn behindere und unten hielte, und daß man, allein, ein ganz anderer Kerl geworden wäre. Benno fühlte sich vernichtet und gab sich verloren.«[34]

Die Zweigs waren »Drei-Feiertags-Juden«. Den orthodoxen Riten standen sie fremd gegenüber, ihr Lebensrhythmus wurde nicht von den mosaischen Glaubensvorschriften bestimmt. Der Vater wird 1905 Mitbegründer der zionistischen Ortsgruppe in Kattowitz und vertritt damit jene »merkwürdige zionistische Bewegung, welche die Juden einer tätigeren als der nur konfessionellen Einigung zuführen und ihre Übersiedlung in das bessere, das eigene Land vorbereiten wollte«.[35] In der Klopfer-Novelle heißt es über das Alter ego des Adolf Zweig: »Im Sinne des Rabbiners durfte man ihn kaum einen ›guten Juden‹ nennen, denn obwohl er sicherlich dumpf an seinem hebräischen Gotte hing, hatte er doch weder Zeit noch Geld genug für die zeremonielle Frömmigkeit: er besuchte selten die Synagoge, und seine Wirtschaft ließ alles Rituelle vermissen; aber seinem Gefühl nach, im Bewußtsein, stand er doch willig im Judentume: er fühlte, daß er anders sei als seine christlichen Mitbürger, fleißiger, nüchterner, nachdenklicher, und wenn er auch nicht bewußte Folgerungen daraus zog, so schämte er sich dieser Abart doch noch weniger.«[36]

Für den Sohn mündet das Erkennen seines Judentums in heftige innere Glaubensauseinandersetzungen ein, die sich über Jahre hinziehen. Das Judentum trifft doppelt: Es stellt seine gesellschaftliche Position in Frage und führt zum »Ringen mit Jahwe«. Die Zweifel und Qualen enden zunächst mit einer radikalen Verneinung, wie sie im Brief an die Eltern 1908 – er ist bereits Student – formuliert wird: »Ich merke erst recht jetzt, wie aufrichtig ich *nicht* an Gott glaube, wie sicher ich vielmehr *weiß, fühle*, daß es keinen gibt: der Gedanke an ihn müßte einem Menschen in unserer Lage kommen, und doch kann ich mir nicht mal jemanden *vorstellen*, der das tut, ohne zu *wissen*: es hilft so wie so nichts. Man ist ganz allein.«[37]

Sätze, die auch seine Zerrissenheit, seine wachsende Isolierung spüren lassen. Da die Erzählung über die Familie Klopfer – wie schon erwähnt – autobiographische Züge trägt, läßt die Grundsituation der Fabel die Schlußfolgerung zu, daß Arnold Zweig in der Zeit der Niederschrift nicht nur auf der verzweifelten Suche nach einem sicheren Fundament für seine Künstlerschaft ist, sondern auch mit dem Vater ringt. Der allerdings in seiner fiktiven Wiederauferstehung ist kein Handwerker, sondern Lyriker und Dramatiker: »Ich, sein Sohn Heinrich, werde diese Legende [gemeint sind Leben und Taten des Vaters – d. V.] sachgemäß zerstören ...«[38]

Vieles deutet darauf hin – briefliche Äußerungen, Szenen in seinen Erzählungen und Romanen –, daß Zweigs Lösung aus dem kleinbürgerlichen, familiären Milieu von heftigen inneren, aber auch äußeren Auseinandersetzungen begleitet war. Noch im Spätroman »Die Zeit ist reif« wird Werner Bertins Besuch im Elternhaus, seine Rückkehr in die schlesische Kleinstadt, zu einer qualvollen Begegnung mit der Welt seiner Jugend: »Was also dem Heimkömmling den Spaß verdarb, waren Unwägbarkeiten des Alltags, Dinge, die gleichsam nur in der Luft lagen: daß ihm wieder sein Ich von vierzehn Jahren anhaftete, der Schuljunge, dem einst der Vater mit Ohrfeigen den ›Hochmut austrieb‹, selbst mit dem Leibriemen; daß die Hausmannskost ihn bald anödete; daß die Enge des Städtchens ihm als Alp auf der Brust lag, weil sich der Dreizehn- oder Vierzehnjährige nicht vorstellen konnte, wie er ihr einmal entrinnen werde ...«[39]

Eine Atmosphäre der Fremdheit, des Nichtverstehens begleitet diese Jugendjahre. Der »Hochmut« einer angestrebten Künstlerschaft stößt in der biederen Handwerkerfamilie auf Ablehnung: »Ob er nun endlich in diesem Semester seinen Doktor machen werde? Und wann er zum Assessor anzutreten gedenke? Alle seine Klassenkameraden hatten schon zu Ende studiert ... (Müssen sie mir immer jedes gute Gefühl verderben, das ich in die Stube bringe? fragte sich Werner. Bin ich überall in der Stadt schon Schriftsteller, ihr kommender Gustav Freytag, und nur zu Hause ein Nichts, weil die Buchstaben Doktor vor meinem Namen fehlen?)«[40]

Es wird wachsen, dieses Gefühl des Außenseiterdaseins. Zweigs Abwendung von der zionistischen Idee, die erst die Begegnung mit Bubers Werk radikal beenden wird, ist also auch eine Verneinung der Welt des Vaters. Heinrich Klopfer, der nüchtern, »wissenschaftlich« über seinen Vater schreiben wollte, endet seine Aufzeichnungen mit einem emotionalen Ausbruch: »Und so will ich rückblätternd dementieren, was am Anfang geschrieben steht: daß ich die Legende über meinen Vater zerstören wolle ohne Haß, ohne eine Rache zu üben, aus wissenschaftlichen Gründen. Dreimal: nein. Diese Schrift ist eine Rache ... Ich habe meinen Vater gehaßt ...«[41]

Der Kampf gegen den Vater wird in der Klopfer-Novelle aber bereits auf eine andere Ebene gehoben. Der 24jährige Verfasser ist voller ehrgeiziger, bis dahin unerfüllter Schriftstellerträume. Nicht von ungefähr findet sich in der Erzählung der Hinweis auf »die hohen und noch heute wertvollen Romane der kunstreichen Brüder Heinrich und Thomas Mann«[42].

Zweig, zerrissen und unsicher auch seinem künstlerischen Standort gegenüber, kompensiert künstlerische Ängste mit einer zunächst vernichtenden Kritik des Sohnes Heinrich an Peter Klopfer, dem »ziemlich berühmten und ebenso eitlen Vater«, dessen »Bild ... man in vielen Revuen der neueren deutschen und der jungen hebräischen Literatur« findet.[43] Peter Klopfers Tagebücher und Briefe, so berichtet Heinrich, sind aber durch »Verbesserungen, Striche und Zusätze« gekennzeichnet, die die wirkliche Existenz dieses Dichters verdecken. Sie nämlich ist geprägt von Furcht, von schöpferischen Hemmungen. Seine Tochter Miriam spielt ihm die nackte »Susannah im Bade« in einer schwülen Szene vor, denn nicht im Erleben, nur im Betrachten wächst Klopfers Fähigkeit, die biblische »Komödie« zu schreiben.

Arnold Zweig betrachtet seine Stellung in der Welt, an der er leidet, in beiden Figuren, im Vater und im Sohn Klopfer. Die Selbstinszenierung des Lebens, auf der ein gut Stück des dichterischen Ruhms des Vaters beruht, ist eine Spiegelung von Zweigs damals schon beinahe ins Krankhafte gesteigertem »Haß« auf die erfolgreichen Schriftstellerkollegen aus Lübeck, die »Dekadenz« (»das Geschlecht ist müde und wird mit uns aufhören«[44]) des Sohnes die Berufung der eigenen, als Bedrohung empfundenen schriftstellerischen Unfähigkeit. »Wozu Schminke und Maske?« fragt Heinrich Klopfer. »Habe ich irgendeinen Vorteil davon, daß man sich über mich betrügt, wenn ich nicht mehr bestehe? Bin auch ich ein Literat? Ach nein, gar nicht, ganz und gewiß nicht.«[45]

Peter Klopfer endet im Selbstmord. Heinrich, der sich damit abgefunden hat, daß er sich »nicht ohne Anlaß davon machen kann«, ahnt über alle inneren Abwehrmechanismen hinaus die Stärke des Vaters, der »trotz seiner Krankheit aber noch gesund genug [war], dieses Leben zu lieben. Hätte er es nicht durchschaut, wäre er simpel und schönheitsselig genug gewesen, es gläubig hinzunehmen – oh, ich hätte nicht daran gedacht, ihn zu beneiden«.[46]

Moritz Goldstein hat in einem der frühen Aufsätze, die über Arnold Zweig erschienen sind, einen Gedanken formuliert, der den Versuch, Zweigs inneres Werden in seinen Entwicklungsjahren auch durch Heranziehung seiner frühen Dichtungen auszuleuchten, legitim erscheinen läßt: »Es ist nie ohne Gefahr, Gestalten in einem Werke, das sich als Dichtung gibt, mit Menschen der Wirklichkeit gleichzusetzen. Goethe ›ist‹ nicht Werther oder Tasso oder Faust. Dennoch hat man die Beziehung zwischen Schöpfer und Geschöpf hergestellt und mit Recht; denn man hat dabei für das Verständnis von beiden gewonnen. Also mit jedem Vorbehalt: der große Peter Klopfer ›ist‹ Arnold Zweig. Unser Zeitgenosse hat sich den Jünglingsscherz geleistet, über sich zu schreiben, wie er, am Anfang seiner Laufbahn, träumte, daß über ihn einmal geschrieben werden müßte ...«[47]

Die Klopfer-Novelle ist keine Autobiographie. Aber sie liefert, angesichts des spärlichen authentischen Materials über Zweigs frühe Jahre – insofern hat Goldstein recht –, doch einen entscheidenden psychologischen Zugang zur Entwicklung des Schriftstellers.

Ein Brief, den Arnold Zweig im Dezember 1913, also am Ende dieses Lebensabschnittes der Verzweiflung und Suche, an die Eltern schreibt, zeigt Distanz zu den bürgerlichen Erwartungen der Familie, aber auch die Überwindung der depressiven Klopfer-Phase, das neue Selbstbewußtsein, zu dem er gefunden hat: »Ob ich etwas erreicht und geleistet habe oder nicht, scheint sich also, trotz meiner anfänglich anderen Überzeugung, eurer Schätzung durchaus zu entziehen, da ihr mich mit all jenen Eseln identifiziert oder gleichstellt, die mit mir nur das eine gemein haben, daß sie auf derselben Schulbank saßen wie ich. Ich bin freilich schon 26 Jahre alt und hoffe auch noch älter zu werden; wenn ihr aber glaubt, daß ich eines Tages umschwenke und ein harmloser, unauffälliger und unbrauchbarer Normalbürger werde wie die

Kattowitzer Assessoren oder Doktors, so will ich euren Irrtum lieber gleich als später zerstören ... Ich bin in erster Linie ein Schriftsteller der seinen Namen hat, und der in der Zukunft wohl noch einen besseren sich machen wird.«[48]

Es sind die Entdeckung der Welt der Bücher und die wachsende Liebe zur Musik, die diese als Dunkelheit empfundenen Jahre in Kattowitz aufhellen. Er begegnet, wie er später berichtet, hier zum ersten Mal den Passionen Bachs, und Beethovens »Missa Solemnis« wird zum unvergessenen Hörerlebnis. Der berühmte Geiger Joseph Joachim gibt Konzertgastspiele, die den Schüler faszinieren, ihm auch die Werke von Brahms nahebringen, die er sein Leben lang lieben und hören wird.

Die Musik ist denn auch ein unübersehbares Struktur- und Erzählelement seiner Novellen und Romane geworden. Wieder ist Nietzsches Einfluß unverkennbar. Konzertbesuche werden für viele seiner Figuren zu aufwühlenden, lebensentscheidenden Erlebnissen. »Die Passion« und »Die Sonatine« lauten die Titel der beiden letzten Claudia-Novellen, »Quartettsatz von Schönberg« nennt er eine der frühen Novellen, im Roman »Verklungene Tage« spricht der Held Carl Steinitz von der heiligen »Kunst der Tragiker und Musiker« in ihrer Haltung zum Leben.[49] Barbara Naumann macht in diesem Zusammenhang die treffende Anmerkung: »Die Musik entwickelt Zweig in zentralen Szenen seiner frühen Romane zu einer Metapher von Kultur insgesamt, die eine metonymische (überragende – d. V.) Funktion innerhalb seiner Werke annimmt.«[50]

Das preußisch-habsburgische Schlesien, die jüdische Abstammung, das kleinbürgerliche Milieu, durch den Bankrott des Vaters für lange Jahre psychologisch verstörend besetzt, haben seine Jugend geprägt. Und die Schule, der Weg des Knaben und Jünglings in die Welt der Literatur, die doch die eigentliche geistige Heimat in diesem langen Leben werden sollte?

In Glogau besuchte er noch die Volksschule. Von diesen ersten Erfahrungen mit der wilhelminischen Pädagogik schrieb er später: »Die Schule, in die ich zuerst ging, werde ich noch einmal als das grauenhafte, stumpfsinnige und sadistische Qualhaus schildern, das sie für mich war.«[51] Auch in den Aufzeichnungen Peter Klopfers klingt dieser Ton an: »Du lernst, daß der Weg zur Schule und schon frühmorgens, noch im Bette, der Gedanke an ihn eine grauenhafte Qual sein kann, weil da ein schnurrbärtiger Mensch sitzt, Herr Lehrer Mikosch, der dich oft, oft mit einem dünnen gelben Rohrstock schlägt, weil du nicht schnell rechnest und nicht schön schreiben kannst, dich, der so selten geschlagen wurde, dich, der gegen Schmerzen allzu empfindlich ist; du lernst, daß man mit zehn Jahren schon am Dasein verzweifeln kann.«[52] In Kattowitz scheinen die Schülerängste gewichen zu sein. Er besuchte dort die »ausgezeichnete« Oberrealschule, die »Lehrer hatte, freiheitliche Deutsche, an die ich heute noch dankbar denke, vor allem an meinen Direktor Jakob Hacks, gestorben als Schulrat in Breslau«.[53] Dem »radikalen Freigeist« wird er vierzig Jahre später in dem Aufsatz »Begegnung mit einem Manne« ein kleines Denkmal setzen: »Wenn aus mir etwas geworden ist oder noch werden sollte, ihm danke ich davon ein gerüttelt Maß.«[54] Sein Blick zurück auf die Kattowitzer Schulzeit ist nicht ohne Kritik, aber er weist doch auf das für ihn in diesen Jahren Entscheidende hin: »Die Städtische Realschule ... war eine Rebellenschule, eine Räudelschule, in schlechtem Kredit oben und rechts, aber trotzig und glühend verteidigt von den Jungens mit den bunten Mützen. Auch in ihr wurde falsch unterrichtet. Auch in ihr blödsinniges Zeug gepaukt. Auch in ihr herrschte der Stundenplan über die Jugend, der Wissenskram verdeckte die Kenntnisse von der Erde, Geschichte ward dynastisch umgebogen, Kurfürst Joachim Friedrich war da, Robert Koch nicht, Schlachten und Schlächter wurden gelernt, die großen befruchtenden Genien übersehen, wenn sie nicht als ›Klassiker‹ paradierten. Aber es war Leben in der Schule, ein wilder Geruch von Freiheit ...«[55]

Erste Lebensfreundschaften werden in diesen Jahren geschlossen, mit dem späteren Maler Ludwig Meidner, dem kommenden Dichter Arnold Ulitz, dem Philologen Rudolf Clemens. »Wir waren eine ganze Gruppe junger Menschen voller Erwartungen, wir kritisierten einander, wir liebten, litten, arbeiteten.«[56]

In die Kattowitzer Schuljahre fallen auch Zweigs erste Begegnungen mit der Literatur. Das Grundthema seines Lebens soll deshalb schon hier allgemeiner betrachtet werden. Er wird ab seinem zwölften Lebensjahr zu einem leidenschaftlichen Leser. Erste Schritte führen ihn zu der damals üblichen Jugendliteratur – James Fenimore Cooper, Karl May, Felix Dahn –, er entdeckt den um die Jahrhundertwende noch immer viel gelesenen

Gustav Freytag, greift zu den Klassikern Shakespeare, Schiller, Goethe. Nichts Ungewöhnliches für einen Sohn des wilhelminischen Bürgertums, dessen Bildungsideale der heranwachsende Zweig übernimmt. Bemerkenswert aber doch zumindest in einem Punkt: Zweig wird sich zeitlebens der europäischen Klassik verbunden fühlen wie nur wenige seiner Schriftstellerkollegen. Der Idealismus Schillers, Goethes auf breiter Bildung beruhendes Weltbürgertum, Büchners »Einsicht in das schmerzliche Grundwesen des Lebens«, die, wie Zweig mit Blick auf die Woyzeck-Figur einmal schreibt, »kein Mitleid sondern die Achtung vor dem Menschen schlechtweg« fordert,[57] bilden das Fundament für die gesellschaftlichen Utopien, die sein Leben mitbestimmen: den geistigen Zionismus und den humanistischen Sozialismus.

Shakespeares dramatische Kunstgesetze, die Bewunderung für Kleist, in dem »die Uranlage des Dramatikers leidenschaftlicher und triebhafter wach [ist] als in irgendeinem seiner Vorgänger«[58], die realistische, das Panorama ihrer Zeit darstellende Prosa eines Balzac, Zola und Tolstoi, die stille, aber hintergründige Idylle in den Erzählungen von Gottfried Keller, Fontanes Prosakunst fesseln ihn, ohne aber später Form, Stil oder Dramaturgie des Schriftstellers Arnold Zweig entscheidend zu bestimmen. »Ein Schlosser lernt nur von Schlossern«, heißt es zwar in »Einsetzung eines Königs«, »eine Hausfrau am besten von Hausfrauen. Zu einem jungen Schriftsteller muß das Wort von Schriftstellern kommen ...«[59] Aber in seiner großen Epik wird Arnold Zweig doch auch eigene Wege gehen.

Naturalismus, Expressionismus, Neue Sachlichkeit, die rasch wechselnden literarischen Stile verfolgte er interessiert, sie berührten seine Ästhetik, seine Sprache jedoch nur begrenzt. Er blieb, vor allem nach dem Zusammenbruch der spätbürgerlichen Ideale auf den Schlachtfeldern des Krieges, gegenüber den kunstästhetischen Experimenten seiner Zeit skeptisch. Seine Verehrung für Thomas Mann – gelegentlich getrübt durch den nicht ohne Neid beobachteten Weltruhm des »Zauberers« – hielt seit den Tagen des Erscheinens der »Buddenbrooks« an, beinflußte ihn in seinen ersten Schriftstellerjahren bis in die Stoff- und Stilwahl hinein.

Das Werk des Freundes Lion Feuchtwanger reizte dann über Jahrzehnte hinweg zu manchem Kollegendisput, wie der umfangreiche Briefwechsel zeigt, aber der »Jud Süß« bedeutete für Arnold Zweig – so sagt er es jedenfalls später selbst – die Wiederentdeckung seines Glaubens an die Zukunft des deutschsprachigen Romans. Feuchtwangers Geschichte aus der bayerischen Provinz, »Erfolg«, zählte er zu den bedeutendsten epischen Werken der Weimarer Jahre. Heinrich Mann widmete er manche freundliche Zeile, schätzte seine politische Haltung, nannte seine beiden Romane über Heinrich von Navarra das »Meisterwerk eines hohen Menschen«. Seine Kritiken oder Anmerkungen über Neuerscheinungen der Kollegen waren selten polemisch, jedenfalls wenn er sich öffentlich äußerte. Er lobte gerne, fast immer sehr subjektiv, gelegentlich ein wenig zu euphorisch.

Nicht ganz folgenlos aber sollte ein Verdikt des einstigen Papstes der marxistischen Literaturwissenschaft bleiben, das Ende der dreißiger Jahre über den Romancier Arnold Zweig gefällt wurde. Georg Lukács, der doktrinäre Kursbestimmer der Stalin-Ära, entdeckte in Zweig den Kronzeugen für seine Theorie vom epischen Realismus. »Zweig bekennt sich, theoretisch wie praktisch, zur Erzählkunst ›alten Stils‹. Er steht den modernen Experimenten der Montage von Dokumenten, dem surrealistischen Durcheinander fern, wenn er auch seine Ablehnung solcher Experimente mehr in seiner Praxis, in seinen positiven Bekenntnissen, als in einer offenen Distanzierung oder Polemik zum Ausdruck bringt. Aber der Gegensatz äußert sich auch auf diese Weise deutlich genug. Zweig schreibt stets wirkliche Erzählungen, erstrebt und erreicht spannende Fabeln im ›herkömmlichen Sinn‹.«[60]

Mit solchen Lehrsätzen über Zweigs Romanwerk mißbrauchte Lukács den Schriftsteller in seinem Kampf gegen die »Abstrakten« James Joyce, Anna Seghers, Dos Passos oder Brecht. Als Lukács in den fünfziger Jahren geächtet, seine Theorien verdammt wurden, zählte auch Zweig indirekt zu den Opfern, denn die literarischen Werturteile von Lukács blieben haften. In der DDR-Germanistik stand man nun, vom engen Ideologiekorsett der Formalismusdebatte vorübergehend befreit, dem »realistischen Roman« etwas kritischer gegenüber und gewann damit auch ein distanzierteres Verhältnis zu dem noch gerade so gefeierten Werk des »Staatsschriftstellers« Arnold Zweig.[61] Er selbst hat diese Gefahr nicht gesehen. Im Juli 1951 schrieb er an Feuchtwanger: »Inzwischen ließ ich mir den ausgezeichneten Fontane-

Aufsatz von Georges Lukács ... und gleich danach seinen Essay über meine Kriegsromane in dem höchst lesenswerten Buch ›Schicksalswende‹ vorlesen (Aufbau-Verlag 1949), was mich in der Überzeugung bestärkte, daß wir uns hier aufs positivste durchsetzen und mit den mittleren und kleinen Bürokraten schließlich zu Rande kommen werden.«[62]

Es ist richtig, Zweigs episches Werk der Gattung des realistischen Romans zuzurechnen. Aber er bleibt deswegen nicht weniger ein moderner Autor, dessen komplizierte Handlungsführung, dessen Bild- und Sprachsymbole dem Leser nicht verborgen bleiben werden, der die Oberfläche des epischen Ablaufs zu durchstoßen vermag. Zudem hat Zweig Autoren wie Musil und Joyce zwar nicht auf eine Ebene mit Thomas Mann gestellt, aber ihre Bedeutung für die Literatur des 20. Jahrhunderts keineswegs unterschätzt. Den Dramatiker Bertolt Brecht bewunderte er. Wie für den Freund Feuchtwanger war es natürlich auch für Zweig verdrießlich, daß die westlichen Kritiken über Neuerscheinungen aus ihrer Feder in den fünfziger und sechziger Jahren immer wieder mit mäkelndem Unterton auf die Werke von Kafka, Proust oder Joyce verwiesen. »Der ›Goya‹ geht hier sehr gut«, heißt es da beispielsweise in einem Brief Feuchtwangers vom 2. August 1951, »wiewohl er von katholischer Seite scharf angegriffen wird und die Snobisten zu wenig Proust und Kafka darin entdecken.«[63] Ein Hinweis, auf den Zweig nicht ohne Ironie antwortet: »Daß die Leute bei Ihnen noch prousten und kafkan war ja nicht anders zu erwarten; in dem Prager Vers ›und es brodelt und werfelt und kafkat und kischt ...‹ wird man brodeln jetzt durch prousten ersetzen können.«[64]

Zweigs »Realismus«, den er allerdings mit eigenen, neuen kunstästhetischen Formen und einer ungemein kraftvollen, gelegentlich überbordenden Bildersprache gestaltete, bei der die poetischen Naturschilderungen immer wieder besonders faszinieren, hat nichts mit möglichen Grenzen seines schriftstellerischen Könnens zu tun. Schon »Die Novellen um Claudia«, im Ursprungstext 1912 bei Rowohlt veröffentlicht, deuten an, welche variationsreiche stilistische Palette ihm gegeben war – ganz zu schweigen von Romanen wie dem Grischa-Buch oder der Henker-Tragödie. Aber er wollte als Schriftsteller verstanden werden, für eine breite, nicht nur von den gewählten sprachlichen Stilmitteln, sondern auch von der »Story« mitgerissene Leserschaft schreiben. So war für ihn vor allem die Fabel entscheidend für seine Prosa. »Die Fabel ist dem epischen Kunstwerk so nötig wie die Haupt- und Mittelgräte dem Fisch, wie das Adernwerk dem Blatt«, schrieb er einmal in einer kleinen Abhandlung über die Kunst des Erzählens. »Die Gestalt und die Funktion des Fisches, sein Körper und sein Schwimmen werden von der Mittelgräte bestimmt. Ohne sie ist er kein Fisch. Daher bereitet die Frage der Fabel den Erzählern oft die größte Schwierigkeit, deutschen zumal. In naiver Selbstüberschätzung sind sie nicht selten der Meinung, die Tatsache, daß ihr Held geboren wurde, lebte, liebte und starb, sei eminent genug, um einem Kunstwerk als Fabel zu dienen; manchmal erstrecken sie diese Wichtigkeit auch auf Vorväter, und so entsteht der Entwicklungs- und der Familienroman. Aber diese Art von Fabel teilt der Mensch mit jedem Lebewesen ... und sie reicht selbst bei Künstlern wie Gottfried Keller zur Achse eines Kunstwerks nicht aus. Was nämlich die Fabel leisten muß, ist die Verknüpfung so wesentlicher Ereignisse und auf so wesentliche und aufschlußreiche Art, daß durch diese Verknüpfung die Transparenz des Lebens erreicht wird; daß der Leser erschüttert oder entzückt ausruft: ›Ja, so ist's, es ist wirklich so, man hat mir's geschrieben!‹«[65]

Der britische Germanist David R. Midgley hat diese »theoretischen« Gedanken Zweigs in bezug auf das Prosawerk sehr genau analysiert: »Sowohl die Stärke als auch die gelegentlichen Schwächen von Zweigs Romanen sind weitgehend mit der Bindung an eine hinreißende Fabel erklärt, die für sein Werk charakteristisch ist.«[66]

Werfen wir in diesem Zusammenhang einen Blick auf Zweigs berühmtesten Roman. Im Grischa-Buch ist der Kampf um das Leben des russischen Sergeanten die »Mittelgräte«, um die Zweig mit genialer Konzeptionskraft sein Panorama der Gesellschaft des untergehenden Wilhelminismus zeichnet. Aus dem Einzelschicksal deutet er die Welttragödie. Nicht Gut und Böse ringen hier gegen- oder miteinander, sondern Menschen, in denen die Triebe und Verdrängungen schließlich zum Motor des Handelns werden. Der Leser wird mit einer zahlenmäßig großen Figurengalerie konfrontiert und immer wieder auf scheinbare Nebenpfade gelockt, ohne je in die Gefahr zu geraten, den Faden der Erzählung zu verlieren. Er erkennt, daß es die »Verknüpfung wesentlicher Ereignisse« ist, die Grischas individuelle Tragödie unabwendbar werden lassen, und daß der Weg des ungebildeten, gutgläubigen russischen Sergeanten die gesellschaftlichen Geschwüre offenbart, also das Leben »transparent« macht. David Midgley hat ein treffendes Fazit über diesen Erzähler gezogen: »Denn Zweig beherrscht, wie jüngere Autoren in der DDR oft bezeugt haben, die Kunst, Charaktere in ihrer vollen historischen Wirklichkeit auch vor dem inneren Auge der Nachgeborenen aufleben zu lassen.«[67]

Bis zum Ausbruch eines Augenleidens in der zweiten Hälfte der zwanziger Jahre, das ihm bald eine völlig veränderte Lebensweise abverlangte, ihn zunehmend abhängig machte von »Vorlesern«, war Arnold Zweig ein intensiver Beobachter der Kunstströmungen seiner Zeit, ein Vielleser. Zahlreiche Literaturessays begleiteten über ein halbes Jahrhundert hinweg das eigene künstlerische Schaffen. Große Aufsätze über Lessing, Kleist und Büchner, kleinere, meist voller Zuneigung verfaßte Artikel über die Weltliteratur des 19. Jahrhunderts oder zeitgenössische Autoren weisen ihn als leidenschaftlichen Buchkonsumenten, aber auch als fundierten Literaturkenner aus. Er schrieb über Stevenson, Jack London, Kipling, Gogol, Tolstoi oder Zola, aber auch über Joseph Roth und Else Lasker-Schüler, Gustav Landauer und Egon Erwin Kisch, Lion Feuchtwanger und die Brüder Mann, Carl Sternheim und Bertolt Brecht. Immer wieder auch reizten ihn theoretische Abhandlungen über das Drama und den Roman, in denen er den Gesetzen der Bühne, der Kunst des Erzählens nachspürte; Annäherungen an die Literatur, die auch stets kritische Auseinandersetzungen mit dem eigenen schriftstellerischen Weg waren. Zweigs Essays sind jedoch auch dort, wo sie sich der Theorie widmen, subjektiv, nicht germanistische Lehrsätze, sondern Gedanken eines Praktikers der Literatur. Schreiben lernen beginnt mit sehen lernen. »Sehenlernen aber ist zuerst und zuletzt ... eine ethische Angelegenheit«, schreibt er 1926.[68]

Die Folgen des Lobes von Georg Lukács, die lange nachwirkten, sollen natürlich nicht überschätzt, aber auch nicht ganz beiseite geschoben werden. Es gilt, sie in eine vernünftige Relation zu setzen. Der realistische Erzählstil steht nicht gegen oder »unter« den Werken eines Joyce oder Dos Passos, ihren genialen Sprach- und Strukturexperimenten, sondern neben ihnen. So wie die deutsche Nachkriegsliteratur ohne die realistischen Erzähler Heinrich Böll oder Siegfried Lenz um vieles ärmer wäre, so wäre sie es ohne die Epik von Uwe Johnson und Günter Grass. Das aber gilt in gleicher Weise für die ersten fünfzig Jahre deutscher Literatur dieses Jahrhunderts. Der deutsche Roman in dieser Epoche ohne die Werke von Heinrich Mann, Oskar Maria Graf, Lion Feuchtwanger, Joseph Roth oder eben Arnold Zweig? Und ist nicht auch das »mythische« Romanwerk Thomas Manns und Hermann Hesses ein gut Teil dem »realistischen« Erzählen verpflichtet? Literatur ist gut oder schlecht, lesbar oder nicht. Die Form des Erzählens läßt sich nicht uniformieren, vor allem nicht unter ein »marxistisches« Postulat stellen. Lukács' Auseinandersetzung mit den von ihm gebrandmarkten Autoren beispielsweise war im eigentlichen Sinne kein ästhetischer Streit, sondern zuallererst ein politischer. Für die mangelhafte Zweig-Rezeption ist Lukács nicht verantwortlich zu machen, aber gefördert hat er sie durch sein »Lob« sicher nicht.

Wir haben Grundsätzliches über die Einordnung des Werkes von Zweig angesprochen, es sehr früh getan, zu dem Zeitpunkt, als die Literatur in sein noch junges Leben trat. Kehren wir zurück in das Jahr 1907. Arnold Zweig macht sein Abitur. Er war ein durchschnittlicher Schüler geblieben, hatte seine Schullaufbahn für ein Jahr unterbrochen, um als Lehrling in eine Buchhandlung einzutreten – unglückliche Monate. Mit Hilfe der Mutter kehrte er zurück in die Kattowitzer Realschule. Erste literarische Arbeiten entstanden zwischen 1905 und 1907. Es sind vor allem Gedichte, Sonette und Aufsätze über »Die Entwicklung der modernen Lyrik«, über Hofmannsthal und Thomas Mann. Der noch nicht Zwanzigjährige beginnt mit der Arbeit an einem Roman, »Stationen des Johannes Grimm oder die Vergitterten«, der unvollendet bleibt. Es sind frühe, noch tastende Versuche als Lyriker und Epiker, kunsttheoretische Betrachtungen, aber auch schon Arbeiten, die im Ansatz auf die Wechselbeziehung von Literatur und Gesellschaft hinweisen.

Seine frühe Lyrik zeugt von Schwermut und Einsamkeit, ist gekennzeichnet von Identitätskrisen. Poetische Naturbilder entstehen, das eigene Ich wird umkreist: ein Sucher nach dem unbekannten Weg.

Den falschen Führern

Weit auf den heißen, sonnengelben Wegen
Geht unser Marsch, umdräut von Dunstgebilden,
Mit schweren Stirnen und bestaubten Schilden,
Als wären wir dem Feinde schon erlegen.

Und sind doch noch in heimischen Gefilden
Und schleppen uns dem ersten Kampf entgegen –
Er wird uns, fürcht ich, schnell zur Ruhe legen
Mit seinen Herrenhänden, seinen wilden:

Denn die man uns zu Führern hat erkoren,
Weil sie die Straßen früher schon gegangen,
Sie haben Weg und Ziel im Staub verloren.

Sind uns unendlich fremd, und ihr Verlangen
Läßt durstig Wasser sie vom Wege trinken
Aus Pfützen – wo noch draußen Ströme winken ...[69]

Bei aller Unsicherheit, die den nun Zwanzigjährigen heimsucht: die Literatur wird ihn nicht mehr aus ihrem Bann entlassen. Nach dem Abitur geht Arnold Zweig als Student nach Breslau. Ein Stipendium ermöglicht die ersehnte akademische Ausbildung. Er akzeptiert zunächst auch den Wunsch der Eltern, den Lehrerberuf anzustreben. Zweig belegt Germanistik, Philosophie, Kunstgeschichte, Psychologie und moderne Sprachen. Er wird ein Dauerstudent, bleibt bis zum Kriegsausbruch 1914 immatrikuliert, kehrt sogar 1919 noch einmal für ein Semester in den Hörsaal zurück, diesmal nach Tübingen. Es werden wichtige geistige Lehrjahre, die den Dramatiker, den Epiker und Essayisten später befähigen, in seinem Werk ein ungewöhnlich breites Themenspektrum anzusprechen.

Im Rückblick wird er über diese »Lehrjahre« schreiben: »Sieben Jahre lang suchte ich auf deutschen Universitäten ein Fundament, von dem aus sicher zu denken war. Nach dem radikalen Einsturz aller meiner Beziehungen zu Religion und Offenbarung, zum Glauben an Gott und seine gesammelten Werke, die Bibel, nebst ihren Kommentaren, der schon um mein fünfzehntes Lebensjahr eingetreten war, quälte mich in immer stärkerem

Maß die Frage, was unser Leben auf diesem Stern Erde für einen Sinn habe, woher es gekommen sei, wie wir als Menschen unserer Existenz, Tätigkeit und Vergesellschaftung gerecht werden könnten und welche Aufgaben ein ausgebildeter Intellekt sich stellen könne, der von früh an mit ruheloser Phantasie begabt war, die nach sprachlichem, rhythmischem Ausdruck suchte.«[70]

1908 wechselt Zweig an die Universität in München, dann geht er nach Göttingen (1909/11), wo er nur Gasthörer ist, und Rostock (1912/13), schließlich an die Berliner Universität. In München hört er Vorlesungen bei dem Literaturwissenschaftler Artur Kutscher, in Göttingen fesselt ihn die Phänomenologie Edmund Husserls und Max Schelers. In Rostock und Berlin plant und beginnt er eine Dissertation über Paul Jakob Rudnick, von dem er kulturphilosophische Notizen im Halberstädter Haus des Dichters Johann Wilhelm Ludwig Gleim entdeckt hatte. »Was ich arbeite wollen Sie wissen? Ich grabe einen begabten Jüngling aus, der um 1741 in Halle gestorben ist, dichterisch und filosofisch begabt war und von dem alles in allem etwa 60 Seiten Handschrift übrig geblieben sind, die ich jetzt ediere, erläutere und auslege.«[71] Die Doktorarbeit bleibt unvollendet. »Ich werde zwischen den Plänen meines Dichtens und meiner Dissertation so hin und hergerissen …«[72]

Es sind einsame Jahre der Suche, immer wieder durchbrochen von künstlerischen und privaten Krisen. Die Briefe aus dieser Zeit spiegeln seine Zerrissenheit wider, die Stimmung, die sie ausstrahlen, wechselt häufig übergangslos. Euphorische Bekenntnisse zum Judentum oder Hinweise auf literarische und philosophische Neuentdeckungen stehen neben melancholischen Klagen über seine Isoliertheit, die Trennung von Freunden und die wachsende Fremdheit zum Elternhaus. »Viele Enttäuschungen und vieles Leid haben gemacht«, schreibt er der Brieffreundin Helene Joseph (später verheiratete Weyl) im Juli 1913 aus München, »dass ich, früher vertrauend und ganz offen, zu einem verschlossenen und undurchsichtigen Menschen geworden bin, der sichs nicht mehr erlauben durfte, sich im gelebten Verkehren mit Anderen ganz aufzuschliessen, weil er zu verletzlich und empfindlich geworden war«[73]. Und aus Rostock erreichen die Briefpartnerin die Zeilen: »Nein, liebes Fräulein Joseph, ich habe hier *niemanden*!«[74] Ein gewisser innerer Hochmut gegenüber seiner Umwelt erschwert ihm soziale Kontakte. »Ich habe keine Bekannten und suche auch keine. Menschen, die mir auf den ersten Blick sagen: ich bin jemand, die gibt es hier nicht ...«[75] Es ist der »furchtbare ethische Nihilismus der mich ganz hoffnungslos gemacht hatte«[76], der über diesem Lebensabschnitt liegt. Der Wunsch zur »Tat«, zum Ausbruch aus der trockenen Wissenschaft überfällt ihn: »Ich sehne mich manchmal nach einem gestalterischen leben als das eines kleinen studenten; den mangel an inneren erlebnissen durch äußere zu ersetzen wäre mir durchaus recht. Doch dazu ist wohl wenig aussicht ...«.[77]

Es gibt natürlich auch helle, heitere Augenblicke. In Göttingen begeistert ihn immerhin Max Scheler; in Rostock führen lange Spaziergänge an die ihn verzaubernde Küstenlandschaft; Berlin ist die Stadt der Theater und Museen, zudem Wohnsitz der Cousine Beatrice, zu der ihn bald eine große Zuneigung ergreift; München ist er mit enthusiastischer Liebe zugetan. »Nun denken Sie sich«, heißt es in jubelnden Tönen im Oktober 1912, »diese Lockung: nach München zu gehen, nach München! In diese Stadt meiner glücklichsten Tage, wo es Filosofen gibt bei denen man etwas lernt, Dichter und Literaten mit denen man verkehren, Faschingsfeste auf denen man tanzen und Menschen mit denen man leben kann – von all den Konzerten, all den Bildern, all den Schauspielern zu schweigen!«[78]

Neben der Literatur, neben der Musik – zu der er sich zeitlebens hingezogen fühlte (»Ursprünglich bin ich vielleicht Musiker, nämlich Dirigent«[79]) – sind es die Werke von drei bedeutenden Denkern, die sein Weltbild bis 1914 formen: Friedrich Nietzsche, Max Scheler und – wie schon angemerkt – Martin Buber. Zwei von ihnen waren Juden, mit Scheler und Buber kommt es zu persönlichen Kontakten. Später wird er sich von ihnen wieder entfernen, dann ihr Denken nicht ohne kritische Distanz beurteilen, aber sie doch nie verleugnen, seine Dankbarkeit dafür öffentlich bekunden, daß ihre Werke ganz entscheidend dazu beitrugen, sein geistiges Bild von der Welt in oft schwermütigen Entwicklungsjahren zu formen. Die Spuren ihres Denkens lassen sich ohnehin in Zweigs epischen Werken bis in die späte Lebenszeit hinein verfolgen.

Um die Jahrhundertwende begannen Friedrich Nietzsches Bücher Schriftsteller, Musiker und Philosophen im imperialistischen Westeuropa zu faszinieren. Die »Umwertung aller Werte«, die unerbittliche Zivilisationskritik, die rücksichtslose Forderung, das Ich triumphieren zu lassen, erschütterten eine sich im Ästhetizismus verlierende, entpolitisierte Gesellschaft, deren Werteordnung durch eine stürmische Industrialisierung zu zerbrechen drohte. Nur eine geistige Elite natürlich war es, die den genialen Einsamen vernahm, in seinen Schriften die eigene Entwurzelung, die wachsende Weltunsicherheit wiederentdeckte. Arnold Zweig zählte zu ihr. Noch im 1927 erschienenen »Caliban« schreibt er, daß er »Friedrich Nietzsche die ganze geistige Umgeburt und Atmosphäre seiner Jugend verdankt«[80]. Seine inneren Glaubenskämpfe, die so schwere Loslösung vom kleinbürgerlichen Trauma seiner Jugendjahre haben ihn an den Rand der Selbstvernichtung geführt. Die Begegnung mit Nietzsche, dem »einzige[n] Psychologe[n] großen Formats im deutschen Geiste«[81], führt zwar nicht zur »Befreiung« von den inneren Hemmungen, aber er findet ein philosophisches Fundament, das ihm seine »Einzigartigkeit« als Mensch und werdender Künstler verdeutlicht, ohne die in diesen Jahren so schmerzlich empfundene Einsamkeit ins Unerträgliche zu steigern.

Nietzsches Einfluß ist im erzählerischen Frühwerk Zweigs denn auch unübersehbar. In den Novellen, die zwischen 1907 und 1915 entstehen, tauchen vielfach die heroischen, nach Freiheit dürstenden Einsamen auf, wie Karl Magnus in »Vorfrühling« (1907), den die Begegnung mit Eva Mahrer von seinen bürgerlichen, »lebensfernen« Wertvorstellungen erlöst, oder der liebesverzweifelte Schriftsteller in der Novelle »Tangente« (1908), dem eine geheimnisvolle Unbekannte für eine Nacht angehört, oder Hubert von Muhr, der in der Erzählung »Abreise« (1912) mit seiner Geliebten Lenore im Wannsee – nach dem Besuch der Gräber des vergötterten Heinrich von Kleist und der mit ihm die Freiheit im Tod suchenden Henriette Vogel – einen melodramatischen Selbstmord begeht.

Nietzsches Dekadenz, die hinter seiner Herrenmenschen-Attitüde stets lauert, ist wiederzufinden in der Gestalt des müden Nachfahren Heinrich Klopfer, die elitäre Weltabgewandtheit der Zarathustra-Epigonen in den Claudia-Geschichten. In der siebten Claudia-Novelle – »Die Sonatine« – liest Walter Rohme am Abendbrottisch Zeitungsberichte über vier Mordfälle. Es entwickelt sich ein knapper Dialog mit seiner Verlobten Claudia Eggeling. Rohme sagt böse: »Diese Zeitungen sind eine häßliche Sache. Man müßte dagegen einschreiten.« – »Wozu überhaupt

Zeitung?« – »Und das Leben dadraußen? Wie willst du davon unterrichtet sein?« – »Ach, das Leben, ich vergaß, daß du es damit hast. Ich meinerseits, du weißt, bin ohne dieses Bedürfnis.«[82]

Das »Leben dadraußen« aber wird sie bald einholen, die geistige Verfallsidylle der Nietzscheaner brutal zerstören. Nietzsches elitärer Heroismus zerbricht an der Wirklichkeit der Schlachten des Weltkrieges. Auch Arnold Zweig erfährt diese so ganz andere Umwertung aller Werte am eigenen Leibe, im eigenen Denken. Der Krieg, die Reflexion über die Ursachen, die in die europäische Katastrophe führten, entfernen ihn von Nietzsche. Im Henker-Roman »Das Beil von Wandsbek« (geschrieben in den frühen vierziger Jahren) setzt Zweig sich noch einmal literarisch mit seiner Nietzsche-Phase auseinander. In der Figur des Gefängnisdirektors Koldewey zeichnet er einen deutschen Bildungsbürger und Liebhaber Nietzsches, der sich, von der Realität des Faschismus angeekelt, aber letztlich auch teilnahmslos, in seine Bücherwelt zurückzieht. Und es taucht in diesem Roman auch das Paar Walter Rohme/Claudia Eggeling wieder auf. Auf dem Weg ins neutrale Ausland – also erneut auf der Flucht vor dem »Leben dadraußen« – macht es in Hamburg Station. In Gesprächen verteidigen, rechtfertigen sie den Hitlerfaschismus: aus Zweigs Sicht jetzt nur die konsequente Folge des bürgerlichen, des »nietzscheanischen« Denkens der Zeit vor 1914.

Aber er verleugnet auch in den späteren Jahren Nietzsche keineswegs. »Denn natürlich«, heißt es in einem Brief an Feuchtwanger vom 7. Mai 1945, in dem er über seinen Henker-Roman spricht, »ist Nietzsche nicht bloß der geistige Exponent jener Aristokrätze, die zum Faschismus führen mußte – natürlich lieben wir an diesem zauberhaften Verführer vieles und manches, und doch kann ich meine komplexe Grundstellung zu F. Nietzsche in meinem Roman nicht anders vereinfachen als durch die Art, wie ich Koldewey zu ihm zurückkehren lasse.«[83] 1934 plante Zweig sogar einen Roman über den einst so hochgeschätzten Philosophen. Aus seinem Exil in Palästina schickt er Sigmund Freud die Niederschrift eines Planes, »den ich gleich nach ›Erziehung‹ vornehmen werde: den Roman von Nietzsches Umnachtung zu schreiben ... Ich will den Menschen F. Nietzsche auf der Höhe seines Turiner Glücks schildern ...«[84] In diesem Brief heißt es auch: »Sie wissen, daß ich seit der Nachkriegszeit in bitterer Ablehnung von diesem Gott meiner Jugend weggesehen habe ...

Nun näherte ich mich seit Jahren ihm wieder ...«[85] Nietzsches Denken läßt ihn nicht los, es findet auch seinen Niederschlag in vielen seiner späteren Essays.

Max Schelers Lehren, seiner im persönlichen Gespräch so faszinierenden Gestalt begegnete Zweig während seiner Studienjahre in Göttingen, er setzte diese Beziehung dann später in Berlin fort. Scheler war damals, nach dem Verlust seiner Dozentur in München – eine Folge persönlicher Verwicklungen und Intrigen –, freier Schriftsteller und Privatdozent. Der Philosoph Edmund Husserl hatte ihn nach Göttingen geholt. Als Schüler des Neukantianers Rudolf Eucken wandte Scheler sich nach seinem Studium entschieden der Phänomenologie zu, aus der er in den späteren Jahren seine philosophische Anthropologie entwickelte. Etwas vereinfacht gesagt, gehörte Scheler der philosophischen Richtung an, die am »Primat der reinen Vernunft« zu zweifeln begann und die Macht der Natur als Vorgabe menschlichen Daseins entdeckte. Scheler übertrug die phänomenologische Methode Husserls auf die Gebiete der Ethik, der Kultur- und Religionsphilosophie. Er stellte die sittlichen Werte als unwandelbare »Wesenheiten« dar.

Für Arnold Zweig bedeutete Schelers Bekenntnis zur Ordo amoris, zum Grundsatz, daß der Mensch vor aller Erkenntnis und vor allem Wollen ein liebendes Wesen ist, die Bewußtwerdung eigener ängstlich verdrängter Gefühle und Gedanken. »Das Wesen der Geisteshaltung, die allem Philosophieren zugrunde liegt«, so Scheler, »ist: liebesbestimmter Actus der Teilnahme des Kerns einer endlichen Menschenperson am Wesenhaften aller möglichen Dinge.«[86]

Wissen als Ziel des Erkennens verstanden, wie Scheler es formuliert, schiebt alle bürgerlichen Barrieren, die die Kultur vor den Menschen aufrichtet – etwa die Religionen – beiseite. Nicht geistige, lebensabgeschiedene Askese führt zum Erkennen, sondern die Betrachtung der Welt durch ein aktives Leben in der Welt. »Ich befinde mich in einer unermeßlichen Welt sinnlicher und geistiger Objekte, die mein Herz und meine Leidenschaften in eine unaufhörliche Bewegung setzen ...«, schreibt Scheler.[87] Und der Philosoph selbst lebt so, rastlos dahintreibend zwischen Kaffeehausgesprächen mit Intellektuellen und einsamen Schreibtischstunden, immer wieder die Begegnung mit Frauen suchend, ohne je wirklich die innere Unruhe zu überwinden.

Für Zweig wird die Auseinandersetzung mit Schelers Gedanken ein Akt der Selbstfindung. Die inneren Auseinandersetzungen mit der Religion, die Schuldgefühle, die ihn quälen, weil er die Forderung des Elternhauses nach einem »ordentlichen« Beruf nicht erfüllen kann und auch nicht will, die wachsende Sehnsucht nach Erotik – dies alles wird nun leichter getragen. Scheler öffnet ihm die Welt des »Wissens«, in der Sein und Geist eine Symbiose anstreben.

Jenseits solcher biographischer Deutungen aber ist es in erster Linie Schelers Verwendung des Begriffs »Geist«, die Zweigs Denken in ganz neue Bahnen lenkt. »Es gibt eine Idee vom Menschen, nach der der Mensch der Ort ist für das Auftauchen und Insichtreten einer Ordnung der Dinge, die von aller Natur wesensverschieden ist: sie heißt Geist.«[88] In diesem Satz Schelers findet sich die wohl wichtigste Quelle, aus der sich Zweigs nie aufgegebenes utopisches Weltbild speist. Nicht der *politische* Zionismus, nicht einmal der Kulturzionismus ist es, den er bald in emphatischen Worten feiern wird, sondern der »Geist« im Schelerschen Sinn, der die zionistische Idee »erfüllt«. Und es ist wohl auch bedenkenswert, ob Zweigs spätere Hinwendung zum Marxismus und dann sein Ja zum »real existierenden Sozialismus« in der DDR nicht ebenfalls im Zusammenhang mit dieser großen Utopie des »Geistes« gedeutet werden kann.

In seinen persönlichen Gesprächen mit dem Studenten Arnold Zweig (wie in seinen Schriften) formuliert Scheler aber auch scharfe Kritik am Kapitalismus. Er sah in ihm – im Gegensatz zu Marx – »kein ökonomisches System der Besitzverteilung, sondern ein ganzes Lebens- und Kultursystem«. In einem bislang nur teilweise veröffentlichten Manuskript wird Scheler es später mit aller Härte formulieren: »Der Kapitalismus ist eine solche Pest, daß der sie bekämpfende Arzt an ihr stirbt, (bevor) er sich dem an ihr leidenden Patienten genähert hat.«[89] Auch in dieser Frage findet Zweig in Schelers Theorien die Bestätigung eigenen Erlebens. Der Kapitalismus hatte längst begonnen, der Klasse, der er entstammte, die ökonomischen Grundlagen zu entziehen. Jahre später, in den Tagen der Weimarer Republik, wird die Verarmung des Mittelstandes sogar einen entscheidenden Beitrag zum politischen Desaster in Deutschland liefern.

Scheler wurde aber für Arnold Zweig nicht nur ein wichtiger Lehrer, sondern auch ein gefährlicher Verführer. Kurz nach

Kriegsausbruch im August 1914 legte der Philosoph sein Buch »Der Genius des Krieges und der Deutsche Krieg« vor; eine fatale ethische Rechtfertigung des staatlich angeordneten Massenmordes, die in Sätzen mündete, die aus der Feder eines Ludendorff oder Goebbels hätten stammen können: »Kriege werden nicht gegen Individuen, sondern ... gegen Staaten geführt ... Dieses Töten ist ein Töten ohne Haß, ja ein Töten mit der Einstellung der Achtung! Das macht die Majestät des furchtbaren Werkes aus.«[90] Martialische Rechtfertigungsgesänge, in die der Schüler aus Göttinger und Berliner Tagen in den ersten Kriegsmonaten bald kräftig einstimmen sollte.

In seinem Grischa-Roman, der dreizehn Jahre nach Kriegsausbruch 1927 erscheint, wird Zweig Schelers Kriegsbuch scharf attackieren. Aber nur wenig später – Scheler ist 1928 gerade 54jährig in Frankfurt gestorben – schreibt er an die Witwe: »Bei aller und sogar leidenschaftlicher Gegnerschaft gegen gewisse Phasen seiner Welt und gegen seine politische Haltung während des Krieges war er mir doch immer unter den heute lebenden Denkern der Nächste und der Eindruck, den ich 1911/12 von ihm hatte, mit das nachhaltigste Erlebnis meiner Universitätsjahre ... So scharf und präzisiert ich an einer bestimmten Stelle meines ›Sergeanten Grischa‹ eine von Schelers Kriegsschriften angegriffen habe, so sehr tat ich es aus einer tiefen Zuneigung zu diesem außerordentlichen Geiste und in dem Gefühl, einem der lebendigsten Mitmenschen gegenüberzutreten.«[91]

Schelers (und Husserls) Einfluß waren zweifellos auch bestimmend für Zweigs in gesellschaftspolitischen Tagesfragen zeitgemäß konservatives Denken in den Jahren vor 1914. »Frauenrechte – du lieber Gott«, heißt es beispielsweise in einem Brief des Studenten, »Produktivität der Frau – ach du *lieber* Gott! Wenn ich jemand anderen als Scheler von ›*der* Frau‹ reden höre, so muß ich leider schnauben. ... es kommt bei Frauen auf so ganz andere Sachen an!«[92] Scheler ist in diesen Jahren einer seiner Götter. »Hätte ich gewußt, daß Scheler liest«, teilt er im August 1912 Helene Weyl mit, »ich wäre ziemlich gewiß nach Göttingen gekommen. Die Intensität, mit der Gedanken von diesem Menschen ausströmen und die innige Freude an ihm ... kann kein Buch ersetzen. Ich werde natürlich lesen was immer von ihm kommt; das Bedeutende dieses Mannes springt ja aus jeder seiner Zeilen.«[93]

Den wichtigsten geistigen Anstoß in den Jahren vor 1914 aber sollten Zweig die Schriften Martin Bubers geben. Der bedeutende Erforscher jüdischer Traditionen, der Philosoph, der Bibelübersetzer, der Kulturzionist Martin Buber hatte in seinen in Galizien verlebten Jugendjahren noch die Ausläufer des Chassidismus kennengelernt. Diese im Judentum weit verbreitete Erweckungsbewegung war seit dem 18. Jahrhundert zur beherrschenden ostjüdischen Form der Frömmigkeit geworden. In den Werken des Gründers des Chassidismus, Rabbi Israel Ben Elieser, entdeckte Buber eine Welt, die zur Grunderfahrung für sein Denken werden sollte: »Da war es, daß ich, im Nu überwältigt, die chassidische Seele erfuhr. Urjüdisches ging mir auf, im Dunkel des Exils zu neubewußter Äußerung aufgeblüht: die Gottesebenbildlichkeit des Menschen als Tat, als Werden, als Aufgabe gefaßt. Und dieses Urjüdische war ein Urmenschliches, der Gehalt menschlichster Religiosität ... Ich erkannte die Idee des vollkommenen Menschen.«[94]

Die entscheidende Botschaft des Chassidismus sah Buber darin, daß dem Menschen »ein Leben mit dem Unbedingten, mit Gott« offenstehe, mitten in dieser Welt. Um diese »Unmittelbarkeit« zu erlangen, muß der Mensch die Schranken niederreißen, die sie verhindern. Eine solche Schranke ist für Buber die »Religiosität«.

Wieder war es also eine sich aus dem »Geist« darstellende Welt, die Zweig in Bubers Werk – wie zuvor in Schelers Büchern – entgegentrat. Hier nun aber auf einen Bereich bezogen, der ihn unmittelbar berührte: sein Judentum. Denn Buber, der zunächst zu den entschiedenen Mitstreitern Theodor Herzls gehört hatte, löste sich schon 1901 auf dem Kongreß in Basel vom politischen Zionismus, wurde nach dem Tod des Visionärs eines neuen Judenstaates zum Propheten eines Kulturzionismus, der nach der Jahrhundertwende diese Idee im deutschen Judentum am Leben erhalten sollte.

Bubers Wiederentdeckung jüdischer Geistigkeit und Traditionen, die den liberalen Assimilierungsbestrebungen des Westjudentums scharf entgegengesetzt waren, werden zu Zweigs jüdischem »Damaskus«. In Bubers Büchern und Gedanken entdeckt er Wege, die wegführen vom verachteten »Vereinszionismus«, wie er ihn im Kattowitzer Lebenskreis des Vaters, bei den jüdischen Studentenbewegungen oder in den zionistischen Broschüren erlebt und abgelehnt hatte. Das tragische Gefühl dieser »Einzigartigkeit« als Jude löst sich nun auf durch die Erkenntnis, daß er einem Volk angehört, das auf eine jahrhundertealte geistige Tradition zurückblickt. Durch Buber wird sie aus den Tiefen des Vergessens heraufbeschworen, erfährt sie ihre Neuerweckung. Bubers Gedanken vollzogen aus der Sicht des elitären Nietzscheaners Zweig einen entschiedenen Trennungsstrich zum »normalen« Zionisten.

Noch in einem Brief, den Zweig 1916 von der Front an Buber schreibt und in dem er sich für die Übersendung eines Buches seines »Lehrers« bedankt, klingt an, was ihn damals im Jahre 1912 so nachhaltig erschütterte: »Sie haben im Kern des Buches, über den Gott der Juden und die jüdische Religiosität, nichts gesagt, was ich nicht dumpf in mir gespürt, gesucht, endlich gefunden und durch Sie gefunden habe. Dieses Erlebnis des Jasagens zu Ihren Worten, diese Erlösung, endlich im Reinen zu sein mit meiner Art immanenten Gottes und atheistischer Religiosität – atheistisch natürlich im Verhältnis zu allen erstarrten Religionen – das ist mir das Bestimmendste an dieser Lektüre, die ein einziges beglücktes vorbehaltloses Zustimmen war und wie mir scheint auch bleibt.«[95]

Buber gab Zweig eine neue geistige Heimat, wies ihm Pfade, die aus der Isolation führten. 1913 veröffentlichte Zweig einen Aufsatz in einem Sammelband, in dessen Vorwort es heißt: »Wir haben uns an unsere Mitarbeiter ohne jeden Unterschied des Parteibekenntnisses und ohne jede Engherzigkeit gewandt. Wir machten nur eine Voraussetzung: daß sie sich als Glieder und Träger einer ihrer selbst bewußt gewordenen jüdischen Volksgemeinschaft fühlen.«[96] Einige Zeilen weiter schreibt der Verfasser dieses Vorwortes, Hans Kohn, Sätze, die auch sehr gut die jetzt von Arnold Zweig eingenommene Position im deutschen Judentum umschreiben: »... es ist eine neue Art Jude entstanden. Denn der Jude, den man kennt, ist heute der Philister, ein Mensch, der nach außen scheinbar in rührigster Tätigkeit lebt, voll unaufhörlicher Geschäftigkeit, und doch im Innern in vollster Unangefochtenheit und Herzensträgheit vegetiert ... Der neue Jude aber hat gelernt, sich in seiner geschichtlichen Gemeinschaft zu bejahen, und weiß sein Wachstum mit dem ihren verknüpft.«[97]

Der Beitrag, den Arnold Zweig in diesem Sammelband jüdischer Zionisten veröffentlicht, trägt den Titel: »Die Demokratie und die Seele des Juden«. Interessant ist dabei zunächst die (un-) politische Position, die sein Verfasser einnimmt, seine Verneinung der Demokratie – »der Geist des echten Judentums ist ... nicht demokratischer Art«[98] – oder seine harsche Ablehnung jeglicher Emanzipationsbestrebungen der jüdischen Frau. Solche Postulate weisen darauf hin, daß Arnold Zweig in diesen Jahren nicht in erster Linie politische, sondern geistige Dimensionen bei der Suche nach einer jüdischen Identität im Blick zu haben glaubt, Nietzsches und Schelers Einfluß sich also auch in diesen Fragen niederschlägt.

Wichtig ist der Aufsatz aber vor allem, weil er sehr zusammengefaßt Zweigs jüdische Position nach der Begegnung mit Buber zeigt. Die Ablehnung der sich im westlichen Judentum immer stärker durchsetzenden Assimilierung steht im Zentrum dieser Arbeit. Ihr entgegen stellt Zweig Bubers Wort von der »Erneuerung« und Schelers Ethik, aus der er den Begriff der »Wesenheit« übernimmt: »Wesentlich werden. Wir sind es nicht, und darum ist nichts um uns wesentlich ... Was uns heute die Dinge verdeckt, das ist ihre schlimme Verflochtenheit in den Nutzen, die Praxis, und die Maske, die die Gewöhnung und falsche Schulung ihnen gibt. Und so sind wir Juden, Juden aufs Geratewohl, ohne zu wissen, was das heißt, Jude sein.«[99] Oder an anderer Stelle: »Wesentlich werden: was hieße das? Bei allem, was wir erleben, im Denken oder in der tätigen Welt, ganz gegenwärtig zu sein ... Schauen lernen, wie der Dichter schaut und der Philosoph, dem das Wort nie mehr etwas anderes sein kann als das Symbol einer Wesenheit, wenn er einmal die Wesenheit selbst erblickt hat. So einmal schauen, was Jude ist; es nie mehr vergessen; versuchen es zu sein, es zu leben.«[100]

Die Haltung, die Zweig im Aufsatz »Die Demokratie und die Seele des Juden« vertritt, beweist aber auch, wie sehr er im geistig-politischen Denken des Wilhelminismus verhaftet war. Der deutsche Nationalismus, da nahm er keineswegs eine Ausnahmeposition ein, stand ihm in diesen Jahren nahe. Sein Jubel, als sich Europa 1914 in den Krieg stürzte, war also keine Augenblicksverwirrung, sondern entsprach ganz seinem Denken in dieser Lebensphase. Ein Tatbestand, den seine Biographen und er selbst später gelegentlich verharmlost haben. »Ohne jemals der Krankheit des Nationalismus zu erliegen ...«[101], diese im Exil geschriebene (und in den DDR-Jahren veröffentlichte) Behauptung Zweigs hält den Tatsachen nicht stand, gilt erst für die Zeit nach dem Ersten Weltkrieg.

Zweigs neue Haltung ist von elitärem Idealismus durchtränkt, und sie eröffnet ihm die (geistige) Rückkehr in die Gemeinschaft der Juden, sie legt aber auch die Grundlagen für Illusionen, von denen er sich später nur unter schmerzhaften Kämpfen und heftigen Anfeindungen wird lösen können. Wie sehr ihn im übrigen die ethischen Ideale eines Scheler und Buber bewegen, darauf weist eine Passage hin, in der er sich mit dem Sozialismus auseinandersetzt: »Echter Sozialismus, geboren aus einem Überfließen ähnlich jener göttlichen Liebe, würde in dem schlichten, helfenden, durch Ressentiment nicht vergifteten Herabbeugen des Stärkeren zum Schwächeren bestehen, einem Beglücken dadurch, daß die echten Nöte des Ärmeren gestillt und ihm seine Begierden, die falschen Nöte, durch Aufdecken ihrer Nichtigkeit genommen würden, ohne daß man die Suggestion der geforderten Gleichheit [die von Zweig abgelehnte demokratische Gleichheit ist hier gemeint – d. V.] brauchte. Echte Hilfe ist nur unter Ungleichen möglich, und zu ihrem Bestehen gehört Freiwilligkeit des Helfers und williges Empfangen dessen, dem geholfen werden soll, ohne Gedanken an Vergeltung ...«[102]

Auch in diesen Zeilen entdeckt der Leser Zweigs damaliges antidemokratisches Denken, sein auf Nietzsches Eliteschwärmerei fundiertes Weltbild. Hilfe als Gnade, die der Erkennende gibt, der Empfangende aber demütig (»willig«) annimmt: ein Caritas-Sozialismus auf sehr gekünstelt anmutender Mitleidsbasis wird hier propagiert, weit entfernt von dem Gesellschaftsbild, das die Französische Revolution mit ihrer Forderung nach Gleichheit und Brüderlichkeit entworfen hatte.

Nur ein Jahr nachdem Zweig diesen Aufsatz veröffentlicht hatte, erscheint seine Novelle »Die Bestie«. Es ist eine schauerliche Propagandaschrift, mit der sich Zweig ganz in den Dienst der Kriegshetzer dieser »heroischen« Herbsttage von 1914 stellt. Aus dem »Ungleichen« werden jetzt die edlen deutschen Soldaten auf der einen und die »bestialischen« Gegner, in diesem Fall ein belgischer Bauer, auf der anderen Seite. Zweig identifiziert sich in dieser Lebensphase – der Demokratie-Aufsatz unterstreicht das ebenso wie die »Kriegsnovellen« – mit dem Denken der Deutschnationalen.

Nietzsches Ästhetizismus, Schelers Ethik und Bubers Unmittelbarkeit Gottes – das sind die gedanklichen Fixsterne im geistigen Kosmos Arnold Zweigs, und sie werden auch Eingang finden in seine Bücher über das Judentum, die zwischen 1919 und 1933 entstehen, die geistig-ethische Grundlage des Grischa-Zyklus bilden und ihn noch zu immer neuen Reflexionen anregen, wenn die Geschehnisse der Welt, in der er altert, seinen Idealismus schon längst gedämpft haben. Später, in den Kriegs- und Nachkriegsjahren, werden die Schriften Gustav Landauers und die Lehren Sigmund Freuds allerdings einen unübersehbaren Bruch in seinem Denken bewirken.

In den Jahren vor 1914 ist Zweigs Auseinandersetzung mit seinem Judentum von seinem Bemühen, sich als Schriftsteller durchzusetzen, nicht zu trennen. Die theoretischen Reflexionen über »Geist«, Ethik und Zionismus spiegeln sich auch wider im belletristischen Werk seiner Frühzeit. Der künstlerische Ehrgeiz ist hoch und findet ab 1910, nach der »Erweckung« durch Buber, bescheidene Befriedigung. 1909 gibt er gemeinsam mit gleichgesinnten Freunden die literarische Zweimonatszeitschrift »Die Gäste« heraus, in der seine ersten lyrischen Arbeiten, kleine Erzählungen und Essays veröffentlicht werden. Nur für sechs Hefte reicht die Kraft der Literaturenthusiasten, dann ist das Projekt nicht mehr zu finanzieren. Aber Zweig engagiert sich in diesen Monaten sehr für das ehrgeizige Unterfangen. Die Mitstreiter werden mit Briefen bombardiert: »Lieber Margulies, wie weit ist der Druck der Gäste? Werden die Hefte nicht bald fertig sein? Hat Meidner an Hirsch das Papier für den Umschlag geschickt? Und wie ist der Druck der Zeichnungen gelungen? Bitte sehr um baldige Nachricht.«[103]

1911 erscheint sein erstes Buch, die schon erwähnte Novelle »Aufzeichnungen über eine Familie Klopfer«. »Ein kleines, ziemlich böses Buch – bös im Sinne Nietzsches als Lob gebraucht, Härte und Heiterkeit vereinend.«[104] Das beim Verlag Albert Langen in München gedruckte Bändchen enthält auch die Erzählung »Das Kind«. Ein gutes Dutzend Novellen hat Zweig bis zum Kriegsausbruch geschrieben. Talentierte Prosa ganz im Stil der Zeit, durchzogen von nietzscheanischer Einsamkeit, von schwärmerischen Naturbeschreibungen im Stil Stifters, von den Seelenschmerzen einer von der Liebe träumenden, pathetisch mit dem Tod spielenden »jugendbewegten« Generation. Ein weiterer Roman (»Esmond«) wird 1909 begonnen, bleibt jedoch unbeendet liegen. Er vollendet ihn erst im Palästina-Exil dreißig Jahre später unter dem Titel »Versunkene Tage«. Von Zweigs noch unbefriedigtem Ehrgeiz in den Zeiten der schriftstellerischen Anfänge, von seiner Sehnsucht nach dem Außergewöhnlichen findet sich vieles wieder in der Gestaltung des Helden dieses »Romans aus dem Jahre 1908«. Der Philologiestudent Carl Steinitz, wie Werner Bertin im Kriegszyklus eine Figur voller autobiographischer Bezüge, tritt mit einer für die von Nietzsche bewegten Intellektuellen des Wilhelminismus nicht ungewöhnlichen Forderung in die Handlung ein: »Etwas müßte mir zustoßen, was mich außer mir bringt. Ich muß etwas Großes erleben, etwas Robustes.«[105]

In seinem 1938 geschriebenen Nachwort zu diesem Roman vermerkt Zweig: »Im Jahre 1909 überschwemmte mich ein erster Durchbruch von Produktivität.«[106] Neben der Klopfer-Novelle sind es die Erzählungen »Benarone« und »Die Flucht der Spandows«, die in diesem Jahr entstehen. Die künstlerische Weiterentwicklung jedoch wird erst in den folgenden beiden Jahren sichtbar. Mit den Texten, die 1911 und 1913 geschrieben werden, erreicht Zweigs Novellistik eine erste Reife, lösen sich Handlungsablauf und Stil erheblich stärker von der verspielten Nachahmung erfolgreicher literarischer Zeitgenossen, vor allem des vielbewunderten Thomas Mann. Der Klopfer-Text etwa steht mit seiner Darstellung des Verfalls einer Familie ganz unter dem thematischen Bann des so übererfolgreichen »Buddenbrooks«-Romans. In der Novelle »Der Gehilfe« (1911) schildert er eine (erdachte) Episode aus dem Leben Eckermanns, der sich gegen das Über-Ich des greisen Goethe, gegen die im Dienst für ein Genie eintretende Verkümmerung der eigenen Schöpferkraft vergebens wehrt. Eine Erzählung, die ein weiteres Mal auch vom Ringen Zweigs gegen die Übermacht des Einflusses von Autoren wie Thomas Mann zeugt, der noch unlängst die Geschichte »Das Kind« als Jurymitglied bei einem Zeitschriften-Preisausschreiben abgelehnt hatte.

Der neue Ton klingt künstlerisch vor allem in den Erzählungen an, in denen Zweigs jüdisch-zionistische Gedanken Eingang finden. 1911 schreibt er die kleine Novelle »Allah«. Eine »Schülerkneipe« zum Abschluß des Schuljahres wird hier in distanzierter, ja beinahe burschikoser Sprache geschildert, ein kleiner, »harmloser« Vorfall dargestellt, der die quälende Grausamkeit des Antisemitismus der wilhelminischen Jahre entlarvt. Benjamin Bejach, Sohn eines jüdischen Trödlers, Primus im Deutschunterricht, wird Opfer seiner angetrunkenen Kameraden, die ihn demütigen wollen, was nur das Einschreiten des allseits geachteten »Präsidenten« Alfred Lamarten, den sie Allah nennen, im letzten Augenblick verhindert. Zweig entwirft hier auf wenigen Seiten ein Szenario, das die Gedankenlosigkeit der Antisemiten, die Gleichgültigkeit der die Szene Beobachtenden kühl registriert. »Es sitzen noch andere Juden unter den Sekundanern ... niemand hat etwas wider sie. Und dennoch ... als Bejach, ganz weiß im Gesicht mit erweiterten Augen, sich unter uns umsieht, gewahrt er lauter Feinde oder teilnahmslose Neugierde.«[107] Der Ich-Erzähler in der Novelle begründet seine interessierte Betrachterrolle bei dem grausamen Spiel mit der nüchternen These: »... wir sind Psychologen und keine Moralisten.«[108] Benjamin Bejach aber, scheinbar ohne rettenden Ausweg, der Demütigung noch zu entgehen, »weiß dumpf, daß er damit aufhört, eine Person zu sein, daß er ein Spielzeug, ein auf lange hin der ganzen Schule lächerliches und verächtliches Ding wird, ... auch den Quartanern, denen er Nachhilfe gibt, auch den Lehrern, so etwas redet sich herum ...«[109] Der ewige Antisemit, »der blonde Grabert ... lang wie ein Kleiderständer, und sein weiß und rotes Gesicht groß wie ein Schinken«[110], intellektuell Bejach weit unterlegen, »betet ein Gebet her, das ihm seine älteren Brüder einst beibrachten, und worin Gott dringend ersucht wird, den Moses wieder auf die Erde zu senden, damit er die Juden aller Länder versammle und wieder ins Gelobte Land führe; wenn sie aber durchs Rote Meer zögen, dann solle doch Gott eilig das Wasser über sie fallen lassen, daß sie alle ersöffen und wir von ihnen befreit seien«[111]. Ein Vierteljahrhundert später werden die »blonden Graberts« es nicht mehr bei Schülerspäßen belassen.

1912/13 entsteht die Novelle »Die Brüder«, zusammengesetzt aus den drei Stücken »Episode«, »Die Krähe« und »Quartettsatz von Schönberg«. Bei einem Pogrom in Rußland wird der jüdische Ingenieur Saamen von einem Polizisten erschossen. Auf knapp sieben Seiten schildert Zweig die triebhafte Mordsucht, mit der der aufgehetzte Mob über seine Opfer herfällt, beschreibt er Szenen, wie sie in den letzten Jahrhunderten der Geschichte des christlichen Abendlandes zum Alltag gehörten. Einer der beiden Söhne des ermordeten Ingenieurs, Leo Saamen, will den

Tod des Vaters rächen und ersticht einen russischen Grenzsoldaten, der an dem Pogrom nicht beteiligt gewesen ist. Auch er Opfer des Zufalls, sinnlos gemordet. Eli Saamen, der andere Sohn, der bei dem Pogrom verwundet worden ist und den Tod des Vaters miterlebt hat, entschließt sich Jahre später, nach Palästina auszuwandern. Auf der Reise macht er Station in Leipzig, besucht dort ein Konzert. Überwältigt von der Schönheit der Musik Schönbergs, erkennt er, wie tief die Wurzeln sind, die ihn an Europa, an die Kultur dieses Kontinents ketten. Die Novelle endet mit dem Satz: »Zwei Stunden später saß er im Zug und hörte im Takt seines Stampfens das Wort: O Wiederkehr! O Wiederkehr!«[112] Die Figur des Eli Saamen wird in Zweigs 1932 geschriebenem Palästina-Roman »De Vriendt kehrt heim« wieder auftauchen. Die Klopfer-Geschichte endet im übrigen ebenfalls im Land der Urväter, an den Ufern des Sees Genezareth.

Der Hinweis auf diese Novellen soll nicht nur zeigen, daß Zweig hellsichtig auf die unterschwelligen, nicht selten offen ausbrechenden antisemitischen Strömungen im Europa der Jahre vor 1914 reagierte. Sie deuten auch den inneren Zwiespalt des Zionisten Arnold Zweig an, der ihn über Jahrzehnte hinweg bewegen sollte. Auf der einen Seite die Sehnsucht nach Palästina, auf der anderen die Verwurzelung im europäischen Kulturraum. In seinen Briefen tauchen auch schon vor 1933 immer wieder Auswanderungspläne auf. So heißt es bereits 1917 in einem Schreiben an Martin Buber: »Das Palästinaproblem wird wohl auch uns eine schöne Möglichkeit geben: eine eigene Siedelung vielleicht gar!«[113] Als er 1932 zum ersten Mal dorthin aufbricht, spricht er von einer »Erkundungsreise in die Zukunft«. Allerdings dürfen solche Bemerkungen auch nicht überbewertet werden. Zweigs Zionismus, seine gelegentlich geäußerten Auswanderungspläne waren auch stets ein gutes Stück intellektuelle Gedankenspielerei.

Seine israelischen Biographen haben dagegen Zweigs deutsch-jüdische Existenz als zentralen Punkt einer lebenslangen Identitätskrise hervorgehoben. »Die spannungsgeladene Brüchigkeit dieses Status«, so Arie Wolf, »führt oft zu schweren Krisen und für Zweig schlug sie schließlich *zum Verhängnis* aus. Denn hat einer zwei nationale Identitäten zur Verfügung statt einer einzigen, auf die man sich normalerweise festlegt, so fällt es ihm nicht schwer, falls die eine irgendwie ›versagt‹ hat, zur zweiten hinüberzuschwenken. Und das war gerade der Fall A. Zweigs nach dem Jahre 1934 [als er in Palästina lebte – d. V.], das bewog ihn im Jahre 1948 zur fatalen *Fehlentscheidung* der ›Heimkehr‹ nach Ostdeutschland, an der er sich sittlich und künstlerisch zugrunde richtete.«[114]

Einmal abgesehen von den mehr über den ideologischen Standort des Biographen als über das Subjekt seiner Studie aussagenden pauschalen Behauptungen über eine »fatale Fehlentscheidung« oder ein »sittliches« Versagen, zeugen solche Deutungen von einem israelisch-nationalen Denken, das gerade Zweig am Zionismus und am jüdisch-arabischen Verhältnis so tief befremdet hatte. Er hat sich nahezu ununterbrochen mit der Idee der Nation auseinandergesetzt und – wie erwähnt – natürlich mit dem Zionismus und seiner persönlichen Haltung zum Judentum. Aber das Leben als Deutscher (besser Westeuropäer) und Jude war nicht die »Tragik Arnold Zweigs« (Arie Wolf), ganz im Gegenteil: Seine vielfach belegte Hinwendung zur abendländischen Kultur und zum Judentum hat sein Werk ungemein bereichert, ließ ihn die gesellschaftlich-politischen Entwicklungen unseres Jahrhunderts mit einer doppelten Sensibilität erspüren. Er ging nicht als Zionist nach Palästina, sondern – und das ist ein beachtlicher Unterschied – als Exilant. Er verließ das neu entstandene Israel nicht, um damit gegen diesen Staat zu demonstrieren, sondern aus sehr persönlichen Gründen, die nicht zuletzt auf der materiellen Bewahrung seiner schriftstellerischen Existenz basierten.

»Sie wissen«, schreibt er schon 1913 an die Brieffreundin Helene Weyl, »wie leidenschaftlich, ja mit welchem Glück ich Jude bin …«[115] Dabei ist es geblieben, und er ließ sich in bezug auf sein Bekenntnis zur deutschen Sprache und Kultur auch nicht durch die barbarischen Hitlerjahre irritieren. Im März 1914 heißt es einmal in einem weiteren Brief an die Freundin: »… denn das Menschliche hinter dem Nationalen zu vergessen ist meine Art nicht.«[116] Die Wahl des Exillandes und die spätere Entscheidung, sich in Ostberlin niederzulassen, beruhten nicht auf durchdachter Langzeitplanung oder philosophisch-politischen Grundsatzbekenntnissen, sondern ergaben sich letztlich aus den jeweiligen Lebensumständen. Als er in Palästina lebte, dachte er unentwegt über eine Übersiedlung nach England oder in die Vereinigten Staaten nach, weil er dort lebensnotwendige Kontakte und Veröffentlichungsmöglichkeiten zu finden hoffte. Als er 1948 nach Europa zurückkehrte, war er sich über die Wahl eines neuen

Wohnsitzes noch völlig im unklaren, und er plante zunächst, künftig weiterhin jeweils die Hälfte des Jahres auf dem geliebten Berg Karmel zu verbringen.

Richtig dagegen ist, daß er sich im Laufe seines Lebens zu Palästina und Deutschland, zu Judentum und Nationalität häufig kritisch und nicht selten sehr widersprüchlich geäußert hat. Es waren entscheidende Fragen seines Denkens, und wen kann es bei diesem seine Zeit so intensiv reflektierenden Beobachter eigentlich verwundern, daß dieser Themenkreis ihn immer wieder umtrieb. Seine Urteile schwankten, weil er in einem entwurzelten Zeitalter lebte, die epochalen politischen Veränderungen auch seine private Existenz mehrfach umstürzten. Daraus allerdings eine »Identitätskrise« herauszulesen und sie gar als »Tragik« des Menschen und Künstlers Arnold Zweig zu deuten vernachlässigt nicht nur seine Epik, sondern übersieht auch das – allen kritischen und notwendigen intellektuellen Selbstzweifeln zum Trotz – ausgeprägte Selbstbewußtsein dieses deutschen Juden.

Das erfolgreichste Buch, das Zweig vor 1914 veröffentlicht, ist allerdings nahezu vollständig frei von allen zionistisch-jüdischen Erörterungen. »Die Novellen um Claudia«, 1912 bei Ernst Rowohlt in Leipzig erschienen, sind dem psychologisierenden Ästhetizismus dieser Literaturepoche verpflichtet. Die Wirklichkeit des Alltagslebens wird verhüllt von kostbaren Vorhängen, ist verbannt aus den großbürgerlichen Salons, in denen sich die Figuren bewegen. Die Sprache ist von pastellfarbiger Eleganz und Gedämpftheit, die Dialoge, die die Menschen in diesem »Roman« führen, kreisen kaum um die großen politischen Themen der Zeit, nicht um Kolonien und Industrialisierung, nicht um den Eulenburg-Skandal oder die Sozialdemokratie, sondern sie bewegen sich in den Sphären von Kunst und Liebe.[117] Zweig selbst umschreibt seine thematische Intention mit dem etwas pauschalen Satz: »Voreiliges Sichfinden, Entferntheit und wahres Zusammentreten zweier Menschen ist das Schema des Ganzen«, dem »die Gestalt einer alten Frau, Claudias Mutter, auf der Höhe des Buches eine ernste, von Vergänglichkeit wissende Tönung gibt.«[118]

Die sieben Claudia-Novellen lassen jedoch auch vieles von den persönlichen Auseinandersetzungen erkennen, die der Künstler Arnold Zweig in diesem Lebensabschnitt mit sich selbst auszutragen hatte. In der Gestalt des Walter Rohme kann der Leser manchen autobiographischen Zug des jungen Zweig entdecken. Rohmes kleinbürgerliche Herkunft, die ihn in den Salons der reichen und eleganten Umgebung seiner Verlobten Claudia Eggeling innerlich hemmt, seine Unfähigkeit, im realen Leben zu bestehen (»Das Postpaket«), seine gegenüber Claudia unter Qualen hervorgestammelte Beichte über homoerotische Pubertätserlebnisse (»Die Sonatine«) – Zweig erzählt hier auch vom eigenen Weg ins Leben. Und vom idealistischen Kunstansatz, den er – wie so viele seiner Generationsgenossen – vertritt. Die zweite Novelle, »Das dreizehnte Blatt«, schildert das Versagen des Malers Klaus Manth, der seine Kunst für Geld verrät, indem er in einem Bilderzyklus den Gekreuzigten durch eine Aphrodite ersetzt, weil sein Kunsthändler nur dann einen hohen Preis zu zahlen gewillt ist. In der dritten Novelle, »Der Stern«, verläßt der junge Komponist Oswald Saach seine Geliebte um des Ruhmes willen, erschießt sich dann, weil ihn eine recht durchschnittliche, verheiratete Frau abweist.

Es sind intime Seelenbekenntnisse, die Zweig seine Gestalten in diesem Buch formulieren läßt, Blicke in die dunkleren Bereiche des Ich, die der Wiener Sigmund Freud gerade in aufsehenerregenden Schriften zu deuten versucht, ohne daß Zweig hier schon bewußt die moderne Psychoanalyse als ästhetisch-analytisches Element in den Novellenkranz einbringt.

So stoßen die peinigenden Entlarvungen »viktorianischer« Scheinmoral, denen Claudia in den Erzählungen ihrer Freunde und Walter Rohmes ausgesetzt ist oder die sie selbst auslöst, bei ihr im ersten Impuls immer wieder auf Abwehr, auf die Weigerung, die Wirklichkeit anzunehmen: »Wäre aber alles das nicht besser verschwiegen geblieben?«[119] Individuelle Verdrängung wird zum gesamtgesellschaftlichen Phänomen des Wilhelminismus. Wie gesagt, Zweig argumentiert hier noch nicht politisch, aber die Claudia-Novellen spiegeln indirekt doch schon einiges wider von der Krankheit einer Epoche, die sich im Glauben an den ungebrochenen Fortschritt menschlicher Kultur immer stärker abwendet vom wirklichen Geschehen.

Der Claudia-»Roman« bringt zwar keinen schriftstellerischen Durchbruch, aber er läßt aufhorchen. Der breite Erfolg dieses kleinen Novellenzyklus kommt erst zehn Jahre später, in den Weimarer Jahren, als eine wachsende Zahl von Lesern in dem »Roman« einer nun schon versunkenen Welt begegnet, der allzu viele nachzutrauern beginnen. 1927 erreicht die Auflage im Kurt

Wolff-Verlag 84000 Exemplare, die Volksausgabe bei Gustav Kiepenheuer kommt 1932 auf 160000. Sigmund Freud spricht 1927 in seinem ersten Brief an Zweig vom »Dichter der ›Novellen um Claudia‹«[120], und Lion Feuchtwanger schreibt 45 Jahre nach der Erstveröffentlichung an den Autor: »Ich habe übrigens die ›Novellen um Claudia‹ wieder einmal gelesen, langsam, gründlich und ganz. Sie haben mir unsere Vorkriegsjahre sehr plastisch in Erinnerung gebracht, die kleinen Probleme, mit denen wir uns damals herumschlugen und die uns so weltenschwer schienen.«[121]

Die Kritik blieb zurückhaltend. Moritz Goldstein schrieb spöttisch: »Von außen: es destilliert seine Sprache, nicht wie die beiden – wie sieben Brüder Mann. Von innen: wie ist man fein, wie weiß man sich zu benehmen, wie hat man Kultur!« Aber auch Goldstein verkennt nicht die erzählerische Kraft des jungen Autors: »Gleich vorher indessen steht der Abschnitt ›Das Album‹: Claudias Mutter, der die Tochter aus dem Hause gegangen ist, und die sich nun in ihrer Wohnung wiederfindet, alleingelassen, überflüssig und altgeworden: Dokument der Einfühlung in das weibliche Herz, des erbarmenden Verstehens und stürmischen Mitleidens, wie es kaum noch menschlich und jedenfalls nicht männlich ist. Um dieser Szene willen verdient Arnold Zweig uneingeschränkt Dichter zu heißen, einer, den Frauen sich zum Liebling erkiesen.«[122] Zweig selbst schreibt in einem Brief vom 16. Januar 1917 an Agnes Hesse, eine frühe Verehrerin seines Werkes und jahrzehntelange Korrespondenzpartnerin, nicht ohne Selbstkritik: »Hätte ich damals nicht eigentümlichen Kunsttheorien gehuldigt, wäre aus dem Claudia-Stoff ein rechter Roman geworden, kein Zwitter wie es jetzt doch scheint.«[123] Ein noch härteres Urteil erreicht die andere verehrte Briefempfängerin, Helene Weyl, im März 1916: »... so arbeite ich an der Neuauflage von Claudia, jenem Schmöker, den wir beide nicht mehr lieben, der mir sehr fremd und gleichgültig geworden ist und dessen stilistische Minderwertigkeit (an vielen Stellen) mich erschreckt.«[124]

Ein halbes Jahrhundert nach der Erstveröffentlichung des Buches schreibt der Kritiker Marcel Reich-Ranicki: »Freudianisch muten bereits die ›Novellen um Claudia‹ an, in denen eine ganze Generation von Liebenden ihre erotischen Erlebnisse, seelischen Reaktionen und moralischen Konflikte wiedererkannte. Neuartig und sogar verblüffend war damals, 1912, insbesondere die Analyse der sexuellen Hemmungen der geistreichen Claudia und der

Komplexe ihres feinfühligen Partners.«[125] Allerdings irrt sich Reich-Ranicki, wenn er meint, daß Zweig während der Niederschrift der Novellen um Claudia die bahnbrechenden Untersuchungen von Freud noch nicht gekannt habe. Im August 1912 heißt es in einem Brief an Helene Weyl: »Ich habe soeben mit dem lebhaftesten Interesse Freuds Psychopathologie des Alltaglebens gelesen, ein unbedingt bereicherndes und erweiterndes Buch ... Seine Traumdeutung ist mir, viel Skepsis beiseite, seit langem Wert; aber von seiner Liebestheorie gestehe ich nichts zu wissen.«[126] Allerdings besaß Freuds Werk damals noch nicht annähernd die Wirkung auf sein Denken wie dann in den frühen zwanziger Jahren. Zweig beschreibt sein Verhältnis zu Freuds Werk während der Entstehung der Claudia-Novellen Jahrzehnte später mit den Worten: »Ohne klares Bewußtsein von der umwälzenden Genialität dieser ganzen Blickweise hatte ich das dumpfe und deutliche Gefühl, so etwas wie einen Schlüssel zur Geisterwelt in der Hand zu haben ...«[127] Aber geträumt, vergessen, verwechselt und versprochen wird sich in diesen Novellen auf eine Weise, daß der Einfluß der Freudschen Lehre unüberhörbar bleibt.

Später wird Zweig eine distanzierte Haltung zu diesem Frühwerk einnehmen. Aber im Augenblick der Entstehung ist er glücklich. »Ich habe die Novelle, die gestern noch ein Schemen war, ein Einfall, heute nacht um eins fertig auf dem Tisch«, schreibt er an die Geliebte Beatrice. »Die Lampe ging mir aus, ich beendete sie bei einem Rest von Licht. Der Tag, der dabei verging, von Mittag an (3 Uhr etwa) war einer der schönsten, die es bisher gab. Ich liebte ihn um seiner Schönheit willen und wegen seiner Fruchtbarkeit. ... Ich glaube, ich bin ein Künstler.«[128]

Im Rückblick auf dieses Schriftstellerleben läßt sich nicht ohne Erstaunen konstatieren, daß Arnold Zweig bis etwa 1923, er war damals immerhin bereits 36 Jahre alt, seinen künstlerischen Ehrgeiz vor allem auf das Schauspiel richtete. Den Ruhm erhoffte er als Bühnenautor zu erringen, seinem Talent glaubte er als Dramatiker, nicht als Epiker gerecht zu werden. Da war die große Bewunderung für Kleist und Büchner, die ihn auf diesen Weg verschlug, und da lagen zwei abgebrochene Romanversuche im Manuskriptschrank, die ihn schmerzlich daran erinnerten, daß er an der großen epischen Form zunächst einmal gescheitert war. Auch die Claudia-Novellen wurden ja nicht ein Roman, wie sein Verleger es dem Leser suggerierte, sondern eine Sammlung von Erzählungen; Zweig selbst nennt sie mehrfach einen »Roman in Novellen«. Die DDR-Germanistin Eva Kaufmann spricht mit Blick auf die Claudia-Geschichten von einem »Akt bewußter Selbstbescheidung und Resignation« und zitiert einen Aufsatz Zweigs aus dem Jahre 1948: »Darum zerlegte ich das Thema meiner ›Novellen um Claudia‹ in eine Studie über die Art, eine Geschichte auf 13 verschiedene Weisen zu erzählen, und machte so diesen Novellenkranz, der wie das Sinngedicht unseres großen Vorbildes Gottfried Keller zeigte, wie man Geschichten erzählen könnte, auch wenn einem kein Roman gegeben ist.«[129]

Zwei Jahre vor seinem Tod kommt der greise Schriftsteller in einem Brief an seinen Biographen Eberhard Hilscher noch einmal auf dieses Thema zurück: »Meine ersten Romanversuche gingen verloren, und mein Glaube an den deutschen Roman mußte sich erst erhärten, als ich an Feuchtwangers ›Jud Süß‹ ein vollgültiges Beispiel dafür in Händen hielt. Ich war nämlich der Meinung, der Roman sei eine romanische Kunstform, und die bedeutenden Vertreter dieser epischen Gestaltung wären alle mit romanischer Abstammung dazu vorbereitet gewesen: So Willibald Alexis-Häring, die Brüder Mann, Theodor Fontane.«[130] Späte Anmerkungen, die mit Vorsicht betrachtet werden sollten. Vielleicht erinnerte sich Zweig an eine Szene in Heinrich Manns Roman »Der Untertan«, in der Diederich Heßling seiner Verlobten Guste nach dem Besuch einer Lohengrin-Aufführung erklärt, der Roman sei keine Kunst, zumindest keine deutsche, wie ja der Name es schon sage.

Zweig begann seine Schriftstellerkarriere also – trotz der bereits veröffentlichten Prosa – als Dramatiker. 1913 erscheint die jüdische Tragödie »Abigail und Nabal«, 1914 das Schauspiel »Ritualmord in Ungarn«, der Kriegsausbruch überrascht ihn mitten in der Arbeit an dem Fünfakter »Der Abtrünnige«. Elf Bühnenwerke oder kleine »Spiele« wird er insgesamt veröffentlichen, weitere dramatische Entwürfe entstanden, wurden aber nicht ausgeführt. Die Liebe zum Theater bleibt jedoch unerwidert. Keines von Zweigs Stücken ist erfolgreich, die Bühnen bleiben ihm weitgehend verschlossen. Selbst in der DDR mußte er um Aufführungen kämpfen, äußert er sich häufig enttäuscht über die Zurückhaltung der Intendanten und Regisseure.

Ein Grund dafür dürfte in der Fülle der auftretenden Personen in seinen Stücken liegen, ein Umstand, der Aufführungen nicht gerade förderlich ist. Zudem sind Zweigs Schauspiele häufig überladen mit intellektuellen Dialogen, fehlt ihnen gelegentlich die notwendige dramatische Knappheit, zeigen sie Mängel im dramaturgischen Aufbau, werden die Spannungsbögen nicht konsequent genug gebildet. Er war ein großer Epiker voll dramatischer Kraft. Seinen Dramen wurde die epische Ader zur Last. Doch ein fundiertes Urteil fällt immer noch schwer: kennen potentielle Zuschauer doch Zweigs Schauspiele nur als Lesetexte. In der Bundesrepublik hat es bis zum März 1989[131] keine einzige Zweig-Premiere gegeben und in der DDR nur jeweils eine Inszenierung des Grischa-Stückes (Halle 1957: Theater der Jungen Garde) und des Schauspiels »Bonaparte in Jaffa« (Berlin 1955: Volksbühne).

»In den letzten Friedensjahren arbeitete ich sorgfältig an einem biblischen Schauspiel ›Abigail und Nabal‹, das in der Nachfolge Hebbels die Schicksalslinie des Mannes zog, der sich weigerte, zum Täter zu werden, um der Erkennende bleiben zu können, zu dem er sich erzogen hatte.«[132] Diese jüdische Tragödie beschäftigte Arnold Zweig bereits 1909. Die damals erarbeitete erste Fassung erschien in zwei Nummern der kurzlebigen literarischen Zeitschrift »Die Gäste« und war als Verstragödie in fünffüßigen Jamben verfaßt. 1911 beendete Zweig die Prosafassung, die 1913 im Rowohlt-Verlag erschien. Im August dieses Jahres schrieb er euphorisch an Helene Weyl, die Figur des Nabal sei »das größte was mir bis jetzt gelungen ist«[133]. Noch 1917 – inzwischen war bereits das Schauspiel »Ritualmord in Ungarn« veröffentlicht – nannte Zweig seinen »Erstling« in einem Brief an den künftigen Leiter der Volksbühne »ein Werk, das ich ... für das beste halte was ich gemacht habe«.[134] Zu einer Aufführung kam es trotz dieser Selbsteinschätzung nicht, auch der 1920 noch einmal veränderte Text konnte die Regisseure nicht überzeugen.

Die Vorlage für seine biblische Tragödie findet Zweig im 1. Buch Samuel (Kapitel 25). Dort heißt es: »Und es war ein Mann in Maon, der hatte seine Tätigkeit in Karmel, und der Mann hatte sehr großes Vermögen und besaß dreitausend Schafe und tausend Ziegen. Und es begab sich, daß er eben seine Schafe schor in Karmel. Der Mann hieß Nabal, seine Frau aber hieß Abigail. Und sie war eine Frau von Verstand und schön von Angesicht, der Mann aber war roh und boshaft in seinem Tun und war einer von Kaleb.«

Es ist die Zeit – etwa 1000 v. Chr. –, als Saul König ist und Davids Kampf um die Herrschaft seinem Höhepunkt zusteuert. Die Rahmenhandlung des Stückes hält sich weitgehend an den biblischen Text. Davids Hilfeersuchen wird auch in Zweigs Tragödie von Nabal unnachgiebig abgelehnt. Abigail bricht heimlich auf zu Davids Lager, um ein Blutvergießen zu verhindern. Im Text des Buches Samuel bricht Nabal tot zusammen, als Abigail ihm von ihrem Treffen mit David berichtet. Zweigs Tragödie nimmt der Figur des Nabal die biblische Härte, gestaltet ihn als Mann des »Nicht-Tun«. In der großen Szene zwischen Nabal und Saul, der als »verhüllter Gast« auftritt, heißt es: »Aufhören, von nichts mehr wissen, die Hände stillhalten und auf die Geschicke aller verzichten!« (Saul) »Ruhen wie die Väter ruhen, nichts mehr begreifen, nicht mehr antworten und nicht fragen!« (Nabal).[135] Es ist ein Stück, das von der Vergeblichkeit der Macht erzählt. Am Ende richtet sich dieser Reiche vom Stamme Juda selbst, weil Abigails Eingeständnis, David zu lieben, seinen selbstherrlichen Traum, ein Außergewöhnlicher zu sein, zerbrechen läßt.

Die Sprache in »Abigail und Nabal« ist wuchtig, von breiten lyrischen Passagen durchsetzt. Der Kritiker Julius Bab weist zu Recht auf die starke, er meint »überstarke«, Nähe zu Hebbel hin und schreibt, »daß hier gerade der Einfluß moderner, deutscher, skandinavischer und anderer Dichter und Denker so stark ist, daß diese biblisch gewandete Diskussion des Freiheitsproblems vielleicht am allerwenigsten für Zweigs Judentum zeugen kann«.[136] Auch Moritz Goldstein bezeichnet die Tragödie als »scheinjüdisch«, sieht im »Jüdisch-Allgemeinen [des Stückes die] Maskerade für etwas Menschlich-Subjektives«[137] – Urteile, die dieses Drama in seiner Ganzheit wohl nicht erfassen. Die Figur Nabals, seine Suche nach der machtlosen Freiheit, Sauls Sehnsucht nach dem Verzicht basieren auf asiatischen Weisheitslehren – auch wenn ihr direkter Einfluß auf Zweigs Denken kaum nachweisbar ist –, denen Theodor Lessing in seinem Buch »Europa und Asien«[138], das ein Jahr nach Zweigs Tragödie erschien, die abendländische Lehre vom Tun, vom Handeln gegenüberstellt. Auch Lion Feuchtwangers Schauspiel »Warren Hastings«, veröffentlicht 1915, und sein 1922 geschriebener Roman »Jud Süß« greifen diese Problematik sehr bewußt als jüdisch-asiatisches Thema auf.

Zweig selbst schreibt zum Zeitpunkt der Veröffentlichung des Stückes: »Dieser Nabal, der als *wirklicher* Mensch leben will, nur das Wichtigste wichtig nehmen will, dieses aber ganz: seine

Überlegenheit über die Welt da unten, und der dabei notwendig gegen jeden anderen ungerecht werden muß, der an seinem Leben auf gleich wirkliche Weise teil haben will, der zerstörend auf diese Frau [gemeint ist Abigail – d. V.] wirkt, weil sie an ihm genau so teil haben will wie er an der Welt, den Sternen und der Macht teil hat ... keine Bühne wird ihn verstehen, kein Publikum mit ihm mitgehn können.«[139] Da stilisiert sich ein Jung-Nietzscheaner in der Pose des einsamen Unverstandenen.

In diesem ersten Drama Zweigs ist bereits ein Satz zu finden, der auf einen zentralen Punkt seines späteren Romanwerkes hinweist. In seinem Dialog mit Saul sagt Nabal: »Kein Land ist groß, es geschehe denn allen ihr Recht.«[140] Um das Recht aber kämpfen auch die Menschen, die den russischen Sergeanten Grischa vor dem Terrorurteil Schieffenzahns retten wollen. Wegen der Mißachtung des Rechts im »Großen Krieg der weißen Männer« – letzter Anstoß ist ihm der Fall des kaltblütig geopferten Unteroffiziers Christoph Kroysing – tritt der Kriegsgerichtsrat Carl Georg Mertens freiwillig ab von der Bühne des Lebens. »Recht tun erhält die Staaten«, wird General von Lychow seinem Kontrahenten entgegenschleudern, als dieser sarkastisch anmerkt: »Der Staat schafft das Recht, der Einzelne ist eine Laus.«[141]

1913 schreibt Zweig ein weiteres Drama, dem ein jüdischer Stoff zugrunde liegt: »Ritualmord in Ungarn«, eine Tragödie, »die frei von vielen Hemmungen früherer Jahre in 6 glücklichen Dezembertagen ... entstand.«[142] Vordergründig geht es auch hier um einen Rechtsfall. Zweig greift auf eine tatsächliche Begebenheit zurück, die sich dreißig Jahre vorher in Ungarn abgespielt hatte. In der Stadt Tisza Eszlar wurden fünfzehn Juden des Ritualmords angeklagt. Die Leiche eines Mädchens war gefunden worden, vom Täter fehlte jede Spur. Der Sohn des Synagogendieners aber hatte unter der Folter »gestanden«, Zeuge des Mordes an dem Kind gewesen zu sein. Nach dreijährigem Prozeß, der von landesweiten antisemitischen Ausschreitungen begleitet war, wurden die Juden freigesprochen. »Ich habe«, schreibt er im März 1914 über sein Stück, »an dem Geschick eines Knaben die ganze furchtbare Tragödie meines Volkes im Exil gestaltet, und unter genauer Benutzung eines Vorkommnisses von 1881 ein hartes, düsteres und erhobenes Drama geschrieben, das im Himmel anfängt, im Himmel endet, von Dämonenszenen durchsetzt ist und Volk gegen Volk, seelische Gewalt gegen seelische Gewalt stellt.«[143]

Zweig geht es in diesem Stück natürlich nicht um einen gewöhnlichen Rechtsfall, auch nicht, wie die DDR-Journalistin Johanna Rudolph meint, um eine soziale Anklage gegen das »Junkertum« oder »die Klassengegensätze zwischen der bäuerlichen Bevölkerung und den feudal-kapitalistischen Großgrundbesitzern samt dem ihnen dienstbaren reaktionären Justiz- und Beamtenapparat des alten österreich-ungarischen Staates ...«.[144] Das sind – abgesehen von den marxistischen Wortstanzen – sozusagen nur Nebenprodukte dieser jüdischen Tragödie. Die eigentliche Anklage des Stückes gilt dem Antisemitismus, und die Adressaten sind die westeuropäischen Juden, die Zweig aufruft, Martin Bubers Forderung nach »Erneuerung« ernst zu nehmen. In Zweigs Tragödie ist es Gott selbst, der Semael auf die Erde schickt, um die jüdische Gemeinde einer Prüfung zu unterziehen. Die vom furchtbaren Unglück Betroffenen bewähren sich, weil sie freiwillig bereit sind zu Läuterung und Umkehr. Erst die Entsendung Semaels, erst die Mordanklage läßt die Juden erkennen, daß »wir ... gesündigt [haben], um unserer Sünde willen kommt uns der Fluch des Verdachts, um unserer großen, dauernden, blutroten Sünde willen. Wir haben gesündigt. Um unsere Lauheit im Dienst, um die Hast unsres Lebens, um die Gier nach Geld, um die Schmach des Verleugnens, um die Härte zu Armen, um das Ausnützen der Waisen, um das Leihen auf Zins, das Langen nach Fremden ... um unser ganzes ungöttisches Leben, alle unsere Jahre und Wochen – um unserer elenden Schwäche willen geschieht uns das«.[145]

Der Knabe Moritz Scharf, der durch seine unter Zwang gemachte falsche Aussage den Prozeß ins Rollen gebracht hat, nimmt sich nach der Entdeckung der Wahrheit das Leben. In der letzten Szene des Stückes, im »Raum des göttlichen Lichts«, spricht ihn Baalschem (Stifter der Sekte der Chassidim) im Namen des »Höchsten« frei von Schuld, denn »du warst, als du verrietest, ein Gefäß des Maschiach, ein Bote der Glorie und ein Wagen Gottes«.[146] Zweig beendet das Stück bezeichnenderweise mit einer »zionistischen Pointe« (Julius Bab), denn Baalschem sendet Moritz Scharf nach Palästina: »So spreche ich dir zu, du werdest wiedergeboren im Lande der Väter, in Freiheit, Wissen und Freude. Dort lebe nahe der heiligen Erde, ein Bauer, und erweise dich.«[147] Jost Hermand schreibt sehr treffend: »Durch diese überirdischen Szenen, die mitten in die ›realistischen‹ Vorgänge eingesprengt sind, versuchte Zweig dieses Drama aus dem Bereich des Niederen, nämlich des Kampfes gegen den Antisemitismus, auf die Ebene eines jüdischen Läuterungs-, wenn nicht gar zionistischen Erweckungsdramas zu heben, innerhalb dessen sowohl dem Antisemitismus als auch dem Verbrechen des kleinen Moritz ein höherer Sinn, und zwar der der ›Erschütterung‹, abgewonnen wird.«[148]

Die Tragödie »Ritualmord in Ungarn« bringt Zweig den ersten durchschlagenden Erfolg als Schriftsteller. Das Stück erscheint 1914 im Berliner Hyperion-Verlag. Im Rückblick schreibt er 1953: »Der Bühnenvertrieb des Drei-Masken-Verlages hatte es alsbald gelesen und einen so starken Eindruck davon empfangen, daß er es dem Deutschen Theater einreichte, den Dramaturgen Arthur Kahane und Felix Hollaender. Im Frühjahr 1914 las es Max Reinhardt und erwarb es zur Aufführung. ›Ich werde es selbst inszenieren‹, hatte er versprochen, ›diese knappen Szenen!‹ Ich saß ihm gegenüber im Labyrinth jenes Zauberschlosses Deutsches Theater und war entzückt und überzeugt, daß mir nun der Weg zum Erfolge offenstehe.«[149]

Diese Hoffnung wurde zunächst durch den Krieg zunichte, denn zu einer Aufführung kam es nicht mehr. Die Militärzensur verbot das Stück kurz vor der Premiere. Immerhin, 1915 erhält Zweig für seine Tragödie den Kleist-Preis. Erst 1919 kommt es zur Uraufführung in Wien, bei der Elisabeth Bergner die Rolle des Knaben Moritz Scharf spielt, es folgen Frankfurt (mit Heinrich George als Untersuchungsrichter Bary) und dann doch noch Reinhardts Deutsches Theater, das dabei mit Emil Jannings und Ernst Deutsch aufwartet.

Bereits im Mai 1914 hatte Zweig mit der Umarbeitung des Stückes begonnen und den Titel später in »Die Sendung Semaels« umbenannt, was noch einmal unterstreicht, welche Bedeutung er der oberen Ebene des Stückes beimaß, also den Debatten zwischen Elohim und Semael. Über die Berliner Aufführung schrieb der Kritiker Alfred Kerr: »Das Werk ist manchmal erschütternd, spannend, packend. (Aber mehr packend als erschütternd.) Etlichemal wurde der Dichter gerufen; ganz wenig bezischt. Ein Dichter mag er sein – wenn auch hier nur gelegentlich ... Sein Werk ist im übrigen gute Zimmermannsarbeit ... Sein Wertvollstes bringt Zweig anderswo.«[150] Auch Moritz Goldstein betrachtet das Stück mit zurückhaltender Zustimmung. Zweigs Stoffwahl bezeichnet er als »ungewöhnlich glücklichen

Griff ... Er erreicht, daß der Leser und Zuschauer sich bei dem gehäuften Unrecht entsetzt und empört, mit den Leidenden leidet, auf den Ausgang zitternd wartet und über die Enthüllung jubelt«.[151] Allerdings habe Zweig selbst gefühlt, daß den Ereignissen die Symbolkraft fehle, und er habe darum die Symbolik von außen hinzugetan. »Er läßt die irdische Handlung mit einer überirdischen abwechseln, darin der Herr dem Satan gestattet, die Blutbeschuldigung über die Juden zu bringen, um die Lauen aufzurütteln und ihnen Gelegenheit zur Bewährung zu geben. Mit dieser mystischen Szenenreihe weiß ich gar nichts anzufangen ... das Vorspiel im Himmel zum ›Faust‹ hat noch überdies das Schema geliefert. Es kommt nichts Dichterisches dabei heraus, sondern Allegorie.«[152] Der junge Dramatiker sah dies bald genau umgekehrt. »Vielleicht«, meint er in der Zeit der Umarbeitung, »ist die realistische Tönung (Kleinheit) der irdischen Szenen, das Historische, zum Mangel des Werkes geworden ...«[153]

Er stand zum Zeitpunkt der Niederschrift der Erstfassung jedenfalls ganz im Bann des Buberschen Denkens, und nach der Buchveröffentlichung fand das Stück denn auch vor allem bei seinen jüdischen Lesern ein vielfältiges – und unterschiedliches – Echo. Franz Kafka schrieb im Oktober 1916 an seine Verlobte Felice Bauer: »Letzthin habe ich ›Ritualmord in Ungarn‹, eine Tragödie von Zweig, gelesen; sie ist in den überirdischen Szenen so angestrengt und schwächlich, wie ich es nach dem, was ich von Zweig kannte, erwartet habe. Die irdischen Szenen dagegen haben bezwingendes Leben, es stammt wohl zum großen Teil aus den großartigen Akten des Processes. ... Ich sehe ihn jetzt anders an als früher.«[154] Und wenige Zeilen weiter heißt es: »Bei einer Stelle mußte ich zu lesen aufhören und mich auf das Kanapee setzen und laut weinen. Ich habe schon seit Jahren nicht geweint.«[155]

Arnold Zweig selbst kommt in seinem späteren Roman »Die Zeit ist reif« noch einmal auf die Monate zurück, in denen er dieses Stück entwarf. Zwischen der Niederschrift seiner ersten und der Arbeit an seiner zweiten jüdischen Tragödie lag die Lektüre der Dramen Georg Büchners. Der Autor von »Woyzeck« und »Dantons Tod« eröffnet ihm ganz neue Perspektiven der dramatischen Kunst. Wie ihn Büchner damals erschütterte, klingt in »Die Zeit ist reif« (1957) an, als der Schriftsteller Werner Bertin, dessen Drama »Saul« (das ist Zweigs »Abigail und Nabal«) gerade erschienen ist, eine Woyzeck-Aufführung im Münchener

Residenztheater besucht: »Und er, Bertin, glaubte stets, die letzte Schöpferplattform habe Hebbel geschaffen, und von der müsse man abspringen als Heutiger, als Junger! ... Der (Büchner) rüttelte am Schlaf der Welt, nicht Hebbel, gab einen besseren Schutzpatron für junge Dichter ab als dieser ... Mensch, Mensch, Mensch, was wird aus deinem Stück! Mit welchen Augen siehst du's dir an, morgen früh? Und kannst du denn den ›Saul, Sohn des Kisch‹ überhaupt noch verantworten ...«[156]

Das Jahr 1914 scheint dem inzwischen 26jährigen Studenten Arnold Zweig Glück zu versprechen. Die Schaffenshemmungen sind überwunden. Die Claudia-Novellen, die beiden jüdischen Tragödien haben ihm eine erste schriftstellerische Basis geschaffen. Er ist nicht berühmt wie die Brüder Mann oder Gerhart Hauptmann, die finanziellen Einnahmen bleiben schmal, aber man nennt seinen Namen in Kennerkreisen. Die erste Zweig-Premiere steht vor der Tür, immerhin im Theater des schon damals fast legendären Max Reinhardt.

Der hagere Jüngling trägt noch recht volles schwarzes Haar, die »Geheimratsecken« legen eine hohe, klare Stirnpartie frei. Die randlose Brille auf der schmalen, leicht gebogenen Nase deutet geschwächte Sehkraft an, gelegentlich läßt er sich einen tiefschwarzen Kinnbart wachsen. Seine Phantasien überwältigen ihn nicht selten, seine nahezu ununterbrochen sprudelnden literarischen Einfälle – das wird sich in den nächsten Jahrzehnten nicht ändern – verhindern allerdings viel zu häufig die konsequente Ausführung bereits in Angriff genommener Projekte. Im kleinen Kreis redet er viel, meist über sich und seine Arbeiten, ist bei Nicht-Kollegen kein allzu guter Zuhörer. »Meine Jugendkrankheit«, heißt es selbsterkennend in einem rückblickenden Brief, »zu breite Beredsamkeit.«[157] Schon als junger Mensch ist Zweig nicht uneitel, er wird es bleiben, was ihm mancher, mit dem er in seinem langen Leben zusammentreffen sollte, recht übelnahm. Eine Attitüde, die nicht nur vom elitären Selbstverständnis dieses Autors zeugt, sondern auch Schutzwall bleibt, geprägt von der kleinbürgerlichen Herkunft, den materiellen Bedrängnissen des Elternhauses. So litt er beispielsweise in diesen Jahren heftig darunter, daß er sein Studium nur über ein Stipendium und spärliche Beiträge durch seine Veröffentlichungen finanzieren konnte.

Beatrice Zweig, damals noch nicht Ehefrau, aber schon geliebte Lebensgefährtin, charakterisiert den stets nervösen, sicher im persönlichen Umgang häufig schwierigen Mann in einem Brief vom Mai 1914 mit den Sätzen: »Ich weiß nun, daß mein Mann eher schroff und hart als liebenswürdig, eher wild und stürmend als sanft und leis auf die Dinge losgeht, ... zu mir ist er der zarteste, behutsamste, sachteste Mensch, der je mein Leben irgendwie berührt hat, und man muß ihn lange und aus der Nähe sehen, um diesen Menschen zu kennen.«[158] 1909 war er der auffallend hübschen und gesundheitlich labilen Cousine, die er seit frühesten Kindheitstagen flüchtig kannte, während eines Berliner Aufenthaltes beim Besuch dort lebender Verwandter seines Vaters wiederbegegnet. Wenig später entwickelte sich eine leidenschaftliche Beziehung, die auf harte Ablehnung der Eltern von Beatrice stieß. Ihre Begegnungen in verschiedenen Ecken Deutschlands mußten sie vor ihnen verbergen und natürlich auch das zeitweise Zusammenleben während seiner Münchner Studententage. »Wir mußten Geldes wegen ›heim‹«, schreibt er im November 1913 nach der Rückkehr von einer kurzen gemeinsamen Venedig-Reise verbittert an Helene Weyl, »d.h. nach München; und kaum dort überfiel uns das äffische Nachspiel und Schicksal, dass es herauszukommen drohte, meine Freundin habe gewagt Ferien zu machen, sie habe (sie, die Zarteste, eben von vierjähriger Krankheit Genesene!) nicht den ganzen Sommer gearbeitet und das teure Geld des Vaters ... zum Fenster hinausgeworfen. ... Es war natürlich auch von mir die Rede aber nur sehr vag; man schleuderte Vermutungen, war aber so feig nicht selbst zu schreiben ...«[159] Und noch im September 1914 heißt es: »Ich bin durch die Niedrigkeit der Eltern meiner Frau zu soviel Lügen gezwungen, dass mir der Ekel davor bis an den Hals steht, und selbst auf Kosten meiner liebsten menschlichen Beziehungen werde ich, auch die sogenannte ›Lebenslüge‹ des Herrn Ibsen, jede Lüge, jede Unwahrhaftigkeit, jeden möglichen Irrtum aus diesen Beziehungen ausmerzen.«[160]

Beatrice hatte schon vor ihrem Leben mit Arnold Zweig unter der puritanischen und harten wilhelminischen Erziehung gelitten. Noch Jahrzehnte später erzählte sie ihren Söhnen, wie der Bruder mit der Reitpeitsche vom Vater bestraft wurde. Zweig, den das familiäre Klima seiner Jungenjahre selbst belastet hat, schreibt ihr einmal von der Front, »deine Folter heißt bürgerliche Welt«[161]. Das Leben im Elternhaus bleibt noch später für Beatrice ein Trauma. In den ersten Kriegswochen schreibt sie der Brieffreundin: »Von mir ist zu sagen, daß mich durch den Krieg der groß und herrlich und schrecklich zugleich ist, das Einzige getroffen hat, das ich im Leben fürchte, nicht mal vor dem leibhaftigen Teufel hätte ich ein banges Herz und mit allem wären wir zwei fertig geworden: ich bin wieder zu Hause. ... Ich möchte am liebsten in einer Art Starrkrampf die Zeit vorüber ziehen lassen und mein Leben hier fühlt sich auch fast so an.«[162]

Über das Private hinaus gilt, daß vor 1914 – trotz erster bescheidener Erfolge – nicht allzu viele im Kritiker- und Literaturzirkel des Spätwilhelminismus erkannten, welch bedeutender Künstler, welch schöpferischer Schriftsteller in ihren Reihen heranwuchs. Er schreibt, aber nur noch aus Pflichtgefühl, weiter an seiner Doktorarbeit, entwirft im Juli 1914 schon wieder ein neues Stück, »Der Abtrünnige«. Die Konflikte mit dem Elternhaus sind milder geworden. Auch fühlt er sich nach Jahren des Suchens und des Zweifelns in der jüdischen Gemeinschaft zu Hause. Mit Stolz berichtet er der Brieffreundin Helene Weyl 1913, »dass man unter den Führern der jüdischen Neugeburt beginnt, mich hinzuzuzählen«[163].

Der Schicksalstag Europas, der 1. August 1914, findet Arnold Zweig in einem kleinen Dorf am Rande Münchens, wo er mit Beatrice lebt. »Die Hitze jener Tage lag schwer auf der bayerischen Hochebene ... Wir lasen Zeitung nur beim Mittagessen im Gasthof. Mein Verständnis für Politik langte dazu, die Sachlage Österreich-Serbien optimistisch zu beurteilen ... Es war zwar Krieg, aber es hatte ja schon früher Kriege gegeben, und die Reiche hatten sie wie heilende Fieberkrisen eilig hinter sich gebracht, um erneut und durch die Erhebung gekräftigt sich ihren eigentlichen, ihren friedlichen Aufgaben wieder hinzugeben ...«[164] Welch trügerische Hoffnungen, welch ahnungsloser Optimismus! Am 4. August erklärte England dem Deutschen Reich den Krieg. Zwei Tage vorher begann Arnold Zweig in seiner selbstgewählten dörflichen Einsamkeit die dialogische Ausformung seines neuen Schauspiels. Nach vielfachen Bearbeitungen wird es erst 1927 unter dem Titel »Die Umkehr« bei Kiepenheuer in Berlin erscheinen. Dazwischen lag eine Weltenwende, ein vierjähriger Krieg, der keine Sieger kannte, sondern nur Verlierer. Noch acht Monate sollte es dauern, dann begann auch für den Schriftsteller Arnold Zweig die sein Denken revolutionierende Erziehung im Krieg.

Erziehung im Krieg

Psychologisch hat die Republik von Weimar kaum etwas stärker belastet als die sogenannte Kriegsschuldfrage. Im Artikel 231 des Versailler Vertrages wird das Deutsche Reich ausdrücklich als »Urheber für alle Verluste und Schäden verantwortlich« gemacht, was so pauschal der historischen Wahrheit nicht entspricht. Die wilhelminische Politik hatte zweifellos an vorderster Stelle dazu beigetragen, daß die militanten Töne in der europäischen Diplomatie nach der Jahrhundertwende zu überwiegen begannen, und in den Krisenwochen vor dem 1. August 1914 waren die Deutschen diejenigen, die am entschiedensten auf Kriegskurs drängten, der hilf- und kopflosen Regierung in Wien mit pathetischer Nibelungentreue einen politischen Freifahrtschein für die Reise ins militärische Abenteuer ausstellten. Die zahllosen inzwischen veröffentlichten Dokumente zeigen jedoch, daß im Jahr 1914 kaum ein Land frei geblieben war von der schließlich eine gefährliche Eigendynamik entwickelnden Kriegspsychose. Alle Völker Europas waren mehr oder weniger davon überzeugt, daß nur das »reinigende« Kriegserlebnis die vom Fieber des Imperialismus geschüttelte Zivilisation vor Verfall und moralischem Untergang bewahren könne. Wie anders sind die Szenen zu erklären, die sich in den heißen ersten Augusttagen in ganz Deutschland, aber auch in den Städten und Dörfern Frankreichs und Rußlands abspielten? Auf den Straßen und Plätzen jubelnde und betende Menschen und blumengeschmückte, blutjunge Soldaten, die lächelnd in den Tod marschierten; in Berlin ein Kaiser, der nun plötzlich keine Parteien mehr kannte, sondern nur noch Deutsche; im Reichstag und in der französischen Nationalversammlung Fraktionen der Arbeiterbewegung, die geschlossen ja sagten zu den Kriegskrediten, die die bis zu diesem Zeitpunkt von ihnen bekämpfte »Klasse der Ausbeuter« jetzt verlangte; in den Zeitungen Schlagzeilen voller aufputschender und gleichzeitig verharmlosender Worte, als ob es nicht um Krieg und Mord ginge, sondern lediglich um einen sportlichen Wettkampf. Geblendet von der Lüge, es gelte nun, Ehre und Vaterland zu verteidigen, ließen sich Millionen zur Schlachtbank führen – auch die deutschen Arbeiter, die hofften, nach dem Krieg werde das Reich nicht mehr nur der Staat der Junker und Militärs, der Konzernherren und Bankiers sein, sondern ihre politische Heimat; auch die Juden, die die heißersehnte Gelegenheit gekommen sahen, endlich ihren Patriotismus, ihr Deutschtum an der Front unter Beweis stellen zu können.

Nur ein überliefertes Stimmungsbild vom 1. August 1914 sei angeführt, um den inneren Zustand bei den Massen zu illustrieren. »Wieder zu dritt in der Stadt«, notiert der Romanist Victor Klemperer am nächsten Vormittag in seinem Tagebuch, »... und bis gegen zwölf unterwegs. Der Bahnhof überflutet. Einen Augenblick wildes Drängen und Hochschreien; es soll dem österreichischen Gesandten gegolten haben. Nachher ein ähnliches Hoch beim bloßen Vorbeirollen eines Autos mit etlichen Offizieren. Nirgends unvergnügte oder auch nur ernste Gesichter, Soldaten strahlend, nicht ohne G'spusis. Ein Trupp ganz junger Burschen zog vorüber, Arm in Arm, ein hübsches Marschlied singend: ›Gott schütze unser Vaterland!‹ In der ersten Reihe ein blonder Junge von vielleicht achtzehn Jahren mit einer Glut in den starren blauen Augen – ich habe so etwas noch nicht gesehen.«[1]

Die Mehrheit der Deutschen war lange vorbereitet worden auf diese »große Zeit der Bewährung«. Nach Bismarcks Abgang brachen die Dämme der Vernunft endgültig, Deutschtümelei und Rassenpropaganda machten sich breit, imperialistische Träume vom »Platz an der Sonne«, den es zu erobern gelte, wurden offizielle Politik, Pathos mischte sich auf gefährliche Weise mit der unersättlichen Habgier nach billigen Rohstoffen und neuen Absatzmärkten. Bald ließen die Herren, die sich um Thron und Altar geschart hatten, auch keine Zweifel daran, daß es in diesem Völkermorden nicht um die Verteidigung des Vaterlandes ging, sondern um die Erzbecken im belgischen Longwy und im französischen Briey, um die Kontrolle über die Häfen an der belgisch-holländischen Küste, um die riesigen Getreidefelder in der Ukraine, um ein Kolonialreich in Afrika, also um die politische und damit ökonomische Hegemonie Deutschlands in Europa. Theodor Lessing schrieb über diese Augusttage von 1914: »Es war damals, wie wenn jeder Mensch nur eine einzige Angst hegte: hinter der ›großen‹ Stunde zurückzubleiben.«[2]

Auch die Intellektuellen, die so lange spöttisch auf das polternde und »neureiche« Gehabe des wilhelminischen Reiches geblickt hatten, verfielen dem Rausch von Krieg und Macht, stimmten laut und meist unaufgefordert ein in den martialischen Gesang, der im Herbst 1914 Europa erfüllte. Schauerliche Gedichte schrieben sie in diesen Tagen und schlechte Erzählungen, verhetzende Aufrufe trugen die Namen der berühmtesten unter den deutschen Schriftstellern und Musikern, Malern und Bildhauern. Wenige nur waren es, die betroffen schwiegen oder gar vor der Verleugnung humanistischer Grundsätze, vor der Verteufelung der Franzosen, Engländer oder Russen öffentlich warnten, weil diese doch ebenso wie die Deutschen in der großen Tradition europäisch-abendländischer Kultur standen. Heinrich Mann dachte und schrieb so, der Pazifist Leonhard Frank, der damals noch fast unbekannte Lion Feuchtwanger, der Elsässer René Schickele, der Franzose Romain Rolland.

Der 26jährige Arnold Zweig gehörte zu denen, die den Krieg mit pathetischen Worten begrüßten. »Der Ausbruch des Ersten Weltkriegs traf mich, wie die meisten meiner Generation als Militaristen an.«[3] Am 28. August 1914 beendete er die Arbeit an dem Schauspiel »Der Abtrünnige« und schrieb unmittelbar darauf mehrere Kurzgeschichten, die ganz vom Geist der offiziellen Kriegspropaganda erfüllt waren. Sie erschienen noch im gleichen Jahr in einem kleinen Bändchen der Reihe »Kriegsbücher« bei Albert Langen in München. In der berühmtesten dieser Erzählungen, der Titelgeschichte »Die Bestie«, schildert Zweig, wie ein belgischer Bauer drei deutsche Soldaten ermordet, die bei ihm Quartier genommen hatten. Zweig läßt sich dazu hinreißen, den Feind im wahrsten Sinne des Wortes als Bestie darzustellen: »... einem nach dem andern durchschnitt er rasch und obenhin kalt, innerlich glühend, den Hals über dem Adamsapfel, vermied den heißen roten Guß, der aufsprang, und warf sich, als der dritte, zu hinterst liegend, von dem Röcheln und Zappeln der Sterbenden ein Viertel erweckt, vergeblich versuchte sich aus der Betäubung zu retten, auf ihn mit einem Sprunge der Raserei, der ihm das Messer durchs Herz trieb, so daß die Spitze, hinten heraustretend, sich an den Ziegeln des Fußbodens verbog ... Noch immer wach wie am Vormittag kehrte er in den Keller zurück, in die Kammer, die nach Tod roch, besah seine Opfer aufmerksam, hatte einen Einfall, band sich die Schlächterschürze um und nahm ihnen aus der geöffneten Bauchhöhle die Eingeweide heraus, die Lunge, das Herz, geschlossenen Mundes grinsend, weil's im Menschen überraschend fast so aussah wie im Schwein ...«[4]

Wer Haß sät, wie es Zweig mit solchen Passagen in seinen Kriegsnovellen tut, der überschreitet auch die Grenzen zivilen Denkens: »In einer ganz tiefen innerlichen Stille voller unendlicher Schwermut hörte der junge Offizier das Wort Vergeltung; aber er fühlte gleich, es gab keine Vergeltung, auch wenn er die Bestie schinden ließe, es gab überhaupt keine Vergeltung in der Welt, nur Gericht, und hier nicht einmal Gericht, nur Vertilgung.«[5]

Auch in den weiteren Erzählungen und Kriegsanekdoten dieses Bändchens wimmelt es von deutschen Helden, edel und mutig, von schurkischen und heimtückischen Belgiern und Franzosen. Während der deutsche Soldat seine Pflicht erfüllt und dabei immer menschlich bleibt, den hungernden französischen Gegner mit Kaffee und Lebensmitteln versorgt, ist der Feind stets ein Barbar: »Sie sahen noch, wie die Infanterie, die ganz gemächlich ihren Weg genommen haben muß, diejenigen unsrer Verwundeten, die in unsrer ersten, vordersten Stellung hatten liegen bleiben müssen, mit Kolben und Bajonett abschlachtete. Sie zeigten auf ihre Wunden und schrien um Gnade, aber die Hunde brachten sie doch um, alle.«[6]

In der Erzählung »Blick auf Deutschland« läßt Zweig seine Heldin, die den Ausbruch des Krieges in England erlebt, durch die »Lügenpropaganda« der Londoner Presse an der Größe, an der Ehrenhaftigkeit des Vaterlandes zweifeln. Aber natürlich ist sie »in der Fremde dem Satan begegnet, von ihm versucht worden und unterjocht, ihm verfallen, dem Vater der Lüge ...« In die Heimat zurückgekehrt jedoch erkennt sie die Wahrheit, und der Schriftsteller Arnold Zweig schreibt Sätze, die im Kriegsministerium nicht besser hätten formuliert werden können: »Deutschland stand da, und Ehrfurcht ging von ihm aus wie von einem antiken Gott. Seine Heere hatten den Krieg, den eingedrungenen, nicht begonnenen, auf die Feinde gewälzt und in Feindes Land; auf ganz Belgien und dem Norden Frankreichs lastete ihre unabrollbare Macht; die Myriaden Rußlands, nach kurzer und unheilvoller Herrschaft, lagen hinausgetrieben aus dem nördlichen Osten in ihren eigenen Provinzen, getötet zu Hunderttausenden, ertränkt in See und Sumpf, zu Hunderttausenden gefangen in einer Schlacht von dem Feldherrn mit dem sanften Namen ...«[7]

Es sind chauvinistische Kriegsgesänge, die Zweig in diesen

ersten Kriegsmonaten veröffentlicht, zu verstehen nur durch die politische Naivität, die elitäre Intellektualität, die Menschen seines Denk- und Lebenskreises auf so fatale Weise kennzeichnete, sie schließlich auch zu Opfern einer verlogenen Kriegs- und Eroberungspropaganda werden ließ. Endlich »dabeisein«, aufgehen in dem Strom der Majorität, die isolierende Außenseiterposition als Jude und Künstler verlassen – Zweig reagierte im ersten Aufwallen der Kriegspsychose wie viele seiner Kollegen. In seinem 1938 erschienenen Roman »Versunkene Tage«, der nicht ohne Verklärung auf seine Studententage im München des Jahres 1908 zurückblickt, beschreibt sein Held Carl Steinitz das elitäre Abwenden von der Wirklichkeit der Zeit mit den Worten: »Das Politische interessiert uns nicht, wir überlassen es gern denen, die einen Beruf daraus machen, den Reichstäglern und Herrenhäuslern.«[8] Vom Fortschrittsoptimismus des 19. Jahrhunderts beseelt, verloren sich die blasierten Intellektuellen in der Scheinwelt der Ästhetik: »Und das sittliche Leben, die Zähmung der Bestie Mensch ist soweit fortgeschritten, dass es in ganz Europa nur noch Haustiere gibt, demokratisches Herden- und Stimmvieh – nützlich und langweilig und alles andere erregend als Besorgnis. Aber für das Ästhetische ist noch viel zu tun.«[9]

Kurios allerdings, daß Zweig in den Band »Die Bestie« auch die Novellen »Episode« und »Die Krähe« aufnimmt. Erklärbar ist dies vielleicht auch, weil es sich hier um die Schilderung eines Pogroms im jetzt feindlichen Rußland handelt.

Auch private Äußerungen aus diesen Monaten machen deutlich, mit welcher Ahnungslosigkeit Zweig auf das Geschehen blickt. Er erkennt die politisch-wirtschaftlichen Hintergründe so wenig, wie seine Phantasie nicht ausreicht, sich das Leiden der Männer an der Front vor Augen zu führen. Am 27. August 1914 schreibt er in einem fast schon unerträglichen Ton an Helene Weyl: »Wir, Menschen die so gerne achten und das Achtbare und Echte überall suchten, sehen mit einem manchmal wahrhaft heißen Glück plötzlich, über Nacht, aus einem Volke ichsüchtiger Krämer und patriotisch-politischer Phrasendrescher das große tüchtige deutsche Volk erwachen; der fette Bürger, unser Antagonist, lernt plötzlich wieder sich einordnen, opfern, echt fühlen – er verliert seine moralische Häßlichkeit, er wird schön! Dies schon beglückt; und so genügt es zu sagen, dass die Haltung des Heeres, des Einzelnen wie der Gesamtheit, des Gemeinen wie der Leitung, der Zurückgebliebenen wie derer in der Front, ganz herrlich ist – ein jauchzendes, tollkühnes Entzücken vibriert in mir, wenn ich die Zeitungen lese ... Das große Deutschland ist wieder da, die klare ungeheuer geniale Kälte der Kantischen Intuition und das Feuer Beethovenscher Allegretti und Scherzi spukt in der deutschen Kriegsführung ...«[10]

Es entstehen in diesen Monaten auch mehrere Aufsätze, die in Siegfried Jacobsohns »Schaubühne« veröffentlicht werden und in denen Zweig sich über Thomas Mann, Max Scheler und Bismarck äußert. Schelers von ihm später so scharf abgelehntes Buch »Der Genius des Krieges und der Deutsche Krieg« feiert er mit Worten, die dem »ästhetischen« Zeitgeist angemessen sind: »Der deutsche Geist, zu Tage getreten stets, wenn Not am Deutschen war, wenn der schwatzende, ohnmächtig hassende Philister sich anmaßte, das Volk mit erhobener Stimme zu vertreten, dieser deutsche Geist, ein Elementargeist, ein musikalisch-politisches Grundwesen, Synthese aus dem Trieb zu weitwurzeliger Erkenntnis und dem Trieb zur gestaltenden Handlung, groß lautgeworden in Herder, Fichte, Görres, Lagarde, Nietzsche, ist auch dieser Tage wieder, beschworen von der Größe des Augenblicks und der Kleinheit öffentlicher Kulturverwalter, aufgestanden, um Zeugnis abzulegen von sich, und eingegangen in ein Buch Max Schelers ... Der Gegenstand des Buches ist der Krieg, Krieg schlechthin und dieser Krieg: als eine Fatalität begriffen zuallererst, als nichts, woran man Schuld haben kann, als etwas Gemußtes ..., als Geschick, als Tragik.«[11]

Noch im Dezember 1915 veröffentlichen die »Süddeutschen Monatshefte« seinen Aufsatz »Kriegsziele«, in dem er ganz im Tone der Alldeutschen schreibt: »Fremde Interessen haben uns jetzt nicht zu kümmern. Denn wenn die Waffen sprechen, hat Gott die Entscheidung zwischen den Völkern übernommen: Wem Er die Macht gibt, der muß sie gebrauchen.«[12]

Arnold Zweigs in diesen Monaten so eindeutige Bekenntnisse waren jedoch – wie gesagt – keineswegs untypisch, sondern sie zeigen lediglich die Haltung eines Unpolitischen, wie sie beispielsweise Thomas Mann noch 1918 einnehmen wird, als das Lügennetz der Hohenzollern und der Alldeutschen, der Hindenburgs und der Ludendorffs längst zerrissen ist. Hinzu kam zweifellos Zweigs Judentum. Wie viele deutsche Juden hoffte er in diesem historischen Augenblick am Ziel seiner langen Suche nach einer deutsch-jüdischen Symbiose angelangt zu sein. Ende August 1914 schreibt er: »Ich habe viel, viel neue Gedanken über das Wesen der Nation gehabt, die ich noch nicht fixieren kann. So hat mich die im tiefsten verbindende Kraft der *Kulturgemeinschaft*, die mir früher nicht *so* gegeben war, geradezu überfallen. Ich weiß ganz genau – und Sie wissen, dass das zu meinem Glücke gehört –: ich nehme meinen leidenschaftlichen Anteil an unseres Deutschlands Geschick *als Jude*, auf meine mir eingeborene jüdische Art mache ich die deutsche Sache zu meiner Sache; ich höre nicht auf, Jude zu sein, sondern ich bin es *immer mehr*, je wilder ich mich freue, je tiefer ich empfinde, je heftiger ich nach Aktivität dränge.«[13]

Zweigs Sprache ist in diesen Wochen überhöht, und sie weist auf einen persönlichen Affekt hin, der auch in den folgenden Jahrzehnten bei ihm zu beobachten sein wird. Wann immer er sich an Eckpunkten historisch-gesellschaftlicher Entwicklungen, die stets auch umstürzend in seine private Existenz eingreifen, zu den öffentlichen Dingen äußert, neigt er zu apologetischen Vereinfachungen. Der Drang, sich zu bekennen, Stellung zu beziehen, die eigene Handlungsweise zu rechtfertigen, überwältigt ihn in diesen Lebensabschnitten häufig. »Er war ein Marathon-Konversationist«, spöttelt Ludwig Marcuse in seinen Erinnerungen, »und lebte sich in gebildeten Worten üppig aus; als Schreiber kann man ihn füllig, als Gesprächspartner matronenhaft breit nennen.«[14] Gelegentlich gilt dies auch, wenn wissenschaftliche Themen diskutiert werden. Golo Mann berichtet von einem Gespräch, das er mit Zweig und Bertrand Russell geführt hatte: »Eines Sommernachmittags 1933, dort unten an der Côte d'Azur, erklärte mir der Romancier Arnold Zweig ... Das Heisenbergsche ›Indeterminations-Prinzip‹ habe den Kausalitätsbegriff zerstört. Bloße Schulmeisterei ... Bertrand Russell, im Gegensatz zu Arnold Zweig ein gewaltiger Logiker, kommt der Aufhebung des Begriffes schon näher ...«[15] Als politischer Denker ein sympathischer Autodidakt, neigt Zweig zum Thesenhaften, und er redet auch gerne über Wissensbereiche, von denen er herzlich wenig versteht. Die ideologisch-philosophischen Brüche, die sein Leben in bezug auf politische Fragen mitgeprägt haben, beruhen auf einem gewissen Mangel, sich vertiefend mit dem Theorie-Praxis-Dilemma auseinanderzusetzen. Er schafft sich Bilder von der Wirklichkeit, die nicht selten weniger von einer thematischen Durchdringung oder erlebter Erfahrung zeugen als von seiner idealistischen Grundhaltung. Das war in seiner zionistischen Phase so, und dies gilt auch für die letzten Lebensjahrzehnte, die er in der DDR verbrachte. Um so enttäuschter und empfindlicher reagiert er dann, wenn die Realitäten ihn einholen. Marcuse bringt dies auf die einprägsame, aber vielleicht – wie noch zu zeigen sein wird – auch etwas zu simple Formel, die er nach einem heftigen Streit bei einem Besuch des greisen Schriftstellers in Ostberlin notierte: »Zweig, ein mitreissender Erzähler, nie ein starker Denker ...«[16]

Es waren allerdings weniger denkerische Defizite, die Zweig gelegentlich als politischen Illusionär erscheinen lassen. Er war auch leicht beeinflußbar. Das zeigen die Briefe an Martin Buber und Sigmund Freud, die zeitweise nahezu uneingeschränkte Verehrung für Nietzsche und Scheler, die spätere ideologische »Beratung« in der DDR besonders klar. Glaubte er im Denken eines anderen entscheidende »Erkenntniswahrheiten« entdeckt zu haben, überprüfte er sie nicht immer mit der notwendigen intellektuellen Gründlichkeit, sondern vertrat sie mit euphorischer Unbedingtheit, bis ein neuer »Gott« seinen Weg kreuzte. So sicher er in seinem ureigentlichen Handwerk, dem des Romanschriftstellers, war, so anlehnungsbedürftig blieb er in den praktischen Weltfragen. Dies hat viele Entscheidungen in seinem Privatleben ebenso beeinflußt wie Teile seiner politischen Essayistik. Es mag sein, daß in dieser Haltung auch das kleinbürgerlich-angepaßte Elternhaus und die Autoritätsgläubigkeit des Wilhelminismus ein gut Stück mitschwingen. Jedenfalls sind seine öffentlichen Äußerungen, viele seiner Briefe auch immer unter diesen Aspekten zu betrachten. Sein Verhalten in den Monaten, die dem Kriegsausbruch vom August 1914 folgten, weist also auf eine Grundkonstellation seiner Persönlichkeit hin.

Arnold Zweig wird nicht sofort als Soldat eingezogen. »Ich wäre als Kriegsfreiwilliger gegangen, aber ausser meiner Verpflichtung gegen Bice [das ist Beatrice Zweig – d. V.] war es vor allem meine körperliche Zartheit, die mich abhielt. Ich habe mit dem Gedanken und Entschluss eine lange Woche schwer gerungen: aber ich sehe ja nichts! Auf 400 Meter schiesse ich, selbst mit Brille, ja an einem Hause vorbei, weil ich es schlecht sehe – und 400 Meter ist das normale Minimum.«[17]

Am 24. April 1915 jedoch ist es soweit, Zweig wird Soldat. Der nicht gerade mit überdurchschnittlicher Körperkraft ausgestattete

Schriftsteller kommt zu einer Armierungs-Ersatz-Kompanie, also einer Einheit, die im Felde schwere Straßen- und Transportarbeiten zu verrichten hat. Die Eltern in Kattowitz erreicht eine Jubelpostkarte: »Meine Lieben, nun gehe ich also als Schipper nach Küstrin. Die Sache kam fabelhaft rasch, gestern um 4 Befehl, heute früh 8 Antreten, jetzt 3 Uhr 10 weg. Ich ärgere mich nur, daß ich schippen muß und keine Kanone kriege. Laßt es Euch gut gehn; ich schreibe Euch bald meine Adresse. Herzlich Euer Arnold.«[18]

Das neue Leben beginnt also in der fruchtbaren Oderniederung der Neumark. Im Rückblick berichtet Zweig: »Das erste ist die Lagerfestung Küstrin, in der ich zum ersten Mal mit einer Kompanie aus deutschen Arbeitern, Kleinbürgern, Angestellten und Studenten im Gleichschritt durch die Straßen zog, in grauer plumper Uniform und voll Überzeugung, daß es notwendig sei, diesen Krieg nicht von außen zu sehen, sondern mitten drin zu stecken und umgeformt zu werden durch die innige Berührung mit der Mühsal des Lebens, den Sorgen und Hoffnungen der Massen, dem Geruch und Licht der Landschaft und der Straßen ... In der Umgebung Küstrins aber, in die wir bald hinausverlegt wurden, um im Sande Schanzen zu bauen und Schützengräben auszuheben, atmete alles die glorreiche Vergangenheit Preußens ...«[19]

All das sind Hinweise darauf, daß sich Zweig zunächst ganz in die Tradition des deutschen Militarismus stellt, voller Optimismus bleibt und daß es ihn wegdrängt von der Armierungs-Kompanie hin zum Dienst an der Waffe. Nur einen Monat nachdem er die Uniform angezogen hat, teilt er einem Freund mit: »Jetzt bin ich in gewissem Sinne schon aktiv, Soldat, überdies der festen Gewißheit nur vorübergehend, nur zur Vorbereitung des Körpers Armierer zu sein, und in gehöriger Zeit werde ich mich freiwillig zur Waffe überschreiben lassen, meinethalb zur Infanterie.«[20] Und die geliebte Freundin Beatrice erreicht die optimistische Botschaft: »Wenn wir in Galizien vorwärts gehen wie in den letzten Wochen, so können wir im August Frieden haben, denn niemand hält, wenn unser Ostheer frei wird, im Westen auch nur der Möglichkeit der Weiterführung stand – auch England nicht ...«[21]

Die Stimmung steigt weiter, als ihn erste Nachrichten über eine hohe literarische Ehrung erreichen, denn »der Kleistpreis, an den zu glauben ich ... mich endlich entschlossen habe, speist mein Herz mit einer jubelnden und verjüngenden Heiterkeit«[22]. Neue Romanpläne entstehen, während er Schanzen gräbt und auf dem Kasernenhof exerziert, er schreibt mehrere kleinere Novellen. Im August 1915 wird Zweig Landsturmmann im Armierungsbataillon 120. Der erste Einsatz führt ihn nach Südungarn, dann geht er nach Serbien. Im Frühjahr 1916 aber beginnt seine eigentliche Erziehung im Krieg. Seine Einheit wird an die Westfront verlegt, zunächst nach Lille, dann nach Verdun.

Fünfzehn Monate lang erlebt Zweig die Hölle des Krieges als einfacher Soldat in den bald einer Kraterlandschaft gleichenden Wäldern und Ebenen, die die französische Provinzstadt umgeben. In den kilometerlangen stacheldrahtbewehrten Schützengräben sieht er die Leichenberge wachsen, der Tod in seiner grauenhaftesten Form starrt ihn aus den lehmigen, wassergefüllten Granattrichtern an. Hunderttausende werden hingerafft oder zu Krüppeln geschossen in einem hin- und herwogenden Kampf, der bald zu einem menschenfressenden Stellungskrieg erstarrt. Die Schlacht um Verdun wird zum Symbol für die Sinnlosigkeit dieses Krieges. Die Staats- und Militärführung in Deutschland, politisch und strategisch seit dem Rückzug von der Marne gescheitert, läßt skrupellos die gutgläubigen, zu Pflicht und Gehorsam erzogenen Soldatenmassen weiterkämpfen.

Die Bilder des Krieges brennen sich ihm ein. Die Kämpfe um die Höhe 304, um den Toten Mann, um das Fort Douaumont, der Opfergang der deutschen Soldaten und die Arroganz und Korruptheit der Führungseliten – seine dichterischen Phantasien beginnen sich dem großen Lebensthema zuzuwenden. Wer seine literarischen oder essayistischen Schriften liest, die nach dieser Konfrontation mit der Wirklichkeit entstanden sind, wird nichts mehr finden von dem platten Hurrapatriotismus, den Zweig in den Monaten zuvor angestimmt hatte. Sechsundzwanzig Jahre später, die Deutschen haben die Welt schon wieder mit einem Krieg überzogen, wird er in Erinnerung an das Verdun von 1916 schreiben: »In der Sonne und im Monde, bei Regen und Schnee, bei Frost und Dürre mordeten die Europäer einander. Mit allen Techniken und Wissenschaften hatten die Deutschen ihre Gehirne ausgebildet, aber den dunklen Orkus ihrer Massentriebe hatten sie nicht erhellt; darum erlaubten sie unter brausender Begeisterung ihren fragwürdigen Herrenschichten, sie gegen den Westen zu führen und nicht abzulassen, als die Abwehr der überfallenen Franzosen längst den Streit entschieden hatte, an einem Flusse namens Marne … Die Massen, in Armeekorps zusammengefaßt, in Divisionen, Brigaden, Regimentern gedrillt, warfen sich gehorsam gegen den mächtig bewehrten Waffenplatz. Sie waren stolz auf ihre geschulte Tapferkeit, auf den Schneid ihrer Offiziere, sie glaubten blind an die überlegene Fähigkeit der oberen und obersten Führung. Der Krieg ward geschwellt von der Lust an Zerstörung, am Töten und Verwunden; ganze Menschengeschlechter genossen entzückt den Zustand früher Urzeiten, in denen sie nicht zu arbeiten brauchten, sondern, die Waffen führend, ernährt wurden von Plünderung fremder Staaten und dem Frondienst der Unbewaffneten des eigenen. Übermenschliche Strapazen hielten sie aus, jede Art Entbehrung, die schrecklichsten Wunden, jammervolle Todesqualen ...« [23]

Die Monate an der Westfront verändern Zweig. Sein Denken radikalisiert sich, er entdeckt die großen politischen Strömungen, die nach dem Wunsch der Führung eigentlich hinter den schön dekorierten Kulissen der Kriegspropaganda hätten verborgen bleiben sollen. Die Begegnung mit den einfachen Menschen aus Fabriken und Handwerksbetrieben, mit Landarbeitern und Angestellten öffnet seinen Blick für die sozialen Bewegungen, raubt ihm endgültig die Illusion von der »Volksgemeinschaft«, die sich einträchtig erhebt, um den eindringenden Feind abzuwehren. In seinem großen Verdun-Roman wird er später den Setzer Pahl über die Lage in Deutschland sehr pointiert sagen lassen: »Um diese Masse im Zaum zu halten, bedient sich die Gesellschaft dieser Masse selbst: jedes Jahr steckt sie in Deutschland und überall hunderttausende Besitzloser in den Waffenrock und drillt sie, das Werk der Schulen fortsetzend, damit sie gegen ihre eigenen Interessen verwendbar werden und bereit, in Gestalt anderer Arbeiter sich selbst zu erschießen. In Friedenszeiten ist dies nur eine Möglichkeit; im Krieg grauenhafte, empörend dumme Wirklichkeit.«[24]

Für Zweig persönlich werden die körperlichen Strapazen und die seelischen Qualen in den Monaten an der Westfront zu einer kaum noch erträglichen Last. »Ich bin langsam gezwungen«, heißt es im Mai 1916 in einem Brief an Beatrice, »in eine seelische Defensive gegen mein Dreckquartier, gegen das stete Getöse (Gehämmer, Blechgeklapper, Dröhnen geworfener Kästen, Klirren von messingnen Kartuschen, Gepfeife, Gerede, Knirschen von Metall auf Metall) bei der Arbeit, gegen die Hast der Arbeit und den völligen Mangel an Muße einzutreten, die mich zum Schreiben unfähig macht. Was soll ein strafgefangener Fabrikarbeiter dir auch schreiben und sagen können!«[25] Und Helene Weyl erreichen Zeilen, die einen Hinweis darauf geben, wie isoliert der Intellektuelle sich in der ihm so fremden Umgebung der einfachen Soldaten fühlt: »Liebe Freundin – wohin gerät man, wenn man unter lauter, oft tüchtigen, stets aber doch unzulänglichen Proletariern lebt, und zum Vorgesetzten einen boshaften Menschen hat, dem es Freude macht, die Untergebenen zu reizen, zu demütigen, zu bestrafen und der so dumm ist, dass er jedermann für dümmer hält als sich selbst?«[26] Der Schipper Zweig artikuliert in diesem Fall weniger den – ihm ansonsten zweifellos gegebenen – Hochmut des Gebildeten als vielmehr Verzweiflung über eine total »entgeistigte« Existenz, die ihm der Krieg aufgezwungen hat.

Am 5. Juli 1916 heiratet er Beatrice Zweig in Berlin. Ganze vier Urlaubstage werden ihm gewährt.

Trotz des Glückes, das sie – unzählige Briefäußerungen aus dieser Zeit bestätigen es – in ihrer Beziehung finden, liegen schwere Jahre hinter ihnen. Eine Fehlgeburt oder eine Abtreibung – mit Sicherheit läßt sich dies nicht mehr feststellen – rufen bei Zweig tiefe Schuldgefühle hervor (und werden später im Roman »Junge Frau von 1914« thematisiert), und die Trennung durch den Kriegseinsatz läßt beide unduldsam werden, die gegenseitigen Vorwürfe häufen sich. Er lebt an der Front, sie im gehaßten Elternhaus. »Ich kann in diesem Kriege sehr sinnlos fallen«, heißt es melancholisch in einem Brief aus der Kaserne in Alt-Drewitz, »aber ich sehe mit Ruhe auch diese Möglichkeit des irrationalen Lebens an. Ich kann das, weil Bices fester Entschluß, dann auch zu sterben, mich über ihr Geschick beruhigt. Es ist nicht schlimm gut zu sterben; nur gräßlich zu leben, davor soll sie, und will sie, bewahrt sein.«[27]

Im November 1915 schließlich kann Zweig vermelden: »Sie ist wieder fast gesund, und wenn ich heimkomme oder Urlaub kriege – irgendmal – heiraten wir. Ihre Eltern sind endlich bezwungen und haben in alles gewilligt.«[28] Der Bericht über die Trauung, den er an Helene Weyl schickt, schildert mit viel Ironie die etwas angespannte Atmosphäre bei der Begegnung mit den Schwiegereltern, um doch spöttisch-glücklich zu vermelden: »… und so triumfierte denn die Familie und die Sittsamkeit.«[29] Die Zeit des Wartens ist vorbei.

Nur wenige Tage nach der Hochzeit muß er zurück an die Front. Die Briefe, die er in den nächsten Monaten schreibt, zeigen besonders deutlich, daß er kritischer geworden ist, die eigene Position überdenkt: »Meine Haltung zum Deutschen Problem ist nicht einfach. Im August 14 stellte ich mich freiwillig, weil mir die Erhaltung deutscher Kultur mein Leben wert schien, mir und meiner Frau. Ich sah, daß ich ohne die Existenz Hölderlins, Goethes, Kleists, Eta Hoffmanns, Stifters nicht zu leben vermochte, noch weniger aber, ohne Bach, Beethoven, Mozart, Händel, Brahms, Gluck, Bruckner, Mahler in vollkommener Gestaltung zu hören. Ich sah noch Ende Juli bis zur Erschütterung beglückt den Straßburger Dom, ich schreibe deutsch, ich bin erwachsen im Zauber deutscher Landschaften: Süddeutschland und Oberösterreich machten mich zum Schriftsteller, Südtirol zum Dichter. (Der Anteil Venedigs ist eine Sache für sich.) Und ich kenne das deutsche Volk, den gemeinen Mann mit dem ich jetzt schon fast 2 Jahre mein Leben friste. Aber der Staat und seine Maßnahmen, die widerliche Verlogenheit des öffentlich agierenden Bürgertums treiben mich in jede Opposition.«[30] Im Juni 1917 erklärt er in einem Brief an Agnes Hesse: »Ich halte jeden, der von dem ›großen Erlebnis‹ des Krieges spricht und draußen war, für einen Schwindler.«[31]

Die persönliche Situation – Erschöpfung, Resignation, Todesgedanken – spiegelt sich in nahezu allen Äußerungen aus diesen Monaten wider. »Wir arbeiten wieder mit Munition«, schreibt er an den Bruder Hans, »schwere, lange Arbeitszeit (7–7 mit einer Std. Mittag, darinbegriffen 3 Std. Marsch) und vor allem gefährlich, weil der Mist aus dem Felde zurückkommt und oft gefährlich ist. Wir hatten gleich am 2. Tag 2 Tote und 3 Verwundete. Bei alldem ist es kein Wunder, daß meine Nerven dünn werden. Ich beobachte mich und nehme mich zusammen, kann aber nicht hindern, daß mich alberne schwarze Gedanken plagen, d. h. daß ich in den dümmsten Kleinigkeiten Vorzeichen des Todes bemerke.«[32] Und in einem seiner letzten Briefe, den er im April 1917 von der Maas-Front in die Heimat schickt, weist er erneut auf die kaum noch ertragbare persönliche Situation hin: »Man raubt uns raffiniert jede freie Minute, wir leben wie Rekruten in den Pausen, wie Schwerstarbeiter im Dienst. Genug davon; schon der Gedanke daran erbittert mich.«[33] Noch in einem vier Jahrzehnte später verfaßten knappen Lebensrückblick wird Arnold Zweig sagen:

»Dies war die schwerste Zeit meines Lebens; ich brauchte meine ganze Kraft und Zähigkeit, um zu widerstehen.«[34]

Am 11. Oktober 1916 veröffentlichte das Kriegsministerium einen Erlaß, der eine Zählung der jüdischen Soldaten anordnete. Begründet wurde er mit dem Hinweis, die Heeresführung wolle Gerüchten entgegentreten, die deutschen Juden drückten sich vor dem Frontdienst. Die Betroffenen konnten solche Scheinbehauptungen nicht täuschen, sie sahen darin den »untilgbar schmählichsten Schimpf, der unsere Gemeinschaft seit ihrer Einbürgerung schändete«[35]. Sie empfanden die Anordnung als besonders demütigend, weil sie ihre Hoffnungen trog, durch den Dienst fürs Vaterland die volle – also auch moralisch-patriotische – Gleichberechtigung zu erlangen. »Die Worte ›Ich kenne keine Parteien mehr, ich kenne nur noch Deutsche‹, mit denen der deutsche Kaiser der nationalen Erhebung des Kriegsbeginns Ausdruck und Aufschwung gab«, so meint die Historikerin Eva G. Reichmann zu Recht, »wurden wahrscheinlich von keinem Teil der Bevölkerung dankbarer und freudiger aufgenommen als von den deutschen Juden. Hiermit, so empfand die überwältigende Mehrheit, war das langwierige, wechselvolle und enttäuschungsreiche Ringen um die volle Anerkennung als gleichberechtigte Staatsbürger endgültig zum Abschluß gekommen.«[36]

Die Anordnung von Kriegsminister Wild von Hohenborns – Folge antijüdischer Hetzereien – widerlegte dies endgültig. Sie zeigte den Juden in Deutschland, daß der Antisemitismus nur für kurze Augenblicke bei Kriegsbeginn verdrängt worden war, nun aber wieder zur Tagesordnung gehörte. »Denn mit dieser kalten bürokratischen Maßnahme mußten die deutschen Juden alle Hoffnungen aufgeben«, schreibt Volker Ullrich, »im Kaiserreich jemals als gleichberechtigte Staatsbürger behandelt zu werden.«[37]

Bekannt wurde das Vorhaben durch die Reichstagsdebatte vom November 1916, und es löste vor allem unter jüdischen Kriegsteilnehmern einen Sturm der Entrüstung aus. Das Ergebnis der Zählung wurde im übrigen trotz des Drängens der jüdischen Organisationen nicht veröffentlicht, da es wohl gezeigt hätte, daß die antisemitischen »Drückeberger«-Vorwürfe der Wirklichkeit entschieden widersprachen. Aber die »Judenzählung« wurde für die Betroffenen eine Zäsur. Die Empfindungen, die der jüdische Kriegsteilnehmer Victor Klemperer im August 1914 in sein Tagebuch niederschrieb, hatten zweifellos die Stimmung der meisten deutschen Juden in diesen »heroischen« Tagen getroffen: »Ich war sehr erfreut, sehr erregt, ich glaubte, ein allgemeines Volksgefühl zu konstatieren und selbst in ihm aufzugehen. ... Geht es wirklich um Deutschlands Existenz – und es scheint doch darum zu gehen –, dann muß eben der letzte Mann heraus.«[38] Nach der demütigenden Zählung aber galt für die nationalbewußten Juden in Deutschland, was dann Walther Rathenau erbittert festhielt: »Je mehr Juden in diesem Krieg fallen, desto nachhaltiger werden ihre Gegner beweisen, daß sie alle hinter der Front gesessen haben, um Kriegswucher zu betreiben.«[39]

Auch für Arnold Zweig bedeutet dieser Vorgang einen tiefen Einschnitt. Die antisemitische Haltung des Kriegsministeriums, die ganz in der Tradition des deutschen Offenzierkorps steht, raubt ihm die Illusion, sein Volk werde sich in Deutschland jemals wirklich aus der Rolle der Geächteten befreien können. Ohnehin durch die Erlebnisse an der Front erschüttert, öffnet ihm der Erlaß die Augen: Aus dem Kriegsjubler wird ein Pazifist, aus dem Propagandisten eines imperialistischen Deutschlands wieder ein leidenschaftlicher Zionist. Allerdings zeigen manche Anmerkungen Zweigs über die durch den Kriegsausbruch kaum gebremste Judenfeindlichkeit, daß er auch vor der schändlichen Judenzählung mißtrauisch geblieben ist. Im September 1914 bemerkt er: »Schon jetzt beginnt in Berlin und anderswo der Antisemitismus ...«[40] Einige Monate später schreibt er: »... vor allem entmutigt mich der Antisemitismus im Heere, auch im Felde, davon ich zahlreiche Proben höre; jetzt geht diese Saat der Dummheit in ihren schönsten Folgen erst recht auf ...«[41]

In der »Schaubühne« veröffentlicht Zweig im Februar 1917 die Novelle »Judenzählung vor Verdun«. Literarisch bedeutungslos, zeigt sie politisch, daß Zweig nicht mehr bereit ist, seine Feder in den Dienst der offiziellen Propaganda zu stellen. »›Judenzählung‹ war eine Reflexbewegung unerhörter Trauer über Deutschlands Schande und unsere Qual«, berichtet er Martin Buber. Dieser Brief enthält zudem auch deutliche Hinweise auf Zweigs veränderte Haltung gegenüber seinem Deutschtum: »Wenn es keinen Antisemitismus im Heere gäbe: die unerträgliche ›Dienstpflicht‹ wäre fast leicht. Aber: verächtlichen und elenden Kreaturen untergeben zu sein! Ich bezeichne mich vor mir selbst als Zivilgefangenen und staatenlosen Ausländer.«[42] Auch in privaten Äußerungen ist die Verbitterung unüberhörbar, wenn er mit prophetischer Weitsicht erklärt: »Da mich der deutliche und grobe Antisemitismus, der jetzt schon und erst recht später das ganze Volk erfassen wird, jeder Mitarbeit an den deutschen Dingen enthebt ... werde ich ein ruhiger Zuschauer am Wiederaufbau Europas sein, und an ihm nur teilnehmen in dem ich ... fortfahre, meine Werke in deutscher Sprache zu veröffentlichen.«[43]

Es erscheinen nur wenige schriftstellerische Arbeiten von Arnold Zweig in den Kriegsjahren. Um so bemerkenswerter, daß die Aufsätze, die er nach der »Judenzählung« veröffentlicht, ganz eindeutig eine Anknüpfung an seine zionistischen Positionen zeigen, die er in den ersten beiden Jahren nach dem Kriegsausbruch verlassen hatte. In einem Beitrag »aus dem Felde« für die Zeitschrift »Der Jude«, der unter der für Zweig bezeichnenden Überschrift »Das Mittel des Geistes« erscheint, wird dies besonders sichtbar, auch wenn er noch vor dem antisemitischen Anschlag der Heeresführung geschrieben worden ist. Nicht Waffen und Verhandlungen, also die Politik, nicht Wirtschaft und Geld, also die Ökonomie, seien die Mittel, die von der Existenz des jüdischen Volkes zeugten, meint Zweig, sondern es habe sich erwiesen, »daß die Juden als Gesamtheit auf ein drittes Mittel angewiesen sind, welches sie seit langem gewählt haben, nein, nicht gewählt, welches ihr Mittel und ihr Schicksal ist, das Mittel der kommenden Tage, einer vielleicht sehr fernen Zukunft, das Mittel des Geistes ist das ihre ... Der tief optimistische Glaube des Juden an den Menschen, seine ganze Zukünftigkeit erweist sich darin, daß er erhobenen Angesichts unter Kämpfenden steht und aussagt, daß er ist und wie er ist, und wartet, daß man ihn höre, und ebenso gewiß wie seines eigenen Daseins der Erwartung ist, daß man ihn eines Tages hören wird.«[44]

In dem Aufsatz »Juden und Deutsche«, der im Juni 1917 erscheint, verleugnet Zweig keineswegs die große Liebe der deutschen Juden zu dem Land, in dem sie leben, aber »wir warten nicht darauf, daß sie uns rufen, haben wir doch unsere Sache, und ganz und gar nicht denken wir daran, uns ihnen anzubieten«. Denn, so schreibt Zweig an einer anderen Stelle dieses Aufsatzes, »hat der Deutsche je nach den Gefühlen der Juden für ihn gefragt? Hat er nicht vielmehr unaufhörlich das Trennende betont – um nichts Schlimmeres zu sagen?«[45]

Scharf wendet sich Zweig jetzt auch gegen die Überhöhung von Nation und Staat. Wo überall nur noch Nation, Abstammung und Blut gerufen werde, sei es an der Zeit, »gelassen auszusprechen: Blut ist dicker als Wasser, das ist wahr, das ist banal; aber Geist ist mächtiger als Blut, und Schicksal ist von formenderer Gewalt als Abstammung und Geburt«.[46]

Der Schock der »Judenzählung« sitzt also tief. Er ist aber lediglich der notwendige Denkanstoß von außen gewesen, auf den Zweig angesichts der Fronterlebnisse schon lange gewartet hat. »Wohin immer der Jude gehöre: Europäer ist er nicht ...«, schlußfolgert Zweig in einem weiteren Aufsatz für Martin Bubers Zeitschrift »Der Jude«. »Sollte er kein Orientale sein, so wird sich das in späteren Jahrhunderten herausstellen, wenn zwischen ihm und den Bewohnern des nahen Orients ähnliche Klüfte sich auftun.«[47] Auch in bezug auf seine persönliche Stellung zum Judentum spricht er in diesen Monaten über sein »tiefe[s] Wissen um meine jüdischen Impulse und die stolzen Erinnerungen meiner jüdischen Seele«[48].

Die zionistische Vision rückt also erneut in den Vordergrund seines Denkens (»Und Sie verstehen ja wohl auch, daß es mich nach Palästina zieht ...«[49]), und sie schützt Zweig vor der Verzweiflung: »Mitten im tiefsten Elend und in der Vernichtung, mit der der Krieg unserem Volke droht, einem Volke, das sich nicht wehrt, sehen wir das Neue mit den Augen der Seele und erleben die Gewalt der Tröstung: erleben in einem das ungemeine Leid und das ungemeine Glück, Jude zu sein ...«[50]

Das geistige Fundament seines radikalen Bruchs aber sollte ihm das Werk Gustav Landauers bieten, dem er sich 1916 intensiv widmet. Landauers Schriften zeigen ihm die ganze Hohlheit des wilhelminischen Elitedenkens, das schließlich zum Weltkrieg führte. Landauer, dieser Anarchist, der die Gewalt verabscheute und Opfer brutalster Gewalttätigkeit der Weißen Garden bei der Niederschlagung der Münchener Räterepublik werden sollte, war Mitarbeiter und dann Herausgeber der Zeitschrift »Sozialist«, veröffentlichte 1907 die Schrift »Die Revolution«, 1911 das Buch »Aufruf zum Sozialismus«, war Mitbegründer des Sozialistischen Bundes. Anarchismus, das war für ihn »die Herrschaftslosigkeit, die Staatslosigkeit, das freie Ausleben der einzelnen Individuen«.[51] Daher attackierte er den Marxismus als »die Pest unserer Zeit und den Fluch der sozialistischen Bewegung«[52]. Der französische Sozialist Pierre Joseph Proudhon war aus Landauers Sicht der Mann der Synthese, Karl Marx dagegen der Mann der

Analyse, der »mit festen, starren, in ihr Wortgehäuse gefangenen Begriffen gearbeitet [hat]; mit diesen Begriffen wollte er die Entwicklungsgesetze aussprechen und schon beinahe befehligen«[53].

Wichtig für Zweigs Denken sollten auch Landauers utopische Wirtschaftsmodelle werden. Der Kampf um den Boden sei die Zukunftsaufgabe des Sozialismus, denn »die soziale Frage ist eine agrarische Frage«, ruft Landauer Marxisten und Sozialdemokraten entgegen.[54] Auf dem vergesellschafteten Boden siedelt und arbeitet der freie Mensch zur Befriedigung der eigenen Bedürfnisse, im Tausch lebend mit den Mitgliedern »der Gemeinde«, der er sich freiwillig angeschlossen hat. Es ist der »Geist des Sozialismus«, der diese neue Welt nach der Revolution möglich macht, »Land und Geist also – das ist die Losung des Sozialismus«.[55]

In einem Aufsatz über Landauer, der 1949 in der DDR geschrieben wird, ist noch die Melancholie zu spüren, mit der Zweig als 62jähriger Abschied von den einstigen geistigen Führern nimmt: »Im deutsch gedruckten Wort aber, in der freiheitlich gedachten Erkenntnis literarischer Werte und Wesenheiten, Probleme und Gestalten werden wir Gustav Landauers Person begegnen, dort, wo die unsterblichen Gutgläubigen sich aufhalten, die Söhne und Vettern des Don Quijote de la Mancha und seines Schöpfers, des Miguel de Cervantes Saavedra, der auch beheimatet war wie Gustav Landauer in den Feldern des geistigen Wortes wie denen des von Leid und Kampf erfüllten tätigen Lebens.«[56] Aber in dieser Schrift macht Zweig auch deutlich, wo nun der Trennungsstrich zu den Idealen seiner frühen Jahre gezogen ist. Landauers »schmales Buch ›Die Revolution‹ hat uns jungen Menschen bürgerlicher Herkunft die Augen geöffnet – uns, denen der Zugang zum Marxismus von der bürgerlichen Wissenschaft unserer Schulen und Universitäten verbaut wurde. Sein ›Aufruf zum Sozialismus‹ vollendete das Werk, das er so begonnen hatte – hinreißende schriftstellerische Bekenntnisse, glasklare Darstellungen der gesellschaftlich-kapitalistischen Verworrenheit, rührende Unfähigkeit der Erkenntnis, daß Karl Marx den passivischen und schwärmerischen Glauben an die ursprüngliche Güte des Menschengeschlechtes ersetzt hatte durch die scharfsinnigste Analyse der wirklichen gesellschaftlichen Verhältnisse und die dialektische Methode des wissenschaftlichen Ergründens und Beweisens.«[57] Und trotz solcher »Revisionen« kann der Einfluß Gustav Landauers auf das Denken Zweigs in den Jahren nach 1916 nicht hoch genug eingeschätzt werden. Die Anstöße, die er durch seine ethischen und politischen Theorien im Krieg erfuhr, hinterließen bleibende Spuren.

Das Leben an der Front nimmt für Arnold Zweig bedrohliche Formen an. Er steht im Frühjahr 1917 vor dem körperlichen und seelischen Zusammenbruch. Er sieht illusionslos, wohin der nationale Wahn, dem er selbst so lange erlegen war, geführt hat: »Ja, die Blüte des alten Europa liegt auf den Schlachtfeldern.«[58] Die Vermittlung einflußreicher Freunde und der energische Einsatz von Beatrice bringt schließlich noch rechtzeitig die Rettung: Die Presseabteilung der Heeresleitung Ober-Ost fordert den Armierungssoldaten Arnold Zweig an. Er entkommt aus dem Grabenkrieg in die östlichen Etappengebiete, dorthin, wo der Krieg militärisch schon entschieden ist, die Februaraufstände in Petersburg bereits den Zusammenbruch der zaristischen Armeen ankündigten. »Arnold ist ... nach Ober-Ost gekommen«, schreibt Beatrice an Helene Weyl, »wo es ihm ganz leidlich geht. Er braucht wenigstens keine grobe körperliche Arbeit zu verrichten und ist – vorläufig wenigstens, nicht mehr in der Feuerzone. Aber er ist von den zwei Jahren des Krieges sehr angegriffen, wird vorläufig kaum etwas schaffen können, obwohl er herrliche Pläne und vielleicht auch die Kraft hat, die Form dem Inhalt gemäß zu schaffen.«[59] Der erschöpfte und depressive Zweig empfindet es ähnlich und meldet der fernen Verehrerin Agnes Hesse optimistisch: »Es wird mir hier sehr gut gehen, mag sein, daß ich sogar werde arbeiten können ...«[60]

Sein neuer Standort liegt östlich der Weichsel, in Kowno und Bialystok. Er reist häufig nach Wilna, wo er in den letzten Wochen des Krieges auch stationiert ist, gelegentlich nach Warschau, durchstreift die Dörfer und malerischen, aber von Armut gezeichneten Städte in Litauen, im alten Kongreßpolen öffnen sich ihm Landschaften, um deren Besitz Deutsche, Polen und Russen seit Jahrhunderten blutige Schlachten führen. Einem »Krieg« ganz anderer Art begegnet er hier, einem Aufeinanderprallen der westlichen Zivilisation mit der Kultur des Ostens, vertreten durch Litauer, Letten, Weißrussen, Polen und Juden, die diesen Landstrich bewohnen.

In der Presseabteilung trifft er auf Gleichgesinnte, die Dichter Richard Dehmel und Herbert Eulenberg, die Maler Magnus Zeller und Karl Schmidt-Rottluff, den Journalisten Oskar Kuehl, den Zionisten, Rechtsanwalt und Schriftsteller Sammy Gronemann, den Musikschriftsteller Smigelski. Für wenige Wochen verschlägt es auch den jungen Romanisten Victor Klemperer nach Ober-Ost, dessen Tagebuchaufzeichnungen aus der Zeit des Nationalsozialismus fast 80 Jahre später ein breites Leserecho finden sollten. Sie bilden den »Klub der Intellektuellen«, wie dieser Kreis bald getauft wird und in dem alles verkehrt, »was Kultur hat und keine patriotischen Scheuklappen trägt, Offiziere und Mannschaften«[61]. Dem Stumpfsinn einer grotesken Zensurarbeit und der Langeweile des Diensttrottes entfliehen die Mitglieder durch regelmäßige Montagabend-Gesprächsrunden im Hotel »Levinsohn«. Dort werden ihrem Leben jetzt so ferne Themen wie Musik und Literatur, Malerei und Philosophie debattiert, neueste Dichtungen vorgelesen und zu späterer Stunde natürlich auch über die politische Lage diskutiert. In den letzten Monaten vor Kriegsende wird Zweig »Präsident« und Sitzungsleiter dieses Kreises. »... die Leute des Presseamtes, die alle in der neuesten Literatur und Kunst mehr oder minder Bescheid wußten, nannten ihn durchweg mit großem Respekt.«[62]

Victor Klemperer beschreibt eine für Zweigs damalige Auftritte und seine Argumentation wohl recht typische Szene aus den Novembertagen 1918, als über die Abdankung des Kaisers diskutiert wird. »Dann hatte Zweig seinen guten und trotz später Stunde recht ausgedehnten Moment. In improvisierter Rede – man merkte deutlich, daß ihm im Sprechen die Gedanken zuflossen, daß er laut dachte, entwarf er ein Charakterbild des Kaisers als des Schauspielers, der sich in verschiedene Rollen hineinlebt, der sich selber nicht immer zu sagen wüßte, wann er sein wahres Ich bekundet und wann er eine Rolle spielt; es war eine psychologische Skizze, es war ein dichterisches Bemühen, Politik gab nur den Anlaß zu diesem Gemälde, sie war nicht das Wesentliche daran.«[63] Ebenfalls von Klemperer stammt eine der wenigen überlieferten Beschreibungen Zweigs aus dieser Zeit. Sie ist wenig schmeichelhaft, trifft angesichts der absurden Situation, in der dieser Intellektuelle in Uniform zu leben gezwungen ist, aber vielleicht doch ganz gut: »Auf den ersten Blick ... schien er mir durchaus unbedeutend, alles an ihm war unansehnlich. Er war ein schmächtiges Männchen, das sich in der Uniform besonders schlecht ausnahm, er hatte einen unordentlichen Haarschopf und eine frühe runde Glatze, er hatte im alltäglichsten Gesicht kleine, wie vom Schnupfen zugewachsene Augen hinter großen Brillengläsern, ich hätte ihn für einen Kanzlisten oder Postsekretär gehalten. Im Umgang gewann er durch uneitles und zutunliches Wesen. Seine geistige Potenz ging mir an diesem Montagabend auf.«[64]

Das jiddische Theater aus Wilna fasziniert den Kreis, der sich in Kowno gebildet hatte. Im Westen sind die ostjüdischen Schauspieler mit ihrer ausdrucksstarken althochdeutsch-hebräisch gemischten Sprache erst nach dem Krieg bekannt geworden. Schon 1910 hatte der Angestellte der Prager Arbeiter-Unfall-Versicherung, Franz Kafka, gemeinsam mit seinem Freund Max Brod die Aufführung einer jiddischen Truppe besucht und »ging ... förmlich in diesem Milieu auf«[65]. Nicht anders reagierte der »Klub der Intellektuellen«. Bei einigen Anlässen traten die Dichter, Maler, Anwälte oder Ärzte selbst als »Schauspieler« auf, inszenierten humoristisch verfremdete Klassiker wie Schillers »Don Carlos«, und »Arnold Zweig als Königin wirkte direkt verführerisch«[66].

Mittelpunkt dieser Gruppe war der jüdische Offizier und Referent für jüdische Fragen in Ober-Ost, Hermann Struck, dessen Steinzeichnungen mit den Porträts der Menschen, die in seiner neuen Umgebung leben, zwei Jahre später Zweigs Buch über das Ostjudentum schmücken werden. Es ist der Beginn einer langen Freundschaft, denn Struck geht bereits Anfang der zwanziger Jahre nach Palästina, lebt in Haifa, wo Ende 1933 auf dem Berg Karmel der vertriebene Schriftsteller Arnold Zweig sein Exil wählt.

Die Arbeit, die Zweig in der Presseabteilung zugeteilt wird, ist zwar eintönig, aber statt im Kanonenfeuer Munitionszüge zu füllen, schwere Schanz- und Straßenarbeiten zu verrichten, findet der Erschöpfte endlich wieder Zeit und Ruhe zum Lesen, hat er jetzt die so lange schmerzlich vermißten Gesprächspartner. In Ober-Ost ist zudem der militärische Komment – Grußpflicht, Kleiderordnung, Dienstdisziplin – angesichts der Ansammlung einer bunt zusammengewürfelten Geisteselite auf ein Minimum beschränkt. Da die Presseabteilung vor allem als Propaganda- und Zensurbehörde arbeitet, erreicht Zweig eine Fülle neuer, verbotener Literatur, die über die Schweiz zur Heeresleitung gelangt. Er entdeckt den Roman »Das Feuer« von Henri Barbusse und die Novellensammlung »Der Mensch ist gut« von Leonhard

Frank. Die beiden pazifistischen Werke begeistern ihn, bestätigen eigene, neue Gedanken über Krieg und Kultur, über den Verfall der abendländischen Zivilisation. In diesen Monaten liest er mit großer Zustimmung auch zwei Zeitschriftenaufsätze Freuds, die unter dem Titel »Zeitgemäßes über Krieg und Tod« erschienen waren.

Sammy Gronemann hat in einem humorvollen Erinnerungsbuch über seine Dienstzeit in Ober-Ost nicht nur das Leben des dortigen Ostjudentums sehr anschaulich und liebevoll geschildert, sondern auch über seine damaligen »intellektuellen« Kameraden berichtet. »Sehr gemütlich war es auch im Zimmer von Arnold Zweig«, heißt es dort, »der sich seine Arbeitsstätte freilich nicht ganz in dem soignierten Stil der ›Novellen um Claudia‹ herausstaffiert hatte. – Er teilte seine Aufmerksamkeit zwischen den Dutzenden von Büchern, die er in Erfüllung seiner Dienstpflicht zu lesen hatte und gleichzeitig las, und einer sehr sorgsamen Verwaltung seiner Lebensmittelvorräte. Romane und Käsekugeln, Manuskripte und Eierkisten, Kommißbrote und Korrekturfahnen bildeten ein nicht ohne architektonisches Talent geordnetes, im Endeffekt harmonisch anmutendes Ganzes. Nahm man ein Buch auf, um hineinzublicken, fiel einem wohl verschiedenes Unvermutetes auf den Boden, das er dann zornig aufklaubte, um unter grimmiger Verwahrung gegen den Unordnungsstifter die betreffenden Seiten aufzusuchen, in die er die als Lesezeichen dienenden erstaunlichen Kuriositäten wieder sorglich einfügte. Jedenfalls habe ich in Zweigs Büchern, so sehr ich sie sonst schätze, noch nie so viele überraschende Dinge gefunden, wie bei solcher Gelegenheit.«[67]

Eine Idylle ist das Leben in Ober-Ost allerdings nicht gewesen. Auch wenn die düsteren Schatten der lebensbedrohenden Nähe zur Front verschwunden waren: Zweig wurde erneut von Depressionen heimgesucht. Die Bilder des Todes ließen ihn nicht los, verfolgten ihn in Tag- und Nachtträumen. Victor Klemperer schildert eine Begebenheit, die Zweigs häufig verzweifelte Stimmungslage eindrucksvoll widerspiegelt. Bei der Beerdigung eines Soldaten spult der zuständige Geistliche die Zeremonie mit routinierter Gleichgültigkeit ab. »Da trat Arnold Zweig aus dem Glied. Er ging zwei Schritte abseits und weinte heftig und laut schluchzend. Die Tränen liefen ihm in den Mund, sein armseliger Körper zuckte, der viel zu große Helm wackelte ihm auf dem

Kopf. Er zog ein rotes Taschentuch, warf es mit der einen Hand breit auseinander, während die andere bemüht war, den verrutschten Helm wieder in den vorschriftsmäßigen Sitz zu bringen, und schneutzte sich, er begann noch einmal zu weinen und schneutzte sich noch einmal so laut und energisch, daß sogar der eilige Geistliche einen erstaunten Blick auf ihn richtete, er machte eigentlich eine durchaus komische Figur. Aber mich rührte er tief. Der Geistliche war ein Arbeitsgaul, der die Gräberreihe entlang seinem Stall zutrabte, wir andern standen stumpf, allenfalls angewidert da, nur dieses Männchen war noch eines Gefühlssturms fähig. Ich fragte ihn nachher, ob ihm der Verstorbene besonders nahegestanden. Das nicht, ein Kamerad wie viele andere auch, antwortete er, aber das ganze Elend des Krieges habe ihn der herzlosen Szene gegenüber noch einmal überwältigt.«[68]

Zweig sah zudem mit wachsender Abscheu, daß in der Etappe die Korruption bis in die höchsten Militärränge hinein blühte, daß gigantische territoriale Eroberungen den bevorstehenden Sieg an der Ostfront krönen sollten. Nichts deutete darauf hin, daß Politiker und Militärs im wilhelminischen Staat die Lage erkennen und davor zurückschrecken würden, den Opfergang der Heere fortzusetzen. Ohne Einschränkung bekennt Zweig jetzt, daß der Krieg »durchaus keine schicksalshafte Notwendigkeit darstellte, und [daß] an dessen Ursachen, Gründen, Anlässen und Ausbruch die leitenden Deutschen einen durchaus unheimlichen Anteil haben«[69]. Im August 1917 schreibt er resigniert: »Ich bin ausgelaugt, fast verzweifelt und nach 28 Monaten, in denen ich ganze 14 Tage Urlaub hatte, am Ende meiner Kraft. So ist es. Ich habe keinen Grund, es zu leugnen. Ich will Ihnen nur sagen, daß das ganze Heer von der hintersten Etappe bis zum vordersten Graben von den giftigsten und niedrigsten moralischen Fäulnisstoffen durchseucht ist, und daß ich eines Tages mit einem vielleicht ruchlosen und unerhörten Buche die Wahrheit gestalten werde. Als Rache, das leugne ich nicht – als Rache dafür, daß man mein bis dahin reines und zurückgezogenes Leben in diese Kloake gezerrt hat.«[70]

Bis er dieses »ruchlose« Buch schreibt, werden noch zehn Jahre vergehen. Aber die Briefstelle weist darauf hin, daß Zweigs Pläne zur literarischen Verarbeitung des Kriegserlebnisses im Herbst 1917 zu keimen beginnen. 1916 war sein »Geschichtenbuch« erschienen, eine weitere Sammlung von Erzählungen, die er allerdings schon vor dem Kriegsausbruch geschrieben hatte und in den Monaten an der Maas-Front unter schwierigsten Verhältnissen überarbeitete. »Das ›Geschichtenbuch‹ ist ein wenig bunt, aber gerade die Freude am Vielfältigen hat es mich so zusammenstellen lassen«, schreibt er nicht unzufrieden an Agnes Hesse.[71] Die Kriegserzählungen, die 1915 und 1916 entstanden und verschiedentlich in der »Schaubühne«, im »Simplicissimus« oder im »Neuen Merkur« erschienen waren, wird Zweig in den zwanziger Jahren bei der Zusammenstellung neuer Novellenbände stark bearbeiten. Ihre ideologische Tendenz kehrt sich dann um ins Pazifistische, es werden leidenschaftliche Anklageschriften gegen den Krieg.

Das Leben als einfacher Soldat läßt natürlich keine kontinuierliche schriftstellerische Arbeit mehr zu. Viel schlimmer: Zweig fühlt, daß die Fronterlebnisse zu einer seelischen Belastung werden, die allmählich seine künstlerische Potenz lähmt. »Lieber Herr Handl«, heißt es im August 1917 voller Selbstzweifel, »ich werde am 10. November 30 Jahre! Mit diesem Alter hatte Thomas Mann die Buddenbrooks hinter sich.«[72] In der Etappe Ober-Ost entstehen trotz aller Schwierigkeiten die Entwürfe zu zwei neuen Bühnenstücken. Zweig versucht sich an einer Komödie, »Die Luzilla«, deren Handlung er in das Spanien der Römerzeit verlegt. Sie wird erst 1960 im Druck erscheinen. Werksgeschichtlich erheblich bedeutsamer aber sollte das Drama »Der Bjuschew« werden, mit dem er sich in den Herbstmonaten des Jahres 1917 erstmals beschäftigt. In der Justizabteilung Ober-Ost hatte Zweig von der Erschießung eines russischen Kriegsgefangenen erfahren, der Opfer einer politischen Rechtsprechung geworden war, obwohl sich ein kommandierender General aus Gründen der »Gerechtigkeit« intensiv für den Angeklagten eingesetzt hatte, dessen Unschuld erwiesen war. »Dieser Bericht öffnete mir die Augen, wie man zu sagen pflegt. Ich erkannte zunächst, daß der Mißbrauch des Menschen durch den Menschen im Kriege unbedingt bekämpft und beendet werden müsse, wenn wir unsere Epoche vom Mittelalter abgrenzten und als Neuzeit lobten. Gleichzeitig aber erkannte ich die Schwäche des Individuums solchen Gewalten gegenüber …«[73] Zweig wird das Stück erst 1921 beenden. Aber »Das Spiel vom Sergeanten Grischa«, wie das Drama in seiner endgültigen Fassung dann heißt, ist zum Ausgangspunkt für den mächtigen Romanzyklus geworden, den er Mitte der zwanziger Jahre zu schreiben beginnt und der schließlich das Zentrum seines epischen Werkes bildet.

Im Herbst 1917 neigt sich also seine Erziehung im Krieg ihrem Ende zu. »Ich war ein gläubiger, zutraulicher junger Hund mit warmer, weicher Schnauze und glattem Fell«, läßt er Werner Bertin ein halbes Menschenleben später in dem Roman »Die Feuerpause« sagen, »dem jeder Wind nach Frieden roch und der weder wußte, wie es im Kriege aussah noch wie in ihm selbst. Ein Intellektueller, wissen Sie, ein Studierter, ungeheuer bereit, sich dem Dienst am Volke hinzugeben, all den geistigen Trubel beiseite zu fegen, der bis dahin das Leben ausgemacht hatte.«[74] Vor dem »Heldentod« auf den Schlachtfeldern von Verdun gerettet, zeigt sich in der Etappe Ober-Ost ein anderer Werner Bertin: »... aber ich habe gelernt, woher der Wind weht und was in Menschen vorgeht, wie der Bodensatz der Kreatur aussieht, aus dem wir gemacht sind, welcher Größe und welcher Gemeinheit Menschen fähig sind, und ich bedaure nicht einen Tag, den ich dort verbracht habe – in einem Krieg, der uns noch als Verteidigung der Heimat vorgespiegelt wurde und der von uns Arbeitssoldaten, die wir nicht zu den Herrschenden gehörten, unbedingten Gehorsam und den vollen Einsatz unserer Körperkräfte verlangte.«[75]

Am Ende dieser für Zweigs weiteres Leben so entscheidenden Entwicklungsphase steht ein kleiner Gedichtezyklus, zu dem ihn die Lithographien des Malers und Kriegskameraden Magnus Zeller inspirieren und der 1920 unter dem Titel »Entrückung und Aufruhr« veröffentlicht wird. Der Dichter schlägt in diesen Versen unverkennbar Zukunftstöne an, vor allem in den drei letzten Gedichten, deren Überschriften bereits programmatischen Charakter besitzen. »Die Verschwörung«, »Die Bombe« und »Triumfzug«.

Triumfzug

Auf Trommel, hinaus und zurück von der Wand
Der Elendengasse geworfen den Ton!
Wir heben die Fahnen, da flattert sie schon:
Wirf, Trommel, das Echo des Aufruhrs ins Land!
Wir sind das Volk, wir sind die Hand
Und der Freiheit geheiligtes Bataillon!

Und trugen wir Lasten, es war uns zu üben
Den Retter zu tragen, der alle entzündet
Und mußten wir hassen
Das Elend der Gassen
Der endlosen Zeilen voll Mühsal und Zwisten –
Er schrie uns den Zauber, er hat uns verbündet
Den Menschen zu grüßen, den Bruder zu lieben,
Wir tragen nicht Waffen, wir mögen nicht rüsten:
Oh Seele oh Seele, wir sind Kameraden,
Uns tröstet kein Gott überm himmlischen Blau
Sie mögen nur schießen, sie werden nicht schaden,
Den Samen der Menschheit im Herzen nicht trüben:
Der Mensch ist verbündet zum irdischen Bau.

Auf Trommel, hinaus und zum Himmel getobt
Daß der Sklav erwache und folge dem Schrei!
Wir Volk ohne Waffe, wir Bleichen sind frei!
Auch uns sei die Freude auf Wiesen verschönt,
Lachen von Stimmen die lange gestöhnt,
Daß der Mensch die Krone des Lebens sei.[76]

Auch wenn Zweig in diesem Gedicht politisch nicht eindeutig Position bezieht: seine Empörung über den Mißbrauch der Macht, über das Leben der Menschen in der »Elendgasse« (in einer späteren Fassung steht hier »Arbeitergasse«) ist ebenso unüberhörbar wie der Idealismus, von dem etwa die Schlußzeile durchtränkt ist. Die Zustimmung, mit der er jetzt die Schriften Gustav Landauers aufnimmt, deuten Zweigs Hinwendung zu einer sozialistischen, vor allem aber pazifistischen Haltung ebenso an wie dieses Gedicht. Die zionistische Bewegung, der er sich mit so glühenden Worten angeschlossen hatte, basierte schließlich auf sozialistischen Ideen, die in der jüdischen Siedlungsgeschichte Palästinas – so in der Kibbuz-Bewegung – eine bedeutende Rolle spielen sollten. Ein Aspekt des Zionismus, den Zweig vor 1916 scharf abgelehnt hatte. Es ist also nicht erstaunlich, daß Zweig die seit Februar 1917 das Zarenreich erschütternden revolutionären Ereignisse mit großer innerer Spannung verfolgt. Er spricht in diesen Monaten euphorisch von »der großen russischen Revolution, die das Gesicht der Erde eindringlicher verändert als der ganze, längst stupid gewordene Krieg«[77]. Wie Millionen Soldaten hofft auch er auf einen raschen Friedensschluß, sieht er in der Fortsetzung des Krieges lediglich die sinnlose Opferung der Menschen an der Front. Die russische Revolution empfindet er als ein leuchtendes Signal für die tiefe Friedenssehnsucht der Völker, als Aufstand der hungernden und kriegsmüden Massen gegen ihre unbelehrbaren politischen und militärischen Eliten.

Die politischen Umwälzungen, den Sieg der Bolschewiki und die Vertreibung der Kerenski-Regierung erlebt Zweig aus nächster Nähe mit. Die Friedensverhandlungen von Brest-Litowsk, in der Heeresleitung Ober-Ost mit besonderer Intensität diskutiert, machen ihm jedoch deutlich, daß das Deutsche Reich einen »Siegfrieden« im Osten fordert, daß die hochfliegenden Eroberungspläne durch ein Verhandlungsdiktat durchgesetzt, der neuen, noch keineswegs stabilisierten sowjetischen Führung aufgezwungen werden sollen. »Ich selbst bin ganz absorbiert von der Ungewißheit der polit. Lage und kaum fähig, etwas anderes zu denken. Ich sehe mit Grausen, daß die Westhälfte Europas trotz der prachtvollen Lenins und Trotzkis und trotz der großen italienischen Katastrophe nicht an Frieden denkt ...«[78] Seine Skepsis wächst: »Ja, Friede mit Russland. Aber können Sie seiner so recht froh werden? Wir machen dieses Land zu einem Dampfkessel voller wachsender Spannung, dessen Ventile geschlossen sind.«[79]

Neben den revolutionären Entwicklungen in Rußland wird die persönliche Begegnung mit den Menschen des Ostjudentums für Zweig zum zentralen Erlebnis in der östlichen Etappe. Glücklich konstatiert er, daß sein »eigener heftiger Wunsch, die Ostjuden persönlich zu erleben«, in »Erfüllung geht«[80]. Was er, von Bubers Schriften über den Chassidismus angestoßen, in den Jahren zwischen 1910 und 1914 theoretisch zu erfassen versuchte, glaubt er nun im ostjüdischen Alltag bestätigt zu finden. Das einfache, von den Riten des Glaubens bestimmte Leben der jüdischen Menschen in Bialystok, in Kowno oder Wilna, ihre trotz Armut und Demütigung heitere Lebenszugewandtheit, ihre zweifelfreie Identität erschüttern ihn. In dieser Welt der Vergangenheit entdeckt er – auch diesmal wieder von seinem Idealismus beflügelt – das Judentum der Zukunft. »... die Realität des Ostjudentums [bestand] für Zweig hauptsächlich in ihrem Modellcharakter für eine künftige pan-jüdische Renaissance ..., deren unartikuliertes, aber impliziertes Hauptziel ironischerweise, obwohl gefühlsmäßig doch nicht ganz unlogisch, eher in der geistig-moralischen Rettung seiner westjüdischen als der praktischen Rettung seiner ostjüdischen Stammesgenossen bestand ...«[81]

Zweig, der dieses Thema in den nächsten Jahren immer wieder in Büchern, Artikeln und Briefen umkreisen wird, sieht im liberalen Judentum des Westens, das nach Assimilierung strebt, eine »geistige« Fehlentwicklung. Deswegen hält er ihm den Spiegel des Ostjudentums vor. Nicht nur er entdeckt dort die breiten Wurzeln jüdischer Tradition, schöpft aus der demutsvollen Stärke der von Verfolgung und Unterdrückung heimgesuchten sechs Millionen Juden in Polen und im westlichen Rußland neue Hoffnung. Auch Franz Kafkas Tagebucheintragungen zeigen, welch nachhaltige Wirkung etwa die Begegnung mit dem »jiddischen Theater« auf dessen Werk und Denken ausgeübt hat. Joseph Roths Romane »Hiob« und »Tarabas« oder vor allem auch sein Essay »Juden auf Wanderschaft« dringen tief in diese Welt ein, voller Sympathie für die hart geprüften, leidens- und glaubensfähigen Menschen.

Zweigs erstes umfangreiches Werk nach seiner Entlassung vom Militär wird sich nicht von ungefähr mit dem Ostjudentum beschäftigen. Die Zeichnungen seines Freundes Hermann Struck nimmt er zum Anlaß, eine von großer Zuneigung getragene Beschreibung zu veröffentlichen. Einzelne Abschnitte erscheinen 1919 in der Zeitschrift »Der Jude«, das Buch mit dem Titel »Das ostjüdische Antlitz« mit Strucks fünfzig Steinzeichnungen liegt 1920 vor. In einem Brief an Martin Buber vom Mai 1918 kündigt Zweig sein Vorhaben an: »Ich werde über die Juden des Ostens soweit ich sie an den litauischen kennen lernen konnte, bei einer schon feststehenden Gelegenheit ausführlich schreiben: in einem Text zu etwa 50 neuen Lithographien Strucks. Und ich werde dort das Urteil begründen, das ich hier nur hinschreibe: der jüdische Mensch ist unzerstörbar, unverzerrbar und unablenkbar auf Güte, Herzlichkeit und Offenheit gerichtet.«[82]

In diesem Brief erläutert Zweig auch mit allem Nachdruck, wie er die »nationale« Zukunft des Judentums versteht und erhofft. Interessant sind diese zionistischen Äußerungen deshalb, weil sie vieles von seiner späteren Haltung in den Exiljahren verständlicher machen. Denn was Zweig im Frühjahr 1918 mit Blick auf die Entwicklung des Judentums an Buber schreibt, wird auch in den kommenden Jahrzehnten sein Denken in dieser Frage prägen: »Ich glaube mich auch einig mit Ihnen in der Ablehnung eines künstlich judaistischen Gemeinwesens. Das Nationale kann nicht, seinem Wesen nach nicht, erzielt, errechnet oder erzwungen werden. Es ist ein Natürliches, wie alles Organische entsteht es, wie alles Göttliche stellt es sich ein. Indem wir für Juden mit Juden eine Gemeinschaft einrichten, in der der Mensch die besten Kräfte seiner Menschlichkeit so rein entfalten kann, als es in der Zeit und auf der Erde nur möglich ist, schaffen wir etwas, das national wird. Unser Nationalismus gründet sich ja auf eine vorhandene wesentliche Besonderheit, er wird weder von einer Gewalt getragen noch gar wird er propagiert; er ist eine Idee, die der Darstellung des jüdischen Menschen in seiner Reinheit; in ihm ist keine Negation anderer menschlicher Besonderheiten, keine Tendenz zur Unterdrückung und zu völkischem Hochmut. Wir wissen, was es mit auserwählten Völkern auf sich hat und wie tief sie fallen können. Eines in der Tat zeichnet uns aus, wenn wir Europa und Amerika betrachten: es fehlt uns die Verführung der Gewalt, wir haben eine natürliche Leidenschaft für den Geist, und wir haben als unsere Grundtendenz die Verpflichtung zum Ethischen – sie beherrscht unsere Geschichte.«[83]

Wieder ruht Arnold Zweigs Zionismus auf utopischen Ideen. Die Wirklichkeit ist anders, wie er in den fünfzehn Jahren, die er später in Palästina lebt, erfahren muß. Schon in seinem Roman »De Vriendt kehrt heim«, den er nach seinem ersten Besuch in Jerusalem 1932 schreibt, ist die Enttäuschung nicht zu überhören, mit der er die politischen Begleitumstände der jüdischen Besiedlung des Landes betrachtet. Mit Schärfe analysiert er in diesem Roman auch die wachsende Gewaltanwendung der jüdischen Siedler gegenüber den arabischen Bewohnern, sieht er die dramatischen Konflikte voraus, die die künftige Tragödie des Nahen Ostens heraufbeschwören sollten.

»Das ostjüdische Antlitz«, erdacht in den letzten Kriegsmonaten, in seinen Hauptteilen geschrieben in den ersten Friedenswochen, entstand also in einem Lebensabschnitt Zweigs, in dem sich politische Hoffnungen und schwere seelische Depressionen überschnitten. Ein seltsames Buch ist es geworden: ein Hymnus auf das Ostjudentum, niedergeschrieben in einer pathetischen, in manchen Passagen gekünstelt klingenden Sprache. Der Verfasser spürte die Unebenheiten, die Lebensferne seines Buches offenbar selbst, wie die verschiedenen Anmerkungen zu späteren Auflagen deutlich machen. Schon in der »Vorrede« zur zweiten Auflage von 1922 heißt es: »Ein Buch, geflossen aus einer Leidenschaft und einem Vorsatz, zu einer ungünstigen Zeit der Seele dennoch durchgesetzt und beendet – dies Buch hier mußte sich wahrscheinlich von mir schneller entfernen als vorauszusehen. Das Was des Sagens wie sein Wie stimmten, als ich es jetzt wieder durchlas, mit mir von Heute nicht mehr überein.«[84] Und wie eigenwillig manches in diesem Buch Gesagte ist, zeigt auch der Vorspruch Zweigs, in dem er darauf hinweist, »daß Hermann Struck dem Verfasser des Textes bei gewisser Übereinstimmung der Gesinnungen volle Freiheit lassen mußte und daher für bestimmte Meinungen und Betonungen nicht verantwortlich sein kann«[85]. Ein bemerkenswerter Hinweis, denn Struck, dessen Zeichnungen ebenfalls sehr idealisierte Porträts darstellen, war schließlich selbst ein leidenschaftlicher Zionist gewesen. Offenbar gingen ihm jedoch die utopischen Visionen seines schreibenden, so tief im europäischen Kulturraum verwurzelten Freundes ein Stück zu weit.

Allerdings hatte Zweigs Schrift – und dies mag manche überzogene Formulierung verständlich machen – auch ein ganz vordergründiges politisches Anliegen. Das Ostjudentum bot den europäischen Antisemiten die Vorlage für ihren Haß, für ihr dämonisches Bild, das sie in ihren Broschüren und Schriften vom Juden zeichneten. Die jüdischen Menschen im Osten lebten nach ihren orthodoxen Riten, trugen schwarze Hüte und Kaftane, die Schläfenlöckchen. Ihre Dörfer, die Straßen und Stadtteile, in denen sie wohnten, waren häufig häßlich und schmutzig, Folge ihrer grenzenlosen Armut und der von den Behörden erzwungenen drastischen Einengung ihrer Siedlungs- und Berufsmöglichkeiten. Der »Kaftan-Jude« des Ostens wurde so für die Antisemiten zum propagandistisch geschickt ausgeschlachteten Bild vom Juden im allgemeinen. Sie übersahen dabei natürlich sehr bewußt die äußeren Umstände, in denen diese Menschen zu leben gezwungen waren, auch wollten und konnten sie nicht erkennen, welche große geistige Substanz sich hier in Jahrhunderten der Isolation angesammelt hatte. Selbst westjüdische Autoren trugen dazu bei, mit ihren Darstellungen das zur gemeinen Karikatur verzerrte Bild der Antisemiten zu rechtfertigen. Theodor Lessing reiste 1906 durch Galizien und veröffentlichte drei Jahre später eine besonders von den radikalen Judenverleumdern beachtete und zitierte Artikelserie, in der er die Ostjuden als korrupt, schmutzig und scheinheilig bezeichnete.[86]

Der Antizionist und deutschnational empfindende Jude Victor Klemperer, der das Ostjudentum während seines Aufenthaltes in Ober-Ost oberflächlich kennenlernte, schrieb noch 1941, als der Antisemitismus ihn selbst lebensgefährlich bedrohte und die Vernichtung von Millionen Juden im Osten Europas bevorstand: »Aber ich habe doch dieses ostjüdische Volk auf den Straßen und in den Ländern beobachtet, die Droschkenkutscher, die Verkäufer, die Friseure, die schreienden Zeitungsjungen, die spielenden Kinder, und zwei Jahre danach auch die ›Lernenden‹ in einer Wilnaer Talmudschule – habe ich mehr Gemeinschaft mit ihnen als mit den Kutschern, den Kindern, den Zeitungsjungen, den Fischern in Neapel?«[87] Eine Haltung zeigt sich in diesen Worten, wie sie bei vielen assimilierten Westjuden zu finden war. Sie sahen in den aus dem Osten kommenden Glaubensgenossen eine Gefährdung ihrer eigenen Position. Ihre Kleidung, ihr Auftreten, die jiddische Sprache, ihre Rituale lehnten sie ab. So lebten sie in der Regel in den deutschen Städten auch getrennt, im Berliner Scheunenviertel beispielsweise die Neuankömmlinge aus dem Osten, im Charlottenburger Nobelstadtteil die assimilierten, sozial aufgestiegenen Westjuden.

Wie voreingenommen und von eigenen Identitätsproblemen besetzt solche Urteile blieben, zeigte sich nicht zuletzt, als Elend und blutige Pogrome zahlreiche Ostjuden in den Jahren nach 1890 zur Auswanderung zwangen. In den jüdischen Gemeinden Amerikas stellten sie bald die bedeutendsten und auch erfolgreichsten Mitglieder. Und im Staate Israel kam die erste Führungsgeneration, von David Ben Gurion bis Golda Meir, aus dem Osten Europas.

Zweigs »Ostjüdisches Antlitz« wendet sich also an mehrere Adressaten. Es fordert die Westjuden zur Umkehr auf, es weist den Zionisten den »geistigen« Weg des Ostjuden, der »den Zwangsstaat, den römischen Staatsbegriff [leugnet], weil er in einer lebendigen Volksgemeinschaft lebt, weil er eine unendlich blutvoller existierende Form der Gesellschaftung verwirklicht als der brutale, auf Befehl beruhende Autoritätsstaat es ist.«[88]

Und das Buch versucht schließlich – vergeblich – das jüdische Zerrbild der Antisemiten zu entlarven. In diesem Essay faßt Arnold Zweig noch einmal all das zusammen, was ihn in den letzten Jahren im Zusammenhang mit der Zukunft seines Volkes bewegt hat. Vor allem aber sieht er im Ostjuden, in dessen frommem Denken und schlichtem Leben den idealen Siedlertypus der Zukunft: »... dem Aufruf zur jüdischen Volksheimat im Lande Kanaan hat gerade der alte Jude, der Mann des Volkes, sich sofort erschlossen, weil er in neuer, politischer Form nur das aussprach, was er von jeher wußte: daß dies Land sein Land sei. Nicht er sah in Herzls Botschaft eine Utopie, das sah nur der Westjude in ihr; er erkannte mit stürmischer Einwilligung das Reale, das Wirkliche, das Unleugbare und Natürliche darin. Und darum ist der Kreis der Bejaher des zionistischen Ziels im Osten so viel größer als der Kreis der östlichen Zionisten, von denen sich der allgemeine Jude in der Sprachen- und Gegenwartsfrage oft trennt.«[89]

Schließlich rechnet Zweig in dieser Schrift mit dem Kapitalismus ab, bekennt sich voller Enthusiasmus zu Landauers utopischem Sozialismus: »Wir müssen die Weltordnung, die von kapitalistischen Zeiten auf den Kopf gestellt worden ist und in die sich der Jude, halb gezwungen, dann sehr gern eingereiht hat, wieder auf ihre Füße stellen, und wenn wir dabei auch eine Zeitlang ins andere Extrem schlagen sollten ... Wo ist die Zeit hin, da Erde und Äcker, Wald und Wasser, Wiese und Weide Gemeinbesitz waren, wo der Mensch diesen Allgemeinheiten mit dem Gelüste des Herausschneidens, des Für-sich-habens gar nicht nahen konnte, da diese Gegebenheiten schon dem bloßen Trieb danach entrückt waren, als Gut Aller! Wir müssen die Allmacht des Besitzes wieder einschränken auf das Besitzbare, auf Wohnungsraum und Kleid, auf Spielgerät und Werkzeug des privaten Lebens. Wir müssen den Menschen wieder lehren, daß der Boden Allen oder Gott gehört und die arbeitenden Maschinen der Allgemeinheit, der sie nützen.«[90]

Der israelische Zweig-Forscher Arie Wolf hat dem Buch ein wunderbares Denkmal gesetzt, indem er 70 Jahre nach der Erstveröffentlichung formuliert: »Was hier über die ostjüdische Familie und über das stille, anspruchslose und entbehrungsreiche, stoische Heroentum der ostjüdischen Frau gesagt ist, gehört bestimmt zum Schönsten, was je über diesen Gegenstand in deutscher Sprache geschrieben worden ist.«[91] Zweig konnte nicht ahnen, daß sein hymnischer Essay über das Ostjudentum ein Grabgesang werden sollte. Zwanzig Jahre später wurde es von den deutschen Eroberern vernichtet. Erschlagen, erschossen, erhängt, in die Gaskammern geschleppt, zu Tode gequält – millionenfach.

Die Begegnung mit dem Ostjudentum und die dadurch ausgelöste Wiederhinwendung zum Zionismus wirken auch in dem 1924 veröffentlichten Essay »Das neue Kanaan« nach. Viele Thesen werden hier wiederholt, neu umkreist, die Landschaften Palästinas in lyrischen Sätzen besungen und die Anpassungsversuche der westeuropäischen Juden in einer ihnen feindlichen Umwelt verdammt: »Es gibt eine Assimilation, die aus dem Jüdischen wegführt in die Welt, die das Jüdische aufgibt, verwirft oder schwächt um des Beifalls der Welt willen. Sie ist Selbstaufhebung, sie richtet sich auch selber.«[92]

Obwohl Zweig den Zionismus Mitte der zwanziger Jahre schon erheblich distanzierter zu betrachten beginnt, mit der Konzeption des Grischa-Romans sein Denken sich den weit über die jüdische Problematik hinausgehenden politischen Ereignissen im Europa dieses Jahrhunderts zuwendet, hebt er im Essay über das »Neue Kanaan« ausdrücklich hervor: »Das nationale Heim der Juden wird nur in Palästina und nur unter dem Beifall der Araber Palästinas gebaut werden können.«[93]

Die Suche nach einer deutsch-jüdischen Symbiose bleibt ein Spannungsfeld im Leben Arnold Zweigs. Sein Ruf nach dem Aufbruch ins »Neue Kanaan«, seine Kritik an den assimilierten Westjuden, sie schlagen im Grunde auf ihn zurück, lassen seinen Zionismus schillernd erscheinen. Denn er ist selbst ein assimilierter Westjude, dem Palästina und das ländliche Siedlerleben in einer anderen Kultur zutiefst fremd bleiben. Wie theoretisch er den Zionismus betrachtet, wird sich ihm erst offenbaren, wenn die Wirklichkeit ihn zwingt, im Land Palästina zu leben.

Der Krieg aber, den er überlebt hat, bleibt in den kommenden Jahrzehnten im Zentrum seiner Weltdeutung. Was er im Februar 1917 an Agnes Hesse schrieb, treibt ihn bis zu seinem letzten Roman immer wieder um: »Der Krieg ist als moralisches Problem unlösbar – während er doch nur als Naturereignis oder als soziale Erscheinung zureichend gedanklich durchdrungen werden kann.«[94]

Einsetzung einer Republik

Am Anfang stand die »Dolchstoßlegende«. Als die deutsche Führung nach der gescheiterten August-Offensive im Westen vor dem Scherbenhaufen ihrer Politik stand, da schlich sie sich mit einer jämmerlichen, aber sehr wirkungsvollen Lüge vorübergehend aus der Geschichte. Die Feinde an der Heimatfront seien es gewesen, so behauptete der Sieger von Tannenberg, Paul von Hindenburg, die die deutsche Niederlage durch ihren Defätismus, durch den Dolchstoß in den Rücken des Heeres heraufbeschworen hätten. Und der erste Mann der Sozialdemokratie, Friedrich Ebert, begrüßte die heimkehrenden Truppen mit dem historisch falschen Satz: »Im Felde unbesiegt.«

Das Gegenteil ist richtig: das kaiserliche Heer war im Herbst 1918 am Ende seiner Kräfte, der verlustreiche Stellungskrieg im Westen hatte es zermürbt, der hohe Blutzoll, den er forderte, war nicht mehr zu ersetzen. Und dies zu einem Zeitpunkt, als die Amerikaner erst begannen, sich richtig auf den europäischen Krieg einzustellen, ihre Truppen- und Materialtransporte über den Atlantik noch längst nicht auf vollen Touren liefen. Erich Ludendorff, seit 1916 der eigentliche Herrscher in Deutschland, verlangte am 29. September von der politischen Führung im Reich ultimativ, Waffenstillstandsverhandlungen aufzunehmen, da die Front nicht mehr zu halten sei. Für Millionen Deutsche, die der Kriegspropaganda von dem unerschütterlich feststehenden Sieg bis zu diesem Tag gefolgt waren, bedeutete die nun offiziell angekündigte Niederlage ein fürchterliches Erwachen. Sollten die Opfer, die diese vier Kriegsjahre gefordert hatten, umsonst gewesen sein? Während die Regierung Max von Baden verzweifelt versuchte, die panische Reaktion Ludendorffs diplomatisch aufzufangen, während der Kaiser und sein Feldherr bei Nacht und Nebel über die Grenze ins Ausland gingen, während die Reichsverfassung reformiert wurde, während sich für Karl Liebknecht und Rosa Luxemburg die Gefängnistore öffneten, begann das bürgerliche Deutschland ein weiteres Mal die Augen vor der politischen Wirklichkeit zu verschließen, wollte es nicht wahrhaben, wer die Schuld an der politischen und militärischen Katastrophe trug. Genau diese Haltung aber sollte für die Republik, die unter der Führung der Sozialdemokraten Ebert und Scheidemann eingesetzt wurde, zu einer schweren Hypothek werden.

Als die Matrosen in Kiel und Wilhelmshaven am 3. November meuterten, entzündeten sie einen revolutionären Flächenbrand, der in wenigen Tagen das ganze Reich erfaßt hatte. Der Mann dieser historischen Stunde hieß Friedrich Ebert, ein konservativer Sozialdemokrat, der die deutsche Revolution aus tiefstem Herzen ablehnte und dessen politisches Wollen zunächst auf die Errichtung einer konstitutionellen Monarchie abzielte. Aber die Ereignisse überrollten ihn und die Mehrheitssozialdemokratie. Der Alptraum, Deutschland stehe vor einer Machtübernahme durch die Bolschewisten, verführte Ebert zu einer verhängnisvollen Entscheidung: Er schloß mit dem neuen starken Mann des konservativen Deutschland, dem Ludendorff-Nachfolger General Groener, ein Zweckbündnis. So geradlinig und subjektiv ehrlich Ebert diesen Schritt auch getan haben mag, er trug schließlich entscheidend dazu bei, daß die alten Eliten in Heer und Verwaltung, in Justiz und Politik in ihren Machtpositionen verblieben, daß die republikanische Erneuerung des Reiches damit jedoch schon in den Anfangsmonaten untergraben wurde, ja wenn nicht zum Scheitern verurteilt war. Und noch eine langfristig negative Folge sollte Eberts Politik haben: die Spaltung und in den Niedergangsjahren der Republik gefährliche Schwächung der deutschen Arbeiterbewegung.

Den 9. November 1918 erlebt Arnold Zweig als Soldat in Wilna. Er begrüßt natürlich das Ende des Völkermordes, aber auch die Revolution. Die Presseabteilung schickt ihn in den Soldatenrat der Stadt, wo ihm allerdings ein unfreundlicher Empfang bereitet wird. Als er die Überprüfung aller Urteile der Kriegsgerichte fordert, schallt ihm entgegen: »Wir brauchen keine jüdischen Ratschläge. Mach, daß du rauskommst.«[1] Ein bitteres Erlebnis, das Zweig eine Ahnung davon vermittelt, unter welchen Vorzeichen die deutschen Juden auch künftig werden leben müssen.

Victor Klemperer, der in den letzten Kriegswochen wieder in Wilna war, schildert in seinen Erinnerungen einen ziemlich aufgeregten und zumindest verbal heftigen »Revolutionär« in Ober-Ost. »Die Mehrheit unserer Formation war bestimmt gemäßigt ..., aber Zweig, der auf literarischem und allgemeinmenschlichem Gebiet so besonnene und feine Arnold Zweig, steigerte sich rasch in heftigen Radikalismus. Es war, als gewinne die Rolle des Volkstribunen Gewalt über ihn.«[2] Zweig hält nach diesem Zeugnis flammende Reden, treibt an, warnt davor, den revolutionären Elan zu stark zu bremsen, denn »dann kommt die Karre nie aus dem Dreck, in den sie nur allzutief verfahren ist!«[3] Und er findet mit seinen Reden viel Beifall. »Der Zweig kann aber reden«, zitiert Klemperer einen bewundernden Kameraden: »Das ist doch ein ganzer Kerl.«[4]

Im Dezember 1918 verläßt er die östliche Etappe und fährt nach Berlin in die Waldemarstraße, wo Beatrice lebt. Endlich ist er wieder Zivilist. Die Verstörungen aber sind groß. Er schwankt zwischen hektischer Aktivität und dem Rückzug ins Private. Seine Nerven sind ungeheuer angespannt, mehrfach berichtet er später von emotionalen Ausbrüchen mit recht belanglosem Hintergrund, die das Zusammenleben in der Familie erschweren: »In jenen Jahren der dauernd sinkenden Kaufkraft des Geldes wogen Nahrungsmittel so schwer in unserem Leben wie einst künstlerische Werte oder platonische Ideen. An jenem Nachmittag kleidete sich das Fatum in die Gestalt eines Rucksacks, in welchem eine Tüte voll Reis und zwei kleine Pakete Butter uns auf der Bootsfahrt begleiteten. Jemand setzte sich darauf, so, daß Reis und Butter sich untrennbar vermischten. Mein rasender Zornausbruch, der uns damals fast alle ins Wasser befördert hätte und sich an diesen Rucksack knüpfte, führte mich schließlich zu der Einsicht und dem Entschluß, etwas zur Wiederherstellung meines seelischen Gleichgewichts zu tun. Und das Tor der Analyse tat sich auf: ich trat ein.«[5]

Bis er diesen Schritt unternimmt, vergehen noch über drei Jahre, in denen seine Depressionen anhalten. Er leidet an sich und an der Zeit. »All das brachte mich außer mir, es führte mich zu rasenden Ausbrüchen in Reden, Gesprächen, manchmal auch in Artikeln.«[6] Die Verdrängung der Niederlage, die damit verbundene Nichtverarbeitung des Krieges in der deutschen Gesellschaft empören ihn. »Wer hätte geglaubt«, reflektiert er zwanzig Jahre später diese für ihn schweren Monate, »daß bereits 1922 zum alten Eisen geworfen werden würde, was 1919 noch alle Geister bis zum Rande erfüllte – die durchlebten Schrecken der Massen-Mordzeit!«[7] Die halbherzige Novemberrevolution, auf die rasch der Wiederaufstieg der alten politisch-militärischen Kräfte folgte, die bald einsetzende wirtschaftliche Krise, die bis weit in die Mittelschichten hinein Elend und Verarmung brachte, der Kampf der radikalen Antidemokraten gegen die Republik – nicht nur Zweig sah alle Hoffnungen schwinden, der Krieg sei für die Deutschen eine Lehre gewesen. »War … nicht alle Welt am elften November 1918 überzeugt gewesen, daß beim Signal des französischen Clairons die Bajonette in die Erde gestoßen werden würden, um dem Spaten des Friedens zu weichen? Hatten wir nicht alle den Waffenrock ausgezogen, um jetzt erst recht an die Wiederherstellung der Kultur zu gehen? Warteten wir nicht, vier Jahre hindurch der Vernichtung entgangen, auf die Erlösung, um uns nun mit Wucht und Lust in unsere Arbeit zu stürzen, unser altes Ich wieder anzuziehen? Aber siehe da, das mißglückte – offenbar überall und jedem.«[8] Hinzu kommen heftige Selbstanklagen über sein Denken und Schreiben in der Vorkriegszeit. »Und dazu die Absonderung, dazu die soziale Blindheit, dazu der Kampf um das Gefühl des besonderen Seins«, schreibt er verbittert Helene Weyl. »Als Sohn des Sattlers Zweig hätte ich Augen haben dürfen für das Elend der Menschen: es sass in unseren Stuben! Aber ich ging selig in Shakespeares und Bachs Gestaltenwelt ein und war ein träumender, fühlender, ins Geistig-Schöne verzückter Aristokrat – ein Esel … fern von jeder Wirklichkeit, jeder Aufgabe, jedem wahren Wissen: fern von der großen Liebe zu den Glücklosen, fern von dem Hass und Zorn gegen die Schändung des Menschen.«[9]

Die seelischen Konflikte hemmen die literarische Produktion. Die zahlreichen geplanten, angedachten oder halbfertigen literarischen Vorhaben bleiben liegen. »Jetzt verrauchte mir der Elan nach bestimmtem wohltuendem Anfangsschwung; ich zog es vor, die Mühe des Fertigmachens zu vertagen.«[10] Zweig wird in diesen Jahren zwar zahlreiche Novellen um- oder neu schreiben, sein Grischa-Drama vollenden und eine endgültige Fassung des Schauspiels »Die Umkehr« vorlegen. Er wird auch seine jüdischen Essays, zahlreiche Aufsätze und Artikel zu aktuellen politischen Fragen, die großen Arbeiten über Büchner, Lessing und Kleist veröffentlichen. Aber erst 1926 hat er die künstlerische Krise wirklich überwunden, beginnt er mit der Niederschrift seines großen Epos über das Schicksal eines russischen Kriegsgefangenen.

An literarischen Ideen fehlt es bis dahin nicht, seine Stimmung allerdings schwankt zwischen Himmelsstürmerei und Selbstvorwürfen. Gerade in Berlin angekommen, schreibt er an Martin Buber: »Pläne genug haben jahrelang an meinem Hirn gesogen, und, ein Einunddreißiger, hab ich noch keine einzige Leistung stehen, die das ganze Maß meiner Kräfte aufrichtet.«[11] Im April 1919 erreichen Helene Weyl die Sätze: »Und ich lehne für die nächste Zeit jede geldbringende Tätigkeit ab. Ich habe voluminöse Werke, wilde Werke, große ausgeformte schicksalhaltende Werke im Schädel ... Ich will dichten! Romane und Tragödien sollen erstehen. Alles, was ich bis jetzt gemacht habe, ist eine Vorhalle gewesen.«[12] Wenige Monate später liest die Freundin eine wesentlich bescheidenere Selbstbetrachtung: »Ich bin nur ein Talent – kein Genie, wie mir Bab, der Gute, fast öffentlich einreden will ...«[13]

Finanziell ungesichert – die bald einsetzende Inflation frißt die ohnehin schmalen Autorenhonorare auf –, geht er im Sommer 1919 nach Tübingen, schreibt sich – um überhaupt einen Wohnplatz zu finden – als Student in der philosophischen Fakultät ein, schließt sein Studium formal ab und denkt sogar kurzzeitig an die Fertigstellung seiner Doktorarbeit. Aus Berlin ist er »geflohen«, ein erstes Angebot, als Redakteur bei der »Jüdischen Rundschau« zu arbeiten, hat er abgelehnt. Die blutige Niederschlagung des kommunistischen Umsturzversuches im Zeitungsviertel, den politischen Pragmatismus der SPD Eberts, den Vormarsch der Freikorps, die Ermordung Gustav Landauers und Kurt Eisners registriert er mit Entsetzen. »Lohnt es, auf solche Welt mit geistigen Werkzeugen einzuwirken? Hatte Schriftstellerei überhaupt noch einen Sinn?«[14] Den Freund Hermann Struck erreichen in diesen Sommerwochen die Zeilen: »Das alte Deutschland ist hin – weiß Gott, daß es seinen Untergang redlich verdient hat.«[15]

Die Beklemmungen sind zu mächtig, die Ruhelosigkeit wächst, auf der Suche nach sich selbst will er die Einsamkeit und bezieht im Herbst 1919 mit Beatrice eine kleine Wohnung am Starnberger See. Es ist die Landschaft, in der er schon vor dem Krieg mit Beatrice glückliche Wochen verbracht hat. Einen ganz praktischen Grund für diesen Ortswechsel gibt es allerdings auch: Hier wohnt man billiger als in der tosenden Hauptstadt oder im naheliegenden, einst geliebten München. Das Ehepaar lebt von den geringen Honoraren für seine Artikel, die er in verschiedenen Zeitungen, etwa der »Jüdischen Rundschau«, oder Zeitschriften wie der »Weltbühne« veröffentlicht. Als tagesaktueller Zeitschriftenautor findet er Akzeptanz bei seinen Auftraggebern. »Ja, Zweig ist eine Wohltat«, schreibt der strenge Stilist und »Weltbühne«-Herausgeber Siegfried Jacobsohn im Juli 1921 an seinen Vertrauten Kurt Tucholsky über die Beiträge des gelegentlichen Mitarbeiters.[16]

»Das ostjüdische Antlitz« erscheint 1920 (»Glauben Sie nur ja, lieber Struck, der Zeitpunkt für unser Buch ist und bleibt günstig. Dafür werden die verfluchten Polen sorgen. Und wenn der Verlag Intelligenz hätte, ließ er überhaupt 2000 Exemplare mit englischem Text erscheinen«[17]), 1925 wird dann »Das neue Kanaan« folgen, »Caliban«, das Buch über den Antisemitismus, 1927 und im gleichen Jahr »Juden auf der deutschen Bühne«. Die drei großen Essays, die er als Vorworte für die vom Insel-Verlag neu herausgegebenen Gesamtwerke von Lessing, Kleist und Büchner geschrieben hat, entstehen in der Starnberger Zeit. Vor dem Druck des Grischa-Romans 1927 legt Zweig insgesamt vier Bücher mit Erzählungen vor. Bis zur Novellensammlung, die 1925 unter dem Titel »Regenbogen« erscheint, handelt es sich jedoch in der Hauptsache um Umarbeitungen von Geschichten, die Zweig bereits in den Vorkriegs- oder Kriegsjahren geschrieben hat. Sicher auch ein Zeichen dafür, wie erschöpft er noch Jahre nach dem Kriegserlebnis war, wie die Erschütterungen dieser Zeit seine Künstlerschaft bedrohten. Erst mit den beiden Erzählungen »Einen Hut kaufen« und »Pont und Anna« beginnt Zweig die aktuellen Tagesereignisse in seinem belletristischen Werk zu berücksichtigen. Vor allem »Pont und Anna« und die »historische« Erzählung »Der Spiegel des Kaisers«, beides recht umfangreiche, auf die Form des Romans zusteuernde Werke, setzen erste Signale, die darauf hinweisen, daß Zweig im Jahre 1925 – er lebt zu diesem Zeitpunkt bereits wieder in Berlin und hat eine psychoanalytische Behandlung begonnen – seine schöpferischen Kräfte allmählich zurückgewinnt.

In der Gestalt des Baumeisters Laurenz Pont schildert Zweig die Überwindung der eigenen seelischen Erkrankungen mit Hilfe der Psychoanalyse. Als Pont aus dem Krieg zurückkommt, leidet er an einer »temporären Amnesie«. Er ist nicht in der Lage, sich an sein Leben vor dem Krieg zu erinnern. Heilung erwartet ihn erst, als er während eines Italienaufenthaltes von der Ermordung der Tänzerin Anna erfährt, mit der ihn eine leidenschaftliche, unerwiderte Beziehung verband. Der Schock des Todes eines geliebten Menschen zwingt Pont zur Rückkehr in die Wirklichkeit, befreit ihn von dem in seelischen Tiefen entstandenen Zwang, die Vergangenheit zu verdrängen. Zweig hebt dieses Einzelschicksal in seiner Erzählung auf eine generellere Ebene: »Der Krieg, lieber Doktor, ist vergessen«. – »Nein, Herr Pont, weit schlimmer: er ward verdrängt.«[18] Zweig läßt damit anklingen, was er zunehmend als Bedrohung für die Zukunft der Republik empfindet. Als Pont in Italien den Zug besteigt, um nach Deutschland zurückzukehren, weiß er, daß nur die individuelle und die kollektive Umkehr das geschlagene Land und seine Menschen vor neuen Fehlentwicklungen bewahren kann: »Jenseits der Alpen, da lag das Land, das er liebte, abgestürzt aus wilden Macht- und Wachträumen in frühe, kindliche Zustände ... Wenn es sich aufraffen und auch die Heilkraft eines solchen Abenteuers ernten wollte: erst einmal die Wirklichkeit, gut oder schlecht, hatte es zu gewahren, völlig aufzunehmen, ohne in die Grundlegung, wo nur das völlig Sichere ein Recht hatte, zu stehn, Wünsche und Träume zu schieben, vorwärts oder rückwärts gewendete ... Selbsterkenntnis, nichts anderes – und jeder Lebende hatte zu beginnen: bei sich.«[19]

Der Berücksichtigung zeitgeschichtlicher Betrachtungen und Entwicklungen in seinem literarischen Werk – bald wird Arnold Zweig einer der herausragenden europäischen Autoren des Zeitromans sein – war eine intensive publizistische Begleitung der politischen Ereignisse in den Jahren der noch jungen Republik vorangegangen. Zweig engagierte sich mit großer Leidenschaft in den Monaten des politischen Umsturzes und in den ersten Krisenjahren auf der Seite der linken Demokraten. Die Revolution vom November 1918 begrüßte er, die gewalttätigen Aktionen des »Spartakus« lehnte er dagegen aus Prinzip ab, die Morde an Karl Liebknecht und Rosa Luxemburg geißelte er in scharfen Anklagen gegen die Reaktion. Zweigs Enttäuschung über die politischen Entwicklungen zwischen dem 9. November 1918 und den Frühjahrswochen 1919 wurde sehr bald auch in seinen aktuellen Artikeln sichtbar. Den zunehmenden Forderungen nach Gewalt auf seiten der sich radikalisierenden Linken (von den Mordaktionen der Freikorps ganz zu schweigen) stellte er seine idealistischen Revolutionsvorstellungen entgegen, die gesellschaftliche Veränderungen nur in einer geistigen Erneuerung sahen, ganz im Sinne des Aufrufs zum Sozialismus, wie ihn Gustav Landauer formuliert hatte.

Im September 1921 schreibt Zweig in der »Weltbühne«: »Er, Gustav Landauer, war der einzige wahre Revolutionär in dieser Zeit: denn er wußte, daß man sich zuerst und zuletzt der Gewalt enthalten müsse, um wirklich revolutionär zu sein, daß man hier und jetzt anfangen müsse, weil die Not des armen Menschen einen übermenschlichen Grad zu erreichen und die letzte Freiheit des Charakters auch in ihm zu ersticken drohe; daß die Revolution wie die Religion und die Kunst an die Seele des Menschen greift und sie schüttelt ...«[20] Während Anfang Januar 1919 in den Straßen von Berlin der Spartakus-Aufstand niedergeschlagen wird, klagt Zweig: »Die verzweifelten Träger der Revolution, der Idee einer neuen und menschlichern Lebensform erscheinen als wüste Störer und Gefährder der Republik und des nationalen Bestandes, die Verfechter der Ordnung als blutige Mörder des Volkes und als die verruchten Schänder aller Ideale.«[21]

Aber was da in diesen Tagen in Deutschland geschieht, ist für Zweig nur »die laute Revolution ... erst nach ihr beginnt die wahre, die Umkehr, Einsicht, Erneuerung und Gestaltung bringt.«[22] Nach der Ermordung Rosa Luxemburgs und Karl Liebknechts veröffentlicht er in der »Weltbühne« eine leidenschaftliche »Grabrede auf Spartakus«, in der er der beiden kommunistischen Führer zwar in bewegenden Worten gedenkt, aber doch ihre Hinwendung zur Gewalt eindeutig verurteilt. Den Grund für diesen falschen Schritt sieht er darin, daß die Leidenschaft des Geistes »ob der Langsamkeit dieses Weges, toll vor Ungeduld über die zähe und widerspenstige Natur des Menschen«, sich nach Hilfe umsieht, »und in diesem Augenblick naht sich ihr die Verführung – ihr naht sich die Gewalt, ihr Antipode, ihr Gegengeist und Gegenungeist, ihr Versucher und beständiger Feind, und zeigt ihr das Mittel, welches ihr, der reifen Erkenntnis, legitim zukomme: sie habe das Recht, die Menschen vorwärts zu peitschen, aus der allgemeinen Katastrophe der Gewalttaten durch noch ein wenig Gewalttat mehr wenigstens die Grundlinien bessern Lebens zu retten, hervorzuzwingen. Dieser hohe Zweck heilige selbst die Gewalt – sagt die Gewalt. Was sie nicht sagt, ist dies: daß durch solches Mittel die Idee sich selbst aufgibt und an ihr Widerspiel überantwortet.«[23]

Trotz dieser Kritik läßt Zweig keine Zweifel daran, welche

historische Rolle er Karl Liebknecht und Rosa Luxemburg zumißt: »Vergeßt den Irrweg, den sie vor ihrem Ende gingen, und gedenket ihrer als dessen, was sie waren: Urheber der deutschen Revolution, heilige Werkzeuge des Schicksals, Hebel einer neuen Zeit.«[24] Er sieht mit Entsetzen die Eskalation der Gewalt. Die Revolution des »Geistes« ist entartet, weil die Träger der revolutionären Idee sich von ihrer Ungeduld haben hinreißen lassen. Auch Gustav Landauer ist aus der Sicht seines »Schülers« vorübergehend dem einst selbst beschworenen Prinzip, daß eine Revolution nicht ohne innere Umkehr des Individuums möglich und erfolgreich sein könne, untreu geworden, als er ein Ministeramt in der bayerischen Regierung von Kurt Eisner annahm.

Die Spaltung der Arbeiterbewegung, die durch die Gewaltaktionen der Spartakisten und Eberts Ruf nach militärischer Hilfe unwiderruflich geworden war, deprimiert Zweig. Sie ist für ihn von »unerhörter Tragik«, denn »nun ... töten die Bekenner des Sozialismus einander«[25]. Er konnte damals noch nicht ahnen, wie sehr dieser Hinweis die Wirklichkeit traf. Erst die neuere Forschung belegt durch Dokumente, daß der Sozialdemokrat Gustav Noske über die Mordpläne des Erhardschen Freikorps gegen Liebknecht und Luxemburg vorab informiert war. Wilhelm Groener, der militärische Partner der Regierung der Volksbeauftragten in diesen entscheidenden Tagen, hat bereits in seinen vor Jahrzehnten erschienenen Erinnerungen keinen Zweifel daran gelassen, wie die Fäden der Macht im Januar 1919 zusammenliefen: »Mit Beginn des Jahres 1919 durften wir uns zutrauen in Berlin zuzupacken und zu säubern. Alle Maßnahmen jetzt und später erfolgten in engstem Einvernehmen mit der Heeresleitung, aber die Leitung und die Verantwortung vor Regierung und Volk trug der bald zum Reichswehrminister ernannte Noske, der, den Fußstapfen Eberts folgend, ein festes Bündnis mit den Offizieren einging.«[26]

In mehreren Schriften und Aufsätzen dieser Jahre wird deutlich, daß Arnold Zweig der marxistischen Lehre mit großer Skepsis gegenübersteht. So heißt es beispielsweise im »Ostjüdischen Antlitz«: »... der kolonisierende palästinensische Sozialismus ist wirklich eine reinere Darstellung der Idee als jeder, der erst gewalttätig zerstören muß, um aufbauen zu können.«[27]

In dem Aufsatz »Der Antisemitismus und die deutsche Jugend« kommt Zweig im Juni 1921 noch einmal auf dieses Thema zurück: »Der atheistische und materialistische Sozialismus marxistischer Prägung … ist heute eine Kirche und Konfession wie jede andere auf der Welt. Er leugnet die geistige Freiheit und göttliche Durchseeltheit des Menschen in ›wissenschaftlichem‹ Determinismus, bekennt sich zum Dogma zwangsläufiger Entwicklung der gesellschaftlichen Zustände aus materialistischen, politisch-wirtschaftlichen Gesetzen … er geht auf die Verbesserung der Zustände aus und ist überzeugt, daß die ursprünglich edle Natur des Menschen, sind die depravierenden Umstände erst beseitigt, ans Licht treten und mit weit geringerer Anstrengung erziehender Mittel die Reinigung und Erhöhung des menschlichen Typus erlauben werde. Dieser Glaube steht diametral gegen den unseren …«[28]

Zweig wird diese Haltung dem Marxismus gegenüber in den Weimarer Jahren grundsätzlich beibehalten. »Man kann Zustände nicht reinigen ohne die Menschen zu verändern«[29], so schreibt er in dem gleichen Aufsatz, der seine Marxismuskritik enthält, und dieser Satz belegt ein weiteres Mal, daß seine utopischen Revolutionsideen auf den Lehren von Landauer und Buber basieren, nicht jedoch auf den Theorien von Marx und Engels. Allerdings hat sich Zweig zu keinem Zeitpunkt auf ein ernsthaftes Studium der marxistischen Lehre eingelassen. Erst in seinen beiden letzten Lebensjahrzehnten wird er eindeutige Bekenntnisse zum Marxismus ablegen, die frühere Ablehnung und Skepsis gegenüber dem »materialistischen Sozialismus« mit der lange Zeit mangelhaften Bildungsentwicklung eines Sohnes des europäischen Bürgertums begründen. Wie immer diese Bekenntnisse zu bewerten sein mögen, auch der späte Arnold Zweig ist in bezug auf die marxistische Theorie ein sympathisierender Dilettant geblieben, nicht mehr, aber auch nicht weniger. »Diktatur von unten«, schrieb er schon 1920 in einem Privatbrief, »ist prinzipiell nichts besseres und erziehlicheres als Diktatur von oben …«[30] Auch in seinen späteren »marxistischen« Lebensjahren blieb dieser Stachel im Fleische der Sozialismus-Wirklichkeit ihm immer bewußt.

Die Enttäuschung über die politischen Entwicklungen und die persönlichen Depressionen überwindet Zweig nur sehr langsam. In der »Idylle« am Starnberger See hofft er, neue schöpferische Kräfte zu gewinnen. »Wir habens in Starnberg sehr gut. Eine hübsche möblierte vier Zimmerwohnung mit Küche und Garten, ganz frei, gehen essen und werden von einer braven Frau bereinigt und beheizt.«[31] Oder: »Wir wohnen jetzt behaglich und entzückend – behaglich im Inneren, entzückend im Äusseren des Hauses …«[32]

Beatrice und Arnold Zweig lieben die bayerische Seenlandschaft, die warmen Frühlingstage, machen Ausflüge »auf dem windigen grünen See, mit dunkelblauen und violetten beschneiten Bergen und einer tieffarbigen funkelnden Hochebene« und haben es »wirklich sehr gut und sind meist übermütig und arbeitsam gestimmt«.[33] Im Winter lädt der gefrorene See zum Schlittschuhlaufen ein, Münchens Faschingsbälle reizen, und sie musizieren gemeinsam. Auch die Nähe zur »Kulturmetropole«, wo Thomas Mann, Lion Feuchtwanger und Bruno Frank leben, die ersten Brecht-Aufführungen für Aufsehen sorgen, bis zum Terror der weißen Garden noch ein liberales Kunstklima herrscht, hat Zweig in den deutschen Süden gelockt. Viele Besucher kommen, die von beiden geliebte Helene Weyl ist darunter, die junge, verführerisch schöne Schauspielerin Elisabeth Bergner, von der sich Zweig stark angezogen fühlt, der junge Theaterstar und Bürgerschreck Bertolt Brecht lebt mit seiner damaligen Frau Marianne Zoff einige Monate in Starnberg. Literatur, Judentum und die politischen Entwicklungen, die vor allem durch die Inflation, die Morde an Erzberger und Rathenau und den niedergeschlagenen Kapp-Putsch geprägt sind, füllen die Gespräche aus. Zweig bleibt ein erregter, gelegentlich sehr lauter Diskutant, die Ereignisse reißen ihn oft zu Gefühlsausbrüchen hin. Seine damalige Starnberger Nachbarin Rahel Straus erinnert sich, daß er »zwei Jahre lang fast täglich unser Gast zu anregenden und wilden Diskussionen war«[34].

Manchmal verstummt er verzweifelt angesichts der Gewalt, die seitens der Rechtsradikalen immer unverblümter gegen die Republik eingesetzt wird. »Die Ermordung Rathenaus hat mich sehr getroffen«, meldet er Hermann Struck, »daß ich darüber vor Grimm, Haß und Trauer nichts sagen kann. Oh, diese boches …«[35] Entsetzen und Wut packen ihn, als die Nachrichten über neue Pogrome gegen die jüdische Bevölkerung in Polen und Rußland nach Deutschland dringen. »Struck, Struck, was in der Ukraine vor sich geht liegt mir auf dem Herzen bis zur Schlaflosigkeit. Ich wünschte es gäbe eine jüdische Armee gegen diese furchtbaren viehischen Saukerle! … Um uns Juden ist stets Mittelalter hier in Europa.«[36]

Und doch vergessen Arnold und Beatrice in vielen Stunden

die Weltenschrecken, empfinden es als besonderes Glück, nach den Jahren der Trennung endlich wieder ein gemeinsames Leben führen zu können. Beatrice hat das Malstudium intensiviert, zieht mit ihrer Staffelei hinaus in die Berge, sucht und findet ihre Motive. Er wandert mit oder schreibt oder grübelt. »Meiner Frau geht es herrlich ...; wir machen bei schönem Wetter Spaziergänge von 1 ½ Stunden Dauer, in denen ich das Malstühlchen mit mir trage. Mitten in Scharen von Herbstzeitlosen setze ich mich nieder, und dann sitzt sie drinnen, blühend wie sie.«[37]

Wenn die Honorare einmal etwas kräftiger strömen, reisen sie nach Italien. Die Premieren seines »Semael«-Stückes führen sie nach Wien und Frankfurt. »Du hättest«, schreibt er launig an Helene Weyl, »in Frankfurt bei uns sein sollen! Es war ein prachtvolles Erlebnis, als Ganzes. Alles Einzelne etwas fragwürdig: Stück, Aufführung, Publikum, Stadt; als Ganzes aber doch ein Fest. Großer Erfolg, Helen, viele Hervorrufe, erschütterte Menschen, begeisterte Menge.«[38]

Aber wieder zurückgekehrt, trübt die bedrückende seelische und die häufig verzweifelt erscheinende materielle Lage viele Stunden in ihrer »frostumflüsterten Waldwohnung«. »Auch wir brauchen Heim und leichtgemachtes schönes Leben«, klagt Zweig im Dezember 1919, »aber da wir es jetzt einfach nicht haben *können*, weil wir die Folgen des Krieges tragen müssen und lieber freie Arme als wohllebende Sklaven sein wollen, müssen wirs eben gefasst entbehren. Arme Dita [Beatrice d. V.] – sie leidet darunter sehr. Sie hat nicht einmal ein Klavier dessen sie so nötig bedarf. ... Aber das Joch der Existenz drückt selbst jetzt noch sehr auf mich ...«[39] Aus Geldnot bricht er immer wieder zu Vortragsreisen auf – es geht dabei meist um jüdisch-zionistische Themen –, die ihn durch verschiedene deutsche Städte, in die Schweiz oder nach Prag führen.

Im Sommer 1920 kommt der Sohn Michael zur Welt. Eine schwere Geburt, die Kräfte der Frau fast überfordernd. Ein entscheidendes Ereignis, lebensverändernd für beide. Ein neuer familiärer Mittelpunkt hat sich gebildet. »Ich hätte längst schreiben sollen, wie glücklich wir sind«, erfährt der Freund Struck.[40] Die Mutter erholt sich im Allgäu, er schreibt. Komödien entstehen (»Luzilla«, »Laubheu und kein Bleibe«), vieles bleibt Fragment, ein Romanplan (»Claudias Treue«) beschäftigt ihn, sogar an einem geldversprechenden Wettbewerb für einen Filmentwurf will er teilnehmen. Jahre jäher Stimmungswechsel sind es – und das ungeduldige Warten auf die Rückgewinnung der Kreativität. Aber immer wieder: »Seit dem Kriege hab ich diese neurotische Produktionshemmung …«[41]

Nicht allein das jüngste Familienmitglied macht ihn nervös und gereizt. Das wenige, rasch entwertete Geld muß nun für drei reichen. »Bei uns ist es seit einem Monat so … daß wir oft nicht satt werden«, berichtet Beatrice, »weil wir kein Fleisch und keine Butter kaufen können … Jetzt, nachdem der ewig schleichende Hunger uns ganz matt gemacht hat, essen wir Pferdefleisch, was nach Überwindung des anerzognen Ekels ein erlösender Ausweg ist …«[42]

Der durchschlagende schriftstellerische Erfolg will sich nicht einstellen. Die Aufführungen seines Dramas »Die Sendung Semaels« befriedigen ihn zwar, aber sie bleiben doch ohne das erhoffte große Echo und bringen nur geringe Einnahmen. Zudem wird Beatrices kleines Vermögen, von ihrem Vater in Papiergeld angelegt, mehr und mehr von der Inflation vernichtet. Zweig macht Schulden, sieht sich gezwungen, durch die Ausweitung seiner publizistischen Tätigkeit die Löcher in der Haushaltskasse zu stopfen.

Entscheidend bleibt die Liebe zu Beatrice. »Dass ich Dita [Beatrice – d. V.] habe ist das einzige was mich im Leben, diesem Leben, ernsthaft zurückhält …«[43] Sie ist damals selbst in künstlerischen Fragen seine vielleicht wichtigste Gesprächspartnerin. Wenn er in seinen Briefen von ihr spricht, dann in der Sprache eines Liebhabers. Beatrice bleibt auch in den Krisenjahren dieser Ehe die vertraute, bewunderte, umsorgte Partnerin. Zweig war ein sinnlicher Mann, sein Leben begleitet von intimen Beziehungen zu Frauen. Beatrice fesselte ihn, wie unzählige Äußerungen bis in die letzten Lebensjahre zeigen. Das Glück, das sie in ihrem Zusammenleben empfanden, spiegelt sich auch in mancher autobiographischen Passage von Zweigs literarischem Werk. Vor allem im Altersroman »Die Zeit ist reif« tauchen die frühen Jahre wieder auf, schildert der greise Dichter in schwelgerischem Erinnern seine Reisen mit Beatrice, die sie in den Süden Europas geführt hatten. Sie war eine sehr sensible Frau, nicht frei von neurotischen Störungen. Ende der zwanziger Jahre begann sich die Beziehung zwischen ihr und Zweig »abzukühlen«. Andere Frauen hatten für ihn schon zuvor eine erotische Rolle gespielt.

Kurz vor Hitlers Machtantritt war er schließlich sogar zur Scheidung entschlossen, wollte künftig an der Seite seiner damaligen Sekretärin und Geliebten Lily Offenstadt leben, der er auch den Palästina-Roman gewidmet hatte. Beatrice war damals schon für Monate zu Malstudien nach Paris gereist, eine Trennung »probend«, einen Entschluß suchend. Die plötzliche Flucht vor den Nazis führte sie wieder zusammen.

Schon bald nach der Geburt des zweiten Sohnes, Adam kam 1924 in Berlin zur Welt, begann sich das Familienleben zu verdüstern. Beatrice und Arnold Zweig waren im Kaiserreich aufgewachsen, geprägt von einer Autoritätsgläubigkeit und dem traditionellen Rollenspiel der Geschlechter, die der wilhelminischen Gesellschaft insgesamt eigen waren. Zweig duldete im Familienkreis nur selten Widerspruch, cholerische Wutausbrüche, Unduldsamkeit und Rechthaberei waren hervorstechende Charakterzüge des Patriarchen im Umgang mit Frau und Söhnen, als diese erwachsener wurden. Es ging häufig laut zu in der Familie. Michael Zweig berichtete in einem Gespräch mit dem Verfasser: »Er war zu Hause ein Tyrann. Wir haben in dieser Atmosphäre gelebt, solange wir zu Hause waren.« Jüdische Orthodoxie oder die Religion überhaupt spielte bei der Erziehung der Kinder keine Rolle. Geistige Freiheit herrschte im Hause Zweig, zumindest solange die Grenzen des väterlichen Denkens nicht überschritten wurden. Denn so unabhängig und sicher Zweigs Urteil in künstlerischen Fragen im Laufe der Jahre wurde, den Problemen des Alltags stand er meist hilflos und ängstlich gegenüber. Er kompensierte es – auch eine Frucht seiner kleinbürgerlichen Herkunft – mit autoritären Gesten am Familientisch. Der literarische Ruhm, der mit der Veröffentlichung des Grischa-Romans einsetzte, und die im Exil schwierigen äußeren Lebensumstände verstärkten diesen Zug, ließen ihn auch in banalen Fragen des Alltags die Rolle des »Allwissenden« übernehmen. Dabei unterlag er häufig Einflüssen von außen, stellte die unsinnigsten Forderungen an die Familienmitglieder, nur weil ihn ein Freund oder Gesprächspartner über Erziehungs- oder sonstige allgemeine Lebensfragen »aufgeklärt« hatte. Die Lehren Freuds, die er doch so hoch zu preisen wußte, sie fanden bei der Erziehung seiner Kinder kaum Anwendung. Michael Zweig erzählt: »Wenn das Grammophon spielte, durfte kein Mensch mehr husten, und es war eine einzige Quälerei. Ich bin damit aufgewachsen, daß klassische Musik bedeutet, daß man sich nicht rühren darf, daß man nicht atmen kann ...«

Die egomanischen Züge des Vaters und eine wachsende Bitterkeit der Mutter, die in der Malerei auch so etwas wie Ersatz für die leidvoll empfundenen Identitätsverluste an der Seite dieses übermächtigen, vom Ruhm umstrahlten Mannes suchte, ließen nur wenig Platz für elterliche Liebe und Zärtlichkeit. Vielleicht ist dies ein zu hartes Urteil, denn der Vater berichtet seinen verschiedenen Briefpartnern immer wieder sehr stolz über den Werdegang der Kinder, unterstützt sie in der gewünschten Berufsausbildung, soweit ihm dies in den Jahren der Emigration möglich ist. Und natürlich fanden sie auch von der Mutter vielfach Zuspruch und Hilfe. Aber die inneren familiären Beziehungen blieben gestört. Beide Söhne gingen einen schweren Lebensweg. Durch das Exil schon in frühen Kindertagen entwurzelt, mit den theoretischen Idealen eines Überich-Vaters autoritär besetzt, gelang die Lösung vom Elternhaus nur unter Schmerzen. Michael, der in Palästina eine Mechanikerlehre absolvierte, lernte Anfang der vierziger Jahre in den USA die Fliegerei, trat dann in die amerikanische Armee ein. Als Arnold Zweig in Ostberlin lebte und den ältesten Sohn aus Amerika hinüber in die DDR rief, gelang es diesem nicht, sich dort eine berufliche Existenz aufzubauen. Es kam zu einem unheilbaren Bruch mit dem Vater. Michael Zweig, der dann in Westdeutschland als Übersetzer tätig war, lebt heute in Bayern. Adam, der jüngere, ging während Zweigs Palästina-Aufenthalt zum Medizinstudium in die Schweiz. Ein schmales Stipendium hatte der Vater für den Sohn vermitteln können. Es wurden harte, entbehrungsreiche Jahre. Adam Zweig lebt als Psychoanalytiker in Bern.

Beatrices Leben belasteten vor allem Zweigs Beziehungen zu anderen Frauen. Das »Leben zu dritt« wurde bis weit in die Ostberliner Jahre hinein zu einer nahezu ständigen Begleiterscheinung im Zweigschen Familienleben. Im republikanischen Berlin, in Haifa und in Pankow gehörten die Geliebten des Schriftstellers sozusagen zum Haushalt. Sie begleiteten ihn auf Urlaubsreisen, waren seine Sekretärinnen und Vorleserinnen. Beatrice duldete dies, war zu klug und zu einfühlsam, aber auch zu wehrlos, um diesen Zustand zu ändern. Der sich über 27 Jahre erstreckende Briefwechsel mit der einstigen Göttinger Kommilitonin und Jüdin Helene Weyl, die einen Mathematiker geheiratet hatte und lange in der Schweiz lebte, weist schon sehr früh auf diese erträumte Konstellation einer Dreierbeziehung hin. Die Briefe an diese junge Mutter und Ehefrau sind voller erotischer Avancen – auch seitens Beatrices. Zweig unterzeichnet als »Dein Geliebter«, redet sie als »Liebste«, »Süsseste«, »meine schöne Herrin« an. »Alles was du von Bice sagst«, heißt es da einmal beispielsweise, »ist so tief richtig wie nur ein Liebender es errät und sieht. Wie ich dein Liebhaber bin und der ihre, so du ihrer; und sie: deine Freundin-Liebste wie meine.«[44] An anderer Stelle: »Ich wollte dich mit einer hellen und wilden Liebe einhüllen und verwöhnen, und dabei Forderungen an dich stellen denen Menschen genügen müssen die wie wir an der vordringenden Spitze des Lebens ins Ungeformte stehen.«[45] Erotische Wortspiele, nicht ohne antibürgerliche Stilisierung vorgetragen und häufig wiederholt, in der Wirklichkeit jedoch oft unerfüllbar, wie Zweig nicht nur in dieser Beziehung zu seinem Leidwesen erfahren mußte.

Sina Grosshut, die exzentrische Gattin des ebenfalls im palästinensischen Exil lebenden Schriftstellers und Buchhändlers Sally Grosshut, zitiert Beatrice in ihren Erinnerungen mit dem Satz: »Was wollen Sie, ich mache sogar für Arnold und seine Sekretärin das Bett, sein Bett in unserem gemeinsamen Schlafzimmer, weil er mich davon überzeugt hat, daß eine neue sexuelle Anregung ihn geistig stimuliert und inspiriert, und was das angeht, will ich ihm nicht im Wege stehen.«[46] Aber noch ein anderer Satz Beatrices über Arnold Zweig ist in Sina Grosshuts Erinnerungen überliefert: »Ein unzivilisierter russischer Muschik, wenn er nur ein Herz im Leibe hat, ist mir lieber als dieser gebildete und berühmte Mann.«[47] Wie hoch auch immer der Wahrheitsgehalt solcher Äußerungen zu werten sein mag, Beatrice Zweig hat in dieser Ehe zweifellos nicht nur Erfüllung gefunden. Die Kraft, aus dem Schatten des bewunderten, geistig mächtigen Mannes herauszutreten, ihn zu verlassen, fand sie trotz manches Ausbruchsversuchs nicht. Wie viele aus dem Bezirk der Hochbegabten, der genialischen Menschen, die dem eigenen Werk so voll und rücksichtslos hingegeben sind, blieb auch Zweig bei aller Hilfsbereitschaft und bei allem Charme, den die Freunde und eben die Frauen an ihm schätzten, ein zutiefst egoistischer Mensch. Er verdrängte die Wirklichkeit, wenn sie sein Leben einzuengen drohte, seinen Theorien und Ideologien widersprach. Ist dies nicht vielleicht – auf einer ganz anderen Ebene – auch ein Schlüssel zur Erklärung dafür, warum der assimilierte Westjude Arnold Zweig in seiner zionistischen Phase in glühenden Worten die Rückkehr der Juden ins Land der Väter propagierte? Oder warum der greise Schriftsteller später sein »kapitalistisches« Leben in Ostberlin nahezu nahtlos in Übereinstimmung zu bringen verstand mit seinen Propagandareden für den grauen Alltag, den die meisten seiner Mitbürger im realexistierenden Sozialismus der DDR erdulden mußten? Es war wohl doch so, daß die im Unbewußten schlummernden Ängste und Aggressionen das private, aber auch das geistige Leben dieser Künstlerexistenz viel stärker überschatteten, als die Außenstehenden es zu ahnen vermochten.

In Starnberg beginnt Arnold Zweig, sich vertiefend mit den Schriften Freuds, denen er als 23jähriger Student erstmals begegnet war, auseinanderzusetzen. Es ist schon darauf hingewiesen worden, welch große Bedeutung die Freudsche Lehre für das literarische Werk Zweigs besitzt und wie sehr die Psychoanalyse auch zu seiner persönlichen »Heilung« – soweit dies überhaupt möglich war – beigetragen hat. Zweig selbst hat dies immer wieder betont, viele Passagen in dem umfangreichen Briefwechsel mit Freud, der bislang leider nur unvollständig veröffentlicht worden ist, belegen es.

Die Korrespondenz zwischen »Vater Freud« und »Meister Arnold« beginnt am 21. März 1927 mit einem Schreiben Zweigs, und sie endet mit dem Tode Freuds im Jahre 1939. »Der Briefwechsel zwischen Freud und Zweig ist ... auf weite Stellen hin ein erregendes Werkstatt-Gespräch zwischen einem Schriftsteller, den die Sozialpsychologie fasziniert, und einem Forscher, der – wie diese Briefe abermals bestätigen – große deutsche Prosa schreibt.«[48]

In Berlin, Wien und später in London kam es zu mehreren persönlichen Begegnungen. Zweig war in dieser »Freundschaft« der glühende Verehrer, Freud der väterliche Ratgeber. Es ist aus der Sicht Freuds eine nicht unproblematische Beziehung. Die seelischen Schwierigkeiten seines Briefpartners interessieren ihn nur wenig, er sieht in erster Linie den Schriftsteller und nicht den »Patienten« Arnold Zweig. Der Wunsch des Jüngeren, eine Biographie über den berühmten Analytiker zu schreiben, wird von diesem ziemlich schroff zurückgewiesen. Freud formuliert seine

Ablehnung mit Bemerkungen über den Versuch der biographischen Deutung, die ihn ein weiteres Mal als unbestechlichen Skeptiker und Wahrheitspessimisten zeigen: »Nein, ich liebe Sie viel zu sehr, um solches zu gestatten. Wer Biograph wird, verpflichtet sich zur Lüge, zur Verheimlichung, Heuchelei, Schönfärberei und selbst zur Verhehlung seines Unverständnisses, denn die biographische Wahrheit ist nicht zu haben, und wenn man sie hätte, wäre sie nicht zu brauchen. Die Wahrheit ist nicht gangbar, die Menschen verdienen sie nicht ...«[49]

Freud hatte sich in den letzten Lebensjahrzehnten immer stärker kulturphilosophischen Fragen zugewandt. Sein Menschenbild verdunkelte sich zunehmend. Die jahrzehntelangen wissenschaftlichen Kontroversen um seine Schriften hatten zwar nicht sein Selbstbewußtsein treffen können, aber sie hinterließen doch Spuren. Es wurde einsamer um ihn. 1923 diagnostizierten die Ärzte erstmals seinen Mundkrebs. Mehrere Operationen mußte er über sich ergehen lassen, und die letzten 15 Lebensjahre standen im Zeichen von Schmerzen und Depressionen. Der weltweit gelesene und diskutierte Mann hatte zu vielen Künstlern, vor allem Schriftstellern seiner Zeit persönlichen und brieflichen Kontakt. Es war eine gegenseitige Befruchtung: die Kunst entdeckte auf neue Weise die dunklen Nischen des menschlichen Unbewußten, in die Freud hineingeleuchtet hatte; diesem wiederum öffnete der Blick des Künstlers Perspektiven, die mit der Ratio der Wissenschaft nicht zu erfassen waren.

Ernest Jones schreibt in seiner monumentalen Freud-Biographie: »Die berühmtesten Schriftsteller, die Freud persönlich kannte, waren Hermann Hesse, Thomas Mann, Romain Rolland, Lou Andreas-Salomé, Arthur Schnitzler, Arnold Zweig und Stefan Zweig. Unter ihnen schätzte er am höchsten Thomas Mann, Schnitzler und Arnold Zweig. Er stand mit ihnen und anderen Schriftstellern im Briefwechsel ... Die wertvollsten dieser Briefe sind die zwischen Freud und Arnold Zweig ...«[50] Als sie sich im Sommer 1937 trafen, schenkte der »Meister« seinem »Schüler« einen lange persönlich getragenen Siegelring, zweifellos ein überaus ehrendes Zeichen der Anerkennung und Freundschaft des damals sich schon von der Welt und den Menschen isolierenden Greises. Zweig wiederum hatte mehrfach und vergeblich versucht, das Nobelpreis-Komitee von der epochalen wissenschaftlichen Leistung Freuds zu überzeugen.

Ihr Briefwechsel enthält zahlreiche Passagen, die zeigen, wie sehr beide es schätzen, dem anderen über ihre jeweiligen Arbeiten zu berichten. Es ist in den letzten Jahren dieser »Freundschaft« ein Vertrauensverhältnis entstanden, das von Offenheit und Zuneigung geprägt ist. Was nicht kontroverse Auffassungen zu manchen politischen und vielen kulturellen Fragen ausgeschlossen hat. Als Freud sich »von der aufgebauschten Fragestellung einfangen« läßt und in einem Brief an Zweig ernsthaft darüber nachgrübelt, wer denn der eigentliche Verfasser des Werkes von Shakespeare sei, sendet ihm Zweig zum 81. Geburtstag eine humorvolle Replik über die vielzähligen Verfasser, die in Wirklichkeit hinter Goethes so umfangreichem Werk gestanden hätten. »Aber der Dichter Göthe (dessen Pseudonym mit dem gotischen Stil des Straßburger Münsters innig verbunden ist)«, beendet er den kleinen Scherzaufsatz, »brauchte von dem Ertrag seiner Werke nicht zu leben, da er ebensowenig gelebt hat wie der als William Shakespeare gefeierte englische Dramatiker.«[51] Freud quittierte den spöttischen Verweis mit freundlicher Zustimmung.

In den politischen Schriften, die sich mit Zweigs Denken beschäftigen, in manchen Erinnerungen, die Menschen, denen er begegnete, überliefern, finden sich Äußerungen, die zwar den Epiker in hohen Tönen preisen, aber dem Essayisten und öffentlichen Diskutanten oberflächliches Durchdringen und illusionäres Interpretieren des Weltenlaufes attestieren. Das sind Hinweise, die – wie bereits an anderer Stelle erwähnt – nicht ganz unbegründet sind. Aber nicht nur manche sehr gelungene Arbeit Zweigs über die brennenden Fragen der Zeit, auch seine Beziehung zu Freud versehen eine solche Einschätzung doch mit deutlichen Fragezeichen. Freud war einer der bedeutendsten Geister der Moderne, von scharfem analytischen Verstand und hochgebildet. Sein Denken weist weit über das eigentliche Fachgebiet, das er revolutioniert hat, hinaus. Wenn er in den vielen gemeinsamen Gesprächen und in dem umfangreichen Briefwechsel Arnold Zweig als einen seiner meistgeschätzten Partner empfand, dann adelt dies auch ein gut Stück dessen Argumente. Ganz so »geschwätzig«, »uneinsichtig«, »utopisch« oder »weltfern« kann er wohl doch nicht gewesen sein, wenn ein Sigmund Freud ihm viele Stunden zuhören konnte, ihn in den letzten Jahren seines Lebens den meisten anderen berühmten Zeitgenossen vorzog.

Sicher, Zweigs lange gehegte Hoffnung auf eine Symbiose zwischen Deutschen und Juden stößt bei Freud auf nachhaltige Ablehnung und Unverständnis. Und doch gibt es in dem Briefwechsel zwischen diesen beiden sprachbegabten jüdischen Humanisten auch eine Fülle von Gemeinsamkeiten, die noch wachsen werden, wenn sie das Schicksal des Exils erleiden müssen. In den Vierzigern, fünf Jahre nach Freuds Tod, beginnt Zweig, ermuntert von der Tochter des Analytikers, Anna Freud, den biographischen Essay »Freundschaft mit Freud«, der nicht vollendet wird. Es ist eine sehr persönlich gefärbte Darstellung seiner Begegnungen mit dem hochgeehrten und doch immer noch umstrittenen Forscher und Zweigs überwiegend subjektive und gelegentlich etwas eigenwillige Durchdringung der Freudschen Lehre. Vor allem aber enthält dieser erst im Jahre 1996 veröffentlichte »Bericht« eine Fülle autobiographischer Hinweise. Nicht nur Freud, sondern vor allem Arnold Zweig selbst ist Gegenstand der Betrachtung. In den fünfziger und sechziger Jahren greift er den Text immer wieder auf, ist von dem Mann und seinem Werk fasziniert: »›Freundschaft mit Freud‹ war die letzte größere Diktatarbeit, die Arnold Zweig vor seinem Tode 1968 in Angriff nahm: das Manuskript wurde eine Art literarisches Testament.«[52] In der DDR allerdings, die Freuds Psychoanalyse als im Sozialismus überwundene bourgeoise Dekadenz verhöhnt, ruhte das fragmentarische Manuskript ungeliebt in der Schublade des Lektors. Hinzu kam, daß Zweigs Erben den Text nur im Rahmen einer Werkausgabe freigeben wollten.

Er bleibt also bis in die letzten Lebensmonate unbeirrbar gebannt von den zwei Säulen seiner geistigen Existenz: von Freuds Lehren und von seinem Judentum – daran wird Arnold Zweig auch dann nicht rütteln lassen, wenn die Ideologen dem Dichter wieder einmal mit einem kulturpolitischen Kurswechsel auf die Nerven gehen.

Die Gedanken Sigmund Freuds aber – und das ist in dieser Beziehung aus heutiger Sicht natürlich das Entscheidende – haben Eingang gefunden in das Werk des Schriftstellers, sind seit Mitte der zwanziger Jahre eines der prägenden Formelemente seiner Prosa. »Keine ›harmlose Fehlschaltung‹ (Alexander Mitscherlich), wenn eine von Zweigs Gestalten etwas vergißt, wenn sie sich verspricht, etwas verwechselt, wenn sie einen dringend benötigten Gegenstand verräumt oder verschlampt hat – keine ›normalen‹

Zwischenfälle, solche Episoden, sondern Äußerungen, mit denen Un- und Vorbewußtes die Meinungen und Handlungen des wachen Bewußtseins zu kommentieren, meist aber zu korrigieren sich mühen. Verdrängtes kommt da ans Licht, und am klarsten tritt die seelische Wahrheit in den Träumen zu Tage, sofern man sie nur zu entziffern versteht.«[53] Die Traumerlebnisse der Zweigschen Figuren werden nicht weniger als gestalterische Mittel eingesetzt als das von Freud psychoanalytisch gedeutete »Fehlverhalten« der Menschen. Es mag sein, daß dies nicht auf den ersten Leseblick immer gleich deutlich wird, aber »Freuds Einfluß in Zweigs epischer Produktion, [ist] in einer diffizilen psychologischen Erzähl-Technik zu entdecken. Arnold Zweig verarbeitete nicht erst seit den zwanziger Jahren seine Kenntnisse der Freud-Schriften, eigene Erfahrungen psychoanalytischer Sitzungen und Traumaufzeichnungen in Konzeption, Gestaltung und Figurenführung seiner Texte.«[54]

Während der Beginn der persönlichen Beziehungen zu Freud erst in die Berliner Jahre Zweigs fällt, begegnet er dem als Dramatiker bereits reüssierten Lion Feuchtwanger schon in der Starnberger Zeit. Das erste Zusammentreffen findet im faschingsbeseelten, politisch unruhigen München statt. »Die Studenten machten mich auf ihn aufmerksam«, erinnert sich über 60 Jahre später Marta Feuchtwanger an die Szene im Ballsaal. »Sie waren höchst belustigt und begeistert über seinen Einfall, einen schwarzen Kittel, einen Domino, mit den Personen seiner Romane zu bemalen. Zweig bemerkte mich gar nicht … Als wir später mit der üblichen Bande wieder nach Hause zogen, kam eine andere Gruppe Arm in Arm hinter uns her. Ich drehte mich um und rief: ›Ist dahinten der Mann mit der Bestie?‹«[55] Die Anspielung auf Zweigs Kriegsnovelle sollte der Beginn einer lebenslangen Freundschaft werden.

In Berlin besuchen sich Feuchtwanger und Zweig fast täglich, zwischen ihren beiden Häusern beträgt der Fußmarsch ganze zwanzig Minuten. Sie diskutieren über literarische Pläne, über die bedrohliche politische Lage. Feuchtwanger lebt nach 1933 als Emigrant in Frankreich und in den Vereinigten Staaten. Bis der Ausbruch des Zweiten Weltkriegs das Reisen strikt unterbindet, besucht Zweig während seiner Europareisen Feuchtwanger mehrfach in Sanary, dem südfranzösischen Treffpunkt des deutschen Exils. Die letzten Jahrzehnte ihres Lebens sehen sie sich nicht mehr. Aber auch in dieser Zeit hält ein kontinuierlicher Briefwechsel die Beziehung aufrecht. Sie wird erst 1958 mit dem Tod Feuchtwangers enden.

Diese Briefe geben wichtige Einblicke in die Werkgeschichte der beiden Schriftsteller, sie zeugen von ihrem antifaschistischen Engagement, weisen Absender und Empfänger als kenntnisreiche, freundschaftliche Kritiker ihrer in diesen Jahrzehnten entstehenden Romane und Dramen aus. Feuchtwanger, auch im Exil mit großbürgerlicher Wohlhabenheit gesegnet, unterstützt den in schwieriger finanzieller Situation lebenden Freund aus der Ferne immer wieder mit Geldsendungen, ist ein kluger Ratgeber, wenn Zweig verzweifelt Verlage für seine neuen Bücher sucht und seine häufig ausufernden Werkpläne ihn von der Fertigstellung schon weit fortgeschrittener Arbeiten abzuhalten drohen. Als das fehlerhafte, kaum leserlich getippte Manuskript des in den vierziger Jahren entstandenen Romans »Das Beil von Wandsbek« bei Feuchtwanger in Los Angeles eintrifft, entziffert und bearbeitet er es in wochenlanger, mühsamer Kleinarbeit, unterstützt er Zweig in seinem langen Kampf um die Veröffentlichung dieses so bedeutenden Werkes. Schon im August 1935, als Zweig ihm das Manuskript von »Erziehung von Verdun« überlassen hatte, klagte der Hilfreiche: »sehr viel zeit haben mir auch die korrekturen von zweigs letztem buch weggenommen. es geht ihm sehr schlecht mit den augen, so habe ich die korrekturen, die sich keineswegs nur aufs technische beschränkten, auf mich genommen; es war keine leichte arbeit, und das buch ist sehr lang.«[56] Für Zweigs Sohn Michael ist Feuchtwanger während seiner Jahre in den USA ein väterlicher Freund. Beide Schriftsteller sind freigeistige Juden, das leidvolle Erleben ihres Judentums hat sie hellsichtig gemacht für die Gefährdungen des spätbürgerlichen Zeitalters. Beide sympathisieren mit sozialistischen Ideen, werden zu leidenschaftlichen Republikanern und Antifaschisten. Ihre Auseinandersetzung mit den Zeitereignissen aber vollziehen beide in Romanen, die von der Hoffnung getragen sind, der Mensch könne aus der Geschichte lernen, die Deutung der Vergangenheit könne die Gegenwart vor dem Chaos bewahren. Es ist also eine Freundschaft zwischen zwei Geistesverwandten, vertieft noch durch die sehr herzliche Beziehung, die Arnold Zweig auch mit Marta Feuchtwanger, der Gattin Lions, verbindet.

Feuchtwanger wird Ende der zwanziger Jahre einen Roman

über das Land Bayern schreiben – »Erfolg« –, in dem er das vorfaschistische Klima in dieser deutschen Provinz schildert. Er lebt dann bereits in Berlin wie Arnold Zweig. Beide Schriftsteller sind vor der politischen Reaktion geflüchtet, die sich nach der blutigen Niederschlagung der Räterepublik im Süden mehr und mehr breitgemacht hat. Schon vor dem gescheiterten Hitler-Putsch am 9. November 1923 fühlt sich Zweig durch anonyme Briefe und Schmähschriften persönlich bedroht. Hatte er noch 1919 das Angebot des S. Fischer-Verlages abgelehnt, die Redaktion der »Neuen Rundschau« zu übernehmen, greift er jetzt – im September 1923 – zu, als bei der in Berlin erscheinenden »Jüdischen Rundschau« ein Redakteursposten frei wird.

Berlin ist inzwischen unbestritten zur liberalen Kulturmetropole der Republik aufgestiegen. An den Theatern der Hauptstadt finden aufsehenerregende Neuinszenierungen und Uraufführungen statt, hier erscheinen die bedeutenden Zeitungen, haben die großen Buchverlage ihren Sitz. Während München unter den Einfluß ultrakonservativer, rechtsradikaler und völkischer Kreise gerät, Stücke von Sternheim, Wedekind und Friedrich Wolf verboten oder von den Theaterleitern »freiwillig« von den Spielplänen abgesetzt werden, feiert Brecht in Berlin seine großen Triumphe, bringt Otto Klemperer in der Kroll-Oper die jüngsten Kompositionen von Paul Hindemith und Alban Berg auf die Bühne.

Der Umzug nach Berlin bedeutet für Zweig ein regelmäßiges und gesichertes Gehalt, und die Stellung bei der »Jüdischen Rundschau« eröffnet ihm die Möglichkeit, erheblich stärker als bisher auf die anhaltende zionistische Diskussion unter den deutschen Juden Einfluß zu nehmen. Denn auch wenn er sich in den letzten Jahren in seiner publizistischen Arbeit verstärkt allgemeinpolitischen Problemen zugewandt hat, die Frage nach der Zukunft des Judentums bewegt ihn weiterhin. Vor allem beginnt er sich nach seiner Rückkehr ins Zivilleben verstärkt mit dem Phänomen des Antisemitismus in Deutschland auseinanderzusetzen. In der »Weltbühne« und in der Zeitschrift »Der Jude« veröffentlicht er mehrere Aufsatzfolgen zu diesem Thema, die schließlich in einen weiteren großen Buchessay einmünden, der 1927 erscheinenden und Sigmund Freud gewidmeten Untersuchung »Caliban oder Politik und Leidenschaft«. Zweigs Beiträge zur Antisemitismus-Diskussion in den zwanziger Jahren sind nicht besonders originell, sie bringen kaum neue Gesichtspunkte. Aber sie sind getragen von Humanismus und Vernunft, nicht ohne Hoffnung auf eine Veränderung des vergifteten Klimas zwischen Juden und Deutschen durch die »Erziehung« der Menschen zu Toleranz und Nächstenliebe. In der Studie »Caliban« schließlich deutet Zweig die antisemitischen Strömungen in der abendländischen Geschichte auf der Grundlage der Freudschen Psychoanalyse.

1919 bereits kommt er in seiner ersten größeren Arbeit über dieses Thema zu der Schlußfolgerung: »Der Deutsche schlechtweg ist kein Antisemit, und der deutsche Proletarier erst recht nicht. Er ist heute meist schon so geschult, daß ihm der jüdische Kapitalist oder Bourgeois als Jude kaum noch antagonistisch ist, ihm als Jude kaum bewußt wird, weil er den Kapitalismus als eine übervolkliche unpersönliche Einheit begreift, deren individueller Vertreter ihm wenig auffällt, ja dem er eine Art Unschuld zubilligt, schon weil er mehr nichtjüdisches als jüdisches Kapitalistentum gegen sich weiß. Als positive Gegenströmung kommt dann außerdem die ausschlaggebende Rolle hinzu, die das deutsche Judentum in der Geschichte der deutschen Sozialdemokratie stets gespielt hat ... Ganz anders liegen die Fragen und Antworten, wenn man im Gesellschaftsbau um eine Stufe steigt. Hier, wo der ›kleine‹ und der ›bessere‹ Mittelstand haust, ist bei gewissen seiner Gruppen neben Küchenschaben und anderem Ungeziefer auch der Grotesk-Antisemitismus beheimatet. Solche Menschen haben alle einmal wirtschaftliche Benachteiligungen durch Juden erlitten ... Arm an Logik, fast unfähig zu psychologischer und soziologischer Beobachtung, aber reich an Einbildungskraft, erstickend in dumpfer Wut und geborener Träger jeden Aberglaubens, verbohrt sich dieser unliberale, unvernünftigere Teil des Mittelstands ... in das Gefühl, endlich seinen Feind gefunden zu haben ...«[57] In diesen Sätzen weist Zweig schon zu einem sehr frühen Zeitpunkt auf den mentalen Untergrund der Befindlichkeit von Hitlers Anhängerschaft hin, die zehn Jahre später massenhaft anschwellen wird. Im von der Inflation materiell und von der Kriegsniederlage psychologisch getroffenen deutschen Kleinbürgertum findet der antisemitische Agitator bald sein verblendetes Publikum.

Den Juden wiederum wirft Zweig vor, durch ihre eigene Ängstlichkeit, durch ihre Selbstzweifel die Antisemiten zu ermuntern und die neue antijüdische Welle, die Deutschland zu überrollen drohe, dadurch mitentfacht zu haben. »Es hatte jüdischer Ängstlichkeit bedurft, um sie zu vollenden. Vor dem nervös zusammenzuckenden Juden wurde man kühn, vor der ruhig lächelnden, sicheren Haltung, die im Grunde nur selbstverständlich war, hätte ein so lautes Gezeter von vorn herein keine solche Akustik gefunden. Aber Ängstlichkeit ermutigt. Daß es Juden gab, denen jüdische Minister in Deutschland nur theoretisch angenehm, praktisch aber peinlich waren – so viel Servilität verdutzte zwar im ersten Augenblick den Antisemiten, im nächsten aber verdoppelte er seinen Aufwand an Atem.«[58]

In seiner Studie »Caliban« erhebt Zweig ein »Affektpaar« zum historischen Gesetz des menschlichen Zusammenlebens: den Zentralitätsaffekt, der die Gruppen zusammenhält, und den Differenzaffekt, der sie von anderen Gruppen abgrenzt. Dieser Differenzaffekt aber ist für Zweig der massenpsychologische Auslöser für den Antisemitismus, und nicht nur für diesen, sondern für jede Ausgrenzung einer Minderheit durch die Mehrheit. Zweig wendet damit die Freudsche Lehre von der Individualpsychologie auf Gruppenprozesse innerhalb der Gesellschaft an. Wie immer man dies bewerten mag, Freud selbst stand diesen Thesen seines »Schülers« nicht ohne Skepsis gegenüber.

So kritisch und prophetisch Zweig sich mit dem Antisemitismus in Deutschland auseinandersetzt, er nimmt dabei keine antideutsche Haltung ein. Die Judenfeindschaft ist für ihn, ebenso wie die nationale Hybris der Vorkriegsjahre, ein Irrweg, der – so vermutet dieser glühende Verehrer der Kultur seines Geburtslandes liebevoll – den deutschen Nationalcharakter verfälscht hat.

Die antisemitische, aggressive Atmosphäre in Bayern war für Zweig schon in den Jahren vor dem Hitler-Putsch 1923 ein Alarmzeichen gewesen. »Es ging uns im Winter elend«, berichtet er im Sommer 1924 Helene Weyl. »Man hat uns aus Starnberg vertrieben, uns mit amtlichen und privaten Tricks die Wohnung weggenommen. Die Verleger, Gauner in der Inflation, wurden vollends Diebe an uns als das Geschäft aufhörte.«[59] Seine sich erneut rapide verschlechternde finanzielle Lage als freier Autor trug also entscheidend dazu bei, daß Zweig schließlich die feste Position in Berlin akzeptierte. Eine rückblickende Bemerkung seiner Frau aus den ersten Berliner Wochen macht aber deutlich, daß eben auch die politischen Entwicklungen den Entschluß mitbeeinflußt hatten: »Wenn Arnold Abends und Sonnabends nach

Hause kommt, und ich kann mich darauf freuen, und danken, daß er dem geplanten Pogrom beim Hitler-Putsch entronnen ist, so ist doch das beste gerettet.«[60]

Die ersten Jahre in der Hauptstadt sind für ihn und Beatrice schwierig. Als Redakteur in der »Jüdischen Rundschau« ist er voll beansprucht. Er muß die Wohnung am frühen Morgen verlassen, kommt spätabends todmüde zurück. Er hält zahlreiche Vorträge in verschiedenen in- und ausländischen Städten, häufige Reisen belasten ihn. Für die Produktion seiner schriftstellerischen Arbeiten bleibt kaum Zeit. Die bald vierköpfige Familie wohnt in einer geräumigen, aber zunächst fast unmöblierten Wohnung im dritten Stock eines »Hotelhauses« in der Mariannenstraße. Aber das Leben in Berlin ist auch für sie nicht ohne Reiz. »Wir musizieren viel, haben den angenehmsten Umgang mit anonymen Menschen, ... im Winter sahen wir alle möglichen Theatermitglieder, Maler, Schriftsteller ...«[61]

Das Blatt, für das er arbeitet, ist das offizielle Organ der zionistischen Vereinigung in Deutschland. Er gilt nun als zionistischer Journalist, äußert sich zu jüdischen, tagesaktuellen und damit auch politischen Fragen, schreibt Feuilletons, Film-, Theater- und Buchkritiken. Chefredakteur ist Robert Weltsch, der Zweig hochschätzt und ihn an die Zeitung geholt hat. Weltsch, 1891 in Prag geboren, gibt die »Jüdische Rundschau« von 1919 bis 1938 heraus, emigriert nach Palästina und wird in Israel ein bekannter Journalist. Mehrere Bücher aus seiner Feder beschäftigen sich mit dem Zionismus und der »deutschen Judenfrage«. Zweig findet in diesem hochgebildeten und engagierten politischen Intellektuellen einen in vielen Fragen gleichgesinnten Partner.

Nach nur eineinhalbjähriger Tätigkeit gibt Arnold Zweig im Mai 1925 seine Stellung in der Redaktion der »Jüdischen Rundschau« wieder auf und wird erneut freier Schriftsteller. Die folgenden Jahre werden zeigen, daß dieser Schritt begleitet, wenn nicht sogar ausgelöst wird von einem Ausbruch wiedergewonnener schöpferischer Produktivität. »Ich habe im Sommer gut gearbeitet«, berichtet er Helene Weyl. »Auf ›Frühe Fährten‹ und ›Lessing Kleist Büchner‹ folgte im Winter ›Regenbogen‹, ein Buch neuer Erzählungen, von denen ›Pont und Anna‹, 250 Seiten stark, eine für Leser in zehn Jahren sicher packende Gestaltung ist.«[62] Im Sommer 1925 macht er mit Beatrice eine dreimonatige Italienreise, auf der er die ersten Seiten von »Pont und Anna« schreibt.

Während dieser Monate bricht die Augenkrankheit aus, die sein künftiges Leben begleiten wird, einschneidende Veränderungen seiner Lese- und Schreibgewohnheiten erfordert. »Mir platzte ein Aederchen in der Netzhaut. … Ein Auge schaltete für Schreiben u. Lesen aus; das rechte wurde überlastet«, teilt er Helene Weyl mit.[63] Später konstatieren die Ärzte eine aus dem Krieg mitgeschleppte Augentuberkulose, die Jahre später auch das andere Auge befallen wird. »Ich muss nun leider enthüllen«, schreibt er im Mai 1930, »dass mein rechtes Auge es vor einigen Monaten dem linken nachgetan hat, gleichfalls Äderchenbruch und ebenfalls aus mit Lesen und Schreiben.«[64]

Trotz dieser Behinderung entstehen dank seines phänomenalen Gedächtnisses und der Fähigkeit, nahezu druckreif zu diktieren, die Werke, die seinen schriftstellerischen Durchbruch bringen. »Die Kurzsichtigkeit meiner Augen schien sich bösartig auszuwirken und zu verschlimmern, ich konnte nicht mehr mit der Hand schreiben, was ich bisher stets tat, ich mußte zum Diktieren übergehen, in die lautlose Gesammeltheit des Arbeitszimmers die Gegenwart einer anderen Person, einer Sekretärin, zulassen, meine eigene Stimme den Raum füllen hören, indes die Helferin stenografierte.«[65] Die schwierige finanzielle Situation, Krankheit und Erschöpfung belasten die Arbeit. Ende September 1926 schreibt er an Helene Weyl: »Ich nehme mir … ein Arbeitszimmer ausser dem Hause u. eine Sekretärin. Ich schreibe nicht mehr, diktiere ins Stenogramm. Es geht herrlich.«[66]

Zur Bekämpfung seiner anhaltenden Depressionen beginnt Zweig in Berlin seine erste psychoanalytische Behandlung. »Ich … suchte und fand Analytiker, die meine Behandlung gegen mäßiges Entgelt übernahmen … und warf mich in die Analyse – rückhaltlos, wie ich alles zu tun gewohnt war.«[67] Sie trägt zweifellos zur Überwindung der Krise bei, persönliche Identitätszweifel und künstlerische Hemmungen, Folgen traumatischer Besetzungen des Aufwachsens in einer »gescheiterten« Familie und des unverarbeiteten Kriegserlebnisses, werden allmählich für ihn beherrschbar und mit dem unerwartet großen Erfolg des Grischa-Romans in den Hintergrund gedrängt.

1926 beginnt Zweig mit der Niederschrift des Grischa-Romans. Fast unmittelbar darauf diktiert er mehrere tausend Manuskriptseiten, die die Grundlage für die weiteren Werke seines

Kriegs-Zyklus bilden, die im Laufe der nächsten drei Jahrzehnte erscheinen. Mit der Veröffentlichung des Romans über das Schicksal des russischen Sergeanten Grischa ist Zweig praktisch über Nacht ein etablierter Schriftsteller geworden, hat er die materielle und künstlerische Basis für die künftige Arbeit an seinem gewaltigen epischen Werk gelegt.

Der Zyklus umfaßt insgesamt sechs Romane. Zunächst plante Zweig lediglich eine epische Fassung seines 1917 begonnenen und Anfang der zwanziger Jahre ausgeführten Dramas »Das Spiel vom Sergeanten Grischa«. Während der Arbeit reift allmählich die Idee, die politischen und gesellschaftlichen Hintergründe des Krieges breiter darzustellen. Bereits in der »Nachbemerkung« zum 1927 erschienenen Grischa-Buch heißt es: »Der Roman ›Der Streit um den Sergeanten Grischa‹ ist das Mittelstück eines Triptychons, dessen Gesamttitel ›Trilogie des Übergangs‹ heißen wird. Ihm wird zeitlich und handlungsmäßig der Roman ›Erziehung vor Verdun‹ (Bertin) vorhergehen; der Roman ›Einsetzung eines Königs‹ (Winfrieds) wird ihm folgen.«[68] In den Jahren 1928 bis 1930 diktiert Zweig den ursprünglich unter dem Titel »Erziehung vor Verdun« geplanten zweiten Roman. Das Manuskript nimmt jedoch einen so riesigen Umfang an, daß er sich – auch auf Anraten des Freundes Lion Feuchtwanger – entschließt, die »Vorgeschichte« abzutrennen und als selbständigen Roman zu veröffentlichen. So erscheint 1931 »Junge Frau von 1914«. In der »Nachbemerkung« zu diesem Roman berichtet Zweig, daß die Gesamtkonzeption inzwischen beträchtliche Erweiterungen erfahren habe, er ein zusätzliches »Vorspiel« mit dem Titel »Aufmarsch der Jugend« plane. Was die Beendigung des Grischa-Zyklus betrifft, gibt sich Zweig noch äußerst optimistisch, daß das ganze Werk bis Ende 1933 fertig sein werde.

Es kommt jedoch ganz anders. Hitlers Machtübernahme und die Flucht werfen auch Zweigs literarische Pläne um. »Erziehung vor Verdun«, dessen weit fortgeschrittene Niederschrift er im Herbst 1930 unterbrochen hatte, ist in seiner Ursprungsfassung sehr autobiographisch angelegt, ein Ich-Roman. Der Sieg des Faschismus in Deutschland macht jedoch eine neue Konzeption erforderlich. Zweig will die geistig-politische Entwicklung seines Helden Werner Bertin nun in einen wesentlich breiteren gesellschaftlichen Rahmen stellen. Er beginnt in Haifa das Buch neu zu diktieren.

»Erziehung vor Verdun« ist der erste Roman Zweigs, der im Exil erscheint: 1935 bei Querido in Amsterdam. Das nächste Buch aus diesem Zyklus, das in seiner Rahmenhandlung das Intrigenspiel um den litauischen Thron thematisiert, »Einsetzung eines Königs«, wird 1937 veröffentlicht. Siebzehn Jahre sollte es dauern, bis Zweig einen weiteren Band vorlegt. Der Roman »Die Feuerpause« entsteht 1952/53 unter Hinzuziehung von Manuskripten, die 1930 für die geplante Urform des Verdun-Buches diktiert worden waren. 1957 schließlich erscheint der letzte Band über den »Großen Krieg der weißen Männer«, der Roman »Die Zeit ist reif«, und auch hier verwendet Zweig mehrere Kapitel, die bereits vor 1930 entstanden.

1947 wurde in der DDR unter dem Titel »Der starke Esser« eine Erzählung von Arnold Zweig gedruckt, von der der Verfasser berichtete, dies sei ein Kapitel aus dem noch unveröffentlichten Roman »Das Eis bricht«. Zwei Jahre später, im Nachwort einer DDR-Neuauflage von »Junge Frau von 1914«, legt Zweig ein Schema seines Kriegs-Zyklus vor, dem zu entnehmen ist, daß er noch zwei Folgebände für die Zeitabschnitte plante, die nach den im Roman »Einsetzung eines Königs« geschilderten Ereignissen liegen sollten. »Das Eis bricht« und »In einer besseren Zeit« – deren Handlung vom Sommer 1918 bis in die Revolutionstage hineinreichen sollte – wurden jedoch mit Ausnahme einiger Kapitel nicht mehr geschrieben. Verschiedene Fragmente und Handlungsentwürfe finden sich im Nachlaß.

Die Entstehungsgeschichte des Zyklus zeigt, daß sich Arnold Zweig fast ein halbes Jahrhundert mit ihm beschäftigt hat: von der ersten Planung des Grischa-Dramas im Herbst 1917 bis zu dem Zeitpunkt, als das Alter die schöpferischen Kräfte erlahmen ließ, er in den letzten Lebensjahren als Schriftsteller zu verstummen begann. Sie macht ferner deutlich, daß der monumentale epische Entwurf einer gesellschaftlichen Analyse seiner Zeit ein knappes Jahrzehnt in ihm wachsen mußte, bevor er an die Ausführung gehen konnte und den ersten Roman über den Krieg niederschrieb. Schließlich lassen Zweigs Äußerungen den Schluß zu, daß erst während der Entstehung des Grischa-Romans der Plan endgültig Gestalt annahm, einen umfangreichen, mehrteiligen Zyklus zu schreiben, der Verfall und Tragödie der europäischen Gesellschaft darstellen und die Hintergründe aufhellen sollte, die in den selbstmörderischen Weltkrieg geführt hatten.

Zweig will die Kräfte entlarven, die leichtfertig den hohen Blutzoll verschuldet hatten, den Europas Völker in den vier Kriegsjahren entrichten mußten.

Die sechs Romane umfassen den Zeitraum von August 1913 bis Oktober 1918. Aber Zweig hat keine geschlossene Chronologie vorgelegt, wie etwa der epische Betrachter des spätviktorianischen Zeitalters, John Galsworthy, in seiner »Forsyte Saga«. Dies war nicht möglich, weil die Entstehung der Romane nicht ihrem historischen Handlungsablauf entspricht. So ist das erste Buch des Zyklus, die Geschichte des Sergeanten Grischa, in der Mitte des im Gesamtepos betrachteten Zeitraumes angesiedelt, von März bis November 1917. Der zweite Roman, »Junge Frau von 1914«, spielt jedoch vor der Grischa-Affäre, von Frühjahr 1915 bis Mitte 1916. »Erziehung vor Verdun«, der dritte »Teil«, schließt sich zeitlich direkt an, während die Handlung des vierten Romanes, »Einsetzung eines Königs«, den Zeitraum von Februar bis Oktober 1918 umfaßt, also erst beginnt, als Grischa schon Opfer der Militärjustiz geworden ist. »Die Feuerpause«, 1954 veröffentlicht, endet mit der Aufnahme des politischen Kampfes um Litauens Thron, nämlich im Januar 1918. Die historisch früheste Zeit, die Zweig in seinem Zyklus berücksichtigt, die Monate von August 1913 bis Frühjahr 1915, ist im letzten der in dieser Reihe veröffentlichten Romane behandelt, in dem Buch »Die Zeit ist reif«.

Die Leser werden also bei der Lektüre der sechs Romane in der zeitlichen Reihenfolge des Geschehens auf manche Unstimmigkeiten stoßen. Ihre Entstehung ist nicht nur von gewaltigen politischen Umbrüchen begleitet gewesen, sondern ihr Schöpfer hat in den Jahrzehnten, die zwischen der Niederschrift des Grischa-Romans und der endgültigen Fassung von »Die Zeit ist reif« liegen, eine politisch-geistige Entwicklung durchgemacht, die deutliche Spuren in seinem epischen Werk hinterließ. So ist der Referendar, Schriftsteller und Soldat Werner Bertin, dessen Weg vom bürgerlichen Intellektuellen der Vorkriegszeit zum bewußten politischen Denker Zweig beispielhaft für eine ganze Generation in seinem Zyklus darstellen will, am Ende des Romans »Erziehung vor Verdun« schon erheblich gereifter, politisch sensibler als im zeitlich erst später angesiedelten, aber vorher geschriebenen Grischa-Buch. Die Beziehung zwischen Bertin und seiner späteren Frau Lenore Wahl ist im Vorkriegsroman »Die

Zeit ist reif« bereits enger als in der Fortsetzungsgeschichte »Junge Frau von 1914«. Das schwächt aber die Kraft und die Größe des mehr als dreitausend Buchseiten umfassenden Gesamtwerkes nicht. Es signalisiert nur, daß hier nicht von Anfang an ein festgefügter Arbeitsplan existierte, sondern daß der Zyklus im Laufe der Jahre gewachsen ist, in seinen politischen Aussagen von dem sich verändernden Bewußtsein seines Schöpfers gelenkt und geformt wurde.

Das Werk ist auf den ersten Blick ein Panorama der Kriegszeit. Zweig schildert mit historischer Akribie den männermordenden Stellungskrieg vor Verdun oder die Intrigen in der Ostetappe, als das Zarenreich bereits geschlagen ist und der Streit um die territoriale Beute die deutsche Führung beschäftigt. Er beschreibt das Leiden des gemeinen Soldaten, die korrupte Besitzgier der Etappenoffiziere, die Unterdrückung und Demütigung der (jüdischen) Zivilbevölkerung, die Rechtlosigkeit in Zeiten der Gewalt und des Terrors. Aber es sind auch »Gesellschaftsromane«, denn der Krieg ist für Arnold Zweig lediglich der ins Extrem gesteigerte Zustand gesellschaftlichen Zusammenlebens. Der Krieg, so reflektiert in »Erziehung vor Verdun« eine von Zweigs Figuren, »ist der Gesellschaft im Streit um die Weltmärkte unentbehrlich, schaltet die Spannungen im Inneren der Staaten nach außen um und führt die Proletarierheere, die sich morgen gegen die herrschenden Klassen erheben könnten, heute zum gegenseitigen Abschlachten ins Feld der Ehre.«[69] Der Feldwebel Laurenz Pont weiß nach dem Begräbnis des gemordeten Grischa Paprotkin, »daß der Mensch sich wenig ändere, und daß es ziemlich öde sei, als Mensch herumzulaufen«[70], und als Kriegsgerichtsrat Wilhelmi und seine Kumpane zufrieden lächeln, weil sie sich während eines Jagdausfluges auf einen Rachefeldzug gegen Hauptmann Paul Winfried geeinigt haben, läßt der Freudianer Arnold Zweig dem Komplott die Sätze folgen: »Es wirkt ein schöner kleiner Trieb, in Gottes Ebenbild eingebettet, den verehrungswürdigen Menschen, andern wehzutun und Böses mitzuteilen. Die heruntergeschossenen Vögel mit ihren Schnäbeln, gebrochenen Augen, verkrampften Krallen, liefern dazu ein treffendes Beibild. Die Flinte hat der Mensch nicht aus dem Nichts erschaffen, sondern aus seiner eigenen Seele. Den mit dem Arm geworfenen Stein, durchs Blasrohr gepusteten Giftbolzen machte er noch durch einen kräftigen Fluch und Zaubersegen wirkungsvoller. Inzwischen hat er aber den vernichtenden Wunsch durch einige chemische Formeln ersetzt, die eigenhändige Gefangennahme des Feindes durch das Spiel des Gesellschaftsapparats – unpersönlich verläuft das, womöglich unter glatten Formen. Aber der scharfe süße Trieb ist der gleiche geblieben, böse sein und wehtun wollen hat sich unverändert in der Menschenseele erhalten von Urzeiten her ...«[71]

Es sind »historische Romane«, denn ihr Erzähler nimmt gegenüber dem Geschehen über weite Strecken eine distanzierte, beobachtende Position ein. Er will den Eindruck erwecken, hier schaue ein Schriftsteller zurück auf längst vergangene Zeiten, als der Mensch noch jenseits aller Vernunft lebte. Schon die ersten Worte des Grischa-Romans, also des ganzen Zyklus, sollen dies dem Leser deutlich machen: »Die Erde, Tellus, ein kleiner Planet, strudelt emsig durch den kohlschwarzen, atemlos eisigen Raum, der durchspült wird von Hunderten von Wellen, Schwingungen, Bewegungen eines Unbekannten, des Äthers ...«[72] Und der Name, den Zweig dieser Romanreihe gibt, »Der große Krieg der weißen Männer«, soll er nicht suggerieren, hier werde etwas aus fernsten, ja mythischen und barbarischen Zeiten der Menschheitsgeschichte berichtet?

Auch Freund Feuchtwanger, immerhin ein »Meister des historischen Romans«, hatte dieses Verfahren, diesen »Trick«, verschiedentlich in seinen Romanen angewandt. Etwa in »Erfolg«, dem Buch über die bayerische Provinz, in dem Ereignisse aus den Jahren zwischen 1918 und 1924 geschildert werden, der Erzähler seinen Lesern aber den Eindruck zu vermitteln versucht, der Autor schreibe es im Jahre 2000.

Zweigs Zyklus über eine Gesellschaft an der Zeitenwende steht auch in der Tradition des deutschen Entwicklungsromans. Werner Bertin alias Arnold Zweig durchlebt auf den Schlachtfeldern den mühsamen Prozeß der Erkenntnis, der aus dem unpolitischen Intellektuellen der Friedensjahre einen aufgeklärten Vernunftdemokraten werden läßt. Zweig schildert diese Entwicklung Bertins an den verschiedensten Stellen des Werkes mit großem Nachdruck, läßt keine Zweifel daran, daß die Geschichte von der Erziehung eines Menschen den Grundpfeiler seines Epos bildet. Unterstrichen wird dies noch durch die Figuren der Lenore Wahl, Bertins Frau, und des Hauptmanns Paul Winfried. Beide nehmen ebenfalls Abschied von der geistigen Welt ihrer bürgerlichen Jugend, erzogen durch den Krieg und die in ihm sichtbar werdenden gesellschaftlichen Verfallserscheinungen. Der persönliche Leidensweg, den sie durchschreiten müssen, hat sie zu Sehenden, wenn auch nicht zu Handelnden gemacht.

Über Lenore, »ein junges Mädchen aus Friedenszeiten«, in der wohlhabenden Welt einer großbürgerlichen, jüdisch-deutschen Bankiersfamilie aufgewachsen und fern vom Leben, wie es sich den Millionen Untertanen im wilhelminischen Reich darbot, heißt es: »Wie ihr Freund Bertin überschätzte sie die Fertigkeit dieser Welt, ihr Recht auf Bestand, die Gerechtigkeit ihrer Einrichtungen. Wie er, glaubte sie die Zeit gekommen, wo durch die leidenschaftliche Anbetung der schönen Dinge, durch Künste und Dichtungen, der Mensch auf eine höhere Stufe gehoben werde. Der Krieg hatte sie beide noch nicht belehrt.«[73] Und der junge Schriftsteller Bertin, der so begeistert zu den Fahnen geeilt ist, wird in einer Diskussion, die noch vor seinem Einsatz in Verdun im Kreise nachdenklicher und pazifistisch gesinnter Menschen stattfindet, auch für die Vernichtung der ihm als Künstler und Ästhet so bedeutsamen Kulturgüter eintreten, wenn es denn der furchtbare Gott Mars ihm abfordere. »Ich würde blutenden Herzens auf das Straßburger Münster schießen, wenn das Unglück es so fügte.« – »Weigern würden Sie sich also nicht?« – »Nein. Ich würde meine Last auf mich nehmen.«[74]

Der junge Paul Winfried, Sohn eines Arztes und Neffe des Generals von Lychow, ein menschlich integrer, begeisterter, rechtlich denkender Offizier, der vergeblich um das Leben des Sergeanten Grischa gekämpft hat, erkennt erst nach einer politisch-persönlichen Intrige, die ihn für einige Zeit in ein Zwangsarbeitslager für polnische Juden bringt, welcher Geist hinter den Phrasen der deutschen Führungseliten erwachsen ist: »Das Entsetzliche war: unterhalb der geordneten deutschen Wirklichkeit, dieser Dienstwelt mit strengen Rechtlichkeitsbegriffen und altpreußischen Soldatenordnungen, tat sich ihm eine Kellerwelt auf von Ungesetzlichheit, Roheit, willkürlicher Ausbeutung der Schwachen, voll höhnischer Gewalttat, die ihren Spaß und Spott mit Wehrlosen trieb und die Rechtlosigkeit gefangener Menschen genoß wie Schnaps.«[75]

Der Roman »Einsetzung eines Königs«, in dessen Zentrum die Schilderung von Paul Winfrieds »Erziehung« steht, endet mit einem gesellschaftlichen »Umsteigen« des Helden, der innerlich entfremdet worden ist von der Klasse, der er sich durch seine

Geburt zugehörig fühlte. Zweig läßt offen, wohin der Lebensweg Paul Winfrieds gesellschaftspolitisch führen wird. In Aufzeichnungen für die Fortsetzungsromane des Zyklus, die nicht mehr ausgeführt wurden, kommt Winfried während des Kapp-Putsches ums Leben.

Werner Bertin wird nach fünfzehn Monaten Verdun, so wie Paul Winfried, aus seiner Klasse – hier ist es das patriotische Kleinbürgertum – herausfallen und erkennen, was viele seiner Kriegskameraden ohne höhere Bildung, ohne akademischen Abschluß schon seit ihren Jugendtagen wußten: »Ja, das Leben ist hart, es ist keine Tanzerei mit Pfannkuchen und Silvesterpunsch; Stolz, Empfindlichkeit und Ehrgefühl werden von den Motten gefressen, die Pelzweste der edlen Absichten und Vorsätze verliert alles Haar, und übrig bleibt nichts als ein schäbiger Kaninchenbalg, blau und kahl.«[76] Die »Erziehung« Werner Bertins erfolgt durch Menschen, die von den Realitäten des Lebens in einem Untertanenstaat geformt worden sind. Arbeiter sind es vor allem, politisch geschulte Sozialdemokraten, Anhänger von Karl Liebknecht und nicht von Friedrich Ebert: der Setzer Wilhelm Pahl etwa, der Schankwirt Karl Lebehde oder der Volksschullehrer Woldemar Greulich. Sie alle handeln nach der so hoffnungsvollen Idee, die Europas beste Geister seit den Schriften Rousseaus bewegt und die auch Zweigs Kriegs-Zyklus – zumindest teilweise – mit Optimismus überwölbt: »Der Mensch ist erziehbar.«

Der Arbeiter Wilhelm Pahl, der durch eine Selbstverstümmelung hofft, wieder nach Berlin zurückkehren und dort als sozialdemokratischer Agitator wirken zu können, glaubt, daß der Intellektuelle Werner Bertin bald, durch den Erziehungsprozeß des Krieges, ein Mitstreiter für eine sozial gerechte, friedliche Gesellschaft in Deutschland sein werde: »Siehst du nicht, wie der täglich mehr herunterkommt? Der schafft das nicht mehr lange. Und wenn der erst aus seinem Dusel geweckt ist, will ich meine Schuhsohle fressen, wenn er nicht ein verdammt brauchbarer Genosse wird.«[77]

Einige Monate vorher hat eine andere Romanfigur aus dem vierten Stand, der Schmied Hildebrand, ganz anders über Bertin geurteilt. Als der damals noch so euphorisch den Soldatenrock tragende Schriftsteller die Meinung vertritt, im Herbst werde es Frieden geben, ist der Mann aus dem Volk erheblich realistischer:

»Nur so überzeugt ist er nicht davon wie dieser Schriftsteller, der ja überhaupt alles zu arglos ansieht und viel zu oft das Wort Vernunft anwendet. Weil er eben kein Organisierter ist und die Drähte übersieht, die von den Interessen der herrschenden Klasse zu den Meinungen in den Köpfen führen. Der müßte viel mißtrauischer hinhorchen und dazu das Maul halten lernen.«[78]

Mit der Darstellung der individuellen Entwicklungsgeschichten des Werner Bertin, der Lenore Wahl oder des Paul Winfried klagt Zweig auch das Versagen des europäischen, vor allem des deutschen Bürgertums der Vorkriegsjahre an. Es taumelte, die Wirklichkeit verleugnend und einem verhängnisvollen Gewaltästhetizismus erlegen, in den Barbarismus und verriet die Zivilisationswerte, auf die die Nachfahren von Lessing und Goethe, von Voltaire und Diderot, von Tolstoi und Dickens ihren grenzenlosen Fortschrittsglauben gebaut hatten. In einem der dichterisch gelungensten Kapitel des Zyklus, in dem Zweig den Freitod des Kriegsgerichtsrates Carl Georg Mertens schildert, den der Ekel vor dem Zusammenbruch aller ethischen Normen zu diesem Schritt treibt, reflektiert der Lebensmüde über die sittliche Verpflichtung des Einzelnen und Geistigen: »Ununterbrochen hatten, seit der Wiederaufstehung der menschlichen Vernunft im Italien Lorenzos des Prächtigen, die Kirchen und die weltlichen Geister dieser Pflicht zu genügen versucht, Religionen entfesselt, Reformationen, Revolutionen – mit dem Ergebnis, daß in diesem Kriege die Höhe unserer Entwicklung grell-bunt angeleuchtet wurde: der Geist Europas prunkte in Uniformen, und nichts als Völker, peoples, nations standen da, im Scharlach, Schwarz und Weiß heiliger Egoismen, und die Gesittung diente bestenfalls als Technik zum Töten, als Tünche zur Beschönigung, als Phrase zur Begründung jener unersättlichen Eroberungsgier, die Alexander dem Makedonen die Erde zu eng gemacht hatte, und für die der Römer wenigstens mit fünfhundert Jahren Friedens und einer Weltgesittung notdürftig zahlte. Womit aber würden die Heutigen zahlen? Mit Waren und mit Lügen.«[79]

Mächtig aber erhebt sich in dem Epos auch die »erziehende« Gegenwelt, die »kleine« mit den korrumpierten Offizieren in der Etappe, den Schiebern und skrupellosen Menschenschindern wie dem antisemitischen Redakteur und Major Jansch oder dem aus muffigem bayerischen Milieu stammenden Hauptmann Niggl, die durch die Offiziersstreifen ihre Machtträume verwirklichen können; und die »große«, die an den Drähten der Völkerschicksale zieht – die von gigantischen Eroberungen träumenden, kühlen Technokraten des Todes Albert Schieffenzahn und Wilhelm Clauss, Lenker der deutschen Armee und Herrscher über die Etappe; und die Mächtigen der Wirtschaft – der Abgeordnete Schilles und der Bankier Hugo Wahl, die den tödlichen Einsatz der Millionen Soldaten an der Front nach Aktienkursen und Rohstoffpreisen bemessen, nach dem Zugriff auf Erzgruben und Seehäfen, nach der Nutzung eines Heeres von billigen Arbeitssklaven in den unterworfenen Gebieten der Kriegsgegner. Schieffenzahn und das Militär, Zweig konstatiert dies schonungslos, sind die Puppen der Männer in den Aufsichtsräten und Konzernkontoren. »Der Antrieb seines Tuns war eindeutig aussprechbar: er wünschte bei Friedensschluß dies Gebiet dem Deutschen Reiche in einem nutzbaren Zustande anzugliedern, so wie er schon jetzt seine Schienengleise auf deutsche Spurweite umarbeiten ließ«, heißt es über Generalmajor Schieffenzahn bereits im Grischa-Roman.[80]

Die Gedanken des mächtigsten Mannes in der Armee, 1926 von Zweig prophetisch formuliert, weisen bereits in eine grauenerregende Zukunft: »Ihm war vollständig klar, die Rolle der Deutschen auf der Erde habe erst begonnen; als das vorbestimmte Volk der Herrschaft, Schöpferlichkeit, Höherzüchtung standen sie in seinem Denkfeld ... Er haßte Widerstand, widersetzliche Gedanken, Trägheit, die Unbrauchbarkeit der Menschen, er haßte erbarmungslos den Aufruhr, die Zersetzung, westliches Gerede von Demokratie, die nihilistische niederträchtige Revolution des Ostens.«[81] Allerdings: Zweig vermeidet bei der Schilderung dieser Menschen aus der Verderben verbreitenden deutschen Elite jede Schwarzweißmalerei. Mancher Kritiker hat ihm verübelt, daß Figuren wie Schieffenzahn oder Clauss äußerst differenziert charakterisiert sind. Auch das Verhalten der »positiven« Figuren stellt der Freudianer Zweig sehr ambivalent dar. Gerade dies macht die ersten vier Bände des Zyklus zu großer Prosa.

In der Figur des Bankiers Markus Wahl, des Großvaters Lenores, zeigt Zweig, daß Vernunft – leider viel zu selten – auch in den Führungsschichten zu finden ist: »Ich habe gesagt, wir sind Juden, unsere Freiheiten hier stehen auf schwachen Füßen, wir müssen uns mit allen verbünden, die in der gleichen Lage sind; und wer, außer den Junkern und den Industriellen, ist nicht in unserer

Lage? Wir müssen mit den Katholiken und den Sozialdemokraten gehen.«[82] Und da gibt es den General von Lychow, diese Gestalt aus dem längst versunkenen Preußen, das Theodor Fontane schon in seinen Romanen vergeblich heraufbeschworen hat. Ein Junker aus der Zeit, als Ehre und Pflicht, Fürsorge und Recht angeblich noch Fundamente der preußischen Staatsethik waren und nicht inhaltslose Phrasen. »Das alte, paternalistische, feudalistische Preußen, versinnbildlicht durch General von Lychow, verliert seinen Krieg gegen das neue wilhelminische, das industriell-imperialistische Deutschland. In der Resignation, mit welcher von Lychow schließlich jenen aufsteigenden und stärkeren gesellschaftlichen Mächten das Feld räumt, die in der widrigen Person des Generalquartiermeisters Schieffenzahn zur individuellen Gestalt werden, ist der wehmütige Abschied, den eine Eduard-von-Keyserling-Figur von einer neuen Welt nimmt, die sie nicht mehr versteht.«[83]

Zweig sieht die Gestalt des von Lychow jedoch ohne jede Sentimentalität. Auch dieser Preuße alten Schlages schließt sich den Eroberungsplänen des wilhelminischen Imperialismus an, den Schieffenzahn und Clauss verkörpern. Kurz vor seinem Tod bei einem Bombenanschlag plant er den Kauf eines Gutes in den fruchtbaren Landschaften der Ukraine, die nach Kriegsschluß – so jedenfalls die Pläne der deutschen Führung – unter Preußens Herrschaft fallen sollen.

Eine dritte Welt taucht auf in diesen Romanen, die des Judentums. Zweig malt kein apologetisches, aber doch ein liebevolles Bild von den jüdischen Menschen in diesem sinnlosen Krieg. Werner Bertin ist Jude, Lenore Wahl Jüdin. Es gibt aber auch zahlreiche jüdische Nebenfiguren wie den Unteroffizier Süßmann, den Rechtsanwalt Dr. Posnanski, den russischen Lehrer und Marxisten Alexander (»Der ökonomische Zwang macht es … Der muß ganz geändert werden; und verlaß dich drauf, wir werden ihn ändern«[84]) und seine Freundin Dawja, den weltabgewandten Tischler Täwje, mit dem Grischa seinen Sarg zimmert. Es sind die nachdenklichen, durch das lange Leiden ihres Volkes sensibel auf Unrecht und Demütigungen reagierenden Juden, die Zweig in seinem Epos über die Welt und das mißliche Tun ihrer Bewohner reflektieren läßt. Jude jedoch ist auch Hugo Wahl, Bewunderer des Generalmajors Schieffenzahn und Kriegsgewinnler, ein Imperialist bis in die letzten Fasern seines Denkens.

Es ist eine breite Figurengalerie, die Zweig in seinen sechs Romanen über den »Großen Krieg der weißen Männer« vorführt. Auffallend die sympathischen Frauen: Bertins Lenore, Grischas Babka oder die burschikos kluge Bärbe Osann, Hauptmann Winfrieds Verlobte. Zweigs Protagonistinnen sind ein Spiegelbild der gesellschaftlich erwachenden Frau. Ihm, dessen persönliche Haltung zu Frauen noch stark vom wilhelminischen Geist bestimmt ist, gelingt es als Künstler, ihre Rolle in der beginnenden Moderne darzustellen. Seine weiblichen Gestalten sind in ersten Ansätzen schon geprägt vom Aufbruch in die Emanzipation. Frei in der Liebe und – wenn auch zögernd – sich von der bürgerlichen Rolle lösend, die ihnen das 19. Jahrhundert zugeteilt hatte. Lenore erkennt in ihrer Beziehung zu Bertin und durch das erlebte Drama einer Abtreibung, wie brüchig die Ideale der Schicht geworden sind, der sie entstammt. Babka, die einfache russische Bäuerin, wird zur Revolutionärin. Bärbe Osann liebt ihren Leutnant nicht nur ohne Trauschein, sondern stellt sich als Krankenschwester dem Schrecken der Front. Zweigs Frauengestalten erleben wie seine männlichen Helden in ihrem krisen- und kriegsgeschüttelten Jahrhundert einen Prozeß der Erziehung. Sie werden zu frei wählenden Gefährtinnen. Die männlichen Gestalten sind zum Teil historischen Vorbildern nachempfunden, etwa Schieffenzahn (Ludendorff) oder Clauss (General Hoffmann), Schilles (Hugo Stinnes) oder der Abgeordnete Hemmerle (Matthias Erzberger). Solche Verschlüsselungen, die die Leser und Kritiker der Weimarer Jahre zweifellos interessiert haben, sind aus heutiger Sicht jedoch recht bedeutungslos geworden.

Zweigs Kriegs-Zyklus enthält einen tiefen Bruch. Die ersten vier Romane, im Jahre 1937 abgeschlossen, sind Meisterwerke der deutschen Prosa unseres Jahrhunderts. Sprache, Handlungsablauf, Figurenführung zeigen Zweig – vor allem in den beiden Büchern »Der Streit um den Sergeanten Grischa« und »Erziehung vor Verdun« – als Erzähler von Weltrang. Die beiden letzten Romane dagegen – »Die Feuerpause« und »Die Zeit ist reif« – fallen deutlich ab. Sie neigen zur Langatmigkeit, die Sprache hat an Originalität, an Frische eingebüßt, die Fabel vermag kaum noch zu fesseln. Dort, wo Zweig in den ersten vier Romanen seine Sympathien für den Sozialismus, für die fortschrittlichen, humanistischen Kräfte der Gesellschaft durch das Handeln und Denken seiner Personen für die Leser überzeugend und mitempfindend darstellt, erscheint in den beiden Romanen, die in späteren Jahren entstanden, häufig platte Ideologie. Sicher gilt dies für »Die Feuerpause«. Der eigentliche Held dieses Romans ist nicht Werner Bertin, sondern die russische Revolution, Lenins Kampf um den Frieden rückt mehr und mehr in den Mittelpunkt der Handlung. Zweig verläßt dabei bewußt die Position des zwar engagierten, aber doch die notwendige Distanz bewahrenden Erzählers und wird in vielen Passagen zum Propagandisten des Bolschewismus. Nicht daß er sich politisch bekennt, ist zu bemängeln, sondern wie er es tut: allzu häufig in der Sprache der Herrschenden.

In der »Feuerpause« häufen sich Schilderungen von Szenen und Ereignissen aus den vorhergehenden Romanen, etwa wenn Bertin im Freundeskreis von Ober-Ost die Geschichte des Falles Kroysing erzählt, die er an der Front in Verdun erlebt hat. Für die Leser wiederholen sich damit auf vielen Seiten dieses Buches Geschehnisse, die er bereits kennt.

Drei Jahre später, 1957, erscheint der letzte Roman des Grischa-Zyklus, »Die Zeit ist reif«. Zweig schildert darin das Leben des jungen Werner Bertin und seiner Freundin Lenore Wahl im München der letzten Vorkriegsmonate. Ein Prosawerk, in dem Zweig noch einmal mit schwärmerischen Sätzen die verlorene Welt seiner Jünglingsjahre heraufbeschwört.

Der Weltruhm kam mit dem Grischa-Roman. Bis heute ist die Geschichte über das Unrechtsurteil, das zur Hinrichtung des russischen Sergeanten führt, Zweigs bekanntestes Buch. Die erzählerischen Perspektiven des Romanes sind vielschichtig, münden ein in eine scharfe Kritik Zweigs am Militarismus der wilhelminischen, der europäischen Politik und in ein leidenschaftliches Bekenntnis zum Frieden. Der Fall Grischa Paprotkin ist exemplarisch: ein Mensch wird geopfert aus Gründen der Staatsräson – so wie Millionen andere. Auch die, die Grischa retten wollen, handeln weniger aus humanen, aus »menschlichen« Gründen. »Um Deutschland geht es uns«, hält Leutnant Winfried Bertin entgegen, »daß in dem Land, dessen Rock wir tragen, und für dessen Sache wir in Dreck und Elend zu verrecken bereit sind, Recht richtig und Gerechtigkeit der Ordnung nach gewogen werde. Daß dies geliebte Land nicht verkomme, während es zu steigen glaubt. Daß unsere Mutter Deutschland nicht auf die falsche Seite der Welt gerate. Denn wer das Recht verläßt, der ist erledigt.«[85] Auch General von Lychow macht in seiner Auseinandersetzung mit Schieffenzahn, in der er um die Aufhebung des Urteils gegen Grischa kämpft, deutlich, daß es ihm vor allem um das Ansehen, die Glaubwürdigkeit des wilhelminischen Staates geht: »Das Rechtsgefühl des Volkes, sagte er zitternd, bleibe das Abbild himmlischer Gerechtigkeit, und wenn man es in eine Ecke schmeiße aus politischen Gründen, so könne niemand wissen, ob nicht mit solchem Frevel das Urteil des Staates selber falle in den ewigen Sphären der göttlichen Gerechtigkeit, und nicht das Mene-tekel-upharsin hier unsichtbar an der Wand des Zimmers glimme, in dem ein General aus Gründen seiner armseligen Vernunft die göttlichen Gebote lächerlich machen wolle.«[86]

Zweig macht mit seiner Personencharakterisierung deutlich, daß nicht nur Schieffenzahn und seine korrupte Umgebung in der Offizierskaste »unbelehrbar« sind, sondern daß dies auch in hohem Maße für die »positiven« Romanfiguren gilt, die Grischa zu retten versuchen. Leutnant Winfried, General von Lychow, Rechtsanwalt Posanski, Bertin – sie alle tragen ihren Teil Mitschuld am Tod von Grischa. Keiner von ihnen vollzieht den letzten, den entscheidenden Schritt: der Unrechtstat eines politischen Systems durch einen revolutionären Widerstandsakt entgegenzutreten. Schon im »Ostjüdischen Antlitz« schreibt Zweig: »Auch wir waren gutäugige, vertrauende und ganz kindliche Kinder – und was ist aus uns geworden? Mitschuldige der Zeit und des Grauens. Unsere Hände sind, unmittelbar wenigstens, rein von Blut, und wir haben niemals ›mitgehaßt‹ und an gefangenen Menschen nach Kräften Kameradschaft geübt; das Land der Feinde war uns wie unser Land ehrfürchtig und ihr Gut ehrwürdiger als das unsre. Und doch, und doch! Wir haben nicht genug getan. Wir haben uns nicht entgegengestemmt.«[87]

Nur Grischa, das Opfer, wandelt sich im Laufe der Erzählung. Aus dem lebensgierigen, naiven Soldaten (»Krieg ist keine kleine Sache; wenn er erst angefangen hat, macht er sich selbständig. Wir haben auch viele häßliche Salven abgegeben. Alle Soldaten sind gleich.«[88]), der aus dem Gefangenenlager zu Frau und Kindern fliehen will, wird nach seiner erneuten Inhaftierung zunächst ein Mensch, der in seiner Todesangst dem Lauf des Schicksals blind gegenübersteht: »Offenäugig blickte er zum Fenster hinauf. Da zuckte es wieder und wieder. Grischa fand, da ziele einer nach ihm. Er schießt sich ein nach mir, dachte er. Wüßte ich bloß, warum nach mir, nach einem ganz gewöhnlichen Soldaten, nicht gut noch schlecht; aber er gibt nicht nach.«[89] Schließlich akzeptiert er das Unabwendbare: Er – und eigentlich nur er – erkennt am Ende das Schuldhafte seines Lebens: »Er war bestimmt kein schlechter Mensch, Grischa, aber schön ließ sich, was er getan, doch nicht nennen. Er hatte dem Regimentsbefehl geglaubt: Tapferkeit für den Zaren und für die Heimat, Pflicht eines Soldaten, und Christus damit ganz einverstanden; aber das Ergebnis lehrte – anderes.«[90]

In diesem Roman greift der Autor bei der Deutung der inneren Beweggründe seiner Personen nun auch unübersehbar auf die Freudschen Deutungen des Unbewußten zurück. Später wird er mit Blick auf die Wiedergewinnung seiner künstlerischen Kraft dankbar notieren: »Ich war mir nicht ganz klar über das Gewicht des Werkes, das ich geschaffen, dazu brauchte ich noch Zeit, Distanz, das Urteil meines kritischen Verstandes. ... Wie immer dieser neue ›Grischa‹ auch ausgefallen war, es wäre nicht zustande gekommen ohne das Vorhandensein jenes Mannes in Wien.«[91]

Psychoanalyse im Roman: Schieffenzahns Traum, in dem er nach seiner Entscheidung, das Todesurteil aufrechtzuerhalten, unruhig seine Kindheit an sich vorüberziehen läßt, entlarvt seine aggressive, chauvinistische Männlichkeit als Frucht einer bürgerlich engen Erziehung. Den Lesern öffnet dieser Traum den Blick für eine ganze Generation, deren »unmenschliche« Handlungen auch auf den Verkümmerungen der Seele beruhen. »Ein kleiner empfindlicher Junge, geöffneter für das Wissen der Welt als andere; in seinem klaren Kopfe spiegeln sich die Gegenstände eindringlich; zart ist er, verletzlich, einsichtig, leicht zu Tränen geneigt, gern bei der Mutter; und da er mit Bleisoldaten spielt, da auf seinem Bilderbuch das Kind Friedrich II. im langen Kleidchen mit einer Trommel schon hantiert, da beide Onkel Reserveleutnants sind, da Offizier-sein allein die Geltung erringt, die der Sohn des Müllereibesitzers Schieffenzahn so sehr benötigt, in einer Agrarstadt, den Söhnen der Landjunker gegenüber, die ihr Getreide bei ihm mahlen lassen: darum bestimmen Vater und Mutter, daß Albert, der gescheite Kerl, Offizier werden solle ... Und so zerreißt sein Ich; eine heimliche Hälfte wird vergewaltigt von den Wünschen der Großen und dem Ehrgeiz des Kleinen. Treppen hinauf läuft der kleine Schieffenzahn, endlose Treppen. Man wird ihn mißhandeln ...«[92]

In diesem Psychogramm Schieffenzahns, das Zweig durch die »Traumdeutung« sichtbar macht, werden Ängste und Verdrängungen des von seiner Umgebung so bewunderten Generals erkennbar, offenbaren sich die »unbewußten« Motive eines »Mörders«. Weil Schieffenzahn, von dem wir hier beispielhaft für Zweigs Personenführung sprechen, das Ich gegen jegliches Erkennen der eigenen psychischen Beweggründe versperrt, kann er sich nicht wandeln.

Wie anders Grischa: Aus dem Militaristen, der blind Befehlen und Trieben folgt, wird am Ende ein Mensch, der sich selbst erkannt hat. Im Traum begegnet er der Idee der Versöhnung. »Mit dem Mantel bekleidet ... so lag der verurteilte Mensch in dem nach Rauch und Steinmauern riechenden Gelaß und schlief, verschlief Lebenszeit, lebte Traumzeit. In ihm arbeitete das Sterben. Es wälzte gleichsam sein Inneres um wie ein Maulwurf, warf neue Schichten auf und schüttete sie über die alten, und indes es ihn immer tiefer ins Schlafen verstrickte, schuf es auf seinem grauen, abgezehrten und strengen Gesicht eine Art Lächeln. Er trank Bruderschaft mit denen, die er getötet hatte. Sie saßen an langen Tischen ... und aus ihren Trinkbechern tranken sie einander mit Kaffee zu, aus großen wallenden Kesseln geschöpft – Kaffee, der aber eigentlich Blut war: Deutsche in grauen Mänteln, Franzosen ... in ihren nebelblauen Röcken und stahlblauen Kammhelmen, Tommies ganz in khakibraun mit ihren kleinnasigen Gesichtern, dann die Österreicher und die russischen Scharen und er, Grischa, unter ihnen. Sie hatten einander umgebracht, und nun prosteten sie einander zu, im Soldatenhimmel oder vielleicht auch in der Soldatenhölle; woran wollte man es unterscheiden ...«[93]

Der Grischa-Roman ist also in der Tat weit mehr als ein Kriegsbuch. Zweig legt hier Mitte der zwanziger Jahre sein von Gustav Landauers Ideen, vom europäischen Humanismus gespeistes ethisches Credo offen. Zweigs Grischa-Roman steht stark unter dem Eindruck des Landauerschen Menschen- und Gesellschaftsbildes. Es ist auch ein zutiefst optimistisches Bild vom Menschen der Zukunft, das Zweig hier entwirft, dem Menschen, der durch die Erkenntnis seiner im Unterbewußten wirkenden Triebe zu sich selbst finden kann. Erst Hitlers Machtübernahme, der Terror der Faschisten werden die Skepsis des Schriftstellers Arnold Zweig über die Rolle des Individuums wachsen lassen.

Die Grischa-Erzählung erscheint zunächst unter dem Titel »Einer gegen alle« als Fortsetzungsroman in der »Frankfurter Zeitung«, dann bei Kiepenheuer als Buch. Innerhalb kurzer Zeit erlebt der Roman mehrere Auflagen, er wird nach und nach in rund zwanzig Sprachen übersetzt. Arnold Zweig macht dieser Erfolg zu einem der bekanntesten deutschsprachigen Autoren der Weimarer Jahre, zum ersten Mal in seinem Leben ist er ohne materielle Sorgen, sogar wohlhabend.

Erstaunlich auf den ersten Blick, daß ein »Kriegsroman«, rund ein Jahrzehnt nach dem Waffenstillstand, ein solch beachtliches Echo findet. Aber seit der Wahl Hindenburgs zum Reichspräsidenten im Jahre 1925 beginnen die Republikaner mit zunehmenden Sorgen über die Entwicklung der Republik nachzudenken. Die heimlichen Aufrüstungsbestrebungen der Reichswehr nehmen zu, die Hugenberg-Presse verstärkt ihre antidemokratischen Feldzüge. Wurde der Krieg in der Trivialliteratur oder den Landserromanen der frühen zwanziger Jahre noch im Stile der »Heldenoper« gefeiert, in Ernst Jüngers »In Stahlgewittern« (1920) auf die Ebene eines kühlen, in letzter Konsequenz zynischen Todesästhetizismus gehoben, in der Memoirenliteratur der gescheiterten Generäle und Politiker gerechtfertigt, so begannen die Revanchegedanken der Unbelehrbaren jetzt auch wieder Stück für Stück in die praktische Politik, vor allem der Rechtsparteien, einzusickern. Zweigs Grischa-Roman ist, auch wenn die ohne jedes Pathos geschilderten Schlachtenszenen, das öde Leben in der Etappe, die entwürdigende Lage des einfachen Soldaten einen breiten Raum einnehmen, nicht in erster Linie ein Buch über den Krieg, sondern dieser Roman bietet den Lesern – und die empfanden dies in den letzten Weimarer Jahren offensichtlich wieder als sehr aktuell – das Panorama einer Gesellschaft, die unter Mißachtung der ethischen Werte ihrer Kultur den Krieg als Fortsetzung der Politik mit anderen Mitteln akzeptiert hatte.

Der Wandel, der sich zunächst fast unmerklich einstellte – das Liebäugeln der Rechten mit verstärkter Aufrüstung und mit der Aufrechterhaltung einer Option für spätere militärische Entscheidungen, die Erkenntnis der Linken, daß der Krieg wieder in den Bereich des Möglichen rücken könnte –, zeigte sich in bezug auf die Literatur dieser Jahre auch in den großen Erfolgen der Bücher von Ludwig Renn (»Krieg«, 1929) und Ernst Glaeser (»Jahrgang 1902«, 1928), ganz zu schweigen von Erich Maria Remarques

»Im Westen nichts Neues« (1929), das Millionenauflagen erreichte. Während Renn aber lediglich ein nüchternes Protokoll des Soldatenlebens an der Front vorlegte, Ernst Glaeser nicht über den Krieg, sondern über einen pubertierenden Jüngling schrieb und Erich Maria Remarque jegliche moralische Bewertung in seiner Darstellung bewußt ablehnte (»Dieses Buch soll weder eine Anklage noch ein Bekenntnis sein«[94]), ist Arnold Zweigs Grischa-Roman ein zutiefst bekennendes, ein politisches Buch.

Als solches hat es die Kritik sofort erkannt und bewertet. Kurt Tucholsky, der auch durchaus Skeptisches über den Grischa-Roman zu sagen weiß, erklärt in der »Weltbühne«: »Endlich einmal wird der Krieg gar nicht diskutiert, sondern mit einer solchen Selbstverständlichkeit abgelehnt, wie er und seine Schlächter das verdienen. Erst heute –? ... Arnold Zweig hat das beste deutsche Kriegsbuch geschrieben ...«[95] Im »Berliner Tageblatt« meint Lion Feuchtwanger: »Die Amerikaner haben den Kriegsfilm gemacht. Der Tscheche Hasek hat das Volksbuch, der deutsche Epiker Arnold Zweig das erste große Epos unseres Krieges geschrieben.«[96]

Auch im Ausland erfährt der Roman bald ein lebhaftes Echo. Der Dichter und Pazifist Romain Rolland schreibt an Stefan Zweig: »Ich erinnere mich nicht mehr, ob Arnold Zweig ein Verwandter von Ihnen ist. In Paris wird zur Zeit viel über seinen Kriegsroman ›Der Streit um den Sergeanten Grischa‹ gesprochen, der in Übersetzung unlängst bei meinem Verleger Albin Michel erschienen ist. Das Buch ist lebendig und interessant, ich möchte beinahe sagen: amüsant – was bei einem solchen Thema sehr überrascht.«[97] Stefan Zweig antwortet wenige Tage später: »Arnold Zweig ist nicht mit mir verwandt (oder sehr weitläufig), aber ich bewundere seinen Roman sehr, und wir stehen auf bestem Fuße miteinander. Er hat alles, was mir abgeht: den Mut zu weiträumigen Werken, die mathematische Konzentration auf das Detail, die Genauigkeit und jene ›Sachlichkeit‹, die so nötig ist.«[98]

Im Lager der Nationalisten löst das Buch eine Flut von Beschimpfungen aus. Das »Deutsche Adelsblatt« nennt Zweig einen »asiatischen Schmutzfinken«, in den »Süddeutschen Monatsheften« protestiert der Kritiker gegen die »Methode der Verhäßlichung«, die ein »Wegelagererbild« vom deutschen Soldaten entwerfe, und das »Berliner Börsenblatt« meint, in früheren Zeiten wäre ein solches Werk vom »Henker auf dem Scheiterhaufen verbrannt« worden.[99] Dieser Rezensent hat sich immerhin als

Adolf Zweig vor seinem Geschäft und der Werkstatt in Kattowitz

Familie Zweig, um 1905/06
(v. l. n. r.: Die Eltern und die Geschwister Ruth, Hans und Arnold)

Als Student, 1911

Rechte Seite: Zweig als Schipper, Lille 1915
Linke Seite: »Nölti mit dem großen Bart. Vor dem Spiegel gemalt, weil es in Vrange keinen Fotografen gibt. Kameraden sagen: gut getroffen, der Bart, Hornbrille längst zum Deibel. Febr. 1916«

Hochzeitsbild, Berlin, 5. Juli 1916

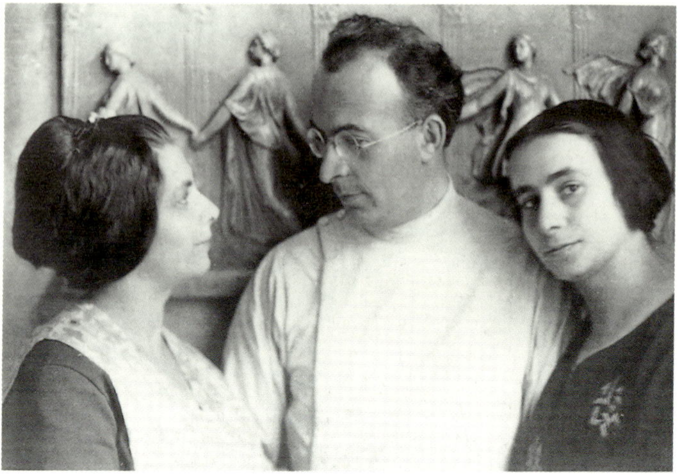

Beatrice, Arnold und Miriam Zweig, 1920

Arnold Zweig und Sohn Michael in Starnberg,
Sommer 1921

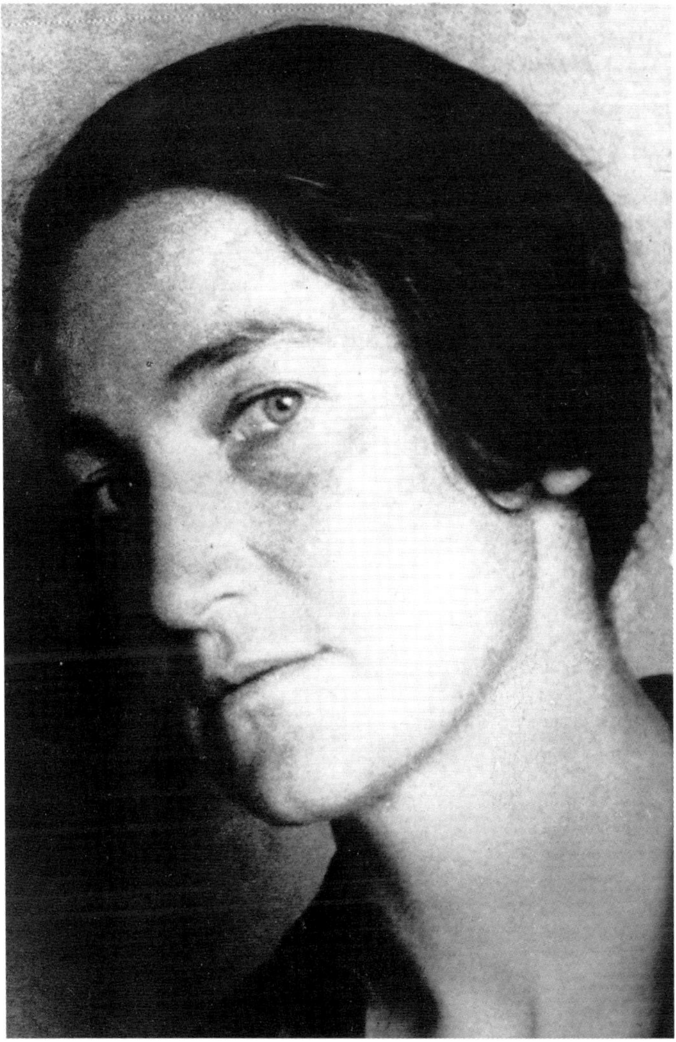

»Helene Weyl geb. Joseph, Studienkameradin von Arnold, aus Ribnitz, langjährige Freundin von uns beiden«
(handschriftlicher Vermerk von Beatrice Zweig auf der Rückseite)

Arnold Zweig, 1928/29

Mit Lily Offenstadt in der Hohen Tatra, 1932/33

Mit Sigmund Freud

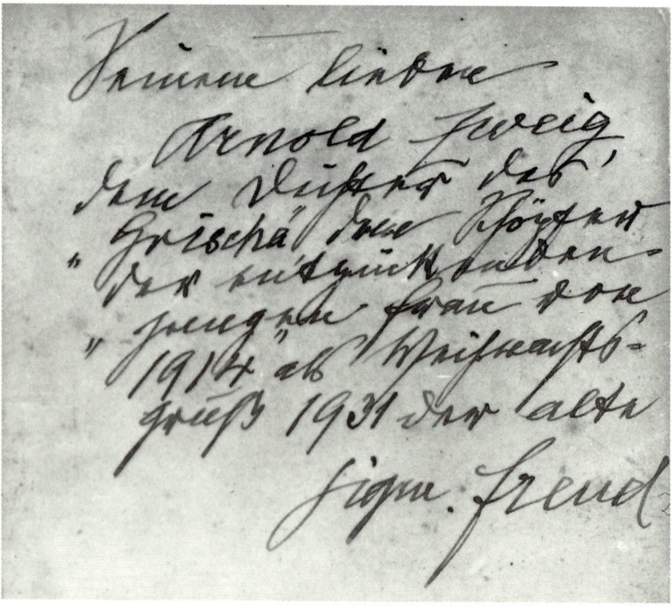

Seinem lieben
Arnold Zweig
dem Dichter des
„Grischa" dem Schöpfer
der entzückenden
„jungen Frau von
1914" als Weihnachts-
gruß 1931 der alte
Sigm. Freud

Widmung Freuds auf der Rückseite eines Fotos, 1931

Arnold Zweig und Lion Feuchtwanger in Sanary-sur-mer, 1933

Arnold Zweig, Haifa 1942

Arnold Zweig, Beatrice Zweig und Lily Leder anläßlich eines Treffens mit westdeutschen Schriftstellern und Künstlern in München, veranstaltet vom Demokratischen Kulturbund, Nov. 1951

Arnold Zweig bei der Arbeit mit seiner Sekretärin Ilse Lange, 1962

Arnold und Beatrice Zweig auf einem Schriftstellerbasar in der Karl-Marx-Allee, 1. Mai 1955

Internationales Schriftstellertreffen 1961 in Weimar, Anna Seghers, Arnold Zweig und Ludwig Renn

Walter Ulbricht beglückwünscht Arnold Zweig zum 75. Geburtstag 1962

Arnold Zweig, 1965

Arnold und Beatrice Zweig am 80. Geburtstag des Dichters

Arnold Zweig mit Miriam Zweig, Sohn Adam,
Schwiegertochter Hannah und den Enkelsöhnen Adrian und Frederik,
1965

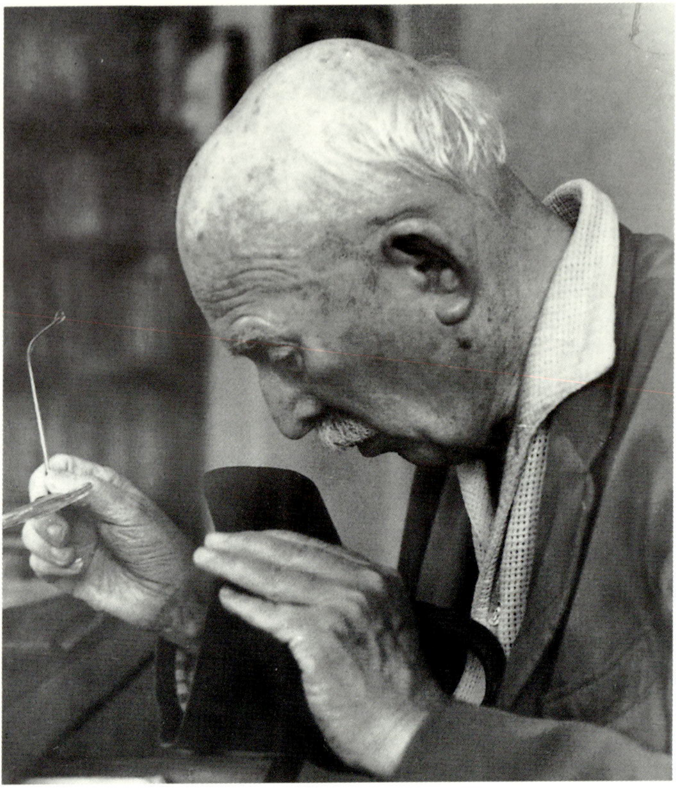

Arnold Zweig, Juni 1967

Prophet erwiesen: Im Mai 1933 sollte auch der Grischa-Roman vor den deutschen Universitäten in Flammen aufgehen.

Zweig reagiert im übrigen bald sehr abwehrend auf die neue Flut von »Kriegsbüchern«, die aufgrund der Erfolge des Grischa-Romans und der Werke von Renn, Glaeser und Remarque den Markt überschwemmen: »Dazu habe ich in die Verdrängung des Krieges nicht das Loch und Tor gebrochen, aus dem jetzt eine frisch-fröhliche Konjunktur strömt, um, nur wenig abgewandelt, die alte Freude am Krieg als unbürgerlicher Lebensform, als Gelegenheit zum großen Abenteuer wiederzufinden, jenes Aufatmen, mit dem ich mich noch einmal werde zu beschäftigen haben.«[100] Der moderne Krieger sei bis in den Schlaf und den Tod hinein unmenschlich geknechtet, und um dies aussprechen und schreiben zu können, müsse man »die Empfindung für ein richtigeres menschliches Leben bewahrt haben«. Und nicht ohne Eitelkeit fügt Zweig hinzu: »Alle Kriegsbücher mit Ausnahme eines Romans, ›Der Streit um den Sergeanten Grischa‹, versagen in diesem Punkt.«

Harry Graf Kessler schildert einen Abend bei Hugo Simons, an dem neben René Schickele auch Arnold Zweig anwesend war. Seine Tagebuchnotiz vom 30. August 1929 macht deutlich, wie empfindlich und herablassend der nun Berühmte über die »Kriegsbücher« seiner Kollegen sprechen konnte: »Zweig destillierte unter Rosen Gift gegen Remarque. Als ob jemand Remarque angriffe, obwohl alle ihn lobten, meinte er: ›Nein, nein, das Buch ist gut („gut" mit herablassender Färbung); Renn und Remarque sind „gute" Dilettanten-Romane. Remarque hätte aus seinem Buch sogar einen großen Roman machen können ...‹ Überhaupt gab Zweig sich den ganzen Abend Mühe, boshaft witzig zu sein; da er aber nur über Übelwollen und keinen Witz verfügt, war das Ganze nur ein äußerst fades Literatengeschwätz.«[101] Selbst der nun anerkannte Autor konnte in Diskussionen nach wie vor recht heftig werden und wirkte auf seine Umgebung gelegentlich auch wenig sympathisch.

Die tragische, auch von jüdischer Ethik getragene Geschichte über das Leben und Sterben des Grischa Iljitsch Paprotkin ist Zweigs meistgelesener Roman geworden. Auch in den Jahren nach dem Zweiten Weltkrieg, als die Germanistik in der Bundesrepublik über den Schriftsteller schwieg oder ihn wegen seiner politischen Äußerungen verdammte, haben selbst seine Kritiker diesem Buch das Attribut »Meisterwerk« nicht aberkennen wollen. Eine bedauerliche Begleiterscheinung: Der überwältigende Erfolg des Grischa-Romans hat die anderen Werke des Schriftstellers Arnold Zweig fast in Vergessenheit geraten lassen – zu Unrecht, wenn der Blick auf die drei anderen der ersten vier Romane des Zyklus fällt oder auf das Palästina-Buch »De Vriendt kehrt heim« oder gar auf die Henker-Geschichte »Das Beil von Wandsbek«.

Die fünfeinhalb Jahre, die zwischen der Veröffentlichung des Grischa-Buches und der Flucht aus Deutschland im März 1933 liegen, gehören zu den glücklichsten im Leben des Arnold Zweig. In Berlin-Eichkamp bezieht die vierköpfige Familie 1927 ein eigenes kleines Siedlungshaus. »Eichkamp hat uns auf eine ganz neue innere Ebene gestellt, wir fassen es immer noch nicht ganz«, schreibt Beatrice Zweig kurz nach dem Umzug.[102] Finanzielle Not, provisorische Heime in nervös machender Enge weichen einem bürgerlichen Lebensstil, der zum Ruhepol wird. »Mein Häuschen wächst mir immer mehr ans Herz, ich liebe es sehr, und den Garten, vorige Woche haben wir grün angestrichen, es war eine Orgie in Ölfarbe: Wäschepfähle, Schaukel, Gartengeräte-Verschlag. Auch Grasmähen ist eine sehr beliebte Beschäftigung, Unkraut jäten ja weniger. Aber Rosen schneiden, die ohnehin bald abblühen und selbst geschneiderte Tomaten zum Frühstück essen, sind ungeahnte Freuden. Eine Buddelecke für die Kinder gibt's natürlich auch, alles im kleinsten Ausmass, aber es ist! Und ich, ich habe ein eignes Zimmer, das ist mir bestimmt um den Ärger eines Königreichs nicht feil. Arnold kann unten nach Herzenslust die ganze Etage vollrauchen, mit einer Zigarre, die ihm Frau Feuchtwanger gestern aus Havanna mitgebracht hat, eine! (Sie ist eine schöne lustige Frau), und ich brauch es nicht aufzuriechen …«[103]

Die wachsenden Honorareinnahmen ermöglichen ihm Ende der zwanziger Jahre den Bau einer Dichterwerkstatt, fünf Minuten vom Wohnhaus im Kühler Weg entfernt. 1931 bezieht er dieses »Atelier«, das der renommierte Bauhaus-Architekt Harry Rosenthal für ihn entworfen hat. Eine lichtdurchflutete Schriftstellerklause ist entstanden: »Die Platten der inneren Verkleidung dienen gleichermaßen als Baumaterial und als Tapete. Der Fußboden wird mit chinesischen Matten ausgelegt, die Wände von Büchergestellen gebildet. Die weiße Decke wirft das Licht der balkenförmigen Beleuchtungskörper zurück. Die Südfront besteht fast ganz, die Westfront zu zwei Fünfteln aus Glastüren. Sie öffnen sich auf ein Gärtchen, das zum Teil mit rötlichen Kalkplatten ausgelegt ist. Ein Wasserlauf soll die Vögel anlocken, ein kleines Bassin den Kindern Zeitvertreib bieten.«[104]

Der Ruhm bringt zwar manche lästige Pflicht, aber auch hohe Anerkennung, die Arnold Zweig sichtbar genießt. Er ist in seinen letzten Berliner Jahren eines der prominentesten Mitglieder im linksintellektuellen Lager der umkämpften Republik. In zahlreichen Vorträgen und Artikeln setzt er sich für eine liberale, den Menschenrechten, der unabhängigen Justiz, einem sozialen Wirtschaftssystem verpflichtete Republik ein. Er kämpft gegen den Vormarsch der Rechten, sieht sich im Bündnis mit dem Kreis um Carl von Ossietzky, Kurt Tucholsky, Heinrich Mann, Lion Feuchtwanger, Alfred Döblin oder Albert Einstein, den er gerne und häufig in dessen »nach Kiefern duftendem« Holzhaus an einem See wenige Kilometer südlich von Potsdam besuchte. Schon 1926 war Zweig Mitglied des PEN-Clubs geworden (»zweig scheint im penclub eine sehr gute rede gehalten zu haben. sowohl die zeitungen wie er selber finden das«[105]). 1929 übernimmt er den Vorsitz des »Schutzverbandes Deutscher Schriftsteller«. Er wird ein engagierter »Standesvertreter«, kämpft energisch für die soziale Besserstellung der weniger begüterten Kollegen, sieht mit wachsender Sorge, daß auch die Organisationen der Schriftsteller in den Sog der politischen Auseinandersetzungen geraten, die Anhänger Hitlers – aber auch die radikale Linke – nach den Wahlen von 1930 versuchen, den politischen Ton zu bestimmen. Wie nachdrücklich die Atmosphäre sich Ende der zwanziger Jahre zu vergiften beginnt, erlebt Zweig auf einer Tagung von Rundfunkintendanten und Schriftstellern in Kassel, wo der den Nationalsozialisten zuneigende Arnolt Bronnen die anwesenden Kollegen, darunter neben Zweig immerhin Autoren wie Alfred Döblin und Ernst Glaeser, als eine »schamlose Zunft verantwortungsloser, dem eigenen Volk entfremdeter, keiner Rasse, keiner Landschaft verhafteter Literaten« bezeichnet.[106] Unliebsame Theaterstücke oder Filme werden zunehmend vom Nazi-Mob gestört, so die Berliner Kinoaufführung der Remarque-Verfilmung von »Im Westen nichts Neues«. Rundfunk- und Theaterintendanten, Zeitungsverleger, auch die aus den jüdischen Familien Ullstein und

Mosse, weichen nahezu widerstandslos vor der rechten Agitation zurück. Als die republikanischen Behörden nach den Krawallen bei der Aufführung des Remarque-Filmes diesen verbieten, schreibt Carl von Ossietzky in der »Weltbühne«: »Die Republik hat ihre eigne Ideologie preisgegeben, sie hat kampflos eine Position geräumt. Dieser Film hätte von ihr mit den Zähnen verteidigt werden müssen ... Nicht ohne Genugtuung schreiben republikanische Blätter, es hätten doch nur an die zweitausend dumme Jungen auf der Straße Krach gemacht, die Vernünftigen wären dagegen zu Haus geblieben. Der Teufel hole diese Vernünftigen! ... Der Fascismus hat seinen ersten großen Sieg nach dem 14. September errungen. Heute hat er einen Film erlegt, morgen wirds etwas Andres sein.«[107]

Wie viele Gleichgesinnte sah auch Arnold Zweig die dunklen Wolken, die sich über der Republik zusammenzogen. Die Weltwirtschaftskrise breitete sich aus, die Nationalsozialisten erlebten am 14. September 1930 einen aufsehenerregenden Wahlerfolg, die bürgerlichen Parteien verloren sich in internen Machtkämpfen, in kleinlichem Zank um politische Randfragen und versuchten sich zu arrangieren; die beiden Arbeiterparteien SPD und KPD bekämpften einander, als ob es keine faschistische Gefahr gäbe. Dies alles schlug bald auch auf die Kulturpolitik zurück. »Im gleichen Maße, wie die faschistische Herrschaft als Möglichkeit bereits in den letzten Jahren der Republik angelegt war, bestanden auch Vorformen der kulturellen Unterdrückung und der entsprechenden Anpassungsbereitschaft im deutschen Bürgertum.«[108]

Zweig veröffentlichte in den letzten Weimarer Jahren verschiedene politische Artikel in bedeutenden Zeitungen und Zeitschriften der Republik, aber auch des benachbarten Auslandes und bekannte sich darin ohne jede Einschränkung zur gefährdeten Demokratie, was auf rechtsradikaler Seite zu heftigen, öffentlichen Attacken führte. Zweig »soll durch einen aufsatz oder ein interview im manchester guardian hier besondere unannahmlichkeiten, bedrohungen und dergleichen, wüste angriffe in der presse gehabt haben«, berichtet Feuchtwanger im August 1932.[109] Zweig war Sozialist, der den Bruderkrieg zwischen Sozialdemokraten und Kommunisten für selbstmörderisch hielt. Nicht ohne Skepsis, aber auch nicht ohne Zustimmung beurteilte er vieles, was über die Entwicklungen in der Sowjetunion in den Westen drang. In einem in der »Weltbühne« am 11. November 1930 veröffentlichten Brief an den kommunistischen Reichstagsabgeordneten Willi Münzenberg nimmt Zweig zur Hinrichtung von 48 russischen Intellektuellen Stellung. Er betont, daß er die Unterzeichnung eines Protestes gegen die Erschießungen in Moskau nicht zurückzunehmen gedenke, und löst damit in den ziegelroten Heften eine lebhafte Kontroverse aus. Zweig erklärt, die 48 sowjetischen »Spezialisten« hätten selbst dann nicht hingerichtet werden dürfen, wenn sie, wie von Moskau behauptet, Saboteure gewesen wären. Mit aller Schärfe hält er fest: »Ein Zwangsstaat, wie der russische, scheint offenbar kein Mittel zu haben, um innerhalb zehnjähriger, immer wieder als aufbauend dargestellter Leistungen die Seelen derjenigen seiner Mitarbeiter zu gewinnen, die der herrschenden Richtung der kommunistischen Partei nicht angehören. Er scheint, zweitens, sich nicht entschließen zu können, mitten in seinem Lande gegen die Angeklagten öffentlich und unter Stellung von Verteidigern und Berichterstattern zu prozessieren. Er scheint, drittens, entschlossen, die Schwierigkeiten, die ihm die Weltkrise bei der Verwirklichung seines gewagten, in die Zukunft gebauten Planes entgegenstellt, dadurch zu beseitigen, daß er mit altrussischen Mitteln und unter Anwendung einer längst als albern entlarvten Abschreckungstheorie seine Feinde erschießen läßt, anstatt sie in der Verbannung leben zu lassen, ohnmächtig, zu schaden, und sie zu beschämen, wenn das Werk der in Rußland herrschenden Klasse wirklich gelungen ist.«[110]

Auch in einer proletarischen Gesellschaft, so meint Zweig, heilige der Zweck die Mittel nicht. »Die Menschen sind weder Ameisen noch Bienen. Kein Kollektivismus der Welt kann diese Grundtatsache der Biologie umstoßen. Ich mache die lächerlichen Märchen nicht mit, die man über die Verfahren der G.P.U. seit zwölf Jahren verbreitet. Um so schärfer verurteile ich die Verfälschung der sozialistischen Idee, die eintritt, wenn man sich berechtigt glaubt, um der Befreiung einer Klasse willen Individuen scharenweise sterben zu lassen.«[111]

In dem Schreiben an Münzenberg geht Zweig generell auf die Situation der Opposition in der Sowjetunion ein und spricht ein kommunistisches Tabuthema an: »... die Ausmerzung Trotzkis aus der Geschichte der russischen Revolution in der Sowjetgeschichtsschreibung wird uns bald zwingen, auch von einem proletarischen Imperialismus des russischen Staates zu sprechen.«[112]

Zwei Heftnummern später antwortet Zweig in einer Erwiderung auf die Kritiker seines Briefes und macht seine Position gegenüber der Sowjetunion noch einmal unzweideutig klar: »Ich bete Rußland nicht an, ich weiß zu genau, wie wenig anbetungswürdig die Zustände sind, die sich dort entwickelt haben, und ich bekämpfe die Methoden, mit denen sich eine herrschende Schicht am Ruder hält, ganz gleich, ob sie in Italien durch Rizinus oder in Deutschland durch den Stimmzettel der noch Unmündigen, in Rußland durch das Erbe des Bürgerkrieges zu Macht gekommen ist. Die Diktatur des Proletariats ist mir verhaßt wie jede Diktatur ...«[113]

Diese Formulierungen zeigen, daß Zweig auch in den späten Weimarer Jahren, als die Demokratie in Lethargie versinkt, in einer Zeit, in der, wie Ossietzky es formuliert, die Republikaner ohne Republik sind, die Position des unabhängigen, »freischwebenden« Intellektuellen nicht verläßt. Seine Sympathien für die bolschewistischen Experimente in der Sowjetunion bleiben wach, glaubt er doch, wie mancher in dieser Epoche, die Moskauer Führung erfülle das, was seinem eigenen humanistischen und sozialistischen Engagement entspreche. Diese grundsätzliche Haltung läßt ihn jedoch nicht blind werden für die politischen Realitäten in dem seit Mitte der zwanziger Jahre zunehmend von Stalin diktatorisch regierten Riesenreich im Osten Europas.

1926 war Zweig der »Gesellschaft der Freunde des neuen Rußland« beigetreten. Am 5. November 1930 bittet er Sigmund Freud in einem Brief um seine Unterschrift unter ein prosowjetisches Flugblatt. Als Freud dies jedoch mit der Bemerkung »das käme einer Parteinahme für das kommunistische Ideal gleich, und von dieser bin ich weit entfernt«[114] ablehnt, reagiert Zweig mit Verständnis und schreibt lapidar: »Wie ich über das stalinistische Rußland denke, können Sie, wenn Sie wollen, zwei Aufsätzen entnehmen, die ich anläßlich der letzten Hinrichtungen in der Weltbühne publiziert habe.«[115]

In Deutschland wird unter Heinrich Brüning, dann unter Papen und Schleicher das demokratische System unterhöhlt, Hitlers Gewaltpropaganda beginnt das Großbürgertum zu benebeln, sein Antisemitismus, sein Haß auf die Republik zieht das zunehmend entwurzelte Kleinbürgertum in seinen Bann. So leidenschaftlich Zweig auch die Entwicklungen in den Jahren der republikanischen Götterdämmerung beobachtet, er erkennt, wie so viele Intellektuelle, die sich anbahnende, im wahrsten Sinne des Wortes lebensbedrohende Entwicklung nicht. Noch im Frühjahr 1931 bezieht er sein neuerbautes Berliner »Atelier«, und er erinnert sich im Jahre 1951 an ein Gespräch vom Januar 1932 mit dem damaligen französischen Botschafter in Berlin, François-Poncet, das seine damalige politische Naivität offenbart: »Und als wir so aufs Brandenburger Tor hinaussahen, sagten Sie unvermittelt: ›Übrigens möchte ich Sie darauf aufmerksam machen, Herr Zweig: Hitler kommt.‹ – ›Wenn Hitler kommt‹, antwortete ich unerschrocken, ›so wird sich, Exzellenz, wiederholen, was wir schon einmal erlebt haben, in München Herbst 1923: Herr Severing wird auf einen Knopf drücken, die Schutzpolizei wird feuern wie damals die Reichswehr, und der ganze Spuk wird platzen.‹«[116]

Als Lion Feuchtwanger, der sich ebenfalls 1930 in Berlin ein Haus gebaut hatte, im Exil gefragt wurde, wieso er die drohenden Schatten, auf die er selbst mehrfach öffentlich hingewiesen habe, in seinen persönlichen Plänen unbeachtet gelassen habe, antwortete der Dichter: »So ist der Mensch.«[117] Carl von Ossietzky schrieb am 3. Februar 1931 in der »Weltbühne« unter der Überschrift »Brutus schläft«: »Adolf Hitlers Sorgen sind nicht die unsrigen.«[118] Und Kurt Tucholsky erwies sich im April 1932 als recht blinder »Hellseher«. Er spottete in der »Weltbühne«: »Die Hitlerleute? – Halb so schlimm. Furchtbar viel Geschrei; Brutalitäten; Freude an organisiertem Radau ... halb so schlimm. Vorspann – wenn sie den ersten Ruck gegeben haben, wird man sie bremsen, die armen Kerle.«[119] Was dann wirklich kam, dafür reichte selbst bei so kritischen Geistern wie Arnold Zweig, Lion Feuchtwanger oder Carl von Ossietzky die Phantasie nicht aus. Demokratische Ausnahmezustände – vielleicht. Eine Militärdiktatur – möglicherweise. Ein deutscher Mussolini – nicht mehr auszuschließen. Aber ein Regime wie das, das Hitler und seine Mordgesellen ab Februar 1933 errichten sollten, das war für aufgeklärte Europäer in der ersten Hälfte dieses Jahrhunderts, als sie noch nichts ahnten von Auschwitz, noch nichts wußten von Stalins brutalen, menschenverachtenden Plänen, etwas Unvorstellbares. Der Preis, den viele von ihnen dann für ihre Ahnungslosigkeit, für ihren Glauben an die ethischen Werte der europäischen Kultur zahlen mußten, war hoch: Tod, KZ-Haft oder Exil.

In einem seiner besten politischen Essays, »Der Typus Hitler«, wird Zweig 1943 im fernen Palästina auf brillante Weise die zerrüttete Persönlichkeit des »Führers« und die Hintergründe des Verfalls von Weimar darstellen. Die deutsche »Herrenschicht« sei »in ihrem Haß gegen die moderne Kultur und in ihrer Unfähigkeit, sie zu verstehen, bedenkenlos genug …, sich einen modern angestrichenen Rasputin nicht nur gefallenzulassen, sondern ihn zur Rettung ihrer Standesinteressen erst einmal herzustellen«.[120] Zweig erfaßt die seelischen Zerstörungen, die Hitler schließlich zu dem formten, was er für die Welt wurde, mit psychoanalytischen Deutungen seines Werdegangs: »Dies alles zusammen ergibt nichts als das Bild eines völlig verwahrlosten Kindes mittelloser Volksklassen. Kein Zweifel, hätte es vor 50 Jahren in Braunau Auswirkungen von Anna Freud und August Aichhorn gegeben, die sich zu unseren Zeiten in Wien angelegen sein ließen, Kleinstkinder zu betreuen und ihre künftigen Störungen an der Quelle zu korrigieren, der Welt wäre unendlicher Gram, Blutverlust, Glückseinbusse und Wertzerstörungen erspart worden …«[121] – »In die Tiefenschichten des Menschen sind Raubtierkräfte gebannt, das wissen die Wärter der Irrenanstalten, die mit der Zwangsjacke umgehen. Vermögen diese Kräfte sich einer Manie zu bedienen und Massenbewegungen zu beeinflussen, die aus einer sozialen Unordnung und Umordnung hervorgehen und für sie bereit liegen, so entstehen die Wirkungen des Typs Hitler, ohne daß das Genie und ein Wunder dazu nötig sind.«[122]

Zweig folgt zwar Freuds Lehren, wenn er über Hitler nachdenkt, aber er verharmlost ihn nicht als »Psychopathen«. Im Gegenteil, über dem beträchtlichen Anteil des traditionellen deutschen Antisemitismus an Hitlers Aufstieg läßt er keine Zweifel aufkommen: »Hätte er in dem gleichen Maße wie gegen die Juden gegen irgendeine andere Gruppe der Weltbevölkerung gehetzt, gegen die Frauen, die Fleischesser oder die Gesundbeter, so hätte man seine Besessenheit zunächst ausgelacht, dann wahrscheinlich medizinisch untersucht, niemals aber in politische Kanäle strömen lassen.«[123] Das Verhalten der Deutschen beschreibt er mit Worten, die bis weit in die Nachkriegsgeschichte bei den Historikern fast ohne Widerhall blieben: »Und nun kam jemand mit den Gebärden und der Kraft eines beschwörenden Magiers und gelobte ihnen das Paradies auf Erden, eine Herrenzukunft, Befehlsgewalt. Um dies zu erreichen, brauchten sie nur an ihn zu glauben, ihm bedingungslos zu folgen, ihm und seinen Kreaturen mit dem Stimmzettel, also ›streng legal‹ zur Macht zu verhelfen. Es gab dann für sie kein Gewissen mehr, das einem Beichtvater Rechenschaft schuldig war, keine Menschenrechte mehr, die geachtet werden müßten, kein Koalitions- und Streikrecht mehr, das ihnen hätte unbequem werden können. Die Frau gehörte wieder ins Haus und durfte kochen, gehorchen, gebären, nicht aber sich bilden, dem Mann durch Widerspruch unbequem werden, ihm im Arbeitsprozeß Plätze wegnehmen. Die Arbeiter aber hatten auf ewig Arbeiter zu bleiben und würden, wenn sie das nicht wollten, von einer modern bewaffneten Prätorianergarde niedergeworfen werden, zu der jeder Hitlerist gehören durfte! Und alles in Uniform, alles in Reih und Glied, alles mit Stahlruten und Maschinenpistolen, alles mit Herz und Hand fürs Vaterland! Dies sind die Zaubermittel des modernen Rasputin deutschbürtiger Prägung.«[124]

Zweig lehnt in diesem Essay allerdings eine Kollektivverdammung der Deutschen ab, analysiert den Weg zu Hitler präzise mit Hinweisen auf autoritäre Traditionen: »Der Deutsche ist weder besser noch schlechter als einer seiner Nachbarn; das Gemisch, aus welchem die Geschichte ihn hergestellt hat, macht ihn weder tauglicher noch untauglicher zum Untertanen als den Franzosen oder den Russen. Zum Unglück für den Deutschen aber blieb er stets in der Hand von 36 Monarchen, die einander Hilfe leisteten, wenn ihre ›Schützlinge‹ sich gegen sie zusammenrotten wollten. ... Auf diese Weise kam es zu zwei Wirkungen. Die erste bestand darin, daß sich ins deutsche Gemüt die Erfahrung eingrub, Aufstände gegen die Herren seien nutzlos, von Gott verdammt und zu furchtbarem Mißlingen verurteilt. Die zweite führte zu einer Auslese und Züchtung des folgsamen Untertanen.«[125]

Sein Fazit über die Deutschen ist jedoch eindeutig und weist konsequent auf die »Schuldigen« hin: »Alle Schicksale in unserem Jahrhundert wären anders verlaufen ..., wenn sich im deutschen Volke nicht eine Oberschicht befunden hätte, die bereit war, das Äußerste zu wagen, und eine Unterschicht, die ihr blindlings zu folgen entschlossen war, weil die Geschichte 1918 andere Wege gegangen war, als jene wünschten.«[126] Weimar sei zerbrochen an den »beiden Zauberworten ›nationale Ehre‹ und ›Juden raus‹«, denn sie »taten ihre Wirkung an einem Staatswesen, das niemals den Mut gefunden hatte, sich zu dem zu bekennen, was es war: zum Bruch mit der preußisch-militärischen Tradition.«[127]

»Der Typus Hitler«, eine glänzende Analyse der deutschen Zustände, entstand ein Jahrzehnt nach Hitlers Machtübernahme und wurde erst 1991 in der Bundesrepublik vollständig veröffentlicht. Zweig ist in ihr sehr viel souveräner und wissender als in den letzten Weimarer Jahren und selbst vielen späteren Interpreten des sittlichen Falls einer Kulturnation doch schon weit voraus.

Der Blick auf das politisch-publizistische Wirken Zweigs, seine Versuche, das Phänomen des Nationalsozialismus analytisch bis zur Niederlage der Republik zu erfassen, darf die Gewichtungen nicht verschieben. Zweig war vor allem Schriftsteller. Sosehr die Politik ihn auch bewegte, im Zentrum seines Lebens steht das literarische Werk. 1931 erscheint »Junge Frau von 1914«, das Manuskript für den dritten Roman des Grischa-Zyklus ist bereits weit fortgeschritten, als Hitlers Machtantritt die Arbeit brutal unterbricht. »De Vriendt kehrt heim« – der in Palästina angesiedelte »Kriminalroman« – erscheint ebenfalls noch wenige Monate vor der schicksalhaften politischen Wende in Deutschland.

»Junge Frau von 1914« wird »vorzeitig« veröffentlicht. Das bis dahin diktierte Manuskript ist erheblich umfangreicher als der dann gedruckte Text. Zweig entschied sich für dieses Verfahren, weil er nach dem überragenden Erfolg seines »Grischa« nicht zu lange Zeit verstreichen lassen wollte, ohne mit einem neuen Werk auf dem Buchmarkt präsent zu sein. 17 Jahre später erwähnt er gegenüber Walter Berendsohn noch eine andere Begründung für die Teilung des Manuskripts: »Wären mir im Januar 31 nicht Einbrüche in die Sehkraft erfolgt, die auch mein zweites, mein Arbeitsauge, lahm legten, so wäre wahrscheinlich ›Junge Frau von 1914‹ doppelt so dick und mit all diesen Kapiteln der Vorgeschichte schon damals erschienen.«[128]

Eine Liebesgeschichte ist es, ein Gesellschaftsroman auch und nicht zuletzt ein Bericht über die Agonie des wilhelminischen Reiches an der Trennlinie von Frieden und Krieg. Im Mittelpunkt steht die Beziehung zwischen der Bankierstochter Lenore Wahl und dem jungen Schriftsteller Werner Bertin, dem Zweigs Leser schon im Buch über das Schicksal des Sergeanten Grischa begegnet waren. Der Autor läßt in dieser »Vorgeschichte« noch einmal die Welt des Bürgertums vor dem epochalen Einschnitt des Krieges auferstehen, zeichnet die Brüche nach, die die europäische Gesellschaft in die Auflösung treiben. »Lenore entstammte einer glaubenslosen Zeit, einem glaubenslosen Haus, einer glaubenslosen Schule.«[129] Eine moderne Frau im Zeitalter der Voremanzipation ist sie, voreheliche Sexualität, Abtreibung, Auflehnung gegen das heuchlerische wilhelminische Frauenbild – Lenores Erziehung wird die Welt des Krieges bewirken, die die Schicht, aus der sie kommt, zum Untergang verurteilt.

Erzogen – wie sollte es bei dem Rousseau-Bewunderer Zweig anders sein – wird auch wieder Werner Bertin. Als das Unvorstellbare Wirklichkeit wird, erliegt er dem Pathos der Zeit, träumt wie einst sein poetischer Schöpfer von der Symbiose zwischen Volk und Künstler: »Jetzt gingen Geist und Gewalt einig, der Krieg hatte sie verschmolzen, die Macht der Heere diente dem deutschen Wesen, und die Sehnsucht eines Knaben, dessen Vater Ulan war, durfte sich gehen lassen, eins mit der schöpferischen Andacht des Schriftstellers, dessen Aufgabe Gestaltung des Seelenlebens hieß, Verfeinerung der menschlichen Natur.«[130] Eine andere Figur in diesem Roman wird es noch direkter formulieren: »Alle Tatkräftigen stehen in den Heeren und glauben an den Sieg. Man ist kein kranker Tollkopf wie dieser Liebknecht, man ist ein einsamer Schriftsteller mit Verbundenheitsgefühlen. Man vermöchte wohl, eine begeisternde Masse zu leiten; Aufruhr wekken kann man nicht.«[131]

Wie schon im »Grischa« und später in den Fortsetzungsgeschichten über das Leben des Werner Bertin gelingt es Zweig in diesem Roman, eine breite Figurengalerie zu präsentieren, die das Gesellschaftspanorama der Zeit auffächert. Künstler und Bürger, Kapitalisten und Militaristen, Sozialisten und Arbeiter wägen, denken, irren, handeln, werden Opfer und Täter. Hugo Wahl etwa, der Kriegsgewinnler, der das deutsch-nationale Judentum vertritt. »Das waren die elenden Schreihälse«, geht es ihm bei dem Gedanken an Bertin, den Geliebten seiner Tochter, und die Berliner Studenten durch den Kopf, »die jedem vaterländisch denkenden Israeliten das Leben verleideten – durch ihre zersetzende Kritik, ihre ewig offene Schnauze, den mangelnden Willen zur bürgerlichen Einordnung.«[132] Oder dessen Vater, der alte Markus Wahl, aufgeklärt, sozial empfindend, ein selbstbewußter deutscher Jude. Und natürlich wieder die großen Schicksalsentwerfer aus der Finanz-, Militär- und Politikerkaste, die Drahtzieher des Todes mit dem kleinen Verstand und der großen Gier nach Macht und Geld, die alle Bücher des Romanzyklus bevölkern. »Weil hierzulande ein alter Haß gegen den Geist besteht«, fordern sie ihre Opfer, denn »jetzt sind sie froh, ihn herunterzutrampeln, sich für ihre Unterlegenheit zu rächen«[133].

Nicht so erfolgreich wie das Grischa-Buch wird die »Junge Frau«, aber die Kritik reagiert überwiegend freundlich. Der Autor Zweig bleibt präsent, allerdings in der nun einsetzenden Verfallsphase Weimars ungehört. Seine Warnung vor den gesellschaftlichen Kräften, die Europa 1914 in den Krieg geführt haben und die wieder auf dem Sprung sind, das Heil in Aufrüstung und Revanche für die erlittene Niederlage vom November 1918 zu sehen, geht unter im Getümmel der sterbenden Republik.

Für Zweig selbst sind die frühen dreißiger Jahre eine erfüllte, eine erfolgreiche, von privaten Schatten und Unbillen jedoch nicht freie Zeit. Das Augenleiden belastet ihn zunehmend. Er beginnt, seine Arbeitsweise nun endgültig zu ändern. Auch das Lesen fällt ihm immer schwerer, Beatrice, vor allem aber die Sekretärinnen werden zu unentbehrlichen Helferinnen. Für einen Schriftsteller, der vor allem Zeitromane schreibt, für den also intensive Recherchen unverzichtbar sind, eine unerträgliche Situation. Wenn Zweig sie meistert, dann in erster Linie dank seiner nie versiegenden dichterischen Phantasien und seines Gedächtnisses. Seine späteren Sekretärinnen Ruth Klinger und Ilse Lange haben mehrfach und voller Bewunderung darauf hingewiesen, daß Zweig – meist auf dem Sofa liegend – die Fähigkeit besaß, über einen längeren Zeitraum hinweg viele Manuskriptseiten in die Schreibmaschine zu diktieren. Alle Romane nach dem Grischa-Buch, und das sind immerhin insgesamt neun, sämtliche nach 1928 entstandenen Erzählungen und Dramen, Hunderte von Artikeln und Aufsätzen, viele Briefe sind auf diese Weise entstanden.

Im Februar 1932 schifft sich das Ehepaar Zweig nach Palästina ein, auch Lily Offenstadt, Arnolds Sekretärin und Geliebte, ist dabei. Zum ersten Mal in seinem Leben wird der Schriftsteller während der zweimonatigen Orientreise mit der zionistischen Wirklichkeit konfrontiert, über die er in seinem bisherigen Leben soviel theoretisiert und wohl mehr nachgedacht hat als über jedes andere Thema. Die Frucht dieser Begegnung mit dem Alltag in Palästina ist der Roman »De Vriendt kehrt heim«, der Ende 1932 erscheint. Die Reise und der Roman werden uns im nächsten Kapitel beschäftigen, dann, wenn Arnold Zweig nicht mehr als Tourist, sondern als Flüchtling im Hafen von Jaffa landet.

Die Beziehungen zu Lily Offenstadt vertiefen sich, gefährden die Ehe. Beatrice Zweig geht im Herbst 1932 für längere Zeit nach Paris – vielleicht eine Flucht vor dem »Leben zu dritt«, sicher ein Versuch, die eigene Identität als Künstlerin zu finden. Erschöpfungszustände hatten sie in den vergangenen Jahren immer wieder heimgesucht, psychosomatische Reaktionen auf eine schwierige Ehe und einen sich in diesen Jahren heftig äußernden Selbstfindungsprozeß. Schon 1928 schreibt Arnold Zweig an die Vertraute Helene Weyl: »Weder die Nordsee im vorigen noch das Engadin in diesem Jahre waren geeignet, ihr Kräfte zuzuführen, und schon die Italienreise des Jahres 25 hatte an ihr gezehrt anstatt sie zu kräftigen. Ihre Niederlage äusserte sich in einer völligen Spannungserschöpfung des Herznervensystems. Nicht die allergeringste körperliche Leistung einschliesslich des Anhörens von menschlichen Stimmen war ihr mehr möglich. Wir brachten sie in ein Sanatorium ...«[134]

Der Pariser Aufenthalt bewirkt bei Beatrice eine deutliche psychische Stabilisierung. »Das alleinige Studentenleben hat mir wunderbar gut getan«, bilanziert sie Monate später, »einmal von Arnolds Fittichen weg und in sich selber hineingehört, und lange hintereinander. Jeden Tag eingeteilt, wie ›es‹ wollte und nur dem schöpferischen Drang nachgelebt, das war gesund. Ich habe dort Frans Masereel kennen gelernt, und andre, die mir alle das selbe sagten, es hat mich sehr gestärkt und ermutigt ich fühle mich viel gesünder, lustiger und stärker, seitdem ich nun weiss, wie es bei mir weiter gehen soll.«[135]

Am 21. Dezember 1932 bricht Zweig in Begleitung Lily Offenstadts und der beiden Söhne zu einem Winterurlaub ins Tatra-Gebirge auf. Am 31. Dezember notiert er zufrieden und offensichtlich ohne zu ahnen, was nach der Rückkehr in Deutschland auf ihn wartet, in seinem Taschenkalender: »Das Jahr endet gut. Es ist das reaktionärste seit dem Kriege. Gleichwohl habe ich den De Vriendt gut und sehr schnell herausgeschleudert, vorher Palästina gesehen, den Japandampfer, Syrien u. Aegypten angeschnuppert. In Hindelang und am Mondsee schwere Depressionen bekämpft, die Analyse fortgeführt, mit Dita ins Reine gekommen und mit Lily schön gelebt ... Wir lesen jetzt eben meinen alten Esmond, zum ersten Mal seit der Tippkopie. Welch ein Weg von 1909 bis zum heutigen Abend! Es wäre gut, wenn es so weiterginge: viel leben, wenig aufschreiben.«[136]

Am 8. Januar reist Zweig zurück nach Berlin, am 21. fährt er nach Paris, um sich mit Beatrice auszusprechen. Dort überrascht ihn die Machtergreifung Hitlers. Am Abend des historischen 31. Januar 1933 heißt es in seinem Taschenkalender: »Sehr deprim[iert]. Wegen Politik. Wieder weg von Heim wie schon Starnberg 23?« Und unter dem 4. Februar findet sich die Notiz: »Die Hitlerei in Dtld. setzt sich fest. Alle reaktionären Kräfte vereinen sich. Ich gehe dies Jahr nur gelegentlich heim.«

Am 6. Februar verläßt der Dichter Paris, gelangt über Basel am 12. nach Wien, wo es zu einem Treffen mit Sigmund Freud kommt. Zweig ist verwirrt, will nicht glauben, vor was für einem Einschnitt auch sein persönliches Leben steht. Von Wien geht es nach Prag, dann nach Dresden, am 21. Februar ist er wieder in Berlin, der Reichstagsbrand am 27. Februar und die darauf folgenden Massenverhaftungen im ganzen Reich machen auch Zweig deutlich, was ihn, den Juden und engagierten Pazifisten, den Autor des von den Nationalsozialisten wild beschimpften Grischa-Romans, erwartet. Er wird telefonisch gewarnt und bedrängt, Deutschland zu verlassen. Am 1. März notiert er jedoch: »Ich will nicht abreisen.« Beatrice berichtet er am 5. März nach Paris über die Lage und erkennt noch nicht die Brutalität, mit der die neuen Machthaber vorgehen: »Der Reichstag ist wirklich in Brand gesetzt worden, wie es heisst: von einem holländischen Kommunisten. Darauf hin sind 120 kommunistische Abgeordnete und Funktionäre verhaftet worden, die kommunistische Presse auf 4, die S.P.D.-istische auf 2 Wochen verboten worden, und im Zusammenhang damit eine große Anzahl Intellektueller, die der K.P.D. oder einer radikal-pazifistischen Organisation angehören: z.B. Renn, Ossietzky, Apfel, Kisch, Lehmann-Russbüldt, Dr. Boehnheim. Hausdurchsuchungen fanden statt ... Keinerlei Gewalttat ist bei den Verhaftungen vorgekommen, sie sind in äußerster Sachlichkeit, aber auch sehr gründlich vorgenommen worden. ... Das sind Tatsachen, sie sind für uns unangenehm, aber keinerlei Anlaß zur Panik.«[137] Aber nur wenige Tage später verliert er alle Illusionen, erkennt den wachsenden Terror, mit dem die Nazis gegen ihre Gegner vorgehen. Am 12. März begegnet er zum letzten Mal Erich Mühsam, der bald unter den brutalen Schlägen seiner Henker sterben wird. Am 14. März verläßt Arnold Zweig Deutschland. Gemeinsam mit Lily Offenstadt überquert er zu Fuß die Grenze in die Tschechoslowakei, wohin er »nur mit meinem kleinen braunledernen Köfferchen nach Spindlermühle ausreiste, mit meiner tapferen Sekretärin durch den Schnee stapfend, indes ein Dienstmann der Zollstelle unser bescheidenes Handgepäck per Schlitten nach oben brachte«[138]. Während Lily Offenstadt nach Deutschland zurückkehrt, fährt er am 23. März über Prag nach Wien. Wenige Tage später kehrt Beatrice Zweig aus Paris nach Deutschland zurück, hält mit ihrem Ehemann telefonisch Kontakt.

Zweig ist immer noch unentschlossen, was er tun soll, zwischen Hoffnung und Resignation hin und her gerissen. Am 18. März heißt es im Taschenkalender: »3 Fragen: 1) Kann ich in Deutschland noch schreiben, wozu es mich treibt? 2) Kann ich in D. leben, ohne denen in [den] Rücken zu fallen, die das nicht mehr können, moral[isch] genommen? 3) Kann ich mich in D. ernähren?« Am 8. Mai trifft Zweig in Prag mit Beatrice zusammen. Gemeinsam reisen sie nach Wien. Zwei Tage später ist die Entscheidung gefallen, für Zweig gibt es keine Alternative zum Exil. Am 10. Mai notiert er: »Deutschland verbrennt meine Bücher.«

Im neuen Kanaan

Um die Jahrhundertwende, als der erste Zionistenkongreß in Basel die jüdische Geschichte in neue Bahnen lenkte, lebten in Palästina rund 455000 Araber und knapp 50000 Juden. Die populäre Formel des britischen Zionisten Israel Zangwill, Palästina sei »ein Land ohne Volk für ein Volk ohne Land«[1], entsprach also weniger der historischen Wahrheit als vielmehr dem Wunschdenken der Siedlungszionisten. In den vier Jahrhunderten osmanischer Herrschaft war Palästina allerdings ein vergessenes Land gewesen, im Besitz weniger steinreicher Efendis, die es auch im fruchtbaren Jordantal verdorren ließen oder dort, wo der Boden bearbeitet wurde, die arabischen Einwohner, die Fellachen, gegen Hungerlöhne einsetzten. Nach dem Zusammenbruch des türkischen Großreiches am Ende des Ersten Weltkrieges gelangte Palästina als Völkerbundsmandat in den Herrschaftsbereich der Briten, rundete es deren nahöstliches Kolonialgebiet ab. Londons Außenminister Balfour hatte bereits 1917 einen aus jüdischer Sicht aufsehenerregenden Brief an Lord Rothschild geschrieben, der eine politische Wende in der Bevölkerungspolitik für den zwischen dem zwei Jahre später gebildeten Transjordanien und dem Mittelmeer liegenden Landstreifen zu signalisieren schien: »Die Regierung Seiner Majestät betrachtet die Errichtung einer Nationalen Jüdischen Heimstätte für das jüdische Volk in Palästina mit Wohlwollen ...«[2] Für die Zionisten war diese Balfour-Erklärung zweifellos ein großer Erfolg, aber der sehr vage Begriff »nationale Heimstätte« löste zwischen Juden und Arabern sofort einen – bis heute nicht beendeten – politischen Streit aus, zumal Großbritannien während der Mandatszeit eine sehr wankelmütige, die verschiedenen Gruppierungen in Palästina gegeneinander ausspielende Haltung einnahm. Aber auch unter den Juden selbst blieb die Frage, was denn das politische Ziel der Besiedlung Palästinas eigentlich sei, umstritten: Ging es um die Errichtung eines jüdischen Nationalstaates oder um die Bildung einer nichtstaatlichen Siedlungsgemeinschaft? Gegen einen Nationalstaat sprachen sich vor allem jene Juden aus, die in der Rückkehr nach Palästina eine religiöse Erneuerung der jüdischen Gemeinschaft sahen. So vertrat der liberale Rabbiner Juda Leon Magnes die Auffassung: »Das Primäre ist das lebendige jüdische Volk. Es ist der lebendige Träger und das Gefäß des Judentums, des jüdischen Geistes ... Palästina kann diesem Volke helfen, seine große ethische Aufgabe als national-internationales Gebilde zu erfüllen. Aber dieses ewige, umgetriebene Volk braucht keinen jüdischen Staat, um seine Existenz aufrecht zu erhalten.«[3]

In den zwanziger Jahren radikalisierten sich die Befürworter einer jüdischen Staatsbildung in Palästina; die extremen Kräfte unter ihnen, die »Revisionisten«, lehnten ein gleichberechtigtes Nebeneinander von Arabern und Juden im Land strikt ab. Entscheidend für die realpolitische Entwicklung in Palästina wurden jedoch die jüdischen Landkäufe, der strategisch wohl durchdachte, zentral gelenkte Bodenerwerb und die Bearbeitung des den Arabern abgehandelten Landes ausschließlich durch jüdische Arbeitskräfte. Die mittelfristige Folge dieses Vorgehens war, daß die arabischen Einwohner Palästinas zunehmend aus dem Wirtschaftskreislauf hinausgedrängt wurden. Auf die Landverkäufe an die Juden hatte die große Mehrheit von ihnen ohnehin keinen Einfluß, da sich der palästinensische Boden weitgehend in der Hand einer kleinen reichen arabischen Clique befand, die häufig gar nicht im Land selbst lebte, sondern ihren Wohnsitz seit Generationen in Ägypten, Syrien oder im Libanon aufgeschlagen hatte.

Zwischen 1880 und dem Beginn des Ersten Weltkrieges waren etwa 100000 Juden nach Palästina ausgewandert, aber die Hälfte verließ das Land wieder. Bis zum Jahre 1933, einem Wendepunkt in der Geschichte des Weltjudentums, hatten sich vor allem Juden aus Osteuropa zur Rückkehr nach Zion entschlossen, um der bitteren Armut, den sich regelmäßig wiederholenden Pogromen in Rumänien, im alten habsburgischen Galizien, in Polen und Rußland zu entfliehen. Sie wurden die Pioniere der jüdischen Besiedlung des Landes, bildeten den Kern des Jischuw. Wie Gustav Landauer es in seinen theoretischen Schriften beschworen hatte, gingen diese Menschen nach Palästina (und nicht nach Amerika oder Großbritannien), weil sie das Judentum durch eine ihm in Europa über Jahrhunderte hinweg verweigerte Rückwendung zum »Boden« vom Ghettodasein befreien wollten.

»Die Rückkehr nach Zion und der Aufbau eines neuen nationalen Lebens erforderten die Entwicklung einer neuen national eigenständigen, den geistigen Werten des Zionismus entsprechenden Kultur«[4], schreibt der Historiker und langjährige Außenminister Israels, Abba Eban, in seinem Bericht über die Geschichte des jüdischen Volkes. Vor allem galt dies für die Neugeburt der hebräischen Sprache. »Die Wiederbelebung des Hebräischen als moderne Sprache ist im wesentlichen das Verdienst eines Mannes, nach welchem die Hauptstraße Jerusalems benannt ist: Elieser Ben Jehuda – ein Mann, der von einem unbeugsamen Glauben an die Zukunft des jüdischen Volkes beseelt war.«[5] Der 1858 in Rußland geborene Elieser Ben Jehuda kam in den frühen achtziger Jahren des 19. Jahrhunderts nach Palästina, und er schuf dort sein Lebenswerk, die Erneuerung der biblischen Sprache der Juden durch die Übertragung moderner Wörter und Begriffe ins Hebräische – ein Vorhaben, das unter den Einwanderern einen heftigen Kulturkampf auslöste. Die orthodoxen Juden lehnten eine Veränderung der »heiligen Sprache« ab, die aus dem deutschen Kulturraum stammenden Bewohner setzten sich für ein deutschsprachiges jüdisches Palästina ein. Die als »Sprachenkrieg« in die Geschichte des frühen jüdischen Palästina eingegangene Auseinandersetzung endete um 1920 mit einem totalen Sieg des Hebräischen. Erwähnenswert ist dieser »Sprachenkrieg« in unserem Zusammenhang deswegen, weil Arnold Zweig seine Nachwirkungen noch zwanzig Jahre später deutlich spüren sollte, der Sprachenstreit nicht wenig zu seiner Isolierung im Lande beitrug.

In der zweiten Hälfte der zwanziger Jahre, als die Einwanderungsquote wieder leicht stieg, spitzte sich das ohnehin schlechte Verhältnis zwischen Arabern und Juden dramatisch zu. Nach Streitigkeiten um die heiligen Stätten in Jerusalem kam es 1929 zu arabischen Aufständen, die an verschiedenen Orten des Landes Judenmassaker auslösten. Im gleichen Jahr wurde die »Jewish Agency« gegründet, die sich als »öffentliche Körperschaft« die Aufgabe stellte, ein »jüdisches Nationalheim« zu errichten. Das Jahr 1933 sah Palästina also in einer gespannten politischen Situation, die sich nun vor allem psychologisch verschärfen sollte, als der Strom der aus Deutschland fliehenden Juden deutlich anschwoll. »Während in den Jahren 1929 bis 1931 ca. 4500 Neuankömmlinge pro Jahr in Palästina eintrafen, stieg die Zahl der immigrierenden Juden im Jahre 1933 ... auf über 30000 an. Was die zionistische Ideologie nicht bewirkt hatte, nämlich die massenhafte Einwanderung europäischer Juden nach Palästina – vermochten die Nationalsozialisten innerhalb weniger Monate zu realisieren.«[6] Allerdings dürfen diese Zahlen nicht über eine besondere Variante der Tragödie des europäischen Judentums zwischen 1933 und 1945 hinwegtäuschen: Während das Leben von Millionen jüdischer Bürger vor allem nach den Pogromen 1938 im wachsenden Herrschaftsbereich der Nationalsozialisten aufs äußerste bedroht war, schlossen die britischen Mandatsherren die Häfen Palästinas für eine Masseneinwanderung, lehnte es selbst Präsident Roosevelt ab, die Einwandererquote für die Vereinigten Staaten zu erhöhen. Viele im deutschen Kernreich lebende Juden weigerten sich auch, bis zu dem Tag, an dem die Synagogen in Deutschland in Flammen aufgingen, ihre Heimat zu verlassen, hofften immer noch, daß Hitler nur ihre materielle Existenz, aber nicht ihr Leben zu vernichten beabsichtige. Hunderttausende versäumten damit, rechtzeitig, als noch Fluchtmöglichkeiten bestanden, Deutschland zu verlassen und den Qualen und der Ermordung im Konzentrationslager zu entgehen.

Am 21. Dezember 1933 traf Arnold Zweig im Hafen von Jaffa ein. Hinter ihm lagen hektische, aber auch arbeitsreiche Monate des Wartens, in denen er zwischen Prag, Wien, dem Thuner See in der Schweiz, dem südfranzösischen Sanary-Sur-Mer, Paris und Amsterdam hin und her gependelt war. Wie viele andere wollten die Zweigs zunächst nicht an eine endgültige Abkehr von Deutschland glauben. Noch im März 1933 schreibt Beatrice aus Paris: »Von Arnold habe ich bisher beruhigende Nachrichten. Wie es freilich weiter werden soll, wissen wir nicht, ob ein Schriftsteller seiner Art in Deutschland in der nächsten Zukunft leben und mit Sammlung arbeiten kann.«[7] Im August 1933 steht jedoch ihre Entscheidung fest. Anfang April hatte Lily Offenstadt, die in Berlin geblieben war und die beiden Söhne betreute, dringlich vor einer Rückkehr gewarnt: »Bitte kriege keine Panik, wir müssen uns damit abfinden, dass hier eine neue Zeit beginnt und für manche Menschen in Deutschland kein Raum mehr ist, weil man sie nicht will. Ich wünschte allen diesen Menschen, sie wären draußen, statt hier inhaftiert. Einsteins Vermögen ist beschlagnahmt. Sie werden noch sicher einiges in der Richtung tun … Und noch einmal: bleibe fort, Du kannst uns allen und Dir schrecklich schaden …«[8] Wenig später erkennt auch Zweig, daß Deutschland zunächst unwiederbringlich verloren ist: »Alles ist zerstört, was fest zu stehen schien wie der Dollar, und wir haben unsere Augen auf Palästina gerichtet und gedenken, Mitte September zunächst mal die Jungen hinüberzubringen. Was uns das Ausgerissenwerden aus Eichkamp gekostet hat, werde ich vielleicht mal später begreiflich machen. Dita ist wieder heimlos, ich ohne Arbeitsstätte.«[9]

Die Dokumente zeigen, daß er damals – trotz immer wieder auftauchender Zweifel – ernsthaft an kein anderes Exilland gedacht hat als an Palästina. Es gehört jedoch zu den seltsamen Fügungen dieses Schriftstellerlebens, daß Zweig zu einem Zeitpunkt seinen Wohnsitz im neuen Kanaan aufschlägt, als er dem Zionismus bereits ablehnend gegenübersteht und mit zunehmender Skepsis die jüdische Besiedlung Palästinas betrachtet.

Die erste Antwort Zweigs auf den Sieg der Antisemiten in Deutschland ist ein weiterer Essay über das Judentum. Im Sommer 1933, den er überwiegend in Sanary-Sur-Mer verbringt, schreibt er die Hauptteile seiner »Bilanz der deutschen Judenheit« nieder. In dem idyllischen Fischerdörfchen an der südfranzösischen Mittelmeerküste hatte sich in diesen Sommermonaten bereits eine kleine, exklusive deutsche Exilgemeinde versammelt, darunter Thomas und Heinrich Mann, Lion Feuchtwanger, René Schickele, Bertolt Brecht und Ludwig Marcuse. Feuchtwanger wird so lange in Sanary leben, bis die Nazis ihn auch aus Frankreich verjagen. Marcuse bleibt ebenfalls für Jahre an der Mittelmeerküste, geht Ostern 1939 in die USA. Die anderen ziehen dagegen schon bald weiter, Thomas Mann in die Schweiz und dann in die Vereinigten Staaten, der Bruder Heinrich nach Nizza und nach Kalifornien, Brecht nach Skandinavien und schließlich auch in die Vereinigten Staaten: deutsche Emigrantenschicksale.

Arnold Zweig trifft am 1. Juli in Sanary ein, großzügig aufgenommen von Lion und Marta Feuchtwanger. Die Gespräche der Emigranten schwanken zwischen trügerischem Optimismus und Hoffnungslosigkeit, was die Dauer der Hitlerherrschaft betrifft. »Und all diese geistig-literarische Welt traf sich an den runden Marmortischen der Cafés und trank einen Schwarzen oder einen provencalischen Rotwein, machte einander aufmerksam auf Artikel im ›Petit Marseillais‹ über Vorkommnisse im Dritten Reich oder aus den großen Pariser Zeitungen und gab dem Schriftsteller Leopold Schwarzschild und seinem Pariser Tagebuch recht, der behauptet hatte, die gesamte deutsche Literatur von Gewicht und Belang habe dem Dritten Reich den Rücken gekehrt.«[10]

Feuchtwanger schreibt in diesen Sommermonaten seinen Roman »Die Geschwister Oppermann«, eine Geschichte aus den Monaten des Untergangs von Weimar und der ersten Terroraktionen der neuen Herren in Berlin. Thomas Mann, innerlich unentschlossen und leidend, wägt ab, ob er ins Münchner Haus zurückkehren will oder kann, ob er öffentlich mit dem Nationalsozialismus brechen soll oder nicht. Arnold Zweig hatte unmittelbar nach dem Verlassen Deutschlands zunächst erwogen, ein Filmdrehbuch zu verfassen. Kein Zufall, daß auch Brecht und Feuchtwanger sich in den ersten Wochen des Exils dem Film zuwandten. Wie fast alle Flüchtlinge standen sie zunächst vor einer völlig ungewissen finanziellen Zukunft. Sicher war nur, daß ihre Bücher in Deutschland, dort, wo ihre treueste und größte Lesergemeinde lebte, nicht mehr gedruckt werden würden. Da sie alle drei als Schriftsteller einen internationalen Ruf besaßen (für Brecht gilt dies damals allerdings nur sehr begrenzt), hofften sie, in der Filmindustrie schnell ein erstes finanzielles Auskommen zu finden.

Viele unter den deutschen Emigranten machten sich jedoch Illusionen über die politischen Entwicklungen in Europa. »Gehen Sie doch nicht so weit weg«, rät Brecht in diesen Monaten Zweig. »Wir werden bald genug an Rückkehr denken müssen, wenn diese braune Tünche vom deutschen Klosett wieder abgefallen ist.«[11] Nicht nur der einstige Berliner Erfolgsdramatiker sollte in seiner Einschätzung über die Dauer des Dritten Reiches heftig irren. Schon im Sommer 1933 schlugen die Regierungen in den westlichen Demokratien gegenüber der deutschen Diktatur einen vorsichtigen Anpassungskurs ein. Hatten sie noch in den ersten Monaten nach Hitlers Machtantritt laut und offen gegen den Terror im Reich protestiert, hielten manche bald antifaschistische Drehbücher für politisch unerwünscht. Feuchtwanger funktionierte das für eine britische Filmfirma entworfene Oppermann-Szenario in einen Roman um, Zweig dagegen wandte sich einem ganz anderen Vorhaben zu: Am 27. Juni 1933 begann er, seine »Bilanz der deutschen Judenheit« zu diktieren, die er zwei Monate später abschließen konnte. Über die Entstehungsgeschichte schreibt er: »Und so wurde es Sommer ... und zwischen Bädern und Spaziergängen beendeten wir die Niederschrift von ›Bilanz der deutschen Judenheit 1933‹. Zum Glück hatte sich Lion Feuchtwanger … die fünf Bände ›Jüdisches Lexikon‹ aus Berlin schikken lassen können; in ihnen fand ich alles, was ich zur Ergänzung meines Materials nachschlagen mußte.«[12]

Erste Pläne für dieses Buch hatte Zweig in Gesprächen mit Fritz Landshoff während eines Aufenthaltes am Thuner See entwickelt, wohin er im Mai 1933 mit Beatrice gereist war. Landshoff war Mitbesitzer des Berliner Kiepenheuer-Verlags gewesen, der die ersten beiden Romane des Grischa-Zyklus veröffentlicht hatte. Er bot Zweig einen Buchvertrag für den Querido-Verlag in Amsterdam an, der die Werke deutscher Exilautoren drucken wollte. Zweig hat sich in diesen Wochen auch mit mehreren Romanvorhaben beschäftigt, darunter mit der Geschichte von »Isaak Deutsch«, deren Handlung am Ende des 18. Jahrhunderts einsetzen sollte. Schließlich aber stürzte er sich auf das mit Landshoff verabredete Buch.

Zweigs »Bilanz« basiert gedanklich auf mehreren Arbeiten, die er seit 1919 zu den Themen deutsch-jüdische Symbiose und Antisemitismus geschrieben und veröffentlicht hatte. Das Buch beginnt mit einer »Beschreibung der Sachlage«, schildert also die geistig-politischen Hintergründe, die zum Aufstieg der Nationalsozialisten in Deutschland geführt haben: »In diesem Sinne erkennen wir zu allem Anfang: der Ursprung der heutigen Einstürze liegt in jenem Augenblick, als in das Leben Europas das Prinzip der Gewalt wiedereingesetzt wurde. Gleichsam rechtmäßig trat es auf und mit dem Anspruch, das einzige Mittel zur Lösung schwerer Streitfälle im Völkerleben zu sein: Einbruch des Krieges in die Welt von 1914.«[13]

Zweig deutet das Geschehen in Deutschland mit Hinweisen auf die neurotischen Züge des Faschismus, greift auf die in seiner Antisemitismus-Studie »Caliban« bereits entwickelte Wirkung kollektiver Triebaffekte zurück. Hitlers Buch »Mein Kampf« setzt er, was die psychische Struktur seines Autors betrifft, mit dem Fall des irrsinnigen Landgerichtsrats Daniel Schreber gleich, den Sigmund Freud in der Darstellung von Opfern der Neurose einst geschildert hatte: »In seiner Mischung von besessener Propaganda, abgestandenen Brocken einer kümmerlichen Autodidaktenbildung, schlagkräftig-falschen Bildern und politischer Phantastik stellt es einen geistigen Niederschlag dar, den man, will man ihn wirklich verstehen, in der Art lesen muß, wie eben die ›Denkwürdigkeiten eines Nervenkranken‹ des Dr. Daniel Schreber. Nur so kann man die unheimliche Geschwätzigkeit, den affektgetränkten Vortrag und die von Gedankenflucht zeugenden Schachtelsätze des bedauernswerten Verfassers richtig einordnen.«[14]

Zweig argumentiert aber auch politisch: »Die Demokratie der westlichen Erdhälfte und die Tugenden und Schwächen der bürgerlichen Kultur erwiesen sich als das letzte bißchen Gesittungserbe, das den Krieg überdauert hatte. Der ›Liberalismus‹, gegen den das Dritte Reich anschäumte, und um dessentwillen es die deutschen Juden aus ihren selbstgeschaffenen kulturellen und wirtschaftlichen Stellen ausmerzte, – dieser Liberalismus ward erfühlt als der Vorposten und Verbindungsmann der westlichen Zivilisation in Europas Mitte, Europas Osten ... Liberalismus war gleichbedeutend mit bürgerlicher Bildung, gleichbedeutend auch mit Arbeiterbildung. Die Söhne des Bürgertums waren es, die den Arbeitern die Schätze des geistigen Deutschlands brachten – unter ihnen eine Fülle junger Juden.«[15]

Im Zentrum des Buches steht das Kapitel, in dem Zweig den Anteil des Judentums an der Entwicklung der europäischen, vor allem der deutschen Kultur schildert. Es sind Seiten, die sich wie eine große Geistesgeschichte des Abendlandes lesen: Sie erzählen von den bedeutenden Leistungen jüdischer Denker und Forscher in den Geistes- und Naturwissenschaften, in der Ökonomie und Juristerei. Europa ohne die jüdischen Ärzte und Physiker, Mathematiker und Biologen, Philosophen und Schriftsteller, seine Theaterbühnen ohne jüdische Schauspieler, die moderne Geistesgeschichte ohne Sigmund Freud und Albert Einstein? Es ist eine zutiefst selbstbewußte Bilanz, die Zweig einer aus den Fugen geratenen, von neuen antisemitischen Wellen bedrohten Welt vorzulegen weiß.

Im letzten, schwächeren Teil des Buches versucht Zweig, einen Ausblick zu geben. Dabei kehrt er noch einmal zurück zu den zionistischen Perspektiven, die er in den vergangenen Jahren immer wieder angesprochen hat, obwohl er inzwischen ein »Vernunftszionist« geworden ist: »Palästina, diese ›romantische Utopie‹, ist trotz aller Einwanderungsbeschränkungen in der Welt der kapitalistischen Krisen der einzige praktische Weg in die Zukunft ... das einzige [Land], das der jüdischen Jugend Deutschlands mit Mut und Zukunftshoffnung entgegenkommt.«[16] Unüberhörbar ist jetzt aber auch die marxistische Variante, mit der das Buch endet: »Eine sinnvollere Gesellschaftsordnung, eine sozialistische Welt wird die Befreiung aus diesem lasterhaften Zirkel von National- und Privategoismen bringen.«[17]

Zweigs Buch kommt Anfang 1934 heraus, als er schon in Palästina ist. Es bleibt praktisch ohne jedes Echo. Den einen ist es zu zionistisch, den anderen zu sozialistisch. In Amerika, dem Land mit der größten jüdischen Gemeinde, erscheint es überhaupt nicht. Zweigs amerikanischer Verleger, Ben Huebsch, lehnte eine Übersetzung mit der Begründung ab, das Buch käme zu spät, das Interesse der amerikanischen Juden an den Vorgängen in Europa sei inzwischen wieder deutlich gesunken. Unter den Exilanten allerdings wird es mit Aufmerksamkeit und Zustimmung gelesen. Thomas Mann notierte am 17. März 1934 im Tagebuch: »Gestern abend las ich lange in A. Zweigs Buch über die Juden, mit vieler Genugtuung.«[18]

»Bilanz der deutschen Judenheit« wird erst im Jahre 1961 wieder neu aufgelegt; nicht in der DDR, sondern in der Bundesrepublik. In einem Nachwort zu dieser Ausgabe schreibt Achim von Borries: »Arnold Zweig war ein von den Ereignissen im doppelten Sinne und er war ein im Doppelsinn des Wortes ›Betroffener‹. Auf der Betroffenheit des deutschjüdischen Autors beruht das Pathos des Werks, auf ihrer Objektivierung dessen unverwechselbarer sachlicher Gehalt. Denn ›betroffen‹ zwar, aber nicht überrascht, nicht passiv und nicht als ein unentrinnbares, unbegreifliches Fatum hatte er die Machtergreifung Hitler's erlebt, vielmehr als bewußter Jude und wissend-warnender geistiger Repräsentant jenes humanistisch-demokratischen Deutschland, das seit mehr als einem Jahrzehnt im Kampfe stand gegen den Nationalsozialismus und seine Wegbereiter.«[19] Arnold Zweigs »Bilanz« sei, so schreibt Borries, eines »der letzten großartigen Zeugnisse der geistig so unendlich fruchtbaren deutsch-jüdischen Symbiose, über die sie ebenso berichtet, wie sie auch deren wachsende Gefährdung erkennen und begreifen lehrt«.[20] So richtig diese Worte sind, in der Bundesrepublik blieb Zweigs »Bilanz« bis zum heutigen Tag ein nicht beachtetes Buch.

Von einer Episode soll an dieser Stelle berichtet werden, die auch – zumindest indirekt – ein Nachklang der Veröffentlichung dieses Buchessays war. Vier Tage vor seinem Tod am 19. Dezember 1935 schreibt Kurt Tucholsky aus seinem schwedischen Exil einen langen Brief an Arnold Zweig. Es ist ein erschütterndes

Dokument der nicht mehr zu besiegenden Resignation des schon lange Verstummten. Tucholsky zieht darin seine Bilanz über das deutsche Judentum. »*Was* sind Sie –? Angehöriger eines geschlagenen, aber nicht besiegten Heeres?« fragt er, um eindeutige Antwort zu geben. »Nein, Arnold Zweig, das ist nicht wahr. Das Judentum ist besiegt ... und es ist auch nicht wahr, daß es seit Jahrtausenden kämpft. Es kämpft eben nicht. ... Der Jude ist feige. Er ist selig, wenn ein Fußtritt nicht kommt – ihn so als primär annehmend, als das, was ihm zukommt. ... Wer die Freiheit nicht im Blut hat, wer nicht fühlt, was das ist: Freiheit – der wird sie nie erringen. Wer das Ghetto als etwas von vornherein gegebenes akzeptiert, der wird ewig darin verbleiben.«[21] Ein ungerechter, nur aus der persönlichen Verzweiflung des Schreibers erklärbarer Brief der Abrechnung ist es, nicht nur die deutschen Juden anklagend, sondern auch die Sozialdemokraten, Kommunisten und bürgerlichen Intellektuellen Weimars und des Exils.

Erstaunlich, daß dieses praktisch letzte Dokument Tucholskys gerade an Zweig gerichtet ist. Es verband sie keine besonders enge Beziehung, manch kritisches Wort findet sich in den Veröffentlichungen oder Briefen des leidenschaftlichen Polemikers gegen den Grischa-Autor und Verfasser vieler jüdischer Essays. Nur wenige Tage vor seinem Tod schreibt der Vereinsamte noch unwillig an die Geliebte Nuuna: »Anbei ein Brief Zweigs. Ich mag ihn nicht beantworten, denn was ich ihm nun antworten müßte, verstände er gar nicht. Ich kenne aus seinem Buch ›Bilanz der deutschen Judenheit‹ nur ein paar schreckliche Proben ... und ich glaube nicht, daß darin die große Selbsteinkehr, die Umkehr, die Abrechnung mit sich selbst zu finden sein wird, und wenn, dann in einer zagen Form, daß zwar gewisse Geldjuden, gewiß ... aber das ist es nicht.«[22] Nur acht Tage später aber teilt er seiner Briefpartnerin mit: »Na gut, ich werde an Zweig schreiben – ach Gott, das macht so viel Arbeit ... Mich freut solcher Briefwechsel nicht – es kommt garnichts dabei heraus – er versteht nicht, Du wirst das an seiner Antwort sehen.«[23]

Zweig erreichen diese Zeilen, als Tucholsky schon begraben ist. Seine Antwort an einen Toten ist im Gegensatz zu der pessimistisch-gleichgültigen Erwartung des Absenders nobel, verständnisvoll und voller Zuneigung. »Lieber Kurt Tucholsky«, beginnt er, »wie sonderbar, daß Sie nun tot sind, ich Sie auf die Verlustliste setzen, Ihnen die Leichenrede halten muß.«[24] Und er deutet die letzten, bitteren Zeilen des Lebensmüden mit ergriffener Nachsicht: »Eine tief verwundete Seele kam zum Vorschein, verwundet nicht als Linker, nicht als Geistiger, nicht als kassandrischer Prophet, sondern als Jude.«[25] Allerdings verteidigt Zweig mit Nachdruck die Haltung der deutschen Juden, weist auf ihre mentale Eingebundenheit in die Gesellschaft ihres Heimatlandes hin, die von Kapitalismus und politischer Tatsachenverdrängung geprägt worden sei. Beide Phänomene hätten alle Deutsche in ihrer Weltsicht beeinflußt, auch die jüdischen Mitbürger. »Und das taten die deutschen Juden im März 33. Sie taten es, Tucholsky, mit weit mehr Haltung als die Herren von und zu im Jahre 18. ... Daß wir uns so irrten, daß wir die Menschen, mit denen wir aufgewachsen waren, so überschätzten, ehrt uns nicht, aber es schändet uns auch nicht. ... Die Lehre die wir alle empfangen haben, heißt kurz und dürr: wir täuschten uns über den Grad von Zivilisation in den Deutschen ...«[26]

Die Briefe, die in der »Neuen Weltbühne«, einem der bedeutendsten Exilorgane vor dem Zweiten Weltkrieg, veröffentlicht wurden, lösten unter deutschen Emigranten eine lebhafte und – was Tucholskys Sätze betraf – bestürzte Debatte aus. Die zionistische und immer noch in Berlin gedruckte »Jüdische Rundschau« sprach von »jüdischem Selbsthaß«, was Kurt Hiller wiederum empört zurückwies. Tucholskys selbstanklägerische Verdammung wurde selbst von einigen Blättern der Nationalsozialisten – beispielsweise dem haßvoll antisemitischen »Stürmer« des Julius Streicher – aufgegriffen und fand dort eine hämische Kommentierung.

Zweig wählte in den Schlußworten seines Briefes allerdings Formulierungen, die weit über den grausamen Alltag von 1936 hinausreichten: »Nach meinen Augen fragen Sie. Wie sie auch immer seien, sie werden Sie nie mehr sehen. Aber Ihren Nachruhm und Ihr Gedächtnis und den Dank an Sie, den wohl. Wer uns so lachen und zürnen machte, und just über das Lächerliche und Empörende, wer so herrlich zu spaßen und weise zu sehn vermochte wie Sie, und alles so auf Deutsch, der mag gern ausruhn wie H. Heine. Er ist ein Lebender wie er.«[27] Tucholskys Brief und Tod werfen nur einen von vielen scharfen Schatten auf die Tragödie des Exils. Zweig hat das Gefühl der Ausweglosigkeit, das der so hochbegabte Journalist, Satiriker und Schriftsteller schon seit Mitte der zwanziger Jahre empfand, nicht geteilt, aber respektiert.

Die Fahnen zu dem Buch, das seine eigene, sehr selbstbewußte

Haltung gegenüber dem deutschen Judentum reflektiert, korrigierte Zweig im Spätherbst 1933 in Paris. Am 15. Dezember geht er in Marseille an Bord der »Marietta Pascha«, und sein letzter Gruß von Europas Küste gilt Sigmund Freud: »Ich habe eine ungewöhnliche Anspannung hinter mir, und mein Mscrpt. doch noch nicht ganz druckfertig hinterlassen müssen. Aber Dita bat mich zu kommen, als es ihr schlecht ging, und jetzt, wo es ihr wieder besser geht, kann ich nicht mehr zurück.«[28] Sechs Tage später erreicht Zweig den Hafen von Jaffa. In Tel Aviv trifft er mit der Familie zusammen, die bereits einige Wochen vorher in Palästina eingetroffen ist und ihn dort dringlichst erwartet.

Beatrice hatte die Wahl des Exillandes mitbestimmt. Die wirren Monate der Flucht und der Unsicherheit, die hinter ihnen liegen, haben das Ehepaar nach Jahren der Entfremdung wieder zusammengeführt. Aber auch Lily Offenstadt, die inzwischen geheiratet hat, um die unhaltbare Situation einer Ehe zu dritt aufzulösen, kommt mit ihrem Mann nach Palästina. Sie bleibt in den nächsten Jahren Zweigs Sekretärin. Schon im April hat sie ihm angesichts der auch sehr persönlichen Veränderungen, die das Ehepaar erlebt, resignierend mitgeteilt: »Hätte ich nicht jetzt nach unser aller Überlegung die Bindung zu Haus, so sähe alles einfacher aus, und es bestände jetzt vielleicht die Möglichkeit, daß wir ein Stück Leben offiziell zusammen lebten. ... Jetzt aber ist es für mich zu spät. Das stelle ich nach gründlichen Überlegungen immer wieder mit tiefem Schmerz fest.«[29] Noch aus Berlin hatte Zweig an Beatrice geschrieben, Lily sei »über ihr eignes Gefühl weggeschritten wie nur eine liebende Frau das vermag. Das gibt mir ihr gegenüber eine tiefe Aufgeschlossenheit, die du verstehen wirst, und die uns beiden gut tut. Sie hat damit bewiesen, wie mir scheint, und auch wohl dir, daß sie in deinen Bereich nicht einzudringen gedenkt, daß sie ihr Leben nachbarlich zu mir aber doch selbstständig einzurichten willens ist, und so darf ich dir das alles wohl schreiben ohne dir weh zu tun.«[30] Ein anderer Brief vom Februar 1933 zeigt, daß Zweig trotz seiner über Jahre währenden intensiven Beziehung zu Lily Offenstadt mit liebevoller Sorge bemüht ist, Beatrice bei dem Kampf gegen die immer wiederkehrenden Depressionen zur Seite zu stehen. Er bittet sie, »wie der Christus bei Grünewald aus der Plattbrettgruft auf[zu]fahren: freiwillig, gern, weil die Zeit der Auferstehung gekommen ist ... fahre auf, Gretchen, und lebe!«[31]

Es ist ein Siedlerland, in das Zweig kommt. Die jüdischen Menschen, die hier in den letzten Jahrzehnten eine neue Heimat fanden, trotzten in jahrelanger harter Arbeit dem ausgedörrten oder sumpfigen Boden die Ernten ab, die sie ernähren mußten. Sie bauten eigenhändig ihre Häuser und Wohnbaracken, lebten in einer zunehmend feindlicher werdenden Umwelt. Die Deutschen, die ab 1933 in das Land kamen, stammten mehrheitlich aus dem Bürgertum. In seiner Arbeit über das palästinensische Exil schreibt der Kommunist Rudolf Hirsch schon über die in früheren Jahren eingewanderten deutschen Juden, die deutsch-jüdische Alija: »Fast in jeder deutschen jüdischen Stube hing damals eine Reproduktion des Bildes ›Jüdischer Feldgottesdienst vor Metz am Versöhnungstag 1870‹. Man war stolz, als gleichberechtigter Bürger im kaiserlichen Deutschland eingegliedert zu sein. Die Mehrheit der bürgerlich gesinnten jüdischen Menschen in Deutschland war im Central-Verein deutscher Staatsbürger jüdischen Glaubens organisiert, eine Vereinigung, über die Kurt Tucholsky spöttisch bemerkte, sie müßte eigentlich Central-Verein deutscher Staatsjuden bürgerlichen Glaubens heißen. Eine Minderheit der Juden war in den Arbeiterparteien organisiert.«[32]

Es waren keineswegs überzeugte Zionisten, sondern vor allem deutsch-konservative ehemalige Rechtsanwälte und Richter, die ab 1933 kamen, Ärzte, Kaufleute, Hochschullehrer oder Journalisten. Für solche Berufe gab es in einem Land wie Palästina kaum Verdienstmöglichkeiten. So wurden die meisten von ihnen Hilfsarbeiter oder gingen als »Bauern« in die Siedlungen; wer handwerkliche Geschicklichkeit besaß – welch ein Glücksfall in diesem Land und in diesen Zeiten –, wurde Spengler oder Elektriker. Für nahezu alle Flüchtlinge bedeutete die Ankunft in Palästina eine existentielle Lebenswende.

Sie waren nicht sehr beliebt in der Jischuw, die Neuankömmlinge aus dem westlichen Europa, vor allem nicht die »Jeckes«, die deutschen Juden. Ihre trotz aller Anfeindungen ungebrochene Liebe zu Deutschland, ihre großbürgerliche, häufig ein wenig zu stark hervorgekehrte humanistische Bildungsmentalität, ihre Ablehnung des Hebräischen, ihre meist durch das Aufwachsen in einer Großstadt geformte Lebensweise lösten Abwehr und Unwillen bei den alteingesessenen Zionisten aus. Und das waren vor allem die einst von den assimilierten Westjuden verachteten zionistischen Ostjuden. Die Konfrontation von damals verlief jetzt mit umgekehrten Vorzeichen. Die deutsche Alija blieb lange ausgeschlossen aus den jüdisch-zionistischen Führungskreisen in Palästina; deutschsprachige Theateraufführungen lösten Protestaktionen bei den Zionisten aus; Bücher deutschsprachiger Autoren wurden nur höchst selten ins Hebräische übersetzt. Umgekehrt taten sich viele in der deutschen Alija schwer, Palästina als neue Heimat und nicht lediglich als Land des Exils zu akzeptieren, die Anpassung an eine neue Umwelt gelang unter Mühen. Hans-Albert Walter schreibt zu Recht: »Die vielberufene ›Hebräisierung‹, deren aus Gründen der nationalen Integration wichtigster Punkt die Aneignung des Neuhebräischen war, diese ›Hebräisierung‹ ist also gerade bei älteren Einwanderern kaum vollzogen worden. In Folge des nationalen Aspekts der zionistischen Ideologie mußte aber gerade ihr eine besondere Bedeutung zukommen, und sie ist denn auch in den vierziger Jahren einer der wesentlichsten Konfliktstoffe zwischen Jischuw und deutscher Alija gewesen. Es ist kein Zufall, daß gerade die Sprachenfrage zur Entladung der weithin bestehenden latenten Spannungen auch im sozio-ökonomischen Bereich geführt hat.«[33]

Walter Zadek wird in den vierziger Jahren in der Zeitschrift »Orient«, an deren Erscheinen Arnold Zweig lebhaft Anteil genommen hat, die ökonomische Seite dieses Konfliktes mit aller Härte, aber wohl auch überspitzt, formulieren: »Die Liebe hat nachgelassen. Man hatte den Einwandrern inzwischen Boden verkauft und teuere Wohnungen vermietet, ihnen in seltsamen Kompagnie-Geschäften ihre oft beträchtlichen Geldmittel abgenommen. Da blieb diesen nichts mehr übrig als selbständig zu werden. Sie wurden Konkurrenten, *tüchtige* sogar. Schnell war es nun mit der jüdischen Brüderlichkeit vorbei. Man suchte nach Wegen, um ihre Selbständigkeit zu vernichten. Man fand ihre Schwächen heraus und entfesselte u. a. den Sprachenstreit, als eines der vielen Mittel im Konkurrenzkampf.«[34]

Abba Eban hat in seiner Geschichte über das jüdische Volk die damalige Lage der Jeckes sehr gut beschrieben: »Der Gegensatz zwischen ihrer früheren Zuversicht und ihrem jetzigen Zusammenbruch hatte etwas Schmerzliches an sich. Die deutschen Juden, die dem Zionismus vielfach ferner standen als die assimiliertesten polnischen und russischen Juden, hatten dem deutschen ›Vaterland‹ in aller Loyalität ihre ganze Kraft gegeben. Sie waren in ihren Sitten, in ihrem Geschmack, in Kleidung und Verfeinerung durch und durch europäisch. Entsprechend schwer fiel ihnen die Anpassung an das heiße, unfruchtbare Land im Nahen Osten. Sie stellten die Nationale Heimstätte auf eine harte Probe. ... Der Weg war steinig, aber sie brachten ihn mit Anstand hinter sich und nahmen schließlich als tätige Mitglieder eine angesehene Stellung in der nationalen Gesellschaft ein.«[35]

Also trotz dieser innerjüdischen Konflikte, trotz der großen objektiven Schwierigkeiten, denen die deutsche Alija gegenüberstand: Viele haben die Umstellung im Laufe der Jahre gemeistert, sich eine neue Existenz in Palästina aufgebaut, auch wenn ein nicht geringer Teil schon bald in die wachsenden Städte des Landes zog. »Dagegen gab es eine Gruppe der deutschen Juden«, schreibt die Zionistin Eva Beling allerdings über die Eingliederung deutscher Einwanderer in Israel, »nämlich die Intellektuellen, die sich nur unter großen Schwierigkeiten umzustellen vermochten, weil sich bei ihnen in den letzten fünfzig Jahren bereits ein Standesbewußtsein entwickelt hatte.«[36]

Eine Situation, die zum Teil auch auf Arnold Zweig zutrifft. Fünfzehn Jahre lang hat er in Palästina gelebt, und sein Verhältnis zu dem Land und seinen Menschen unterliegt in dieser Zeit heftigen Schwankungen. Sie konnten nicht zueinander finden, der großbürgerliche, berühmte Schriftsteller und die so hart um den Aufbau einer neuen Lebensexistenz ringenden, von vielen praktischen und politischen Widrigkeiten heimgesuchten Einwanderer, die in seiner Umgebung lebten. Zweig fühlt sich als Künstler in den Exiljahren nicht ausreichend anerkannt, seine finanzielle Lage ist schwierig, aber er ist trotz aller Bedrängnis doch ein finanziell Privilegierter unter den Neueinwanderern. Louis Fürnberg notiert recht ärgerlich, »daß für den Nachdruck seines Vorworts zu meinen Gedichten in der ›Internationalen Literatur‹ Zweig 30 L erhielt, ich nicht einen baren Pfennig«[37]. Und an den Honorar fordernden Schalom Ben-Chorin schreibt Fürnberg: »Valentin und Zweig ... sind auch die einzigen, die im Book-Club, wo die Redner völlig selbstlos mitzuwirken pflegen, bezahlt erhalten. Bei ihren Vorträgen werden 10 Piaster Eintrittsgeld erhoben, bei den anderen Vorträgen nur 3.«[38] Im Juli 1936 berichtet Lion Feuchtwanger seiner Briefpartnerin Eva Boy: »er hat übrigens mit ›erziehung vor verdun‹ in england und in amerika ungewöhnlich starken erfolg gehabt, sodass es ihm wenigstens wirtschaftlich sehr gut geht.«[39] In all den Jahren kämpft

Zweig verbissen, um den aus den Berliner Tagen gewohnten Lebensstandard aufrechterhalten zu können.

Auf dem Berg Karmel, hoch über der Bucht von Haifa, mietete er in den ersten Jahren eine für dortige Verhältnisse recht teure Wohnung, er reiste zwischen 1936 und 1939 jedes Jahr nach Europa, traf dort die Gefährten aus den Berliner Tagen, nahm den literarisch-politischen Dialog mit ihnen wieder auf, den er so schmerzlich in seiner Isolierung vermißte; es galt, eine vierköpfige Familie zu ernähren, später den Söhnen eine Ausbildung zu finanzieren. Und dies alles bei bald beträchtlich sinkenden Honorareinnahmen, denn der deutsche Buchmarkt war ihm verschlossen, deutsche Zeitungen und Zeitschriften, längst gleichgeschaltet, fielen als publizistisches Forum aus. Was blieb, das waren die wenigen Exilzeitungen, die – wenn überhaupt – kümmerliche Honorare zahlten, der Druck seiner Bücher bei Querido in Amsterdam, in Auflagen, die gegenüber früheren Zeiten eine geradezu lächerliche Höhe erreichten, und die Übersetzungen seiner Bücher in andere Sprachen. Ein gemessen an den letzten Jahren in Deutschland bescheidenes Auskommen. Allerdings, »Erziehung vor Verdun« wird in den USA zum »Book of the Month« gewählt, was Zweig das für damalige Verhältnisse »Vermögen« von 6 000 Dollar einbringt.

Die Reserven sind erst in den Kriegsjahren wirklich aufgebraucht, dann muß er Bücher aus seiner geliebten Bibliothek verkaufen, später seinen Flügel und das Auto. In den Briefen häufen sich die Klagen über Geldsorgen schon früh. Finanziell überlebt hat Arnold Zweig die späteren Jahre dank der treuen Hilfe Lion Feuchtwangers, der immer wieder Geld aus Amerika schickt; aber auch dank der Honorare aus der Sowjetunion, die Zweigs antifaschistisches, zunehmend prosowjetisches Engagement würdigt, indem sie seine Bücher übersetzt und druckt, viele seiner politischen und literarischen Artikel in ihre Zeitungen oder in die von Moskau finanzierten deutschsprachigen Exilzeitschriften aufnimmt, etwa in »Das Wort«, für das Feuchtwanger, Brecht und Bredel als Herausgeber verantwortlich zeichnen. Geld kommt auch, allerdings in bescheidenem Umfang, aus jüdischen Hilfsfonds. Eine Notiz des »Solidaritäts-Werks der Alijah aus Deutschland und Österreich« vom 2. August 1943 weist auf die prekäre Lage des Schriftstellers hin: »Die Situation von Arnold Zweig soll sich sehr verschlechtert haben. Seine Schulden sind angewachsen, so daß trotz unseres Zuschußes von LP 25 und verschiedenen Nebeneinnahmen die Familie ihren Lebensunterhalt durch Verkauf von Wertgegenständen und weiteres Schuldenmachen fristet.«[40]

Erschwerend für Zweigs Lage sollte sich zudem der wieder aufflammende Sprachenstreit auswirken. Die Judenverfolgungen im Dritten Reich lösten, insbesondere nach den Pogromen im November 1938, verständlicherweise eine heftige antideutsche Stimmung unter den Juden in Palästina aus. Die deutsche Sprache wurde jetzt noch entschiedener abgelehnt. Zweig aber lernte nicht Hebräisch, was ihm die radikalen Zionisten und auch gemäßigte Kreise im Lande übelnahmen. Der große Kenner der klassischen deutschen Literatur konnte und wollte nicht akzeptieren, daß die Sprache eines Kant, Goethe, Schiller oder Büchner nichts mehr gelten sollte, weil jetzt – und nach seiner festen Überzeugung nur für einen ganz kurzen historischen Augenblick – in ihrem Land Barbaren und Menschenschlächter regierten. Vor allem aber: die deutsche Sprache war der poetische Urgrund seines Künstlertums. Wie immer man in der gegebenen politischen Situation zu dieser Haltung stehen mochte, seine Kritiker wollten nicht zur Kenntnis nehmen, daß er fast blind geworden war, sein Augenleiden ihn bei der täglichen Arbeit stark behinderte. Ruth Klinger, seine Sekretärin in den vierziger Jahren in Haifa, sagte Jahrzehnte später: »Man nahm ihm übel, daß er nicht Hebräisch lernte. Man hat aber völlig übersehen und nicht zur Kenntnis genommen, daß der Mann durch eine Augenschwäche gar nicht in der Lage gewesen wäre, die hebräische Sprache zu lesen, was ja für einen intelligenten Menschen die Voraussetzung ist, eine Sprache zu erlernen. Die hebräischen Konsonanten besitzen Halbmillimeter-Unterschiede. Es gibt einige Konsonanten, die man deswegen verwechseln kann, wenn sie nicht gut gedruckt sind – und das konnte eben ein Mensch mit schlechten Augen nicht [lernen].«[41]

Aber er wollte auch nicht, blieb in dieser Frage unnachgiebig und uneinsichtig. Die Auseinandersetzungen um die deutsche Sprache erbittern Zweig im Laufe der Jahre tief, radikalisieren aber auch seine Gegner. Am 30. Mai 1942 gehen sie sogar handgreiflich gegen den Dichter vor, als dieser im Tel Aviver Esther-Kino eine Rede zugunsten geplanter Hilfsaktionen für die Sowjetunion in deutscher Sprache hält. Ein Zeuge erinnert sich an die beschämende Szene: »Kaum hatte Zweig zu sprechen begonnen, als einige Dutzend mit Steinen und Brechstangen bewaffnete Rowdies in den Kinosaal stürmten. Sie begannen die Einrichtung zu zertrümmern und riefen – natürlich auf Hebräisch –, daß sie es nicht zuließen, daß eine Versammlung in Hitlers Sprache in Tel Aviv abgehalten würde. Einer der chauvinistischen Fanatiker stieß Zweig vom Rednerpult; die Brille fiel dem fast blinden Schriftsteller von der Nase, und er flüchtete blaß und zitternd in eine Ecke, offenbar in der Furcht, zusammengeschlagen zu werden. Die Kundgebung wurde gesprengt, und als endlich die Polizei eingriff und der Schlägerei ein Ende setzte, mußten einige Verletzte in Krankenhäuser geschafft werden.«[42]

Acht Monate später, im Februar 1943, explodiert eine Bombe in der Druckerei, die die von Zweig geförderte Zeitschrift »Orient« herstellt. Wieder hatten die Sprachfanatiker brutal zugeschlagen, denn diese Wochenschrift, deren Existenz mit dem Anschlag beendet war, erschien deutschsprachig. Beide Ereignisse bestärkten Zweig in seiner Ablehnung der nationalistischen Bestrebungen der Juden. »Ich gestehe gern, geglaubt zu haben«, teilt er im November 1935 Hedwig Michaelis im Zusammenhang mit dem Sprachenstreit zornig mit, »der jüdische Nationalismus würde diese Dummheit den goyischen Nationalismen überlassen. Aber weit gefehlt.«[43]

So blieb über die gesamten Exiljahre hinweg zwischen dem Dichter und den Zionisten ein Verhältnis voller Mißtrauen bestehen. Zweigs ethischer übernationaler Kulturzionismus wird in Palästina mit der praktischen Wirklichkeit eines um das politische und materielle Überleben kämpfenden Judentums konfrontiert. Der empfindliche und gelegentlich sehr naive Dichter, der gegenüber dem Religionswissenschaftler Schalom Ben-Chorin einmal meinte, er hoffe auf den Bänken in den Grünanlagen von Haifa mit den Arbeitern des Landes diskutieren zu können,[44] blieb seinen Utopien treu und war doch in vielen Fragen desillusioniert. Das reale Leben im neuen Kanaan ist eben ganz anders. Von den schicksalhaften Ereignissen der Zeit geprägt, wurden die Menschen in Palästina hart und nicht selten auch uneinsichtig.

Ähnlich wie Zweig erging es im übrigen vielen Jeckes, die »Opfer« des Sprachenstreites wurden. Die in Prag geborene und bis 1933 in Berlin erfolgreich auftretende Schauspielerin Ruth Klinger erzählt in ihren Erinnerungen von dem kläglich gescheiterten Versuch, gemeinsam mit ihrem Partner und Ehemann Maxim Sakaschansky einen »jiddischen« Kabarett- und Vortragsabend in Tel Aviv zu veranstalten. »Einige lachen«, berichtet sie, »doch den meisten ist der Humor vergangen, zwischen den Zuschauerreihen ist bereits ein gewalttätiger Meinungsaustausch in vollem Gange, es folgt ein richtiges Pfeifkonzert, damit ist der Theaterskandal perfekt.«[45]

Hinzu kommt die geistige Isolierung, die Zweig zunehmend verspürt, vor allem nach dem Ausbruch des Krieges im September 1939, der die Meere zur Sperrzone macht und die jährlichen Reisen nach Europa unmöglich werden läßt. In den Weimarer Jahren im Kreise des intellektuellen Berlin lebend, gibt es für ihn jetzt unter den deutschsprachigen Emigranten in Palästina kaum Menschen, die er als gleichwertige Partner in literaturästhetischen oder politischen Diskussionen empfindet. »Ich bin hier sehr isoliert«, klagt er schon im Mai 1935 nicht ohne Selbstkritik in einem Brief an Rudolf Olden, »das geistige Leben Palästinas wird vom Aufbau und der hebräischen Schauseite der Dinge völlig verschluckt, und meine Unduldsamkeit gegen alles Fassadenhafte, die, ich gestehe es, bis zur Ungerechtigkeit geht, erschwert mir doppelt den Anschluß an hiesige Literatur- und Universitätskreise.«[46]

Max Brod lebt in Jerusalem, aber er ist uneingeschränkt Zionist. Else Lasker-Schüler, die zeitlebens geniale Einzelgängerin, bleibt auch in ihren Jerusalemer Jahren versponnen im eigenen Ich, vereinsamt, arm, als Dichterin von ihren Landsleuten jetzt völlig übersehen. Zu Leo Perutz gibt es kaum Kontakte. Immerhin, der in der Weimarer Literaturszene so erfolgreiche Autor phantastischer Abenteuerromane wird von Zweig dankbar als gelegentlicher Helfer empfunden: »Lieber Herr Perutz, es geschehen noch Zeichen und Wunder. Gestern erhalte ich von Dr. Litschütz einen Brief, der mich über spanische Nachdrucke meines ›Sergeanten‹ informiert und sich zur Eintreibung des Honorars zur Verfügung stellt. Ich freue mich gewärmten Herzens, daß es Ihre Empfehlung ist, die so gute Früchte trägt, wie ja überhaupt der Besuch bei Ihnen und Ihrer lieben Frau … ein heller Fleck in dieser grotesken Dunkelheit bleibt.«[47]

Louis Fürnberg, Lyriker, Erzähler und Kommunist, vor der Flucht nach Palästina in den Gestapokellern fürchterlich gefoltert, wird über die Exiljahre hinweg ein treuer Helfer und politischer Wegweiser sein, aber kein adäquater geistiger Partner vom

Format eines Lion Feuchtwanger oder Bert Brecht. Martin Buber, der 1938 dem Naziterror weichen muß, lehrt an der Universität von Jerusalem, doch die geistige Distanz zwischen beiden ist groß geworden. Eine freundschaftliche Beziehung entwickelt sich zu dem ehemaligen Berliner Schauspieler und Kunsthändler Arnold Czempin, der in Tel Aviv eine kleine Lampenfabrik gegründet hat. Czempin greift Zweig immer wieder finanziell unter die Arme, organisiert in Tel Aviver Buchhandlungen oder in seinem Lampengeschäft Lesungen, die keine üppigen, aber doch dringend benötigte Honorare versprechen. Die Leihbücherei Werner oder das Antiquariat des Herrn Wahrhaftig werden in Haifa »Treffpunkte für Büchernarren«, die auch Zweig gerne und häufig aufsucht.

Am 15. Juli 1945 veranstaltet Czempin auf dem Dachgarten des Hauses Bialikstraße 23 in Tel Aviv eine öffentliche Lesung mit verteilten Rollen von Zweigs Schauspiel »Bonaparte in Jaffa«. Der glückliche, ergriffene Dichter erlebt in diesem seltsamen Rahmen die Uraufführung seines Stückes.

Die »normalen«, nicht in künstlerischen Berufen tätigen Menschen, die in Haifa in seiner unmittelbaren Nachbarschaft leben, ahnen kaum, welch ein bedeutender Schriftsteller unter ihnen weilt. Sie sind hilfsbereit, unterstützen ihn gelegentlich durch Lesungen, zu denen sie einen kleinen Kreis in ihre Wohnungen einladen. Zweig reagiert in persönlichen Begegnungen mit diesen Menschen nicht immer sehr taktvoll. Er läßt manchen die geistige Distanz, die er empfindet, spüren, spricht in der Regel vor allem von sich und seinen Problemen. In den Erinnerungen der noch heute Lebenden ist der Nachbar von damals auch Jahrzehnte später im Grunde ein Fremder geblieben.[48]

Wie sehr ihn die mißlichen Lebensumstände in den Exiljahren bedrücken, zeigen auch zahlreiche Passagen in seinen Briefen, die Lion Feuchtwanger und bis 1939 Sigmund Freud erreichen. Einundzwanzig Tage nach seiner Ankunft in Jaffa schreibt er nörgelig an Freud: »... immer kam etwas von den Unbequemlichkeiten des Alltags dazwischen. Bald funktionierte die Zentralheizung nicht, bald stank der Petroleumofen, bald lief der Regen zur Tür hinein, und man mußte sie abdichten, bald, wenn der Wind gewechselt hatte, zum Fenster, und es erforderte viel Geduld, Zeit, List und Zeitungspapier, bis ein Streichholz nicht nur ausgepustet wurde, wenn man es an das geschlossene Fenster hielt ...

der Ingenieur, der die Zentralheizung aufstellte, hatte nicht mit dem Baumeister gerechnet, welcher den Schornstein dazu vergaß, und dann, nachträglich angebracht, wurde er wieder zu eng, und man mußte ihn jetzt, mitten im Regen, erweitern und durch einen neuen ersetzen. Und auch da noch erlaubt der Wind, der das Hotel umwinselt und umheult, der Heizung selten gut zu funktionieren. Sie werden finden, lieber Vater Freud, daß ich zu viel Zeilen über die Zentralheizung ergieße. Aber diese Fragen des praktischen Lebens, das nur knirschende Funktionieren des Zivilisationsapparates, ist das Hauptproblem in diesem Lande. Wir sind nicht bereit, unseren Standard aufzugeben, und das Land ist noch nicht bereit, ihn zu befriedigen.«[49]

Ende Mai 1934, die Familie hat ihre erste Wohnung auf dem Berg Karmel bezogen, schreibt er in gleichem Ton an Feuchtwanger: »Unsere Wohnung ist, nach allgemeinem Ausspruch, eine der schönsten Wohnungen im Lande. Sie liegt an der schönsten Stelle in einem prachtvoll gebauten villenartigen Haus. Trotzdem: wenn ich die Außenlampe meines Ateliers anknipsen will, kann ich es nur von innerhalb des Ateliers, so daß ich mich mit Hilfe einer Taschenlampe hineinkämpfen muß, bin ich aber drin, so kann ich meine Innenlampe nur anknipsen, nachdem ich die Außenlampe an- und ausgeknipst habe. Manchmal hatten wir zwölf Handwerker zur gleichen Zeit in Wohnung und Atelier, und trotzdem können wir den Badeofen noch nicht heizen, weil der Oberinstallateur noch krank ist.«[50] Selbst der so hilfreiche und verständnisvolle Feuchtwanger seufzt etwas entnervt: »Zweig schreibt aus Palästina lange und ziemlich melancholische Briefe.«[51]

Er lebt sich nicht ein in die neue Umwelt, wirkt in diesen Jahren gegenüber dem Alltag häufig unzufrieden. Auch hierbei mag die physische Konstitution eine Rolle gespielt haben: Das Augenleiden läßt die Isolation doppelt hart empfinden. Ein Autounfall im Herbst 1938 – auf den von seinem Sohn Michael gesteuerten Wagen fährt ein britischer Panzer auf – wirft ihn für Wochen auf das Krankenlager, noch Jahre später wird er Nachwirkungen der schweren Gehirnerschütterung verspüren, die er bei dem Unglück davontrug. Es ist auch nicht zu übersehen, daß Zweig, der Palästina als 46jähriger betritt, in den Exiljahren frühzeitig alt wird. Äußerlich verstärkt sich dieser Eindruck durch die Langsamkeit seiner Bewegungen, seinen tastenden, vorsichtigen Gang, Folgen der starken Sehschwäche. Alle Hoffnung auf Heilung oder doch zumindest eine anhaltende Besserung des Zustandes seiner Augen erfüllen sich nicht.

Gegenüber seinen Nachbarn und Gästen bleibt er der Dichter, stilisiert diese Pose ein wenig, gibt sich in guten Stunden jovial, kann ein unterhaltsamer Gesprächspartner sein und versucht anzuknüpfen an die »großen« Jahre in Berlin. »Daß auch die Opulenz der Bewirtung durch Benefizabende, Geldsammlungen unter Freunden oder freigebige Spenden eines Haifaer Textilfabrikanten mitfinanziert wurde«, erinnert sich eine seiner häufigen Besucherinnen, »blieb, solange man im Hause weilte, unvorstellbar. Mir gegenüber ließ der Hausherr niemals auch nur eine Andeutung über seine finanzielle Lage lautwerden. Vielmehr gefiel er sich in der Rolle des großen Dichters, der zahlreiche, wenn auch unbezahlte Hilfskräfte beschäftigte.«[52] Natürlich hat er seine politischen Bewunderer. Der Kommunist Louis Fürnberg vermerkt 1943 in einem Brief: »Einzig Arnold Zweig, mit dem ich in freundschaftlichem Kontakt bin, ist sich seiner Pflicht bewußt. Deshalb wird er auch auf eine Weise angegriffen und geschmäht, die beispiellos ist.«[53] Oder im Herbst 1944: »Zweig selbst geht es finanziell miserabel. Er wird seiner Offenheit und seines Einsatzes für die USSR wegen boykottiert und bedroht. ... Er ist unser tröstlichstes Erlebnis in diesem Lande, sehr sauber, sehr gerecht, sehr menschlich.«[54]

Schwierig bleibt er, häufig voll Selbstmitleid klagend, aber doch auch hilfreich. Viele Briefe zeugen von Zweigs Vermittlungen für Menschen, die ihn um Unterstützung bitten. Er wirbt um Geldmittel für sie bei der »American Guild for German Cultural Freedom«, schreibt positive Gutachten über Manuskripte, die er an Verleger schickt, oder bittet die wohlhabenden Kollegen Thomas Mann und Lion Feuchtwanger, gestrandeten Neuankömmlingen in Amerika mit Geld und Verbindungen zur Seite zu stehen. Als Rudolf Olden im Juni 1939 Hilfe für den in der Schweiz völlig mittellos lebenden Robert Musil fordert, ist Zweig dazu sofort bereit. Ähnliches gilt für viele Unbekannte, die sich auf ihrer Flucht vor Hitler an ihn wenden. Er nutzt großzügig seine Verbindungen nach Amerika und England zum PEN-Club oder zu Verlagen.

Natürlich lassen ihn in all diesen Jahren die intriganten und politischen Streitereien im Lager der über alle Welt verstreuten Exilanten nicht unberührt. Selbst häufig nicht gerade zurückhaltend in seinen Urteilen über andere, reagiert er sehr empfindlich, wenn ihm eine negative Bemerkung über Person oder Werk zugetragen wird. So lehnt er 1941 eine Mitarbeit an Klaus Manns kurzlebiger Zeitschrift »Die Sammlung« verbittert ab, als er von dessen und Erika Manns Essay über die deutsche Kultur im Exil erfährt. »Von seinem und Erikas Buch über uns Exilierte haben Sie mir selbst erzählt«, teilt er erbost Franz Goldstein mit, »wie unzufrieden Sie mit der Art waren, mit der er mich darin bagatellisierte ... ich stelle jetzt fest, wie falsch es während meines bisherigen Lebens war, auf solche und ähnliche Fehleinschätzungen meiner Person und Leistung nur so heiter und ignorierend zu reagieren, wie ich es bisher tat.«[55] Eine Überreaktion, denn die scharfzüngigen Geschwister Mann hatten im Grunde sehr Freundliches über ihn notiert: »Arnold Zweig ist sehr klug. Wir gestehen, daß seine kritischen Untersuchungen – seine Essays etwa über Sigmund Freud, mit dem eine bewunderungsvolle Freundschaft ihn verbindet, oder seine Artikel über philosophische Gegenstände – uns stärker berühren und nachhaltiger beschäftigen als seine erzählende Prosa.«[56] Man war gelegentlich überempfindlich auf dem Berg Karmel.

Entscheidend für Zweigs Verhältnis zu Palästina sind nicht allein die äußeren Lebensumstände, die seine Stimmung zwar häufig trüben, aber doch nicht seine grundsätzliche politische Haltung beeinflussen. Da spielt ein ganz anderer Umstand eine Rolle: Zweig lehnt den politischen Zionismus, der im deutlich anwachsenden nationalistischen Denken der Juden sichtbar wird, mit allem Nachdruck ab. Schon im Januar 1934 heißt es in einem Brief an Freud: »Ich mache mir nichts mehr aus dem ›Lande der Väter‹. Ich habe keinerlei zionistische Illusionen mehr. Ich betrachte die Notwendigkeit, hier unter Juden zu leben, ohne Enthusiasmus, ohne Verschönerungen und selbst ohne Spott.«[57]

Diese Haltung gegenüber dem realen Zionismus in Palästina hatte sich bereits angedeutet, als er 1932 das Land zum ersten Mal besuchte. Von Port Said führte ihn damals der Weg nach Haifa, Akko, Tiberias, Damaskus und Jerusalem bis hinunter ans Tote Meer. Am 3. Februar 1932 hatte er Deutschland verlassen, am 6. April war er wieder in seinem Eichkamper Atelier. Die Reise bietet sehr ambivalente Impressionen, aber in Jerusalem notiert er in sein Tagebuch: »Allein, endlich mal, auf dem Tempelplatz. Der Felsendom, El Aqsa. Der Raum. Bäume u. Bögen. Alles unvergesslich.«[58] Der geplante Roman »De Vriendt kehrt heim« steht schon ganz im Mittelpunkt seines Denkens: »Alles Fremde dringt nicht tief ein diesmal, wegen Roman. Eher Abneigung, kennen zu lernen.«[59]

Noch in Tel Aviv schildert Zweig am Ende dieser Reise gegenüber einem Reporter der »Jüdischen Rundschau« seine Eindrücke von dem Land. Sie sind sehr positiv, aber es gibt auch schon skeptische Bemerkungen: »Erstaunlich ist weiter das Nebeneinander der verschiedenen nationalen Kreise. Auch hier erscheint die Anbahnung gesellschaftlicher Verbindungen dringend nötig. Merkwürdig in diesem Land des Aufbaus ist der naive und unkritische Nationalismus beider Seiten. In Europa haben wir am eigenen Leibe erfahren, welche verheerende Wirkung ein in die Grundlagen der Gesellschaft eingebauter Nationalismus sprengstoffartig entwickeln muß. Es ergibt sich also die schwierige Aufgabe, hier in Palästina die Nationalismen in den nächsten Jahren zu kanalisieren.«[60]

Im Gepäck hatte Zweig damals den Entwurf zu einem Roman, den er nach seiner Rückkehr in wenigen Monaten ausführte und der unter dem Titel »De Vriendt kehrt heim« als letztes seiner Bücher vor Hitlers Machtergreifung in Deutschland erschien. »Das Thema ist alt für mich«[61], schreibt er nach seiner Rückkehr an Sigmund Freud. In einer Zeitungsnotiz hatte Zweig 1924 von der Ermordung des holländisch-jüdischen Schriftstellers de Haan in Jerusalem gelesen – ein Attentat, das die zionistische Bewegung in Aufruhr versetzte. »Das Modell der Hauptgestalt meines Buches«, heißt es in einem Aufsatz für die »Jüdische Rundschau« vom November 1932, »war der unglückliche Dichter, unselige Politiker J. I. de Haan, der 1924 in Jerusalem ermordet wurde. Seit jenen Monaten, fast acht Jahre lang, beschäftigte diese Gestalt meine Phantasie, obwohl ich von ihr nur wußte, und zwar bis zum Betreten Palästinas im Frühjahr, was in den Spalten dieser Zeitung über sie zu lesen gewesen. Er war die große Figur des Gegenspielers. Ich wußte, er würde mich in die Tiefe unserer Problematik hineintragen; nur ahnte ich nicht wie tief.«[62]

Jakob Israel de Haan, in Amsterdam geboren, war zum Zeitpunkt seines Todes 43 Jahre alt. Aus einer orthodoxen Familie stammend, begeisterte er sich zunächst für den Zionismus, verließ Frau und Kinder und zog nach Jerusalem. Dort wurde er Hochschullehrer und wandte sich bald enttäuscht vom Zionismus ab, wurde Mitglied der ultraorthodoxen Agudath-Israel. Als Journalist polemisierte er heftig gegen den Aufbau eines nationaljüdischen Gemeinwesens, verfaßte antizionistische Denkschriften an die britischen Mandatsherren und trat für eine jüdisch-arabische Verständigung ein. Der exzentrische Außenseiter lud bald die Empörung und den Haß der radikalen Zionisten auf sich, vor allem, als seine homosexuellen Beziehungen zu jungen Arabern bekannt wurden. Am 30. Juni 1924 wurde er auf offener Straße durch drei Revolverkugeln getötet. Die beiden Attentäter blieben der Öffentlichkeit unbekannt. Lange glaubten die Juden, de Haan sei Opfer eines arabischen Racheaktes geworden. Erst Jahrzehnte später stellte sich heraus, daß die Mörder aus den eigenen, aus jüdischen Reihen kamen.

Zweig war zum Zeitpunkt des Attentats auf de Haan Redakteur der »Jüdischen Rundschau«. In seinem Buchessay »Das neue Kanaan« war er auf diesen viel diskutierten Fall bereits eingegangen. Er konstatierte damals aufgebracht: »Die Aufnahme, welche die Ermordung de Haans bei Zionisten fand – sei dieser Mord wem immer zuzuschreiben, und wir hoffen immer noch, daß private und nichtjüdische Rache, aus den Lebenswirrnissen dieses unglücklichen und zerspaltenen Dichters springend, ihn ereilte – kann nur Zorn erregen.«[63]

In dem Roman bleibt de Vriendt (de Haan) der Freidenker der europäischen Aufklärung. Seine politische Hinwendung zum orthodox-radikalen Judentum kann den qualvollen Zwiespalt, der sein metaphysisches Denken überschattet, nicht überwinden. Der Rufer nach der strengen Einhaltung der Gesetze Jahwes ist ein »Gottesflucher«, ein Gezeichneter. Seine ketzerischen, nihilistischen Verse, die er in aller Heimlichkeit verfaßt und unter Verschluß hält, lassen ihn zum geistigen Zertrümmerer werden. Die Leidenschaft zu dem arabischen Knaben Saud verschärft den schillernden Zug dieser Existenz.

Zweig läßt also tatsächlich einiges von dem, was ihm über das Leben de Haans bekannt war, in die Charakterisierung und Darstellung der Hauptfigur seines Romans einfließen. Historisch verlegt er den Mord an de Vriendt jedoch in das Jahr 1929, um für seine Fabel die Verbindung mit dem großen arabischen Aufstand, der im Roman durch den Mord ausgelöst wird, herstellen zu können.

Es ist erstaunlich, wie der nur siebenwöchige Aufenthalt in Palästina Zweig befähigt hat, das Erleben der Menschen und Landschaften der Region in seinem Roman so dicht zu verarbeiten. Die Schilderung des arabischen Aufstandes, die Charakterisierung de Vriendts, die Deutung der Motivation seines Mörders, dessen innere Entwicklung deutliche Züge Dostojewskischer Figuren trägt, aber auch an Grischas »Umkehr« erinnert, die »objektive« Beurteilung des britischen Geheimdienstoffiziers Lolard B. Irmin, die dramaturgisch gelungene Verknüpfung von erzählerischer Spannung und politischer Diskussion stellen diesen Palästina-Roman ebenbürtig an die Seite der besten unter Zweigs epischen Werken. Er war sich sehr bewußt, welch differenzierte, mancherlei Mißverständnisse herausfordernde Position er hier eingenommen hatte. »Das Buch wird bei Juden und Nichtjuden Anstoß erregen, es verurteilt nämlich den Nationalismus und den politischen Mord auch bei den Juden, und da ich lächerlich empfindlich gegen öffentliche Kritik bin, obwohl ich mir nichts daraus mache, habe ich schon jetzt ein unbehagliches Gefühl – einem Schwächezustand nach der Arbeit entspringend«, heißt es in einem Brief an Sigmund Freud.[64]

Der Autor schätzt die Reaktionen ziemlich richtig ein. »De Vriendt kehrt heim« findet bei den Lesern in Palästina, wenn sie denn das Buch überhaupt zur Kenntnis nehmen, ein negatives Echo. Vor allem Zweigs Toleranz, die ihn die Lage der Araber im Land ausgewogen und mitfühlend darstellen läßt, löst bei den Zionisten Empörung aus. In ihrem Zorn haben sie jedoch einige Passagen dieses Buches überlesen, in denen Zweig in bewegenden Worten auch das Drama der Landbesiedlungen schildert: »Die Lage der Juden in Palästina, besonders der Zionisten, war politisch bedrängt vom Widerstand der Araber, von der Lauheit der Verwaltung, von der Gleichgültigkeit, ja Angst breiter Judenmassen auf der Erde vor der zionistischen Idee, die ihnen ihre heimische Staatsbürgerschaft zu gefährden schien; wenig Geldmittel also, viel zu langsame Entwicklung, von der Regierung gedrosselte Einwanderung und dabei grenzenloser Opfermut der hitzköpfigen jungen Burschen, die ins Land strebten, um unter unsäglichen Schwierigkeiten aus Malariasümpfen Getreidefelder zu schaffen, aus Sandböden Orangengärten, aus kahlen Hängen Weinberge, aus stockerigen Feldwegen moderne Asphaltstraßen, bei glühender Sonne und frostigen Nächten, im Zelt jahrelang, unter dem strömenden Regen des Winters und der dörrenden Sommerglut.«[65]

»De Vriendt kehrt heim«, unmittelbar vor Zweigs Exil veröffentlicht, bietet manchen Schlüssel zum Verständnis für seine spätere Haltung gegenüber dem Zionismus. So läßt er eine seiner Figuren das von ihm abgelehnte Credo der neuen jüdischen Generation formulieren: »Ihr deutschen Juden bringt Empfindungen mit hierher, die euch kampfunfähig machen. Ob es lohnt oder nicht – wer fragt danach? Wir haben keine Wahl, das ist unsere Rechtfertigung. Wir müssen irgendwo eine dicke Majorität mit besonderen Lebensgesetzen bilden, oder wir verschwinden allmählich, und mit uns eine eigene Sorte Mensch, eine, um die es schade wäre ... Ich verlange nichts weiter als diese dicke Majorität – das ist mein ganzer Nationalismus.«[66]

Mehrfach hat sich Zweig in den Exiljahren darüber beklagt, die Zionisten hätten ihn wegen des »De Vriendt«-Romans boykottiert. So heißt es in einem Schreiben vom Februar 1936 an Sigmund Freud: »Ich bin Jude – Gott ja. Aber gehöre ich als Staatsbürger zu diesen, die mich hier seit dem de Vriendt ignorieren?«[67] Und noch im Februar 1943 schreibt er in einem Brief an Lion Feuchtwanger, in dem er ein weiteres Mal von seiner mißlichen finanziellen Situation berichtet: »Aber all diese Überlegungen müssen zurückstehen hinter der Tatsache, daß ich den ›De Vriendt‹ verfaßt, weiter deutsch geschrieben ... habe.«[68]

Der unzufriedene, sich nicht ausreichend beachtet fühlende Schriftsteller reagiert in diesem Punkt allerdings wieder einmal überempfindlich. Sein Palästina-Roman ist in Wirklichkeit von den Juden kaum gelesen worden, löste also längst nicht die breite Ablehnung aus, die Zweig zu verspüren glaubte. Zehn Jahre nach der Veröffentlichung des Buches schreibt Georg Landauer an Zweig: »Dieser Roman hat ja nicht unverdientes Aufsehen erregt. Er ist jedoch kein Argument in der heutigen Debatte. Ich habe nicht nur die öffentlich über Sie und Ihr Auftreten und Ihre politische Tätigkeit geäußerten Meinungen gehört, sondern auch an internen Beratungen ... teilgenommen. Die Angelegenheit de Vriendt hat dabei keine Rolle gespielt, ist überhaupt niemals erwähnt worden.«[69]

Wirklich »entdeckt« worden ist dieser Roman auch in den kommenden Jahrzehnten nicht. Schon beim Erscheinen fand er eine sehr unterschiedliche, überwiegend durch die jeweilige politische Position der Rezensenten getragene Aufnahme. In der »Jüdischen Rundschau« stieß die »Kriminalgeschichte« auf massive Kritik. Joseph Roth, dessen berühmte Erzählung »Radetzkymarsch« gleichzeitig mit »De Vriendt« bei Kiepenheuer erschien, schrieb an Stefan Zweig: »Wie klein und dumm ist das alles … Arnold Zweig ist ein hochbegabter Schwätzer. Man will aus einem Gesichtswinkel von genau anderthalb Graden den des ganzen gewaltigen Universums erfassen! Das ist wahrhafte Chuzpe!«[70] Es blieb bei solchen sehr emotional-politischen oder oberflächlichen ästhetischen Urteilen. Julia Bernhard schreibt zur Wirkungsgeschichte: »Daß der Roman ›De Vriendt kehrt heim‹ weder bei seinem Erstdruck noch bei den späteren Auflagen Anerkennung fand, liegt weniger an seiner literarischen Qualität als an den jeweiligen politischen Umständen. Durch den Machtantritt Hitlers wurde die Rezeption in Deutschland abgebrochen, in Palästina galt der Roman als antizionistisches Zeugnis, und die DDR-Kulturpolitik stand auf Grund prinzipieller antizionistischer und antiimperialistischer Fixierungen Zweigs Roman in tiefer Verständnislosigkeit gegenüber.«[71]

Der Empfang im Dezember 1933, als Zweig zum zweiten Mal in Palästina eintrifft, war nicht überschwenglich. In der größten hebräischsprachigen Zeitung des Landes, »Ha'aretz«, heißt es unter der Rubrik »Neuangekommene« recht lapidar: »Der berühmte deutsch-jüdische Schriftsteller Arnold Zweig ist in unser Land gekommen, um sich hier niederzulassen. Seine Familie befindet sich hier bereits seit einigen Monaten.«[72] Aber hatten die jüdischen Bürger Palästinas Ende 1933 nicht andere Sorgen, als sich den Kopf über Literatur und das Wohlbefinden eingewanderter Schriftsteller zu zerbrechen? Zweig hat es sich in Palästina nicht leicht gemacht, seine Umwelt hatte es jedoch auch nicht einfach mit ihm. Sein ihm sehr wohlwollender israelischer Biograph Manuel Wiznitzer charakterisiert die Stimmung mit dem Satz: »Er war von sich ziemlich eingenommen, gleichzeitig aber überaus empfindlich; seine etwas schrille Stimme und der dichte Qualm aus seiner Tabakspfeife machten die Atmosphäre um ihn herum oft schwer erträglich.«[73] Ein ähnlich negatives Bild zeichnet der von Wiznitzer zitierte jüdische Lyriker Manfred Sturmann, ein »langjähriger Freund und Bewunderer Zweigs« und engagierter Zionist, der den Dichter in Haifa besucht hatte: »Ich fand einen durch sein Augenleiden stark behinderten Mann vor. Sein aggressiv-aufdringliches Selbstbewußtsein war noch gewachsen. Er hatte … eine unmögliche Einstellung zum Land, war verbittert, daß ihn der Jischuw bei seiner Einwanderung nicht schon vom Schiff als einen weltberühmten Dichter gefeiert und ›auf Händen getragen‹ hatte; daß man seine Bücher – damals!! – noch nicht ins Hebräische übersetzt und die Habimah seine Stücke nicht aufgeführt hatte.«[74]

So richtig solche Beobachtungen sind, sie beruhen doch auf einer politisch und menschlich sehr einseitigen Sicht, lassen dem Dichter, seiner Haltung im Palästina-Konflikt nur wenig Gerechtigkeit widerfahren. Es gibt zudem auch viele Äußerungen Zweigs, die ihn zufrieden und ausgeglichen zeigen, in denen er liebevoll über Palästina und seine Menschen spricht. »Lieber Feuchtwanger, wenn Sie es ebenso gut haben wie ich hier, auf einer sonnigen Terrasse liegend, Lily im Schatten eines riesigen Gummibaumes an der Maschine, in Leuchters bezauberndem Häuschen, inmitten von Gärten, so würden Sie sich wie ich fühlen, nämlich nach langer Zeit wieder einmal heiter und zufrieden.«[75] – »Aber wir werden noch nicht zu alt sein, um nochmals von neuem anzufangen … Die Schrecken also dieser Zeit erscheinen mir gering, verglichen mit den Aufgaben und den Chancen, die die Zukunft bietet …«[76] – »Ich bin sicher …, daß wir gute Verbundenheitsgefühle zu Land und Leuten haben werden und die Fülle feiner und liebenswerter Menschen dankbar schätzen werden, die wir hier haben. Auch kann unser Glauben an die Vernunftsanwendung im Zusammenleben der Menschen durch den furchtbaren Rückfall in die Barbarei nicht erschüttert werden, bloß weil wir uns in der Zeitrechnung irren und in einer Neuzeit zu leben glaubten, während das Mittelalter sich gerade wieder in der Hinrichtung des armen van der Lubbe kundgetan hat. Unsere tapferen und vernünftigen Kinder … erleichtern uns die Eingewöhnung auch.«[77] Seinen Bruder Hans erreichen im August 1934 Zeilen, die ebenfalls davon zeugen, daß Zweig sich eingelebt hat und die Arbeit Ersatz für manche Unbill bietet: »Aber nun sind wir einmal hier, unsere Freunde sind auch hier, der Karmel ist wunderschön und durchaus nicht zu heiß, und wenn man so intensiv wie ich an Erziehung vor Verdun arbeitet, merkt man nicht, daß man in einer schrecklich kleinen Gemeinschaft und einer in wildem Wachstum begriffenen kleinstädtischen Pflanzstadt lebt.«[78]

Aber dann eben auch immer wieder die Klagen über Geldsorgen, über praktische Probleme des Alltags, den »Boykott« seiner Bücher und Stücke in Palästina: »Die Zahl der abgesetzten Exemplare von *Verdun* beweist mir, daß das Bücherverkaufen in Palästina unter demselben Gesetz der abnehmenden Leistung steht, das für die ganze Emigration maßgebend ist. Wer jetzt noch halbwegs leben kann, wird es bald nicht mehr können, wenn's so weiter geht ... Das ist das Los eines emigrierten Schriftstellers, der zu den bestsituierten seiner Klasse gehört und es sich noch immer leistet, auf dem Karmel zu wohnen. Wie lange noch, muß dieses Jahr beantworten ...«[79]

Bis zum Kriegsausbruch im Herbst 1939 kommt Zweig immer wieder auf Pläne zurück, nochmals auszuwandern, es ist ein Dauerthema in seinen Gesprächen mit Lion Feuchtwanger, wenn er den Freund bei seinen jährlichen Aufenthalten in Europa trifft. »Ich fühle mich falsch am Platze. Kleine Verhältnisse, noch verkleinert durch den hebräischen Nationalismus der Hebräer, die keine andere Sprache öffentlich zum Druck zulassen. Daher muß ich hier ein übersetztes Dasein führen. Aber wenn schon ins Englische übersetzt, warum dann hier? ... was mache nun ich? Wo soll ich mich ansiedeln, mit der Erwartung einiger Dauer? In Amerika, sagt mir mein Verstand. Aber mein Herz will nicht so weit weg. Es tröstet mich mit dem Chamäleonsgesicht der Hoffnungen, Deutschland werde in ein paar Jahren wieder offenstehen und mich dann gut brauchen können.«[80]

Sigmund Freud, an den diese Worte vom Februar 1936 gerichtet sind, rät dringendst und streng ab: »Sie fühlen sich unbehaglich, aber ich wußte nicht, daß Sie die Isolierung so schlecht vertragen. Fest auf Ihrer Künstlerschaft fußend, sollten Sie auch eine Weile allein sein können. In Palästina haben Sie wenigstens persönliche Sicherheit und Ihre Menschenrechte. Und wo sollen Sie hingehen? Amerika würden Sie, nach allen meinen Eindrücken, darf ich's sagen, vielmal unerträglicher finden. Überall sonst sind Sie ein kaum geduldeter Fremder ... Ich meine wirklich, Sie sollten zunächst bleiben, wo Sie sind.«[81] Aber immer wieder bewegen sie ihn, die Gedanken, Palästina zu verlassen. Ein Jahr nach seinem Schreiben an Freud heißt es in einem Brief an Marta Feuchtwanger: »Und da meine wirtschaftliche Situation in diesem teuren Lande nur durch den amerikanischen Buchklub gehalten wird, sonst aber eine Unterbilanz unvermeidlich wäre, gehen wir ernsthaft und durchaus nicht vergnügt mit der Idee einer neuen Emigration um, zurück nach Europa. Die Schwierigkeiten sind groß.«[82] Zu groß, wie sich dann zeigt, denn alle Pläne, Palästina zu verlassen, bleiben bis Ende des Krieges Gedankenspiele. Wie ernst sie Zweig überhaupt gemeint hat, muß offen bleiben.

Die zeitweise als unerträglich empfundene persönliche Situation hat jedoch Zweigs literarische und publizistische Aktivitäten in den fünfzehn Exiljahren nicht gebremst. Engagiert reiht er sich in die antifaschistische Front ein, bezieht in zahlreichen Artikeln politische Position, die vor allem in den Exilzeitschriften wie »Neue Weltbühne«, »Das Wort«, »Das Neue Tage-Buch« oder in Zeitungen wie dem »Pariser Tageblatt« und der in Jerusalem englischsprachig gedruckten »Palestine Post« erscheinen. Er zeigt sich in diesen Artikeln als unbedingter Anhänger der Volksfront, verzweifelt an der wankelmütigen Haltung der westlichen Demokratien und sieht bald allein in der Sowjetunion die Macht in der Welt, die dem Faschismus die Stirne zu bieten wagt.

In dem Aufsatz »Der Krieg und der Schriftsteller«, ein Nachdruck in der kurzlebigen von Klaus Mann herausgegebenen Exilzeitschrift »Die Sammlung«, heißt es dazu: »Gegenüber dem Ansturm eines deutschen Militarismus, dem kein Wort so verächtlich ist wie das Wort ›Humanitätsduselei‹, und der die Kräfte eines großen und begabten Volkes auf wahrhaft pathologische Weise in den Dienst primitiver Revanche-Wünsche stellt, findet sich die Welt der weißen Völker uneinig, zögernd, ohne den Willen, die Entwicklung wahrzuhaben, die sie doch geschehen ließen und mitverantworten müssen.«[83]

Vor allem nach dem Ausbruch des Weltkrieges beginnt Zweig, sich öffentlich für die Politik der Sowjetunion zu engagieren. Er arbeitet dabei sowohl mit der kleinen Kommunistischen Partei in Palästina zusammen als auch mit parteilich ungebundenen Linksintellektuellen oder Sozialisten. In den ersten Jahren des Exils verläßt Zweig allerdings gegenüber den innenpolitischen Entwicklungen in der Sowjetunion nicht die skeptische Position, die er bereits in der Weimarer Republik eingenommen hatte. Im Zusammenhang mit den Stalin-Prozessen gegen die altbolschewistische Garde in Moskau, die in der zweiten Hälfte der dreißiger Jahre die undogmatische Linke Europas in Aufregung versetzt, schreibt er im Februar 1937 an Lion Feuchtwanger: »Ohne allen Zweifel haben die alten Bolschewiken Grund gehabt, über die Stockung der Revolution und die gedankliche Umlenkung ihres

Lebenswerkes in Stalins Bahnen verzweifelt zu sein. Ein kleinbürgerlicher russischer Nationalismus muß sie schwer getroffen haben – verglichen mit der weltrevolutionären Theorie darf ihnen der realistische Kurs in Rußland vielleicht so erscheinen.«[84] Zweig schließt nicht aus, daß die Bolschewiken durch ihre Isolierung gegenüber der gesamteuropäischen Politik möglicherweise wieder zu revolutionären Mitteln hätten greifen wollen, um Stalin zu stürzen. »Überlege ich mir, wie doktrinär und wirklichkeitsfremd die Russen unsere Kommunisten bis zum Jahre 33 beeinflußt und geführt haben, und stelle ich ferner in Rechnung, daß vermutlich alle diese unglücklichen Menschen und Genossen von der Wirklichkeit Europas jenseits der russischen Grenzen überhaupt keine Vorstellungen mehr hatten und haben konnten, so kommt mir meine Konstruktion nicht zu kühn vor. Daß freilich Trotzki hineingemischt wird, halte ich für die Folge eines Betruges ... Daß eine Verbindung zwischen Trotzki und der Gestapo auch nur auf dem Papier dieses Briefes möglich wäre, halte ich für widernatürlich ...«[85]

Zweigs Äußerungen erreichen Lion Feuchtwanger nach dessen Rückkehr aus Moskau, wo er mehrere Wochen verbracht hat, gefeiert von der sowjetischen Kulturpolitik und zu einem Zweistundengespräch von Stalin empfangen. Stalins sehr berechnend eingesetzter Charme und die sowjetische Propaganda täuschen den ansonsten so nüchternen Schriftsteller völlig. Wieder in Südfrankreich, schreibt er einen »Reisebericht für meine Freunde«, der unter dem Titel »Moskau 1937« erscheint: ein nahezu kritikloses Loblied auf die gesellschaftlichen Zustände und Entwicklungen in der Sowjetunion.[86] In Exilkreisen stößt die Broschüre Feuchtwangers auf unverhohlene Ablehnung. Leopold Schwarzschild schreibt eine vernichtende Kritik in seinem »Neuen Tage-Buch«.

Zweig liest das Moskau-Buch während seines Aufenthaltes im Sommer 1937 in Europa. Aus Wien schreibt er an Feuchtwanger: »Den ersten Schwarzschild-Artikel gegen Sie gelesen, heute. Darf abwarten, was der 2. enthalten wird, nicht? Bin sachlich leider, Feuchtwanger, in Trotzki-Sachen mit ihm einig; kenne noch viel mehr historisches Material. Habe ›Moskau 37‹ kopfschüttelnd geblättert, auf d. Schiff. Will es aber erst sorgfältig in d. Schweiz lesen.«[87] Drei Wochen später hatte er es gründlich gelesen: »Leider, Feuchtwanger, geht uns Ihr ›Moskau‹-Buch sauer ein. Wir werden in aller Ausführlichkeit darüber reden können, gewiß nicht ohne Lachen, aber es sind Prinzipien und Wahrheiten im Spiele, in denen wir früher übereinstimmten und die Sie jetzt ... für überholt halten. Ich aber nicht. Zum Glück ist das Leben länger als ein Buch und Rußland nicht Stalin.«[88] Diese Bewertungen der Sowjet-Apologie Feuchtwangers machen deutlich, daß Arnold Zweig Ende der dreißiger Jahre noch keineswegs bereit ist, die Auswüchse der Stalin-Diktatur, insbesondere die Moskauer Prozesse, zu übersehen. Das wird sich erst ändern, wenn der Überfall der deutschen Armeen auf die Sowjetunion Zweig davon überzeugt, daß es jetzt nur noch ein Ziel geben kann: die Vernichtung des europäischen Faschismus, der zu einer Bedrohung der Welt geworden ist. Moskau wiederum umwirbt ihn, seine Bücher werden dort übersetzt. Eine Briefanmerkung Willi Bredels, Mitherausgeber der Zeitschrift »Das Wort«, an Feuchtwanger vom März 1937 zeigt, wie sehr die Kommunisten den berühmten Mann für sich zu gewinnen suchen: »Selbstverständlich bekommt A. Zw. sein Honorar und sogar das frühere dazu. A. Zw. darf unter keinen Umständen verstimmt werden. Niemand denkt daran und wünscht es.«[89]

1938 wurde für Europa ein politisches Schicksalsjahr. Der Einmarsch deutscher Truppen in Österreich, das Münchener Abkommen, also das Zurückweichen der westlichen Demokratien vor den außenpolitischen Herrschaftsansprüchen der Nationalsozialisten, und die Novemberpogrome im Dritten Reich zeigten Hitler auf dem Höhepunkt seiner Macht. Wer sich bis dahin noch Illusionen hingegeben hatte, konnte nun keine Zweifel mehr am wahren Charakter des Nazi-Regimes haben. Zweig verstärkt nach seiner Genesung von den Folgen des schweren Autounfalls Ende 1938 seine politischen Aktivitäten.

Im Januar 1939 beginnt sich mit der Einnahme Barcelonas durch die Truppen Francos ein weiterer Sieg des europäischen Faschismus abzuzeichnen, die Niederlage des republikanischen Spanien bleibt nur noch eine Frage der Zeit. Zweig ist erschüttert: »Am tiefsten trifft mich das öffentliche Wesen: Spanien. Das 3. Opfer nach Österreich und der CSR, und nicht das letzte.«[90] Schon 1937, nach der Bombardierung der baskischen Stadt Guernica, schreibt Zweig einen Aufruf »Heute Spanien, morgen welches Land?«, in dem es heißt: »Überall in der Welt gibt es solche Städte, überall in der Welt fliehen Menschen ins Freie, wenn der

Bomber über ihren Dächern dröhnt. Überall kann ein deutscher Militarist Dienste nehmen, wenn es ihm sein Herr und Führer erlaubt, mehr noch, wenn er ihn hinschickt. Heute Spanien – morgen welches Land immer. Was sind denn Basken? ... sie sind das Opfer derselben Kräfte, die nach Euren Häuptern zielen. In allen Ländern der Welt befeindet euch die gleiche Kraft, die heute Spanien zertrampelt.«[91]

Im Januar 1938 hält der Schriftsteller die Eröffnungsrede für eine von ihm tatkräftig mitorganisierte spanische Ausstellung, die vom Todeskampf der Republik berichtet. Im Februar 1939 erreicht ihn eine Einladung des amerikanischen PEN-Clubs, der er folgt. Zweig denkt erneut intensiv darüber nach, Palästina zu verlassen, um möglicherweise in die Vereinigten Staaten zu gehen. Am 27. Februar schreibt er an Freud: »Wird Amerika von der Pest verschont bleiben? Was denken Sie darüber? Die Frage ist für uns nicht Theorie. Wir müssen hier weg, es geht ökonomisch nicht weiter. Das Land ist teuer, und ich verdiene hier nichts. Mir wäre England lieb, Ihretwegen. Aber die Zukunft der Kinder und die Kriegsgefahr raten Amerika.«[92] Er ist hin und her gerissen in den nächsten Tagen und Wochen, kann sich nicht entscheiden, sein Leben ein weiteres Mal einer finanziell keineswegs gesicherten Neuorientierung zu unterwerfen.

Am 29. April landet Arnold Zweig in New York. Während seines Aufenthaltes trifft er mit Thomas Mann, Alfred Döblin und mit Ernst Toller zusammen und wird gemeinsam mit den anderen Teilnehmern des PEN-Treffens von Präsident Roosevelt empfangen. Auf der Rückreise macht Arnold Zweig in London Station; es kommt dort zur letzten persönlichen Begegnung mit Sigmund Freud. Drei Monate später ist der große Analytiker tot, hat die jahrelang so tapfer bekämpfte Krankheit ihn besiegt. Freud überreicht dem Schriftsteller sein Buch »Der Mann Moses und die monotheistische Religion«, das kurz vorher erschienen ist. Es trägt die Widmung: »Seinem lieben Meister Arnold, 1939 London.«

Beatrice Zweig hatte gehofft, der Dichter werde in Amerika ein neues Exil vorbereiten. Zweigs ältester Sohn Michael, der den Vater begleitete, um in den Staaten eine Fliegerausbildung zu absolvieren, berichtete dem Verfasser fünfzig Jahre später, zu viele hätten den Vater vor den Schwierigkeiten gewarnt, die ihn in den USA erwarten würden. Die Reise bringt einen Auftrag, der ihn in den nächsten Jahren sehr intensiv beschäftigen wird. Der amerikanische Verlag Graw Hill Book Company will einen umfangreicheren Essay über die Alpen von ihm, der in einer Buchreihe des Unternehmens erscheinen soll. Zweig greift zu, erhofft ein gutes Honorar für eine, wie er wieder einmal glaubt, rasch zu erledigende Arbeit. Der Vertrag wird geschlossen, die knappe Abgabefrist für das Manuskript festgelegt und eine sehr willkommene Vorauszahlung in Höhe von 1500 Dollar dem Autor ausgezahlt. Glücklich schreibt er an seine Frau: »Das Buch, das ich schreiben soll, handelt über die Alpen, ihre geo-politische Rolle als Schutz der Demokratie in Europa. Ca. 200 Seiten à 350 Worten, Vorschuss 1500 Dollar.«[93] Hubertus zu Löwenstein, Emigrant in New York und Vorsitzender eines Flüchtlingskomitees, erreicht die Mitteilung: »Das Buch wird die Rolle darstellen, die, geopolitisch gesehen, die Alpen in der Europäischen Entwicklung geistig und politisch gespielt haben.«[94] Nicht nur mit Blick auf das Vorschußhonorar war Zweig allzu optimistisch. Auch die Arbeit, die er sofort nach seiner Rückkehr zu beginnen hoffte, zog sich quälend lange hin. Bis August 1941 wird sie ihn beschäftigen.

Herausgekommen ist einer seiner gelungensten Essays. Journalistisch und kurzweilig geschrieben, entsteht eine kleine Kulturgeschichte des mitteleuropäischen Raumes, die Zweig nicht nur als historischen Kenner, sondern auch als fortschrittsgläubigen Aufklärer ausweist. Eine über weite Strecken geglückte Synthese von Geschichte und Anthropologie hat er geschrieben, und nicht zuletzt ist es eine respektvolle Verbeugung vor der Region geworden, die ihm und Beatrice auf vielen Reisen erfüllte Wochen geschenkt hatte. Von den Eiszeiten erzählt er, von den Kelten und Römern, den großen Geistes- und Geschichtsbewegern, die hier lebten und die moderne Menschheitsentwicklung beeinflußten. Zwingli und Calvin, Voltaire und Rousseau, die Habsburger und der Züricher Exilant Lenin – im Schatten des gigantischen Alpenpanoramas schrieben und handelten sie. »Aus den Straßen von Genf, von denen man eisgepanzert den höchsten Gipfel Europas über einen blau schimmernden See hingrüßen sieht, begibt sich der Geist des Kapitalismus auf seine Weltumsegelung, wie von dem Orte Kempten im Allgäu der des Sozialismus mit dem Ausgang der Bauernkriege daselbst seinen modernen Weg und Kampf um die Erde antritt.«[95]

Die Schlußkapitel dieses Essays sind der aktuellen Lage gewidmet, dem Krieg, mit dem Deutschland die Welt überzog. Dabei zeichnet er ein Psychogramm Hitlers (»der Gnom«), das zwar der modernen Geschichtswissenschaft kaum als tiefere Begründung für die Entwicklung und die Verbrechen des Dritten Reiches ausreichen wird, aber doch ein in seiner Verachtung für den Zerstörer der europäischen Zivilisation eindringliches, Freudsches Bild vom »Führer« der Deutschen entwirft. »Hier plötzlich sehen wir das wahre Gesicht unserer Zivilisation. Der Gnom entblößt es uns, und seine verzerrte Fratze offenbart uns den Untergrund auf dem wir alle leben, in seiner schauerlichen, rohen Geistverlassenheit, in der wollüstigen, steten Bereitschaft zum Rückfall. Nichts kann geeigneter sein, den furchtbaren Ernst unserer Gebrechlichkeit zu enthüllen.«[96]

Aller Zeitaufwand war vergebens, das Buch wird nicht erscheinen. Zweig konnte den Abgabetermin nicht einhalten. Zudem scheint der vielfach umgeschriebene Text den Erwartungen des Verlages ganz und gar nicht entsprochen zu haben, oder er räumte ihm durch den Ausbruch des Krieges jetzt keine Verkaufschancen mehr in den Vereinigten Staaten ein. Das Werk von zwei harten Arbeitsjahren bleibt also im umfangreichen Manuskriptkoffer auf dem Berg Karmel liegen.

Daß es auch in der DDR nach dem Krieg auf Ablehnung stößt, ist nicht ganz unverständlich. Zweigs kleine Kulturgeschichte der Alpenregion ist eine durch und durch »bürgerliche« Deutung der Geschichte. Von der historisch unumstößlichen Entwicklung hin zur kommunistischen Gesellschaft finden die Lektoren in diesem Buch keinen Hinweis. Dafür stoßen sie auf Begriffe wie »gesegneter Liberalismus« oder Sätze, die im kalten Krieg nicht mehr opportun sind. So folgt beispielsweise auf das Lob der Roten Armee die Feststellung: »Hatte er [gemeint ist Hitler – d. V.] erst gefehlt in der Einschätzung der englischen Standhaftigkeit, verkörpert in dem genialen Mut Winston Churchills, dann in der amerikanischen Liebe zur Freiheit und Lockerheit innerhalb der Staaten, ausgedrückt in Franklin Roosevelts unermüdlicher Wachsamkeit, so trifft er jetzt, unter der Führung Joseph Stalins, auf den Menschen des Vierten Standes ...«[97] Trotz des Hinweises auf Stalin, solche Geschichtsbetrachtungen galten den Kulturfunktionären als nicht hinnehmbarer Etikettenverstoß. Ebensowenig konnte es ihnen schmecken, daß Zweig den künftigen Umbau der bürgerlichen Gesellschaft nicht nur mit den Lehren von Karl Marx verband, sondern auch mit den Namen der in Ostberlin verfemten jüdischen Denker Sigmund Freud und Albert Einstein.

Der Verlag der Nation hatte zunächst Interesse gezeigt, schließlich aber die von Zweig so sehr gewünschte Veröffentlichung mit der »fürsorglichen« Bemerkung abgelehnt: »Inzwischen sind 18 Jahre vergangen, die unseren Blick für diese Dinge wissenschaftlich geschärft und sie auf eine exakte historisch-materialistische Ebene gestellt haben. Wir halten es deshalb nicht für eine echte Bereicherung des Bildes unseres Arnold Zweig, wenn wir heute ein Werk von ihm veröffentlichen würden, das politische Physik an die Stelle politischer Ökonomie setzt ...«[98] Über ein halbes Jahrhundert dauerte es – Weltreiche mußten zusammenbrechen –, bis Zweigs Kulturessay dann 1997 erschienen ist.

Für fast ein Jahrzehnt ist der Besuch in New York 1939 Zweigs letzte Überseereise. Der Krieg verbannt ihn endgültig auf den Berg Karmel und bricht fast alle Brücken ab, die ihn seit 1933 mit den Menschen in Europa verbunden hatten. Zum letzten Mal in ihrem Leben treffen sich Zweig und Feuchtwanger auf der Rückfahrt in Sanary. Dann bleiben nur die Briefe, die oft wochenlang unterwegs sind. Es wird noch einsamer um den nun 52jährigen Dichter.

Nach dem deutschen Überfall auf die Sowjetunion wachsen unter den jüdischen Einwohnern Palästinas die Sympathien für Moskau. Zweig gehört zu den Mitbegründern der Liga V, einer Organisation zur Unterstützung der Sowjetunion durch Geld- und Sachspenden. Am 18. Oktober 1941 wird ein von Zweig verfaßter Aufruf veröffentlicht: »Landsleute! Wir wenden uns heute an alle diejenigen unter euch, die den Fascismus und Nazismus für ihren Feind Nummer Eins halten. Alle, die einzusehen vermögen, daß er die zeitgemäße Wiederbelebung all dessen ist, wogegen wir seit den Zeiten der spanischen Inquisition gefochten haben, mögen sich von diesen Worten angeredet fühlen und sie bedenken und erwägen ... Gedenkt, was das Volk der Sowjet-Union für die Gesittung getan hat und noch jeden Tag tut, für alle Menschen auf der Erde, selbst für die Bevölkerung der Feindesländer, und zum Glück auch für sich selbst! Als es im Juni dieses Jahres die Schläge der furchtbarsten Angriffs-Maschine auf sich zog, die die Welt je gesehn, lenkte es diese Maschine von einem

Wege ab, der auch unsere Städte und Siedlungen überrannt und zerschmettert hätte. Wir danken es den Helden von Griechenland und Kreta, daß der fressende und stampfende Heerwurm einen Monat aufgehalten wurde, wir sind glücklich, an der Seite Großbritanniens und seiner Verbündeten zu stehen. Aber wer uns diesmal gerettet hat, waren die Heere und Partisanen der U.S.S.R.«[99]

Unterzeichnet ist der Aufruf zur Gründung der Liga V von zahlreichen prominenten Juden, die in Palästina leben, darunter Max Brod, aber auch Martin Buber. Das Ergebnis der Spendensammlungen ist beachtlich, ein Ambulanzwagen für die Rote Armee kann angeschafft werden. Zweig engagiert sich auch weiterhin in Vorträgen, Aufrufen und Artikeln für die prosowjetische Organisation. Am 3. September 1942 veranstaltet die Liga in Tel Aviv ein Bankett zu Ehren der Vertreter der Roten Armee, die nach Palästina gekommen sind, um die Spende in Empfang zu nehmen. Zweig hält die »Festrede«. Sie ist deswegen besonders interessant, weil sie erkennen läßt, daß der Schriftsteller nun seine pazifistische Position verläßt, um angesichts der Bedrohung durch den Nationalsozialismus zu militärischen Gegenaktionen der Demokraten in der Welt aufzurufen: »Die Welt ist so beschaffen, daß man den Teufel nur durch Beelzebub austreiben kann. Nur durch die heftigste Militarisierung und die Errichtung schlagkräftigster Heere würde man, auch das wussten wir, die neue Drohung der deutschen Kriegsmaschine von der Kultur der Welt abwenden können.«[100]

Zweig wird diese Haltung auch in den späteren Jahren einnehmen, dann, wenn der »kalte Krieg« das politische Verhältnis zwischen den einstigen Verbündeten in der Anti-Hitler-Koalition bestimmt und der in der DDR lebende Schriftsteller in der Politik des Nato-Bündnisses neue Gefahren für den Weltfrieden zu erkennen glaubt. So wie das Fronterlebnis im Ersten Weltkrieg ihn zum leidenschaftlichen Pazifisten hat werden lassen, so überzeugt ihn das kampflose Zurückweichen der Demokraten in den letzten Jahren der Republik von Weimar und dann – in der sogenannten Appeasement-Phase – das Verhalten der Regierungen in London und Paris gegenüber Hitlers europäischen Machtansprüchen von der Notwendigkeit einer abwehrbereiten, ja militanten Demokratie. Da er zudem der Meinung ist, daß hinter Hitler und den Nationalsozialisten die Macht und der Wille der

Konzerne stehen und ein vom Naziterror befreites Deutschland nur unter ganz neuen gesellschaftspolitischen Bedingungen wieder aufgebaut werden dürfe, verwundert es nicht, daß Zweig sich mehr und mehr den Kräften verbunden fühlt, die einem Sozialismus sowjetischer Machart zuneigen.

Verstärkt wird diese politische Sympathie für die Sowjetunion durch die Freundschaft mit dem Marxisten Louis Fürnberg, die Anfang der vierziger Jahre beginnt und bald zu einer der wenigen engen persönlichen Beziehungen führt, die Zweig in Palästina unterhält. Fürnberg organisiert Lesungen und Vorträge für ihn, vor allem in dem kommunistisch geleiteten »Book-Club« in Jerusalem. In vielen Gesprächen wird der Jüngere zum politischen »Lehrmeister«. Allerdings ist Zweig auch während seiner späten Palästina-Jahre kein dogmatischer Kommunist, sondern bleibt einem demokratischen Sozialismus verpflichtet, der fern von jeder Parteidiktatur steht.

Zweigs hier geschilderte Position gegenüber den innerpalästinensischen und weltpolitischen Entwicklungen läßt sich besonders eindringlich aus einigen seiner insgesamt vierzig Beiträge herauslesen, die er in der Zeitschrift »Orient« veröffentlicht. Auch die Geschichte dieses kurzlebigen Blattes bietet wichtige Einblicke in die Situation, in der Zweig und der kleine Kreis Gleichgesinnter sich befinden. Der »Orient« erscheint zum ersten Mal am 31. März 1942, die letzte Nummer erreicht die Leser am 7. April 1943. Die »Unabhängige Wochenschrift« trägt auf dem Deckblatt die beiden Namen Arnold Zweig und Wolfgang Yourgrau, wobei letzterer der eigentliche Initiator und der Herausgeber der Zeitschrift ist. In den Weimarer Jahren gehörte der studierte Physiker der Sozialistischen Arbeiterpartei (SAP) an, Ende 1933 ging er nach mehreren Verhaftungen ins Exil. Nach dem Krieg wird er dann bis zu seinem Tod in den USA leben. Vorbild für sein Zeitschriftenprojekt ist die in der späten Phase der Republik von Carl von Ossietzky geleitete »Weltbühne«, die zu den letzten unabhängigen Publikationsorganen der deutschen Linksintellektuellen gezählt hatte. Der Name »Orient« ist Zufall und nicht – wie Yourgrau es in seinem Auftakt-Artikel darzustellen versucht – Programm. »Im April 1942 wurde mir die Lizenz für eine Wochenzeitschrift in deutscher Sprache in Haifa angeboten«, schreibt er 1947 in einem Brief an den Exilforscher Walter A. Berendsohn. »Ein Ehepaar besaß die Lizenz und versuchte, damit Geld zu machen. Da die Regierung während des Krieges kaum neue Lizenzen erteilte, erschien mir das Angebot verlockend, obwohl ich nie zuvor daran gedacht hatte, ein Blatt herauszugeben.«[101]

Schon im ersten Artikel der Zeitschrift macht Yourgrau deutlich, was der »Orient« will: »Diese Zeitschrift wird eine unabhängige sein ... die Tribüne für alle diejenigen darstellen, die bereit sind, zu den Problemen des Landes und zu den Fragen des Zeitgeschehens sachliche Beiträge zu liefern. Unsere Zeitschrift erscheint in deutscher Sprache. Zu dieser Tatsache könnten wir uns selbst die verschiedensten Kommentare und die schärfsten Polemiken liefern. Dieses Blatt soll den Leser erreichen, dem die Beherrschung der hebräischen Sprache für die Zeitdauer dieses Krieges ein unerreichbares Ziel bleiben wird. Wir wenden uns nur an diesen Kreis.«[102] Eine Zeitschrift für die deutsch-jüdische Alija also, für einen Leserkreis, der infolge der Fluchtwellen aus Europa eigentlich ständig wachsen müßte.

Aber die Auflage bleibt gering, überschreitet nie die Tausendermarke. Ein entscheidender Grund dafür ist – neben dem keineswegs geringen Preis – sicher, daß die deutschen Einwanderer mehrheitlich konservativ sind, der »Orient« dagegen eine progressive Position einnimmt. Wenn auch das Blatt vielfach auf die Probleme der deutschen Einwanderer eingeht, mit denen sie in der neuen Heimat konfrontiert werden, nehmen die politischen Fragen einen breiten Platz ein: die Forderung nach einem jüdisch-arabischen Ausgleich, Debatten über den Faschismus und die Zukunft nach der Niederlage Hitlers, Polemiken gegen den zionistischen Nationalchauvinismus, der Ruf nach einer Demokratisierung auch in der palästinensischen Gesellschaft. Hans-Albert Walter schreibt über die politischen Ziele der Zeitschrift: »Die palästinensische Entwicklung sollte und mußte in ihrem eigenen Interesse Schritt halten mit der Entwicklung der Weltpolitik. Und diese war für Yourgrau identisch mit einem Fortschreiten in Richtung auf die Demokratie. Mit der Annäherung von Westmächten und Sowjetunion. Mit einer Demokratisierung in der Diktatur des Proletariats und einer sozialen Veränderung in den kapitalistischen Staaten – also mit dem Fortbestand der Kriegskoalition im Frieden und der Übertragung ihrer außenpolitischen Prinzipien auf die Innen- und Gesellschaftspolitik.«[103]

Am 1. Mai 1942 heißt es in einem Grundsatzartikel Yourgraus: »Die Periode des Vulgärmarxismus ist als liquidiert anzusehen.

Der Klassenkampf ist nicht in so starre, versteinerte Formen zu pressen wie wir bisher naiv glaubten. Die sozialen Kämpfe verlaufen nicht in solch eleganten Schemata wie wir bis dahin meinten … Im Proletariat waren reaktionäre Faktoren nicht minder nachzuweisen als progressive in gewissen Schichten des Bürgertums. In Österreich und Spanien ist die Sozialdemokratie in Würde und unerreichter Grösse untergegangen … In England bewahrt Churchill den Kapitalismus einer seltsam anmutenden Kombination aus City und Arbeiterpartei durch ungemein kluge Bravourritte, die seinen Instinkt nicht weniger als seinen Schneid beweisen. Die Russen scheinen sich in Richtung einer immer stärkeren Demokratisierung zu entwickeln, viele Anzeichen deuten darauf hin. Und wir in Palästina?«[104]

Politisch ohne Zweifel dem Sozialismus verpflichtet, aber für Diskussionen auch kultureller Fragen offen – ein Heft ist ganz dem »geistigen Wien« eines Roth, Schnitzler, Polgar oder Freud gewidmet –, stellt sich der »Orient« dem zunehmend erstarrten Denken der Zionisten entgegen. Deutschsprachig zudem, also die Wut der Sprachchauvinisten herausfordernd. So bleibt nicht aus, daß diese Zeitschrift seit dem ersten Tag ihres Erscheinens gefährdet ist: finanziell und politisch. Die Druckereien, die sie herstellen, werden bedroht, ebenso die Kioske und die Anzeigenkunden. Manche Hefte erscheinen verspätet, in Doppel- oder Dreifachausgaben, zum Teil nur hektografiert. 1942 sind es immerhin 38 Nummern.

Das Ende des Blattes kündigt sich aber schon zum Jahresbeginn 1943 an. Im Januar gibt es noch drei normale Ausgaben und eine Doppelnummer. Dann finden die Leser den »Orient« lange Zeit weder in ihrem Briefkasten noch an den Kiosken. Am 7. April 1943 erscheint die Zeitschrift zum letzten Mal. Im ersten Artikel der Ausgabe schreibt Wolfgang Yourgrau: »Am Dienstag, den 2. Februar, abends 8 ½ Uhr, entstand in der Druckerei, in der diese Zeitschrift bis dahin gedruckt wurde, ein ungeheurer Brand in Verbindung mit einer heftigen Explosion. Zwei Maschinen wurden fast voellig zerstoert, das Papier verbrannte, Werkzeuge wurden vernichtet, der Schaden ist kaum wieder gutzumachen, nicht einmal durch ausreichende Geldmittel … Alle Bemuehungen, sofort in einer anderen Druckerei die schon beinahe abgeschlossene, gesetzte Ausgabe fertigzustellen, scheiterten aus einem ungemein einleuchtenden Grunde: alle juedischen

Druckereien erhielten Drohbriefe, in denen sie gewarnt wurden, diese Zeitschrift zu drucken, andernfalls es ihnen ebenso ergehen wuerde wie … u.s.w. Die arabischen Druckereien waren nur ›informiert‹ worden, weigerten sich daher, den Druckauftrag zu uebernehmen …«[105]

Hatte Wolfgang Yourgrau noch im ersten Heft ausdrücklich betont, »diese Zeitschrift ist *kein* Organ der Emigrantenliteratur«[106], wurde Herausgebern und Mitarbeitern schon vor dem gewalttätigen Ende immer klarer, daß das Blatt durch den Boykott des Jischuw keinen Platz in der palästinensischen Gesellschaft finden und damit durch den immer stärker werdenden Außendruck von allein in die Rolle eines Exilblattes gedrängt würde. Der Bombenanschlag war nur der letzte Höhepunkt einer Kette von Verunglimpfungen und massiven Störungen.

Will man die erbitterte Reaktion der Betroffenen richtig verstehen – immerhin sahen sie in den Aktionen der Zionisten gegen ihre Zeitschrift das Aufkommen eines »jüdischen Faschismus« –, dann muß an die Situation in der Schlußphase der Weimarer Republik erinnert werden, als die nationale Rechte mit Boykott- und Verbotsmaßnahmen gegen die freie Meinungsäußerung vorging und damit den Nationalsozialisten das Feld für ihre Propaganda überließ. Ein traumatisches Erlebnis für Männer wie Wolfgang Yourgrau oder Arnold Zweig.

Der Schriftsteller ist eng eingebunden in die Geschichte dieser Zeitschrift. Nicht als Herausgeber zeichnet er bei dem Projekt verantwortlich, wie später vielfach zu lesen ist und er selbst fälschlicherweise einmal an Feuchtwanger schreibt, sondern nur als Mitarbeiter, wenn auch als ein sehr engagierter, was nicht nur die Zahl seiner Beiträge beweist, sondern ebenso seine Namensnennung auf der Titelseite. Yourgrau schreibt in dem schon erwähnten Brief an Walter A. Berendsohn: »Ich setzte mich sofort mit Arnold in Verbindung, einem alten Freund von mir …, und fragte ihn um Rat. Arnold war nicht sehr erpicht darauf, sich in irgendwelche Abenteuer einzulassen. Als ihm aber klar gemacht wurde, daß er nur jede Woche einen Artikel zu liefern hatte und für das Blatt weder materiell noch redaktionell verantwortlich sein würde, meinte er, ich solle es versuchen.«[107]

Natürlich ist Arnold Zweig für den Herausgeber ein Werbeträger, ein bei den deutschsprachigen Einwanderern, die Wolfgang Yourgrau für seine Zeitschrift als Leser gewinnen möchte, recht bekannter Autor. So ist Zweig nur in ganz wenigen Ausgaben der Zeitschrift nicht als Mitarbeiter vertreten. Er veröffentlicht im »Orient« Arbeiten über Ernst Toller, Joseph Roth, Stefan Zweig und Sigmund Freud, Artikelfolgen zu den Themen »Der Krieg u. der Schriftsteller« und »Antigermanismus« oder nimmt Stellung in eigener Sache, beispielsweise zu den Störungen der Zionisten während seines Vortrages in einem Tel Aviver Kino. Der Herausgeber und sein prominentester Mitarbeiter – andere Autoren sind Max Brod, Louis Fürnberg, Walter Zadek, Alexander Zak, Sally Grosshut und Franz Goldstein – stimmen in der Beurteilung der politischen Entwicklungen innerhalb und außerhalb Palästinas ebenso überein wie bei der Bewertung der programmatischen Grundlinien der Zeitschrift. Auch der Grad der Erbitterung über die Boykott- und Gewaltmaßnahmen der Zionisten gegen den »Orient« ist gleich.

Die Zusammenarbeit mit dem engagierten, aber auch heftigen und autoritären Herausgeber war jedoch nicht einfach. »Yourgrau erwies sich als ein prächtiger Draufgänger«, berichtet Zweig einige Jahre nach dem Ende des »Orient«, »aber leider als ein Mann, der alles selber machen wollte und sich außerdem den Übergriff leistete, in den Aufsätzen der Mitarbeiter herumzustreichen. ... Ich hatte Yourgrau versprochen, ihm ein Jahr lang für jedes Heft einen Beitrag zu geben, und ich hielt mein Wort, obwohl er auch ... in meinen Aufsätzen herumstrich und zwar um politisch keinen Anstoß zu erregen.«[108]

Für Zweig ist das Scheitern der Zeitschrift mehr als nur eine Episode. Es verstärkt seine kritische Stellung gegenüber den Zionisten erheblich, entfremdet ihn dem Jischuw noch mehr, als es die Ablehnung getan hat, die er als Künstler und Schriftsteller bis dahin in Palästina erfahren mußte. Das Bombenattentat vom 3. Februar 1943 hat Arnold Zweigs Traum vom neuen Kanaan endgültig zerstört.

Die Leser seien ein weiteres Mal daran erinnert, daß hier von einem Dichter und Schriftsteller erzählt wird. Auch die Jahre in Palästina nämlich sind vorwiegend ausgefüllt von der Arbeit am literarischen Werk. Vier Romane entstehen in diesen fünfzehn Jahren, zwei Theaterstücke, mehrere Erzählungen, zahllose Entwürfe und Kapitel zu nie vollendeten Büchern. Sosehr er die Last des Alltags spürt, die politischen und die persönlichen Entwicklungen immer wieder Depressionen auslösen, die er nur durch Analysen mühsam überwindet, die künstlerische Frucht der Exiljahre ist bedeutend.

Es beginnt mit Zweigs von vielen Lesern und Kritikern neben dem Grischa-Buch am höchsten geschätzten Prosawerk, dem Roman »Erziehung vor Verdun«[109]. 1928 konzipiert und schon bis zur Machtübernahme Hitlers weitgehend diktiert, ist es die direkte Fortsetzung der »Jungen Frau von 1914«. Der Schriftsteller und Referendar, der bürgerliche Intellektuelle Werner Bertin erlebt an der Westfront seine durch die Erlebnisse des Krieges geformte »Umerziehung«. Aus dem recht begeisterten Patrioten wird ein desillusionierter Betrachter der wilhelminischen Gesellschaft. Im Laufe der Romanhandlung weichen Heroismus und deutscher Kulturchauvinismus, die Bertin im Strom des Zeitgeistes vom August 1914 so leichtfertig mitschwimmen ließen, einem zynisch genauen Erkennen der Wirklichkeit vom Krieg und seinen gesellschaftspolitischen Hintergründen. »Wir schlagen tot«, resümiert der gequälte und existentiell bedrohte Soldat nach Monaten im Trommelfeuer der Geschütze, »und zwar mit allen Mitteln. Wir lassen uns nicht lumpen, Herr, wir benutzen die Elemente, wir beuten die Gesetze der Physik und der Chemie aus, wir berechnen erhabene Parabeln, damit Granaten sie beschreiben. Wir untersuchen wissenschaftlich die Windrichtung, um unser giftiges Gas abzublasen. Wir haben die Luft bezwungen, um Bomben herunterzuregnen, und so wahr meine Seele lebt: ich möchte nicht an einer so schmutzigen und feigen Sache zugrundegehen.«[110]

Zweig, 1915 selbst als zunächst begeisterter Kriegsteilnehmer an der Westfront, schildert mit der Charakterisierung der inneren Entwicklung Bertins die eigene »Bekehrung« und die wachsenden Zweifel, die er damals durchgemacht hat. Kein jäher Prozeß ist es, sondern ein allmähliches Erkennen, angestoßen von Menschen aus den verschiedensten Schichten – Juristen, Juden, Arbeitern – und durch das Erleben einer korrupten, menschenverachtenden Etappen- und Kriegsführung. Die biographischen Bezüge sind unübersehbar, schlagen sich nicht nur im Denken Bertins, sondern auch in seinen äußeren Lebensumständen, seinen Reflexionen über das Leben als junger Schriftsteller vor dem Krieg oder seinen bislang veröffentlichten Werken nieder.

Der »arge Weg der Erkenntnis« wird wieder durch einen »Justizmord« gewiesen. Der junge Leutnant Kroysing hat über das schändliche Verhalten seiner Vorgesetzten an höchste Stelle berichtet und ein Kriegsgerichtsverfahren gefordert, was ihn durch den von den »Angeklagten« befohlenen Einsatz bei einem Todeskommando schließlich das Leben kostet. Während im Grischa-Roman die Justizaffäre vor ihrem schrecklichen Ende geschildert wird, läßt Zweig den Fall Kroysing erst nach dessen Tod die Handlung bestimmen.

»Im Krieg aber türmte sich das Unrecht«, heißt es an einer Stelle sehr grundsätzlich, »verübt von Volk zu Volk, die Gewalttat, losgelassen von Gruppe zu Gruppe, so bergehoch, daß ein Eimer voll Unflat einfach verschwand. So sehr standen die Interessen des nackten Lebens auf dem Spiel, die Frage des puren Daseins und Weiterlebens für die herrschenden Schichten und also schließlich auch für die beherrschten, daß man zugeben mußte, das Recht des Einzelwesens auf Leben und Ehre sei bis auf weiteres vertagt, bis zur Wiedereinsetzung der Zivilisation auf ein Nebengeleise gezogen.«[111] Sätze, die angesichts der unzähligen Kriege unserer Tage, der grotesken Debatten um die Verbrechen der deutschen Wehrmacht im Zweiten Weltkrieg oder der juristisch-politischen Scheinempörungen über die Verwendung von Tucholskys nüchterner Bemerkung, Soldaten seien Mörder, auch am Beginn des neuen Jahrhunderts aktuell geblieben.

Die Haltung des jungen, idealistischen Offiziers Kroysing, die Reaktion, die seine Protesthandlung bei seinen Vorgesetzten auslöst, der Racheversuch des Bruders Eberhard Kroysing – aus diesem stringent durchgehaltenen Handlungsgerüst entwickelt Zweig die Dialoge seiner Personen. Kunstvoll wird die Fabel geführt, schlüssig ist die Entwicklung der Figuren angelegt. Ein meisterliches Werk. »Können wir aus diesem Roman lernen?« fragt der ebenfalls im Exil lebende Kritiker Albert Vigoleis Thelen unmittelbar nach dessen Erscheinen 1935 im Amsterdamer Querido Verlag. »Man kann aus *Erziehung vor Verdun* z. B. lernen«, antwortet er prophetisch, »daß der zukünftige Krieg das Vorspiel von 1914 in jeder Hinsicht in den Schatten stellen könnte.«[112] In der Tat hat Zweig in den Gegenspielern, dem Bataillonskommandeur Jansch und dem Hauptmann Niggl, die Kroysing kaltblütig in den sicheren Tod schicken, schon den Typus des kleinbürgerlichen, korrupten und skrupellosen Antisemiten charakterisiert, der beim Vorspiel des nächsten Krieges in Deutschland an der Macht war.

Den Hintergrund des Buches bildet der Krieg, aber es ist kein Kriegsroman. Keine Schlachtengemälde, keine Grabenkämpfe, keine »Stahlgewitter«-Ästhetik. Zweig schreibt an gegen die zahlreichen heroisierenden und deutschnationalen Verdun-Epen, die zwischen 1928 und 1933 den Buchmarkt bevölkern. Bei allen Unterschieden in der Intention der Autoren ist »Erziehung vor Verdun« neben Erich Maria Remarques »Im Westen nichts Neues« die künstlerisch gekonnteste und historisch wahrhaftigste Auseinandersetzung mit dem Ersten Weltkrieg und seinen Hintergründen (die Remarque allerdings nur ansatzweise streift) im deutschsprachigen Roman. Sprachkraft, erzählerische Spannung und der sympathische Vernunfts-Humanismus dieses Buches haben zweifellos zu seinem Erfolg – vor allem, da der deutsche Leser nahezu unerreichbar geworden ist, in den Vereinigten Staaten – entscheidend beigetragen. »Solange die Wirkungen dieses Krieges fortzittern«, stellt Bertin fest und spricht damit ein Grundanliegen des Autors aus, »wird gewissenhaftes Zeugnis das Wichtigste sein für den, der davonkommt.«[113]

1937 erscheint »Einsetzung eines Königs«. Der Roman um das Intrigenspiel der Inthronisierung eines litauischen Königs von deutscher Herrenmenschen Gnaden spielt in der Ost-Etappe, dort, wo der Autor einst selbst diese Zeit als Soldat erlebt hatte. Es sind die Monate der Friedensverhandlungen von Brest-Litowsk, die Tage, in denen die russische Revolution bei der deutschen Heeresführung noch einmal die Illusion erwachen läßt, die Schlacht um die Vorherrschaft in Europa sei trotz der schweren Niederlagen an der Westfront doch zu gewinnen. Im Heimatland und im Heer werden erste Zeichen der Auflösung und des Widerstandes gegen die Kriegsführung und ihre Hintermänner sichtbar, während Alldeutsche, nationalistische Parlamentarier und der Generalstab immer noch den »Siegfrieden« propagieren.

Im Zentrum der Erzählung steht neben dem jungen Offizier Paul Winfried die dem Leser der früheren Romane bereits bekannte und brutale Gestalt des Generalquartiermeisters Schieffenzahn, des mächtigsten Mannes im Kaiserreich. Ein Verführer und Gewaltmensch, ein skrupelloser Macher, ein jenseits aller moralischen und ethischen Überlegungen wirkender Technokrat, der moderne »Held« des neuen Jahrhunderts, Vorläufer der Hitlers und Stalins. »Machtfülle ging von dem Manne da aus, seiner

Stimme, seinen Augen, seinem herrenhaften Wesen. Die Wucht dieser Natur riß Winfried hin. Was tat es, wenn der da in Einzelheiten anders dachte, anders empfand als er? Nichts tat es, einen Dreck tat es.«[114] Nur scheinbar ein Gegenspieler Schieffenzahns ist General Clauss, der am Ende doch den eintrainierten Gesetzen der wilhelminischen Offizierskaste gehorchen wird.

Einen wichtigen Raum nimmt erneut das Leben des östlichen Judentums ein, das nur wenige Jahre später der Vernichtung anheimgegeben wurde. Etwas von dieser nicht vorstellbaren Zukunft spiegelt sich in den Szenen wider, in denen Zweig die »Sklavenarbeit« der jüdischen Gefangenen und Paul Winfrieds kurzen Aufenthalt in einem Arbeitslager schildert. Nur ein Vorspiel ist es, aber zumindest im Rückblick ein Hinweis, daß der Holocaust schon vor Hitler eine Möglichkeit deutscher Rassenpolitik war.

Wieder ein Werk mit großem Personaltableau, pointierter in der gesellschaftlichen Akzentuierung als die Vorläufer »Grischa«, »Junge Frau« und »Erziehung vor Verdun«. Zweig schreibt jetzt wirklich einen politischen Roman, was der Figurenführung und der Logik ihrer inneren Entwicklung nicht immer bekommen ist. Die Menschen in diesem Buch, so schrieb ein zeitgenössischer Kritiker vielleicht etwas überscharf, litten »alle an der Blutleere politischer Marionetten; sie bringen es nicht zu menschlicher Individualität«[115]. Und doch bleibt »Einsetzung« trotz einiger Schwächen – besonders in den politischen Schlußfolgerungen, die der Autor in den letzten Kapiteln offensichtlich überhastet niederschreibt – immer noch eine recht packende Schilderung der deutschen Gesellschaft in den letzten Kriegsmonaten. Offiziere, Arbeiter, Parlamentarier, Bürgerliche – darunter bemerkenswert wirklichkeitsnah und lebenspraktisch argumentierende Frauen – und Revolutionäre interpretieren die Welt des untergehenden Kaiserreiches, lassen dem Leser vieles sichtbar werden, was bald auch die mentale Grundsituation der Weimarer Republik bestimmen sollte.

Nicht ohne Skepsis in bezug auf die ästhetische Qualität seines Buches hält Zweig in einer »Nachbemerkung«, die er dem Roman beifügte, jedoch nachdenklich fest: »Dieser Roman wurde, als erste meiner dichterischen Arbeiten, durch die Ereignisse des Jahres 33 zuinnerst verändert. Die Beeinflussung eines Kunstwerkes drückt sich in seiner Form aus.«[116] Es war ihm nach der

Fertigstellung des Manuskripts offensichtlich bewußt, daß die Geschichte von Paul Winfried, die »Erziehung« dieses Sohnes aus preußischem Altadel (seine Mutter war eine Schwester des Generals Lychow) und liberalem Bürgertum (der Vater ist Arzt) nicht die Intensität, nicht die für den Leser nachvollziehbare psychologische Entwicklungsstruktur erreichte, wie es ihm bei den Hauptfiguren der ersten drei Romane des Zyklus so glänzend gelungen war. Auch seine historischen Reflexionen sind von Unsicherheiten und Verkürzungen geprägt, die auf die noch keineswegs überwundene Betroffenheit des Flüchtlings über die Ereignisse in Deutschland hinweisen.

Der Roman »hatte zu zeigen«, schreibt er in der »Nachbemerkung«, »warum die deutsche Herrenklasse abtreten und die Lenkung und Verantwortung für die deutschen Dinge dem Bürgertum und der Arbeiterschaft überlassen mußte, und was die Herrschaft und die Leistungen dieser neuen deutschen Schichten schwierig und verantwortungsvoll machte; außerdem die russische Gegenbewegung.«[117] Diesen hohen Selbstanspruch hat Zweig nur teilweise erfüllen können. Der Grund lag wohl darin, daß er während der Niederschrift auch persönlich in einer schwierigen geistig-politischen Umbruchsphase lebte.

Hinzu kam, daß sein amerikanischer Verleger auf einen raschen Abschluß des Manuskripts drängte. Dem Erfolg von »Erziehung vor Verdun« in den Staaten sollte keine allzulange Publikationspause folgen. An Sigmund Freud schreibt er im Dezember 1937: »Denn die gerundete Abgeschlossenheit des Buches ist dem trokkenen Verlangen des Amerikaners und ungarischen Juden B. W. Huebsch zu danken, der aussprach, daß der Leser nicht zwei Jahre warten könne, um im nächsten Roman zu erfahren, was der Held erlebt habe. Basta.«[118] Jedoch zufrieden fügt er hinzu: »Vor ein paar Tagen bekam ich die ersten Exemplare, und das Gefühl war gut und beglückend ...«[119]

Zweig beginnt unmittelbar nach der Niederschrift des Romans mit der Konzeption eines weiteren Buches des Grischa-Zyklus. »Langsam entwickle ich auch die Fabel für den Schlußroman meiner Serie, ›In eine bessere Zeit‹. Immer wieder frage ich mich, ob das Scheinwerferlicht auf Rußland, mit dem dieser Roman enden wird, stark genug sein wird, um den Titel zu rechtfertigen.«[120] Noch im Jahre 1938 erhält Feuchtwanger das Szenario des geplanten Fortsetzungsromans, der die Geschichte der

Generale Schieffenzahn und Clauss, der Grischa-Geliebten Babka, des Hauptmanns Paul Winfried und des Soldaten Werner Bertin in den Tagen der Soldatenräte und der gescheiterten Revolution erzählen soll. Andere Pläne jedoch verdrängen bald dieses Projekt, und Zweig wird sich mit dem Zyklus erst erneut beschäftigen, wenn er wieder in Deutschland lebt.

So läßt sich Zweig jetzt ein altes Manuskript aus dem Jahre 1908 vorlesen, das in der Kiste ruht, die Lily Offenstadt 1933 aus dem Haus in Berlin-Eichkamp vor dem Zugriff der amtlich besoldeten SA-Plünderer gerettet hatte. Es ist das Fragment seines Romans »Esmond«. Die Welt der Zeit vor 1914 taucht wieder auf, fesselt den auf dem Karmel vereinsamenden Dichter und läßt ihn nicht ohne Melancholie noch einmal von dieser »glücklichen« Zeit erzählen. »Nach 1933 änderte sich alles, auch der Aspekt, unter dem das Manuskript dieses Romans stand. Plötzlich wurde es ein historisches Dokument, ein Zeugnis, wie früher in Deutschland Jugend gelebt, sich bemüht, sich gequält und vorwärts gebracht hatte.«[121]

Das vorliegende Manuskript »mußte so weit beackert werden, wie es der Verfasser vor 25 Jahren auch getan hätte«[122]. So wird es ein leichter, aber sprachlich sehr gelungener kleiner Roman, den Querido schließlich unter dem Titel »Versunkene Tage« ausliefert an die in alle Welt verstreuten Leser, die so wie Arnold Zweig in bedrängter, »exotischer« Umgebung in einem Buch blättern, das von ihren Jugendtagen berichtet.

Wieder hat Zweig einen Entwicklungsroman geschrieben: die Geschichte des Philologiestudenten Carl Steinitz, der in goldenen Münchener Sommermonaten durch Liebeslust und Liebesleid, aber auch – schließlich lebt der Verfasser jetzt im Zeitalter der Ideologien – durch politisches Bewußtwerden wächst und reift. Vor allem aber ist es die Geschichte einer untergegangenen Epoche, einer Zeit, als »Krieg in Europa das Unvorstellbare«[123] war. Und dieser nicht zuletzt autobiographische Roman ist schließlich auch eine Liebeserklärung Zweigs an das nun so ferne Deutschland, an das München seiner Studententage: »München lag im goldenen Dunste, strahlend unter dem tiefblauen Himmel der ersten Frühlingswärme, und der Föhn kam warm und brausend herabgestürzt von den Gebirgen des Südens.«[124]

Lion Feuchtwanger, dem der kleine Roman gewidmet ist und der im Jahre 1908, als Carl Steinitz seine Hermine verliert und gewinnt, frischgebackener Dr. phil. und scharfzüngiger Münchener Theaterkritiker bei Siegfried Jacobsohns »Schaubühne« war, schreibt nach Haifa: »Es ist ein so hübsches, beschwingtes Buch, und es erinnert einen schmerzhaft heiter an so vieles, daß es mich wirklich von innen her gepackt hat ... Der Inhalt rührt mich so an, daß ich über die Form nur höchst persönlich sagen kann, mir scheint sie dem Inhalt durchaus adäquat. Sicher ist ja wohl, daß das kleine Buch nicht zum Wesentlichen Ihrer Produktion zählt, doch als Parergon macht es die denkbar beste Figur.«[125]

Es ist ein Parergon, ein Nebenzweig im epischen Gesamtwerk des Dichters. Geschrieben vor allem, weil Zweig hoffte, in kurzer Zeit einen neuen Roman fertigstellen zu können, um die Geldsorgen etwas zu mildern. Die Arbeit ist tatsächlich rasch beendet, aber die Honorare bleiben aus, denn das Buch findet nur eine kleine Lesergemeinde, verschwindet bald wieder vom Markt. 1950 erscheint der Roman leicht überarbeitet in einem Münchner Verlag, dann 1955 zum ersten Mal in der DDR, beide Ausgaben tragen den Titel »Verklungene Tage«.

Fast alles, was literarisch in diesen Jahren geplant, entworfen oder ausgeführt wird, ist ein Reflex des Schriftstellers auf die faschistische Bedrohung. Das gilt für die beiden Theaterstücke »Austreibung 1744 oder Das Weihnachtswunder« und »Bonaparte in Jaffa« nicht weniger als für die Erzählungen »Über den Nebeln« (erschienen 1949) und »Westlandsaga« (erschienen 1952) oder den Alpen-Essay. Vor allem aber für den Zeitroman »Das Beil von Wandsbek«.

Die Geschichte des Albert Teetjen und seiner Frau Stine wird das letzte bedeutende Werk sein, das Arnold Zweig veröffentlicht. Es zeigt den nunmehr über 50jährigen noch einmal als Meister der psychologisierenden Erzählkunst und scharfsichtigen gesellschaftspolitischen Deuter seiner Zeit. Der Henker-Roman, in den Jahren zwischen 1938 und 1943 geschrieben, gehört zu den großen deutschsprachigen Prosaarbeiten des 20. Jahrhunderts.

Der Schlächtermeister Albert Teetjen kämpft im Hamburger Stadtteil Wandsbek um das wirtschaftliche Überleben. Es ist die Zeit der »deutschen Erweckung«, die Zeit des Dritten Reiches, mit dessen Ideologie der kleinbürgerliche Metzger voll übereinstimmt. Man schreibt das Jahr 1938, Hitlers Macht schreitet von Triumph zu Triumph. Auf Anraten seiner Frau Stine schreibt Teetjen an einen alten Kriegskameraden und Glücksritter der Nazijahre, den ehemaligen Unteroffizier und jetzigen Reeder Footh. Dieser verschafft ihm in der Tat Arbeit. Er soll für Hitlers Henker einspringen und vier zum Tode verurteilte politische Häftlinge hinrichten. Gegen Zahlung von 2000 Mark, die er dringend für den fast ruinierten Fleischerladen braucht, will er das blutige Werk übernehmen. Teetjen verdrängt das Grauenvolle dieses Tuns, glaubt damit sogar recht zu handeln, denn es ist die Obrigkeit gewesen, die die Urteile gefällt hat. Er verheimlicht zunächst vor seiner Frau, einer religiösen Sektiererin, womit er den neuen Reichtum erworben hat. Aber eine Zuschauerin der Hinrichtungsszene, die skeptisch gewordene Nationalsozialistin und Ärztin Käthe Neumeier, erkennt in Teetjen den Henker wieder, der mit seinem Metzgerbeil auch ihren ehemaligen kommunistischen Jugendfreund Friedel Timme enthauptet hat. So sickert es bald durch in Wandsbek, welches Handwerk der Schlächtermeister im Auftrag der Nazis ausgeübt hat. Die Kunden meiden das Geschäft, die »Kameraden« vom SA-Sturmtrupp distanzieren sich, weil Teetjen den Henkerlohn nicht mit ihnen teilt. Stine, die tapfer zu ihm hält, als er das Geheimnis lüftet, verfällt zunehmend religiösen Wahnvorstellungen, erhängt sich schließlich am Fensterkreuz ihrer Wandsbeker Wohnung, in der das Glück zerbrochen ist, weil – so meint Teetjen zu wissen – »Adolf ihn zum Kehricht geworfen«[126] hat. »Und dann kam das Letzte, schwer genug, ohne den Schnaps wär's ihm vielleicht überhaupt nicht gelungen. Während er Sprosse für Sprosse hinunterstieg, bis ihm das kalte Wasserschlick um die Waden spülte, sich mit der Linken in der Leiter festhakte, mit der Rechten die Pistole zog und sich einen Schuß durch die Schläfe jagte, sah er, im Aufblitzen und Vergehen, statt der Leitern an den Wänden des Schachtes die vier Geköpften vor sich stehen …«[127]

Ein Zeitroman, in dem das Deutschland der nationalsozialistischen »Friedensjahre« das politische Panorama bildet, ist auf dem Berg Karmel entstanden. Ein System der Gewalt und der geistigen Verführung, eine Gesellschaft der Raffer und Beutejäger, der Schweiger und Anpasser verdichten sich zu einem packenden Szenario. Die Welt und das Denken des deutschen Bürgertums, dem der Autor selbst entstammt, bestimmen vorwiegend Dialoge und geistesgeschichtlichen Hintergrund. Hans-Albert Walter hat in seinem Buch über den Henker-Roman kenntnisreich und genau den Einfluß der Lehren Freuds auf das Werk nachgewiesen, die Faust-Bezüge im Text aufgespürt[128], auf die Zweig selbst in einer kleinen Aufstellung hingewiesen hat, in der er einen Vergleich seines Romans mit dem »Doktor Faustus« von Thomas Mann zieht: »Dr. Faustus u. Beil v. Wdsbk in der Emigration entstanden (beend. 43). Das Ende des Hitlertums vorwegnehmend. Den Sturz der Deutschen schildernd.«[129]

Auf das Thema stieß Zweig durch eine Zeitungsnotiz vom 18. April 1937. In der kommunistischen »Deutschen Volkszeitung« wurde von dem Selbstmord eines Henkers in Hamburg-Altona berichtet: »Die Hinrichtung von Jonny Detmer und drei weiteren Antifaschisten wurde seinerzeit nicht dem Hamburger Scharfrichter, sondern dem Schlächtermeister und SS-Mann Fock aus Altona übertragen. Der Schlächtermeister hatte gehofft, daß er mit den 2 000 Mark, die ihm die Hinrichtung einbrachte, sein Geschäft würde wieder in Gang bringen können. Nach und nach sickerte aber durch, daß er der Henker der vier unschuldigen Opfer des Hakenkreuzes gewesen sei. Daraufhin blieben immer mehr Kunden weg, und der finanzielle Zusammenbruch war unvermeidlich. In seiner Verzweiflung erschoß der Schlächtermeister zunächst seine Frau und beging dann Selbstmord.«[130]

Diese Meldung ließ bei Zweig schon Jahre vor dem Beginn der Niederschrift die Idee reifen, einen Roman über den Alltag im Nationalsozialismus zu schreiben. »Ich plane einen Roman ›Das Beil von Wandsbek‹«, erfährt Hubertus Prinz zu Löwenstein bereits im August 1939, »der das heutige Deutschland zum Schauplatz und den Durchbruch einer deutschen Durchschnittsseele durch die Naziseele zum Gegenstand haben wird.«[131]

Zweigs Grundfabel hält sich fast exakt an den in der »Volkszeitung« geschilderten Vorgang. Der Dichter bezieht allerdings in dem knapp 700seitigen Roman eine Fülle weiterer Geschehnisse mit ein, läßt in den Dialogen die Ereignisse der frühen Nazijahre diskutieren, die Terrorherrschaft Hitlers, den Versuch, Widerstand zu leisten. Es sind Menschen in einer schweren, den einzelnen herausfordernden Zeit, die die Figurengalerie bevölkern. In ihrer Darstellung werden sie zu beispielhaften Charakteren für die Klasse, die gesellschaftliche Schicht, die sie repräsentieren: der bürgerliche Nietzscheaner Koldewey und die ehemalige sozialdemokratische Intellektuelle Käthe Neumeier, der Arbeiter Friedel Timme und der Spekulant H. P. Footh, der geschäftlich dem

Ruin zutreibende, Hitlers wüsten Weltbildern verfallene Handwerksmeister Albert Teetjen und seine Frau Stine.

Der dramaturgische Aufbau, die Führung der Handlung, das Wechselspiel von Außenwelt und ihrer Innenspiegelung sind meisterhaft gelungen. Der moderne Mensch wird – wie schon in den Romanen des Grischa-Zyklus – durch die Darstellung seiner psychischen Seelenkräfte »erklärt«, die Triebstruktur des Individuums und die kollektiven Affekte der Gesellschaft sind der Motor der Handlung. Albert Teetjen ist nicht der harmlose Kleinbürger, der sich durch tragische äußere Umstände in die Untat verirrt, wie mancher spätere Interpret es kritisch vermerkt, sondern die »blonde Bestie«, die Nietzsche einst so fatal feierte und die Zweigs Generation über Jahrzehnte hinweg fasziniert hatte. Auch in diesem Zusammenhang ist der Hinweis auf die Faust-Gestalt wichtig: »Wie Thomas Mann im ›Doctor Faustus‹ hat Zweig den Fauststoff ins faschistische Deutschland transportiert; nur daß der moderne Faust hier kein Intellektueller ist, sondern ein Schlächtermeister und SS-Mann.«[132] Auf »Das Beil von Wandsbek« trifft in besonderem Maße zu, was Hans-Albert Walter im Zusammenhang mit der Realismus-Kontroverse über das Werk Zweigs, das nach 1925 entstanden ist, schreibt: »Kein Zweifel ist möglich: Arnold Zweig hat der Literatur ›neue Wirklichkeiten‹ erschlossen und zugänglich gemacht, er ist ein ›Neuerer‹ gewesen wie Joyce oder Döblin, ein ›Experimentator‹ im ›Formalen‹ gleich Brecht, Dos Passos oder Anna Seghers.«[133]

Zweig kannte den Alltag des Dritten Reiches nur durch Zeitungsberichte oder die Erzählungen der Entkommenen. Um so erstaunlicher bleibt, mit welch sicherem Gespür er das Leben in der nationalsozialistischen Diktatur schildert. Die Hamburger Örtlichkeiten werden anhand eines intensiven Studiums von Stadtplänen heraufbeschworen. Marcel Reich-Ranicki schreibt 1960 zwar, »Das Beil von Wandsbek« sei »nicht als realistisches Zeitdokument zu betrachten, sondern als episches Kunstwerk und Schöpfung der Einbildungskraft«. Doch er meint auch: »Obwohl es Zweig nicht gelungen ist, das wirkliche Leben im ›Dritten Reich‹ mit den Mitteln des Romanciers darzustellen, geht dennoch von seinem Buch eine tiefe Wahrhaftigkeit aus. Mit ungewöhnlicher psychologischer Sensibilität hat der Schüler Freuds das Verhalten des durchschnittlichen Menschen, zumal des Kleinbürgers, in der Diktatur veranschaulicht. Zweig verurteilt nicht, sondern macht den Einfluß des totalitären Staats auf die Psyche des Individuums sichtbar. Er zeigt, wie unschuldige Bürger schuldig werden.«[134]

Zweig schreibt nach Fertigstellung des Romans an Feuchtwanger: »Das ›Beil‹ ist nur so ein Antinaziroman, wie ›Grischa‹ ein Antikriegsroman ist. Robert Neumann, der das Ms. für Hutchinson gelesen und sehr positiv gewertet hat, schrieb mir mit Recht, daß die Durchleuchtung der deutschen Hintergründe so besonders wesentlich dabei und ebenso geglückt sei. Ich hätte gesagt: der bürgerlich-menschlichen Gründe und Hintergründe. Daher ist das Buch von Augenblicksströmungen unabhängig, wie ›Grischa‹ es war.«[135]

Gegenüber Walter Berendsohn äußert sich Zweig in ähnlichem Sinn: »Zu dem, was Sie sagen, lieber Berendsohn, würde ich nur hinzufügen, dass die deutschen Kleinbürger immer eine sehr produktive Schicht gewesen sind, wenn sie auch intellektuell zu den zurückgebliebenen Schichten Deutschlands gehören, ... das lieber Berendsohn hatte ich im Sinn, als ich meinen Albert und seine Stine formte. Ich habe es nicht gesagt, aber vielleicht kommt sein dumpfes Suchen nach dem Innern der Erde ebenso aus solchen Tiefen wie Stines Christlichkeit. Den deutschen Menschen in seiner Mißbrauchtheit hatte ich immer vor Augen, und manchmal klang mir wie ein Echo durchs Gedächtnis jener Strindberg-Satz: Es ist schade um die Menschen. Es ist auch schade um die Deutschen.«[136]

Die Niederschrift des Henker-Romans ist im Frühjahr 1943 beendet. Es beginnt eine bald vor allem durch die Nachkriegswirren bedingte leidvolle Veröffentlichungsgeschichte. Zwar erscheint das Buch bereits im Herbst 1943 in (miserabler) hebräischer Übersetzung, aber die erste deutschsprachige Ausgabe läßt vier Jahre auf sich warten und kommt erst 1947 auf den Markt. Zweig schreibt in einer »Danksagung« für diese Ausgabe: »Inzwischen hatten sich alle Schwierigkeiten der Kriegszeit und der Gesundheit des Verfassers gegen die Herstellung einer lesbaren Abschrift verbündet. Schon die Verschickung von Manuskripten stieß auf Hindernisse, die Frage der Übersetzung ins Englische schien in dem von Bomben und Raketen verheerten London unlösbar. Andererseits war der Verfasser nach einer schweren Gehirnerschütterung und durch den Verfall seiner Augen nicht in der Lage, selbst für ein gutes, zur Übersetzung taugendes Manuskript zu sorgen. Daß all dies überwunden wurde, verdankt er neben dem unermüdlichen Einsatz seiner Frau der hingebenden Freundschaft und tätigen Hilfe der Schriftsteller Robert Neumann in England und Lion Feuchtwanger und Bertolt Brecht in Kalifornien.«[137]

Vor allem Lion Feuchtwanger bewährt sich bei der Suche nach einem Verlag, bei der Herstellung eines lesbaren Manuskripts als selbstloser und treuer Freund. Am 8. März 1945 schreibt er an Zweig: »Ich kann Ihnen kaum schildern, vor was für schwierige Probleme mich der äußere und innere Zustand Ihres Manuskriptes gestellt hat. Viele Seiten sind offenbar letzter Durchschlag und schon dadurch nicht sehr leicht zu lesen. Nun ist aber das Manuskript technisch so überaus rücksichtslos getippt, daß der Leser in sehr vielen Fällen erraten muß, was gemeint ist ... Ich habe, nachdem ich über die Meinung vieler Sätze lange gegrübelt hatte, Brecht herangezogen; auch er konnte mir nicht weiter helfen. Nächst der Apokalypse kenne ich kein Werk, das den Leser vor so viele Rätsel stellt. Eine Zeitlang war ich versucht, das ganze neu zu diktieren ...«[138]

Es war ein Kampf, der sich gelohnt hat. Aber auch vierzig Jahre nach dem Erscheinen der deutschen Ausgabe hat dieser Roman in der Rezeption längst noch nicht den Stellenwert erhalten, den er zweifellos verdient. Hans-Albert Walter kann leider nicht widersprochen werden, wenn er 1985 in seiner großen Wandsbek-Studie das Fazit zieht: »Ein überragender Roman der deutschen Literatur unseres Jahrhunderts, verkannt, unterschätzt, im literarischen Bewußtsein unseres Staates faktisch nicht vorhanden, in dem des anderen deutschen Staates ein Gegenstand von Pflichtübungen allenfalls, wenn nicht Objekt peinlich quälender Verlegenheit ...«[139]

Die Arbeit am Henker-Roman, der nervenaufreibende Kampf um die Versendung des Manuskripts und seine Veröffentlichung haben Arnold Zweig erschöpft. Als er den Roman zu diktieren begann, war der Krieg zeitweise in bedrohliche Nähe gerückt, löste Rommels Vormarsch in Nordafrika bei den Juden in Palästina neue Schreckensvisionen aus. Schon im Juli 1940 hatten Mussolinis Piloten Haifa bombardiert, am 9. September griffen sie Tel Aviv an, am 21. November konnte Zweig einen neuen Bombenhagel beobachten, der über der Bucht von Haifa niederging.

Im Frühjahr 1941 stoppten britische Truppen und Armeen des »Freien Frankreich« den Vichy-General Dentz auf syrischem Boden kurz vor der Grenze Palästinas. Es sind also auch äußerlich dramatische Jahre: »... den ganzen Sommer über hat man mich bestürmt, die Folgen einer möglichen deutschen Invasion von Syrien ins Auge zu fassen. Es hat viel Kraft gekostet, all diesen Dingen zu widerstehen, die klare Vernunft und die Einsicht in den schon gesicherten Erfolg der britischen Kriegsanstrengungen all den guten Ratschlägen entgegen zu halten und an dem Schreibtisch sitzen zu bleiben, den ich nun einmal hier und nicht in den verlockenderen Gegenden Europas aufgeschlagen hatte.«[140]

In den letzten Kriegsjahren sterben zwei seiner vertrautesten Freunde in Palästina, der Psychiater Max Eitingon und der Maler und Radierer Hermann Struck. Eitingon hatte Zweigs Depressionen, die als Folge des Autounfalls im Jahre 1938 wieder ausbrachen, durch Analysen und einen sehr persönlichen ärztlichen Beistand in Grenzen halten können. In Strucks »wunderschönem Steinhaus mit orientalischen Anklängen, das damals mutterseelenallein in einer unbesiedelten Gegend stand«, war er häufig zu Gast, politische und kunstästhetische Themen debattierend. Der Tod dieser beiden Menschen ließ ihn Alter und Einsamkeit doppelt spüren.

Seine damalige Sekretärin Ruth Klinger, die im Sommer 1943 ihre Arbeit bei Zweig aufnahm, gibt in ihren Erinnerungen ein sehr liebevoll gezeichnetes Bild vom Alltag des Schriftstellers. »Ich sehe Zweig in seiner ›splendid isolation‹ im Haus des Arabers Tuffik Reno am Carmel so, wie er leibte und lebte: Er sitzt auf seinem Sofa, lehnt sich etwas zurück, streicht sich mit der Hand über den Kopf – eine seiner charakteristischen Gebärden – und ich höre seine leise Stimme, die immer etwas belegt war. ... Was er diktierte, welches Thema er wählte, bestimmte der Wetterhahn auf dem Dach des Nebenhauses, den er von seinem Schreibtisch aus beobachten konnte. Zeigte der Wetterhahn Ostwind an, *Chamsin*, diktierte er nur Briefe, war der Wind jedoch günstig, so kam sein Roman an die Reihe. Dann pflegte er sich auf sein Sofa zu legen (den Handrücken über der Stirn) und ich schob das Schreibmaschinentischchen ganz in seine Nähe, um jedes Wort deutlich zu vernehmen und ihn in seiner Konzentration nicht unterbrechen zu müssen. Er diktierte mit einer fast monoton-nüchternen Stimme, fließend und ohne Pausen. Nie suchte er nach einem passenden Ausdruck, immer wußte er zu Beginn des Satzes genau, wie er enden würde, selbst wenn er sich über mehrere Nebensätze erstreckte. ... Sein Diktat war so, als löse sich etwas Auswendiggelerntes von der Zunge ab. Sein Studienmaterial bestand aus einigen hingekritzelten Stichworten auf einem kleinen Zettel.«[141]

In dieser Zeit aber tauchen neuerlich die Zweifel über die Ortswahl seines Exils auf. In einem Dankesbrief an Louis Fürnberg für dessen Geburtstagswünsche heißt es am 21. November 1943: »Ich habe diesmal gute Wünsche nötig, weil sich die Umstände der Gegenwart immer schwerer gestalten, zumal in mir dauernd der Vorwurf nagt, daß ich aus Amerika [Zweig nimmt hier bezug auf seine Reise im Jahre 1939 – d. V.] nicht hätte zurückkommen dürfen. Meine Frau hatte sich ganz darauf eingerichtet, nachzukommen, aber ich fühlte mich dem dortigen Betrieb, von meinem Unfall noch sehr zermürbt und zerrüttet, nicht gewachsen und kehrte also zurück, zumal mir kein dortiger Arzt zu sagen vermochte, auf welche Weise man den Folgen des Unfalls entgegenwirken könnte.«[142] Ärgerlich registriert er im Herbst 1940 in einem Brief an Heinz Stroh: »Denn hier bin ich so isoliert, daß es nicht einmal Max Brod gelungen ist, mein Stück ›Bonaparte in Jaffa‹ bei der Habimah zur Annahme zu bringen, und doch ist es das beste Stück, das mir je gelungen ist und sicherlich das Beste in Palästina je geschriebene.«[143]

Zweigs Empfindungen in diesen Jahren sind von starken Stimmungswechseln geprägt; die Sorgen des Alltags, die gesundheitlichen Probleme, die schwankende Kriegslage, der Kampf um die Veröffentlichung des »Wandsbek«-Romans zerren an den Nerven. Auch die sich nach der Schlacht um Stalingrad klar abzeichnende Wende des Krieges ruft zwiespältige Gefühle hervor. Die von ihm nie bezweifelte Niederlage des Hitlerregimes weckt einerseits neue optimistische Zukunftspläne, andererseits berührt ihn das drohende Schicksal Deutschlands (»Und dazu diese furchtbare Situation der Deutschen, dieses beständige Zwielicht von Erwünschtheit und Erbarmen ...«[144]).

Die Niederlage Deutschlands deutet Zweig als Konsequenz des Rückfalls der bürgerlichen Eliten in die Barbarei, aber er, der Verfemte und Verjagte, ist weit entfernt von jedem Triumph – oder gar Haßgefühl. Am Tag der Kapitulation von Reims am 7. Mai 1945 schreibt er erleichtert an Feuchtwanger: »Es ist angenehm zu sehen, wie wenig Überheblichkeit, Siegerkranz und Siegerfreude in all unsern Zeitgenossen hier vorwaltet, daß man kaum Schadenfreude hört, wenn von den geschlagenen Deutschen die Rede ist, und fast nirgendwo dem Naziraubtier ein gleichartiges Raubtiergebiß entgegengefletscht wird. Der Job war schwer, er mußte getan werden, er wurde auch getan, ohne die Russen hätten wir's nicht geschafft, und nun – laßt uns sehen, was wir aus unserm Leben noch machen können. So ungefähr weht die öffentliche Meinung von den Städten her aufs flache Land und in den Hafen von Haifa ...«[145]

Und am 3. Oktober 1945, der Krieg in Asien ist inzwischen ebenfalls beendet, erreichen Fürnberg Zeilen ruhiger Erwartung: »Ich bin in leidlicher Verfassung und Laune. Die Welthändel flößen mir keine Angst ein, weil der Faschismus diesmal sein Teil abgekriegt hat und weil das Volk generell beginnt, selbstvertrauend in die Welt zu schauen. Und mein Weizen wächst sehr langsam, mit allen erdenklichen Schwierigkeiten, aber er wächst. Und mein neuer Roman auch; des Titels: ›Traum ist teuer‹. Zeit 1933–45.«[146]

Die Geschichte des griechischen Unteroffiziers Kaphalides ist als Zeit- (und Entwicklungs-) Roman konzipiert, nach »De Vriendt kehrt heim« Zweigs zweites Palästina-Buch. Er wird es erst in seinen Ostberliner Jahren vollenden. Ein weiteres Werk, mit dem der Schriftsteller sich noch in Haifa intensiver beschäftigt, trägt den Arbeitstitel »Gesang aus dem Abgrund«. Auch hier gelangt er nicht über die Niederschrift einiger Kapitel hinaus. Anfang der fünfziger Jahre erscheint das fertige Manuskript unter dem Titel »Westlandsaga« im Aufbau-Verlag. Zweig unternimmt in dieser »Chronik« den Versuch, seine Novelle »Die Bestie« ideologisch auf den Kopf zu stellen. Aus dem belgischen Bauern Labrousse, der in der Novelle von 1914 die bei ihm quartiernehmenden deutschen Soldaten bestialisch abschlachtet, wird nun ein unschuldiges Opfer der wilhelminischen Kriegsmaschinerie.

Erneut nimmt er sich sein 1934 entstandenes Drama »Bonaparte in Jaffa« vor und überarbeitet es. Zweig setzt sich in diesem Schauspiel mit einem für ihn alten, aber wieder besonders aktuell gewordenen Thema auseinander: dem Kampf zwischen Humanität und Barbarei in der Zeit des Krieges. Napoleon befiehlt die Ermordung von dreitausend türkischen Kriegsgefangenen, die während seines Ägyptenfeldzugs am Strand von Jaffa zusammengetrieben worden sind. Sein Arzt Desgenettes versucht vergebens, sich diesem unmenschlichen Befehl des Ersten Konsuls zu widersetzen. Die grausame Logik des Krieges steht auf der Seite Bonapartes: Das von Pest und Hunger heimgesuchte französische Armeecorps kann nicht, ohne die eigene Vernichtung heraufzubeschwören, die Gefangenen ausreichend mit Nahrung versorgen, sie müssen getötet werden. Der Krieg und die von ihm herausgeforderten Konsequenzen lassen moralische Positionen nicht mehr zu.

Auch als politischer Essayist und Redner bleibt Zweig in diesen Jahren aktiv. Er schreibt Artikel für die Monatszeitschrift »Heute und Morgen«, eine »Antifaschistische Revue«, die im Januar 1945 erstmals erscheint. Es ist ein Blatt, das vom »Kreis der Bücherfreunde« herausgegeben wird, einer linken, weitgehend kommunistischen Vereinigung, die Bücher und Zeitschriften aus der Sowjetunion nach Palästina schleust und in Jerusalem Reden und Vorträge deutschsprachiger Emigranten organisiert. Auch Arnold Zweig ist, insbesondere auf Vermittlung von Louis Fürnberg, häufig Gast im »Kreis der Bücherfreunde«. Für die erste Ausgabe von »Heute und Morgen« schreibt der Dichter die »Begrüßung«. In späteren Nummern werden Auszüge aus seinem Wandsbek-Roman veröffentlicht. Anfang 1946 erscheint eine hektographierte Zeitschrift, die »Tribüne – Wochenblatt des Lagers 307«. Initiator dieser Aktion ist der jüdische Kinderarzt Adolf Sindler, Captain der britischen Armee. Die Zeitschrift bietet Lesestoff für die knapp 100000 deutschen Kriegsgefangenen, meist überlebende Angehörige von Rommels Afrikacorps, die im Camp No. 307 festgehalten werden. Viele von ihnen begegnen hier in der Nähe des Suezkanals zum ersten Mal wieder dem Namen Arnold Zweig. Zu seinem 60. Geburtstag druckt die »Tribüne« in einer Sondernummer, die dem Schriftsteller gewidmet ist, Auszüge aus seinem Roman »Einsetzung eines Königs«, veröffentlicht ein Kapitel aus dem »Caliban«. Sally Grosshut schreibt die Würdigung. Schon ein Jahr zuvor hatte Grosshut in der »Tribüne« den Dichter Arnold Zweig für den Nobelpreis vorgeschlagen.

Das Ende des Krieges in Europa und Asien weckt bei den Exilanten neue Hoffnungen, Zukunftspläne werden diskutiert. Die Verbindungen nach Europa und Amerika bleiben jedoch schwierig, die Nachkriegswirren machen Überseereisen nahezu unmöglich, Manuskriptsendungen brauchen Wochen und Monate, bis sie – wenn überhaupt – ihr Bestimmungsziel erreicht haben. Palästina selbst aber kommt nicht zur Ruhe. Allmählich erfährt die Welt das grauenvolle Ausmaß des Holocaust. Alles, was mit Deutschland zu tun hat – Sprache, Kultur, Geschichte –, stößt nun in Palästina auf noch schärfere Ablehnung, was die Lage vieler an ihrer Heimat hängenden Jeckes nicht einfacher macht. Für die Überlebenden erhält die Gründung eines Judenstaates nun eine besondere Dimension. Die Briten jedoch reagieren auf die neue Einreisewelle mit einer so niedrigen Monatsquote für die geforderten Einwanderungszertifikate, daß der Protest bald in Gewaltaktionen einmündet. Terror und Gegenterror überschatten das Leben in Palästina. Die jüdische Untergrundorganisation »Irgun Zevai Leumi« verübt im Juli 1946 ein blutiges Bombenattentat auf das britische Hauptquartier in Jerusalem, das im Hotel »King David« untergebracht ist. Arnold Zweig lehnt den Terror nachdrücklich ab, bezeichnet ihn verschiedentlich als »jüdischen Faschismus«; er lebt jetzt in einem Land, das sich praktisch im Kriegszustand befindet.

Die Briten beschlagnahmen vorübergehend seine Wohnung, er muß noch einmal umziehen. Im November 1947 entscheidet sich die UNO-Generalversammlung mit Zweidrittelmehrheit für die Teilung Palästinas. Für die dort lebenden Juden erfüllt sich ein zweitausendjähriger Traum, sie werden in wenigen Monaten wieder einen eigenen Staat haben. Der Weg dieses Volkes jedoch bleibt vom Existenzkampf gezeichnet. Die Führung der arabischen Palästinenser ruft sofort zum Generalstreik auf, unmittelbar nach der Staatsgründung im Mai 1948 marschieren die Armeen der arabischen Nachbarn ein, es beginnt ein neuer langer Krieg, der bis heute nicht beendet ist: der Krieg zwischen Juden und Arabern um das Land Palästina. Zweig selbst erlebt die ersten Kämpfe aus unmittelbarer Nähe mit, denn auch in Haifa wird geschossen. Am 11. März 1948 schreibt er an Louis Fürnberg, der inzwischen nach Europa zurückgekehrt ist: »Ihr Brief aus Basel … hat uns hier in einer Kriegsatmosphäre getroffen. Zum Glück ist sie inzwischen abgeklungen, aber dennoch vergeht leider kein Tag oder Abend ohne Ketten von Schüssen oder Salven, und wenn ihnen auch nur selten Menschen zum Opfer fallen – träfe jede abgefeuerte Kugel, so lebte in der ganzen Gegend vom Carmel bis nach Nahariah kein Mensch mehr, gleichgültig welcher Abstammung –, reibt dieser latente Bürgerkrieg unsere Nerven doch so auf, wie Sie es sich vorstellen können.«[147]

Die aus Wien stammende Journalistin Alice Schwarz-Gardos schreibt in ihren Erinnerungen über diese Tage: »Am 22. April 1949, zum jüdischen Osterfest (Pessach), kam es zur Entscheidungsschlacht um Haifa. Der britische Stadtkommandant General Stockwell hatte erklärt, er ziehe seine Truppen aus Haifa in wenige Sicherheitsreservationen zurück. Eine von ihnen war übrigens in einem Häuserkomplex auf dem Carmel hinter Stacheldraht ausgerechnet dort entstanden, wo Arnold Zweig gewohnt hatte, den man britischerseits unbarmherzig aus seiner schönen Wohnung evakuierte und in ein Haus in der sogenannten deutschen Kolonie in der Unterstadt, in Hafennähe umsiedelte. Dort war man während der monatelang dauernden Angriffe der Araber auf die Juden besonders gefährdet. Es war eine Situation von außergewöhnlicher Tragik für Zweig, der sich immer sehr engagiert für die Verständigung mit den Arabern eingesetzt hatte.«[148]

Zweigs Unruhe wächst angesichts der politisch-kriegerischen Ereignisse, die seine private Existenz erneut ganz unmittelbar berühren. »Niemand stellt sich vor«, klagt er Ruth Klinger, die inzwischen nach Prag gereist ist, »was für Schwierigkeiten entstehen können, wenn ein Staat in den Windeln liegt, und die Hebamme böswillig handelt, anstatt die Wehmutter zu unterstützen.«[149] Die Reisepläne verdichten sich. Die zahlreichen Äußerungen Zweigs in seinen Briefen an Feuchtwanger und Fürnberg zeigen allerdings, wie unentschlossen er ist, wie sehr er fürchtet, in einer neuen Umgebung wieder auf Unruhe und Schwierigkeiten zu stoßen. Er denkt an Amerika, wo der Sohn Michael lebt und bereits alle notwendigen Papiere zusammengetragen hat und wo die Nachbarschaft zu Freund Feuchtwanger (»arnold zweig … wollte hier herüber, ich habe ihm mit unzähligen schwierigkeiten ein immigrationsvisum verschafft, jetzt will er wieder nicht«[150]) und dem verehrten Thomas Mann lockt. Er denkt an die Schweiz, wo der Sohn Adam studiert und die Nähe zu Deutschland gegeben ist. Wien und Paris werden für kurze Zeit in seine Überlegungen einbezogen. Er denkt an Großbritannien und ist tief erbittert, als ihm die britischen Behörden Visum und Einreise verweigern. »Er vergaß nie«, schreibt später Heinz Kamnitzer über Zweigs anglophile Haltung, »daß dieser Tory [gemeint ist Churchill – d. V.] leibhaftiges Sinnbild der britischen Bulldogge nichts von Hitler und seinen Horden wissen wollte und mit der Sowjetunion die braune Bestie ›bis in ihre Höhle‹ verfolgte.«[151]

London hatte er wohl zunächst tatsächlich ernsthaft als Standort für die Zukunft ins Auge gefaßt. Die Ablehnung, die er mit seinem Visumsersuchen erfuhr, zeigte ihm, daß auch sein künftiges Leben von den politischen Zeitläufen entscheidend mit bestimmt werden würde. Der Schriftsteller, den die britischen Behörden abwiesen, war im übrigen in Europa keineswegs vergessen. Der Visumsantrag war von Zweigs englischem Verlag Hutchinson und dem Präsidenten des britischen P.E.N.-Clubs gestellt worden. Das Einreiseverbot war denn auch der »New York Herald Tribune« eine Meldung wert: »Prag, 16. Juli. Wie heute zu erfahren war, hat die britische Regierung dem Dichter und israelischen Staatsbürger Arnold Zweig keine Erlaubnis erteilt, nach London zu kommen. Im ablehnenden Bescheid des Home-Office vom 10. Juli heißt es, ›obwohl sein Einreisegesuch sorgfältig und wohlwollend geprüft worden sei, könne es aufgrund der bestehenden Einreisebestimmungen für Ausländer nicht bewilligt werden‹.«[152] Im heraufdämmernden kalten Krieg schlachtete die östliche Seite solche bürokratisch ummäntelten Entscheidungen der gegnerischen Seite natürlich genüßlich aus.

Mancher in der Ferne lebende Freund versucht zu helfen. Robert Neumann, der in England wohnt, wendet sich im März 1948 an Feuchtwanger: »Arnold Zweig sendet ein SOS – und natürlich gehört er dort weg. Aber ich kann kein Geld für ihn bekommen; er hatte einen sehr großen Vorschuß und trotz ausgezeichneter Kritiken sind die Verkäufe seines Buches [»Das Beil von Wandsbek« – d. V.] bisher gering. Können Sie dort etwas für ihn tun? Seine Filmrechte sollten doch eigentlich verkäuflich sein. Aber der richtige Platz für ihn wäre wahrscheinlich Berlin – das ist seine Stadt, dort wäre er berühmt und erfolgreich und ›reich‹ (besonders wenn man ihm genug Pakete schickt).«[153] Feuchtwanger jedoch ist in Sachen Berlin zunächst skeptisch: »Lieber Robert Neumann, ich stehe mit Arnold Zweig in ständiger Verbindung und habe mein Bestes getan, ihm wirtschaftlich zu helfen. Es sind eine ganze Reihe äußerer und innerer Gründe, die ihn verhindert haben, Palästina bis jetzt zu verlassen. Nach allem, was ich aus Berlin höre, möchte ich ihm nicht zuraten, dorthin zu gehen.«[154]

Zweig selbst denkt natürlich intensiv an Deutschland, an eine

Rückkehr ins Haus am Kühler Weg: »... sollte ich es wiederkriegen, wird man für den helleren Teil des Jahres bestimmt eine Bleibe haben.«[155] Erich Weinert lädt ihn in einem Schreiben vom 15. Mai 1947 nach Ostberlin ein. Zweig antwortet mit leichtem Vorbehalt: »Und da wir uns im nächsten Jahr wiedersehen werden ... werdet ihr genau wissen, wo ich stehe – nämlich bei euch, in euren Reihen, ohne Reserve, wenn auch mit mehreren Vorsichtsmaßnahmen, damit ich nicht wieder unter die Räder komme, wie in Palästina.«[156] Auch der Aufbau-Verlag schickt aus der sowjetischen Besatzungszone verlockende Botschaften. »Wir haben heute die Möglichkeit«, schreibt die Verlagsleitung, »an weiteste Schichten der Bevölkerung heranzukommen, und können Ihre Bücher in hohen Auflagen verbreiten. Die Mindestauflage für Ihre Romane wäre 20000 Exemplare. Ich bin überzeugt, daß wir in ganz kurzer Zeit zweimal 20000 drucken können.«[157] Zumindest dieses Versprechen werden die Werber aus dem östlichen Teil Deutschlands dann voll erfüllen können, auch wenn der Verlag einige Monate später Zweigs Hoffnung auf Honorare in »stabiler« Währung ehrlicherweise dämpfen muß: »Mit der Zahlung in schweizer Währung steht es natürlich recht traurig ...«[158]

Seine Deutschland-Pläne werden zunächst vor allem dadurch gehemmt, daß ihn die Sorge umtreibt, unter Menschen leben zu müssen, die dem Hitlerstaat gedient haben. »Wenn es also gar so ist, wie Sie berichten«, teilt er Robert Neumann mit, »in der Schweiz wie im alten Reich, wird man entweder Jahre an das Aufräumen und Realisieren der Köpfe geben müssen oder ganz draußen bleiben und das Studio, das intakt geblieben ist [Zweig meint sein Atelier im Westberliner Eichkamp – d. V.], mit einer Wohnung in England oder den U.S.A. vertauschen.«[159]

Sicher ist, daß Zweig keineswegs geradlinig auf ein neues Domizil in Ostberlin zusteuerte. Lange scheint er auch mit dem Gedanken gespielt zu haben, seine Wohnung auf dem Karmel, dessen Landschaft und Klima ihm behagten, zu behalten, um auch im Falle eines Umzugs nach Europa oder Kalifornien für einige Monate des Jahres hier leben zu können. Entscheidend bleibt die Sehnsucht nach einer ruhigen Arbeitsatmosphäre, denn die Last der Jahre drückt ihn. »Immerhin spürte ich gestern und vorgestern«, heißt es in einem Brief vom Januar 1946 an Feuchtwanger, »daß ich wirklich 58 Jahre alt bin und nicht nur so aussehe. In der Armut, dem Mangel an Hilfskräften, reibt sich auch der Anschein jugendlicher Frische schneller ab, und das schwierige äußere Leben belastet die intimeren Beziehungen, auch die zu sich selbst.«[160]

Priorität also hat für Zweig die Frage, wo er endlich ungestört und materiell gesichert als Schriftsteller existieren kann. Die Antwort wird schließlich die Wahl seines Wohnsitzes entscheiden. »Seien Sie zufrieden, daß Sie fern vom Schuße sind«, schreibt er Ruth Klinger nach Prag, »helfen Sie uns, Dita und mir, zu einer baldigen Ausreise. Dass nämlich in einer solchen Atmosphäre weder das Buch ›Freundschaft mit Freud‹ noch irgendein anderes gedeiht, sagen Sie sich selbst. Da ich aber Schriftsteller bin und von der Schriftstellerei leben muß, muß ich eben weg, bis wieder Ruhe eingetreten ist.«[161]

Alle späteren Diskussionen, die Zweigs Aufenthalt in der DDR oder seinen Weggang aus Israel ideologisch oder nationalistisch bewerten, bleiben vordergründig. Es war sein Recht als Bürger und Künstler, einen Platz zu suchen, der ihm die finanziellen Voraussetzungen und wohnlichen Bedingungen bot, die für ihn als Schriftsteller unabdingbar waren. Wer sich in diesem Zusammenhang über den »Egoismus« Zweigs empört, sollte zumindest die Frage stellen, warum denn der Kulturbetrieb in Westdeutschland oder auch England diesem prominenten Autor eine angemessene Arbeitsmöglichkeit verweigerte und Israel angesichts der politischen Umstände und des Desinteresses der nationalen Kreise im Lande ihn übersah? Schon im Dezember 1934 hatte Zweig seinem Bruder Hans, der im südamerikanischen Exil lebte, geschrieben: »Wo ich wirtschaftlich Wurzeln schlagen kann, wo mir das Land für meine Arbeit zu essen gibt, da entstehen Vaterlandsgefühle.«[162] Im Zeitalter eines verlogen-pathetischen Nationalgetümmels klingen solche Sätze trotz ihrer Pointierung erfreulich nüchtern.

Als er dann schließlich einen Entschluß faßt, ist es aus seiner Sicht noch keineswegs eine endgültige Entscheidung. Louis Fürnberg, inzwischen bereits in Prag, und Rudolf Hirsch – kommunistischer Freund im Palästina-Exil – versuchen zwar, den einst in Europa berühmten Schriftsteller im anbrechenden ideologischen Ost-West-Konflikt auf die »fortschrittliche« Seite zu ziehen, aber Zweig sagt zunächst nur einen mehrmonatigen Kur- und Arbeitsurlaub zu. Das Ziel heißt jetzt Prag. Gewählt hat er die Stadt an der Moldau vor allem, weil ihm Ruth Klinger von dort enthusiastische Briefe schreibt, ihm von tschechischen Verlagsplänen für sein Werk berichtet, die alle Erwartungen zu übertreffen scheinen. Zweig bleibt aber zurückhaltend. In seinen Briefen an Ruth Klinger heißt es, er komme nach Europa, um in Ruhe sein Buch »Freundschaft mit Freud« diktieren zu können. Deshalb »möchte er eine Anzahl Wochen in Prag sitzen und sein Buch in Freuds Geburtsland zuende schreiben«[163]. Visa- und Reisekostenprobleme löst Louis Fürnberg. Zweig erhält eine Einladung des tschechoslowakischen Kultusministeriums, das auch die Flugtickets für das Schriftstellerehepaar finanziert. Wochen sitzen sie in Haifa auf gepackten Koffern, die Flug- und Schiffsverbindungen sind durch die Bürgerkriegswirren wieder unsicher geworden. Am 15. Juli 1948 besteigt Arnold Zweig mit seiner Frau in Tel Aviv ein tschechoslowakisches Flugzeug. Acht Wochen nach der Gründung des Staates Israel, mitten im neuen Überlebenskampf des jüdischen Volkes, verläßt der einst schwärmerische Zionist das Land für immer.

Zweig hatte seine Reisepläne geheimzuhalten versucht. In den Zeitungen war hie und da über Übersiedlungsabsichten des Schriftstellers spekuliert worden. »Daß die gesamte Presse hier bereits von Gerüchten widerhallte, ich sei im Begriff nach Deutschland zurückzukehren, möchte ich Euch nicht vorenthalten«, schreibt er bereits im November 1946 an das Ehepaar Fürnberg. »Ich habe nur geantwortet, daß mich nichts so sehr verlockt, Schriftsteller, der ich bin, als die Übersiedlung unter eine vierfache Militärzensur. Ich werde mir doch nicht in die Karten gucken lassen, noch dazu, bevor ich sie selber kenne. Aber: Auf Wiedersehen!«[164] Er weiß nur zu gut, wie sensibel die Juden in Palästina auf Rückwanderer reagieren, besonders natürlich in Zeiten, in denen der Kampf gegen eine feindlich gesinnte Umwelt wieder lebensbedrohende Formen angenommen hat.

In den Wochen und Tagen vor seiner Abreise verfaßte Zweig ein »Rundschreiben an meine Freunde«, das für eine Veröffentlichung im »Mitteilungsblatt« der Vereinigung von Emigranten aus Deutschland und Österreich gedacht war. Es ist der Versuch einer Rechtfertigung, der Versuch, Verständnis zu finden für eine möglicherweise mißverständliche Handlung: »Vierzehn Monate Verdun waren seinerzeit, 1916/17, für einen geistigen Menschen genug, um eine Pause zu erzwingen. Vierzehn Monate Deutsche Kolonie in Haifa 1947/48 besorgten diesmal das Gleiche. Ihr werdet darum, liebe Freunde, weder verwundert noch unwillig aufhorchen, wenn Ihr erfahrt: es ist soweit ... Irgendwo muss man einen Schreibtisch aufstellen können, um ein zur Hälfte vollendetes Buch zuende zu schreiben. Irgendwo muss die schöpferische Stille sich ausbreiten dürfen zwischen vier noch so bescheidenen Wänden. Man muss nicht gezwungen sein, statt an den Gang der Arbeit an befreundete Menschen zu denken, von denen man gern erführe, ob sie den Zerstörungen in den Strassen Jerusalems oder auf den Landstrassen zwischen unsern Städten und Siedlungen diesmal wieder entgangen seien. In vielen Punkten dieses Landes arbeiten und kämpfen die Kinder der Freunde – man kann sich nicht auf das Kapitel eines Buches konzentrieren, wenn man hört, gerade in jener Gegend sei es gestern scharf hergegangen. Ausserdem muss ein Schriftsteller Post bekommen – nicht nur für Palmström gilt: ›Sie ist seiner Tage Kost‹. Auf einem Kriegsschauplatz kann nicht gedruckt werden. Und nur durch die Post also laufen Honorare ein.«[165]

Zweig kündigt in diesem Brief ausdrücklich seine Rückkehr nach wenigen Monaten an: »Und, Freunde, lasst es Euch gut gehen, damit wir uns wiedersehen, noch ehe dieses Schicksalsjahr 1948 sich rundet.«[166] Doch er ist insofern aufrichtig, als er keinen Zweifel an seinen privaten Motiven läßt. Er sagt es deutlich: Der Krieg um Israels Existenz raubt ihm die Ruhe für die Arbeit, die Sorge um die finanzielle Zukunft bedrängt ihn. Israel hat ihm in den kommenden Jahrzehnten diese Abreise verübelt. Das ohnehin schwierige Verhältnis zwischen der Jischuw und dem Schriftsteller Arnold Zweig wurde dadurch zusätzlich belastet. Es ist in diesem Zusammenhang verhängnisvoll, daß der vollständige Brief nicht damals im Jahre 1948 – wie von seinem Absender geplant –, sondern erst im Jahre 1988 veröffentlicht worden ist. Denn in seinem zweiten Teil enthält er Passagen, in denen Zweig voller Bewunderung das neue Israel begrüßt: »Wir aber retteten unsere Kinder her, und unsere jungen Ehepaare brachten die ihrigen hier zur Welt, mit der immer wiederholten Parole: leben zu lernen. Die Siedlungen und Stadtränder dieses kleinen Landes wimmelten von der Freude, aufzubauen, Wirklichkeit zu schaffen, einer lebendigen Erneuerung zu dienen. Aber siehe da, als der Zwang zum Selbstschutz und zur Verteidigung diesen Lebenswillen militärisch umschaltete, Ostler und Westler verschmelzend und in eine einheitliche Armee umgiessend, da ward bewiesen, was uns glücklich macht: Das freiheitliche, schöpferische Soldatentum einer progressiven, der neuen Zeit dienenden Lebensform erzeugt, gleichsam in Stunden, Leistungen, zu welchen die früheren Regimenter der Kaiser, Zaren und Faschisten jahrzehntelang trainiert werden mussten … Und wenn ich draußen das zu bezeugen haben werde, was hier geschah, wird es mit Worten geschehen, die eine Fontanesche Ballade des Alten Fritzen beenden: ›Ich salutiere! Es war gut.‹«[167]

Zweig wird diese Sympathie auch in den kommenden Jahren nie verleugnen. Skeptisch bleibt er zeitlebens angesichts der Politik des neuen Staates gegenüber den palästinensischen Arabern. Dennoch ist Arie Wolf zuzustimmen, wenn er in seinem Aufsatz über Zweigs Abschiedsbrief meint: »… hätte man diese patriotische Deklaration Zweigs veröffentlicht, ihm wären tragische Verwicklungen, den Israelis viel Verdruß erspart worden.«[168]

Ein teurer Traum

Europa, das der Schriftsteller Arnold Zweig nach mehr als 15jährigem Exil wieder betrat, hatte den furchtbarsten Krieg seiner Geschichte hinter sich. Etwa 50 Millionen Menschen waren ihm zum Opfer gefallen. Sie starben als Soldaten an den Fronten oder als Zivilisten unter den Massenbombardierungen, die den Kontinent in den letzten Kriegsjahren heimsuchten. Fünf bis sechs Millionen Europäer, vor allem Juden, wurden in den Vernichtungslagern der Nazis ermordet. Die einst blühenden Städte Mitteleuropas, vorwiegend in Deutschland, lagen in Schutt und Asche. Hitlers Griff zur Weltherrschaft endete in einer Orgie von Gewalt und Zerstörung.

Kaum hatten die Waffen geschwiegen, da begann der Streit unter den Siegern. Stalin hatte in den dreißiger Jahren die Altbolschewiken der Revolutionszeit rücksichtslos liquidieren lassen, trieb Millionen Sowjetbürger zur Sklavenarbeit in die Gulags, entwurzelte in einer erzwungenen Völkerwanderung zahlreiche Nationalitätengruppen. Nun verwirklichte der Erbe Lenins einen Jahrhunderte gehegten Traum zaristischer Machtpolitik. Er schob die Grenze seines Imperiums bis in das Herz Europas vor, sowjetische Soldaten standen an der Elbe. Polen, dessen Ostprovinzen er sich bereits durch den Hitler-Stalin-Pakt von 1939 skrupellos einverleibt hatte, reichte jetzt bis zur Oder-Neiße-Linie und wurde ein Satellit Moskaus, ebenso Ungarn, Bulgarien und Rumänien; 1948 putschten die Kommunisten in der Tschechoslowakei. Im besetzten Deutschland unterdrückte Stalin rasch jeden demokratischen Ansatz in der Zone, die den Sowjets auf der Potsdamer Konferenz endgültig zugesprochen worden war. Die Zwangsverschmelzung von SPD und KPD in der sowjetischen Besatzungszone im Frühjahr 1946 war nur der letzte Schritt zur Einparteienherrschaft, zur Diktatur der von Moskau abhängigen SED Walter Ulbrichts. Ein »Eiserner Vorhang« hatte Europa geteilt, und die Weltpolitik wurde in den nächsten vier Jahrzehnten geprägt vom Machtkampf der Sieger über Hitler.

Für die in den drei Westzonen lebenden Deutschen begann

nach Jahren des Hungers und der Not ein wundersamer Aufstieg. Unter der Präsidentschaft Harry Trumans vollzog Washington eine radikale politische Wendung, die »Eindämmungspolitik« löste Roosevelts lange gehegte Hoffnung auf eine friedliche Nachkriegskooperation mit den einstigen sowjetischen Verbündeten ab. Um Bestrebungen Moskaus zu verhindern, seinen Machtspielraum zu erweitern, brauchte die westliche Vormacht ein starkes Bollwerk an der Elbe. Amerikanisches Kapital floß nach Westdeutschland, ein dem Parlamentarismus und dem freien Wirtschaftssystem verpflichteter Teilstaat – die Bundesrepublik – wurde gegründet, eine deutsche Armee aufgebaut. Um die Ängste der Demokratien zu dämpfen, die einst von Hitlers Wehrmacht überfallen worden waren, band man den Bonner Staat eng an ein Militärbündnis, die Nato.

Der neue Staat, dessen Politik bald von der Gestalt seines ersten Kanzlers überragt wurde, hatte seiner Verfassung eine Präambel vorgesetzt, in der er sich die Wiedervereinigung Deutschlands zur Pflicht machte. Auch der andere inzwischen entstandene deutsche Staat, die DDR, forderte die Einheit der Deutschen. Aber den verbalen Bekundungen folgten keine Taten. Bonn und Ostberlin blieben gehorsame Schüler ihrer Lehrmeister, die an den Fronten des »kalten Krieges« um die Vormacht stritten. Den Preis dieser Politik zahlten nicht die Westdeutschen, sondern die »Brüder und Schwestern« im östlichen Staatsgebilde. Während nämlich in der Kanzlerdemokratie ungeahnter Wohlstand ausbrach, trotz starker restaurativer Tendenzen eine grundgesetzlich geschützte demokratische Entwicklung an Boden gewann, litten die Bürger der DDR unter Versorgungsnöten und einem diktatorischen Regime, das praktisch jede Opposition im Keim erstickte.

Die, die nach langen und mühseligen Exiljahren darüber nachdachten, ob sie in das Land, in dem sie bis zur Mitte ihres Lebens gelebt und geschrieben hatten, zurückkehren sollten, mußten sich entscheiden. Im neuen ideologischen Krieg gab es kein Sowohl-Als-auch, da forderten die Mächtigen und die Meinungsmacher hüben wie drüben platte Bekenntnisse. Im Westen gehörte der Antikommunismus längst zum unentbehrlichen Rüstzeug der Wahlkämpfe – Konrad Adenauer war ein Meister auf diesem Feld –, im Osten ging es beim »Kampf gegen Imperialismus und Kapitalismus« noch ein gut Stück rüder und primitiver zu. Die Großen der deutschen Vorkriegsliteratur aber standen überwiegend im Lager der linken Demokraten. Im Adenauer-Staat hatte man dies nicht vergessen. Heinrich Mann, Bertolt Brecht, Lion Feuchtwanger, Alfred Döblin, Anna Seghers, Arnold Zweig, um nur die bedeutendsten zu nennen, erwartete kein Willkommensgruß aus der provisorischen Hauptstadt am Rhein.

Ganz anders reagierte der Osten. Die Tradition der antifaschistischen Front für sich beanspruchend, um internationale Reputation im Konkurrenzkampf der Deutschen werbend, lockte er mit großzügigen Angeboten, garantierte er den im Exil um materielles Überleben Ringenden finanzielle Sicherheit und öffnete die Staatsverlage für die Werke der so lange Verfemten. Hatten die, die ihre neue Heimat im Staate Walter Ulbrichts suchten, überhaupt eine echte Alternative? Die Bundesrepublik jedenfalls bot sie nicht. Hier wurde die Schuld der Vergangenheit verdrängt. Vom Vorgehen der Besatzer und ihrer deutschen Helfer in der sowjetischen Zone geschockt, von den Antikommunismuskampagnen Adenauers und Schumachers gelenkt, verstummten im Bonner Staat bis auf wenige Einzelgänger bald auch die Nachdenklichen, die im demokratischen Sozialismus eine zumindest diskutable Antwort auf das Versagen des europäischen Bürgertums gefunden zu haben glaubten. Dies war nicht der Acker, auf dem die Bücher linksintellektueller Autoren blühen konnten.

So gingen sie nach Ostberlin – Anna Seghers, Bert Brecht, Ludwig Renn, Friedrich Wolf und Arnold Zweig. Ihre Bücher erreichten dort hohe Auflagen, sie wurden mit Preisen und Ehren überschüttet, in den Schulen standen viele ihrer Werke auf den Lehrplänen, materiell gehörten sie zu den Privilegierten in der DDR. Aber dies alles wurde ihnen nicht geschenkt. Die Gegenleistung, die der marxistische Staat dafür einforderte, ging an die Substanz. Denn das immer wieder verlangte ideologische Bekenntnis zum real existierenden Sozialismus zwang die Zurückgekehrten, eine Position zu verlassen, die sie auf ihrem bisherigen Weg eingenommen hatten: sie verloren den Status des unabhängigen Intellektuellen. So blieben sie denn auch in der letzten Phase ihres Künstlerlebens Opfer der Politik. Das humanistische Engagement, das ihre literarische Arbeit so beflügelte, ihre epischen und dramatischen Werke so beispielhaft auszeichnete, forderte einen hohen persönlichen Preis. Es war ein teurer Traum, den sie in einem barbarischen Zeitalter zu träumen gewagt hatten.

Als die tschechoslowakische Verkehrsmaschine am 15. Juli 1948 über Zypern, Athen und Rom in Richtung Prag fliegt, ahnt der prominenteste Passagier an Bord noch nicht, daß es eine endgültige Heimkehr sein wird. »Ich werde vielleicht einige Zeit hierbleiben«[1], sagt Arnold Zweig sehr vorsichtig im ersten Interview, das er wieder auf europäischem Boden gibt. Die Hoffnung, doch noch nach England weiterreisen zu können, muß er aufgeben, denn die britischen Behörden verweigern nach wie vor das notwendige Einreisevisum. Er richtet sich zunächst für einige Monate in Prag ein. Im nahe der Hauptstadt gelegenen Schloß Dobris findet das Ehepaar eine reizvolle Unterkunft. Louis Fürnberg ist in seiner Nähe, der Komponist Hanns Eisler, und bald trifft auch Sohn Adam ein. »Wir sind abgekämpft wie seit langem nicht mehr«, schreibt er nur wenige Wochen nach seiner Ankunft in einem Brief an Lion Feuchtwanger, »haben Bücher und Mss. in Haifa gelassen – aber wir fangen an, wieder aufzuleben und uns der freundlichen Menschen zu freuen, die uns hier empfangen und bewillkommnet haben.«[2] Und doch ist ein erschöpfter Mann in Prag eingetroffen, von den Strapazen der letzten Wochen in Palästina deutlich gezeichnet. Der holländische Journalist und Schriftsteller Theun de Vries, der ihn unmittelbar nach seiner Ankunft interviewt, entwirft das Bild eines alten Mannes: »Arnold Zweig muß ungefähr 60 Jahre sein, aber er machte einen reisemüden Eindruck. Vielleicht wird dieser Eindruck durch das weiße Haar und die dicken Linsen seiner Brille, hinter denen seine Augen fast zu verschwinden scheinen, erweckt. Jedenfalls steht dieses Aussehen vollkommen im Widerspruch zur vibrierenden Lebenskraft seiner Bücher und Ideen.«[3]

Nach den schwierigen Jahren der »palästinensischen Dürre« genießt er schon bald die hohe Anerkennung, die ihm in seiner neuen Umgebung entgegengebracht wird. Film- und Theaterpläne werden diskutiert, seine vier Kriegsromane und das Henker-Buch sollen in beachtlichen Auflagen neu gedruckt werden, Journalisten bedrängen ihn, und stolz berichtet er Feuchtwanger von einer zehnminütigen Radioansprache, die nach Deutschland und Österreich ausgestrahlt worden ist. Mit Sorge und großer persönlicher Anteilnahme dagegen betrachtet er die dramatischen Entwicklungen im Nahen Osten, empfindet er den jüdisch-arabischen Krieg als »wahres Unglück«. Über die Hintergründe dieses Konflikts äußert er sich prophetisch: »Alles stinkt nach Öl ... Jedes Land, das am Öl interessiert ist, intrigiert lustig mit ...«[4]

Das Schloß Dobris, wo das Ehepaar sich in den ersten Wochen erholt, liegt 30 Kilometer von Prag entfernt, war die Residenz des Reichsprotektors Böhmen-Mähren und dient jetzt als staatliches Erholungsheim für Künstler. »Die prunkvollen Empfangsräume gleichen einer großartigen Gemäldegalerie; die Gobelins in der Bibliothek, die kostbaren Teppiche im Musiksaal, die glitzernden Kristallüster im Speisesaal, die ›Staatsapartements‹ mit ihren marmornen Badezimmern, die 35 schön eingerichteten Gästezimmer mit Ausblick auf den großen Park – mit seinen langen gepflegten Spalier-Laubgängen, Brunnen, Nymphenstatuen, zu Ornamenten gestutzten Hecken. Der Eindruck ist imposant.«[5] Zweig atmet auf, die europäische Kulturatmosphäre, die ihn an diesem Ort umfängt, besticht ihn.

In dieser Idylle setzt sich Zweig zum letzten Mal in einem großen Essay mit einem seiner Lebensthemen auseinander, dem Judentum. Ende Juli erreicht ihn das Angebot eines tschechischen Verlages, eine schmale, populäre Geschichte Palästinas zu schreiben. Ein Wunsch, der Zweig entgegenkommt, denn schon in früheren Jahren hatte er mehrfach davon gesprochen, ein historisches Palästina-Buch zu verfassen. Es entsteht eine mit großer Sympathie geschriebene Abhandlung über das Werden dieser Region, die Urgeschichte Israels, Aufstieg und Fall der jüdischen Nation, ihre jahrhundertelange Auslöschung aus der Familie der Staaten, die ersten Neusiedlerbewegungen, die arabisch-jüdischen Auseinandersetzungen um das Land Kanaan, das Werden des neuen Staates. Unmittelbar nach dem Abschied von Palästina geschrieben, zeigt es, wie gerecht und mit welchem Respekt Zweig das Land und seine Menschen trotz seines zwiespältig empfundenen Aufenthaltes dort bewertet.

Da der Prager Verlag das Interesse an dem kleinen Geschichtsabriß verloren hatte (er paßte wohl nicht mehr ins politische Umfeld eines auch in der Tschechoslowakei wieder sichtbar werdenden Antisemitismus), schreibt er die Abschlußkapitel erst in Ostberlin. Sie sind die schwächsten des Buches, schon geprägt vom ideologischen Überbau seiner Spätjahre. Beim »Ausblick« auf die Zukunft Israels spricht er davon, daß sich »der Aufschwung der Massen nicht zurückhalten lassen« wird, »der Sieg des sozialistischen Lagers gewiss ist«[6]. Die Welt teilt er nun in die zwei Lager auf, die die Politik der nächsten vier Jahrzehnte bestimmen sollten, und dies mit blinder Einseitigkeit: »Da wir endlich einige Schritte weitergekommen sind in der Gestaltung menschlichen Zusammenlebens, haben wir heute das Recht, diese beiden Fronten neu zu benennen: die eine, noch immer vom Angriffskrieg träumend, den sie Verteidigung der Kultur nennt, die andere voller Friedensbereitschaft und in den Künsten des Friedens unermüdlich fortschreitend, aber zur Verteidigung entschlossen, wenn dem Gegner, dem weltanschaulich unversöhnlichen Gegner der Entschuß zum Kriege angesichts dieser Verteidigungsfront nicht vergehen sollte.«[7] Solche marxistischen Jargon-Sätze sollten aber den schönen Gesamteindruck dieses Essays, der erst 1997 in vollständiger Fassung veröffentlicht worden ist, nicht allzusehr trüben. Zweigs »Geschichte« liest sich einfach, journalistisch, und sie bietet dem Leser einen gelungenen Überblick über die Entwicklungen in einem Land, das bis heute von den schweren Lasten der Vergangenheit bedrückt wird. Der Titel – »Emigrationsbericht oder Warum wir nach Palästina gingen« – täuscht allerdings. Zweig ist hier ganz historischer Essayist, Reflexionen eigener Erfahrungen in Palästina enthält der Bericht fast überhaupt nicht.

Während er in Dobris lebt und schreibt, setzt sich die Ostberliner Führung bei den tschechischen Kommunisten für den umworbenen Autor ein. Wilhelm Pieck, Weimarer Altkommunist und bald erster Präsident der neu gegründeten DDR, bittet die Prager Genossen um Unterstützung: »Wir erfahren, daß es dem Schriftsteller Arnold Zweig ... materiell schlecht gehen soll, da er nur von zufälligen Honoraren aus kleinen Beiträgen für Rundfunk u.a. lebt. Vielleicht wäre es Euch möglich, Arnold Zweig eine finanzielle Hilfe zu gewähren.« Ein Genosse habe »Zweig den Vorschlag gemacht, seinen ständigen Wohnsitz wieder in Deutschland zu nehmen, aber es scheint so, als ob sich aus gesundheitlichen Gründen und vielleicht auch aus gewissen Widerständen seiner Frau dieser Vorschlag nicht realisieren läßt.«[8]

Pieck hat die Situation recht genau erfaßt. Zweig zögert, das Angebot der deutschen Kommunisten anzunehmen. Ihm ist klar, welche Folgen ein Umzug nach Ostberlin für die Rezeption seines Werkes im Westen haben würde: »Sobald ich als Autor der Sowjetzone abgestempelt bin, wird niemand im Westen meine Bücher drucken, niemand wird sie zu lesen bekommen.«[9]

Hinzu kommt die Verdammung der Lehren Sigmund Freuds, die von den Kommunisten als »dekadentes Überbleibsel der absterbenden Bourgeoisie« verhöhnt werden.

Ein besonderes Erlebnis in diesen Monaten ist eine Reise in die kleine Stadt Pribor, wo Zweig das Geburtshaus Sigmund Freuds besucht. Hier in der Landschaft, in der der hochverehrte Analytiker und Kulturphilosoph aufgewachsen ist, hofft Zweig neue Anregungen für das nach wie vor unvollendete Buch über seine »Freundschaft mit Freud« zu finden, speziell für ein geplantes Kapitel, in dem er die Lage der deutschen Juden jener Epoche darstellen will, »die ja sich ganz und gar als Deutsche fühlten und dadurch am Kontakt mit den Volkstümern verhindert wurden, bei denen sie besser aufgehoben gewesen wären, nämlich dem slawischen und dem jüdischen«[10].

Im September erreicht Zweig dann eine offizielle Einladung des Kulturbundes zur demokratischen Erneuerung Deutschlands. Unterschrieben ist sie von Johannes R. Becher, dem einstigen expressionistischen Lyriker und späteren Kulturminister der DDR, der in der sowjetischen Besatzungszone schon sehr früh zu den Aktivsten zählt, die sich um die Rückkehr linker Exilschriftsteller bemühen. Zweig soll auf einer Ostberliner Kulturwoche aus seinen Büchern lesen, und Becher lockt mit dem Hinweis, es sei geplant, Werk und Leben des berühmten Autors auf dieser Veranstaltung durch einen Vortrag besonders zu würdigen. Der Ruf aus Deutschland schmeichelt Zweig, berührt ihn nach 15 Jahren der Entwurzelung auf besondere Weise. Er sagt zu: »Wie ich mich auf das Wiedersehen mit Euch Allen freue, brauche ich nicht zu sagen, ebenso wenig, daß ich mit Beklemmung den Eindruck erwarte, den die Trümmer des tausendjährigen Reiches auf mich machen werden.«[11] In diesem Brief macht Zweig eine Anmerkung, die darauf hindeutet, daß er schon vor der offiziellen Einladung ein Besuchsvisum für Berlin beantragt hatte.

Beatrice Zweig begleitet den Schriftsteller nicht auf der Reise nach Ostberlin. Die Rückkehr nach Europa ist für sie zu einer starken seelischen Belastung geworden. Die Vorstellung, in den Ruinenfeldern den Menschen zu begegnen, in deren Namen Millionen Juden ermordet worden sind, läßt sie erschauern, löst schließlich einen psychischen Zusammenbruch aus. Über Monate hinweg überwältigen sie Depressionen und Wahnvorstellungen, Selbstmordgedanken suchen sie heim. Ihre Briefe aus dieser Zeit sind voller Ausbrüche der Angst und Verwirrung. »Rettet mich vor endgültigen Schritten, die man in einem Anfall von Depression begeht«, heißt es in einem verzweifelten Brief an Ruth Klinger im Januar 1949, »ich schlafe keine Nacht, es bessert sich nicht! Laßt mich nicht allein in dieser Stimmung von Todesnähe! Die dunkle Nachtviole darf nicht zu nah heran … Schickt mir einen Wagen nach Dobris, macht schnell! Machts noch in dieser Woche, das Grauen kriecht mich wieder an! Bitte haltet mich im Leben zurück! S.O.S.«[12] Auch Feuchtwanger erreicht ein Hilferuf: »Liebster, bester Freund, es ist so ernst, A. weiß es nicht. … Bitte handeln Sie nun um Himmelswillen, es geht schlimm mit mir aus … Ein Arzt kann nicht helfen, wenn die Lebenssituation ausweglos ist … Bitte ja nicht bagatellisieren – lebensgefährlich.«[13] Diese Zeilen werden im Februar 1949 aus Ostberlin geschrieben. Beatrice ist auf Drängen Zweigs im Dezember schließlich doch in die sowjetische Besatzungszone gekommen. Ihr Zustand hat sich bedrohlich verschlimmert. Lange Krankenhausaufenthalte folgen, mit Elektroschocks versuchen die Ärzte, die dunklen Schatten zu vertreiben, die über dieser empfindsamen, leidenden Seele liegen. Sie wird »geheilt«, Klugheit und Humor – beides hat Beatrice Zweig in der Gemeinschaft mit dem schwierigen Ehemann hilfreich begleitet – tragen entscheidend dazu bei, daß die beinahe tödlichen Depressionen besiegt werden.

Aber auch der veränderte Lebenshintergrund hat an diesem Prozeß seinen Anteil. Sie lebt sich ein in die neue Umwelt, genießt allmählich ebenso wie ihr Mann die so lange ersehnte finanzielle Sicherheit und Haus und Garten in der Homeyerstraße. Der Ruhm des Schriftstellers Arnold Zweig, der durch staatliche Ehrungen und die starke Verbreitung seiner Bücher in wiederaufgelebtem Glanz erstrahlt, erfüllt sie mit großer Genugtuung und läßt sie bald manches geduldiger hinnehmen, was sie im real existierenden Sozialismus ablehnt. Die Malerei wird sie auch in diesen Jahrzehnten begleiten. Es sind farbendurchflutete, feingliedrige Landschaftsbilder und Porträts, die sie geschaffen hat, Aquarelle, die geprägt sind vom hellen Lichtzauber der Landschaft Palästinas. Sie war keine bedeutende Malerin, aber ihre Kunst bot Ersatz und Befriedigung für manche Demütigung, die sie erfahren mußte, wurde bei der Suche nach einer eigenen Identität zum rettenden Anker. Beatrice Zweig hat die Entscheidung ihres Mannes für die DDR schließlich akzeptiert. Der Wirklichkeit in diesem anderen deutschen Staat, der Politik seiner Führer stand sie jedoch erheblich skeptischer und damit auch realistischer gegenüber als der »Ja-Sager« an ihrer Seite.

Den ersten Schritt, der dann die Entscheidung über den künftigen Aufenthaltsort bestimmen sollte, unternimmt Arnold Zweig also ohne Beatrice. Am 18. Oktober 1948, drei Monate nach seiner Ankunft in Europa, reist er nach Ostberlin. Begleitet wird er von Johanna Rudolph, die ihm seine Gastgeber in der sowjetischen Besatzungszone zur Seite gestellt haben. Am Bahnhof erwartet ihn eine kleine Delegation, angeführt von Johannes R. Becher. Im Taschenkalender notiert er am 19. Oktober: »Empfang in B. J. R. Becher an Bahn gestern. Stadtkern besucht, Uni, Singakademie, Opernplatz, Zeughaus, alles grausend hin. Reichskanzleigegend hin. Mondlandschaft wäre was vertrautes dagegen. Aber die Menschen!«[14] Die Wiederbegegnung mit Berlin erschüttert ihn. Vom alten Glanz der Reichshauptstadt, wie er ihn in den Jahren der Republik erlebt hatte, ist nichts mehr zu spüren. Er fährt durch eine gespenstische Trümmerlandschaft.

Aber die Art, wie ihn Becher und die Kulturelite der Sowjetzone empfangen (»Es ist eine hohe Ehre für uns, Sie, den großen deutschen Epiker, wieder unter uns sehen zu dürfen«[15]), das lebhaft-freundliche Interesse, das ihm in allen Begegnungen dieser ersten Tage entgegenschlägt, mildern den Schock. Was sich in Prag bereits andeutete, wiederholt sich nun in Berlin in noch viel stärkerem Maße: Er ist für seine Umwelt wieder der große Künstler Arnold Zweig, der berühmte Autor des Grischa-Romans. Nach Jahren der Zurücksetzung reagiert er mit Dankbarkeit und Genugtuung auf das Echo, das ihm entgegenschallt. Schon in seinen ersten öffentlichen Anmerkungen läßt er zudem erkennen, wie sehr ihn die politische Zukunft Europas beschäftigt und mit welch hoffnungsvoller Perspektive er seine Gastgeber konfrontiert: »Vielleicht wird aus der Erschütterung des Zweiten Weltkriegs die Möglichkeit entstehen, ein politisches Massenbewußtsein zu schaffen, das die Wiederholung solcher fürchterlichen Orgien der Zerstörung und der Selbstzerstörung uns erspart.«[16]

Beim Empfang des Kulturbundes in der Jägerstraße, im recht feudal eingerichteten ehemaligen preußischen Herrenhaus, zwei

Tage nach seiner Ankunft, äußert sich Zweig zur politischen Rolle des Schriftstellers, und die Parteielite wird es gern gehört haben: »Wir Schriftsteller müssen als Nichtpolitiker, die nicht in den Geschäftsbetrieb einbezogen sind, den Anstoß zu einer vernünftigen Einbeziehung der gesellschaftlichen Verhältnisse in die gegebenen Aufgaben Europas, in das Zusammenarbeiten nach einer solchen Orgie der Zerstörung geben.«[17]

Zehn Tage wollte er bleiben, 20 Jahre sind es dann geworden. Am 20. Oktober hält Zweig auf einem ihm zu Ehren veranstalteten Empfang eine kleine Rede, in der vorausschauende Sätze fallen: »Ich muß unter Bedingungen arbeiten, die mir gestatten, all meine Pläne, nicht nur die fünf angefangenen Romane, sondern auch einige sehr schöne Entwürfe in meinem großen Notizbuch fertigzumachen, und ich glaube nicht, daß ich unter 20 Arbeitsjahren davonkomme ...«[18] Bis zum Sommer 1949 wohnt er in einem unzerstörten Flügel des einst berühmten Hotels »Adlon«. Lange noch schwankt er, ob er den Wohnsitz in Haifa aufgeben soll. Viele Äußerungen zeigen, daß Zweig bis in den Spätsommer 1949 hinein mit der Idee spielte, in den kalten Wintermonaten wieder auf den Berg Karmel zu ziehen. Die geliebte Landschaft und das milde Klima, so glaubte er, würden der Arbeit an den geplanten neuen Romanen nützlich sein.

Die Krankheit Beatrices hält solche Gedanken aufrecht. »... erst jetzt sehe ich«, meldet er in diesen Monaten Feuchtwanger, »wie gut ich's bis zum 14. VII. 48 auf Erden hatte. Alles gilt nichts oder fast nichts, was ich durchzustehen hatte, verglichen mit der Verwirrung Ditas, eines so klaren Herzens und Geistes. Sie haben ja Briefe aus dieser Verstrickung bekommen – sie will nur zurück, nur nicht hier leben müssen, in den Trümmern und bei diesen Menschen, die soviel Grausiges getan haben.«[19] Lily Leuchter (Offenstadt) erreichen im April 1949 in Tel Aviv die Zeilen: »Dita geht es seit ein paar Tagen besser. Die Behandlung durch Insulin und Electro-Schocks hat den Erfolg, die tief von der Melancholie durchtränkten Seelengründe meiner Lebenskameradin von den Giftstoffen zu befreien, die aus der Heimatlosigkeit und dem Ausfall gewisser organischer Substanzen entstanden sind. Hat sie sich erst hier ganz eingewöhnt, so kommen wir zu Euch zurück um, wenn möglich, die dunklen Monate immer bei Euch zu verbringen.«[20] Dem in Stockholm lebenden Germanisten Walter Berendsohn schreibt er im Mai 1949: »Daß ich bei aller Verwachsenheit mit meiner literarischen Wirksamkeit hier die Verbundenheit mit Palästina nicht aufgebe, verstehen Sie ohne weiteres und versteht man hier ebensogut. Schließlich habe ich nicht leichtfertig in meinem ersten Büchlein ›Aufzeichnungen über Klopfers‹ den blauweissen Winkel gehisst.«[21] Und zwei Monate später: »Es steht aber fest, daß sich an meiner inneren Haltung nichts geändert hat. Ich rechne mich nach wie vor den Deutschen und den Juden zu, in der linken Avantgarde und an der Front der Gerechtigkeit und der Vernunft. Ich werde weder Berlin noch Haifa als Wohn- und Arbeitsort aufgeben.«[22]

Es ist schwer zu beurteilen, wie ernst Zweigs Zögern wirklich war. Vor wichtigen Lebensentscheidungen wich er zunächst stets zurück, ließ sich gerne Optionen offen, um endgültige Entschlüsse zu vermeiden. Vieles jedoch deutet in den ersten Ostberliner Monaten darauf hin, daß er innerlich erheblich weniger schwankte, als in seinen Briefen und Bemerkungen gegenüber Freunden zum Ausdruck kommt. Seine ersten öffentlichen Äußerungen lassen jedenfalls an Klarheit nichts zu wünschen übrig. Der »kalte Krieg« war längst zum beherrschenden Thema der Politik geworden. Zweig stellte sich in dieser Auseinandersetzung auf die Seite seiner Gastgeber. In einem Zeitungsartikel vom April 1949 heißt es beispielsweise: »Dem Sozialismus gehört, in seiner unverfälschten Form, wie sie vorläufig von den Sowjets verkörpert und weitergebildet wird, die Zukunft von morgen …«[23] Beim Deutschlandtreffen der »Jugend für Frieden und Völkerfreundschaft« ruft Zweig im Mai 1950 den Besuchern einer Festveranstaltung in der Berliner Staatsoper zu: »… von der Freiheit überzeugt, die in diesem Staat regiert«, sollten sie sicher sein, »ohne Täuschung in die Zukunft« gehen zu können. »… wenn ihr eingesehen habt, daß hier nichts auf euch wartet, um euch zu betrügen, um euch zu mißbrauchen …, dann werdet ihr wissen, es ist wieder wert, … deutsch zu sprechen.«[24]

Hinzu kommt nun ein Lebenskreis, in dem Zweig nach langen Jahren intellektueller Einsamkeit wieder auf Gesprächspartner trifft, die Debatten und Diskussionen aufleben lassen, wie er sie im Berlin der Jahre bis 1933 geführt hatte. Bert Brecht und Helene Weigel sind in Ostberlin, die Musiker Hanns Eisler und Ernst Busch, Anna Seghers und der Bildhauer Gustav Seitz. Sie waren – für Seitz gilt dies nicht – Opfer des Faschismus geworden, hatten mehr als ein Jahrzehnt im Exil gelebt, verachtet und vereinsamt, mühselig die Widrigkeiten des Alltags in der Fremde überwindend. Sie waren schon in den Weimarer Jahren Sozialisten gewesen, scharfe Kritiker des spätbürgerlichen Zeitalters. Der europäische Faschismus, vor allem seine schrecklichste Variante, der deutsche Nationalsozialismus, hatte ihre düstersten Prognosen noch weit übertroffen. Im sich herauskristallisierenden ideologischen Ost-West-Konflikt glaubten sie, »auf der anderen Seite« schon wieder die alten Kräfte am Werk zu sehen, die mächtigen Konzerne und den riesigen Militärapparat, den Harry Truman nach seiner Amtsübernahme aufzubauen begann. Früher als viele ihrer westlichen Kollegen erkannten sie die weltbedrohenden Gefahren, die eine neue Waffe heraufbeschwor: die Atombombe.

Aber sie verdrängten dabei nur allzu schnell, wessen Herren geistige Diener sie zu werden begannen, und gestanden beispielsweise den »kommunistischen« Massenvernichtungswaffen recht kritiklos eine friedensbewahrende Rolle zu. Stalins Terrorregime, die brutalen Zwangsmaßnahmen, mit denen die SED unter Walter Ulbricht schließlich oppositionelle Strömungen unterdrückte, bald Hunderttausende durch Enteignung und die Kollektivierung der Landwirtschaft entmündigte, oder die Ausbreitung eines herz- und ideenlosen Parteibürokratismus – dies alles, so machten sie sich vor, seien unumgängliche Schritte auf dem Weg zum wahren Sozialismus. Nicht ihre Skepsis gegenüber den Entwicklungen im Westen läßt ihre Haltung von damals uns heute so befremdlich erscheinen. Ihre Blindheit angesichts der Inhumanität, mit der die kommunistische Nomenklatura in Moskau und Pankow das rote Imperium regierte, ist es, die erstaunt und erschreckt.

Selbst auf ihrem ureigenen Feld, der Kunst und Kulturpolitik, unterwarfen sie sich nur allzu willig den Forderungen der Herrschenden, ließen es zu, daß Parteifunktionäre darüber entschieden, welche Bücher gedruckt, welche Theaterstücke inszeniert wurden, welche Stilrichtungen genehm waren. Sie beugten sich, als Parteibuch-Lektoren Streichungen verlangten oder – noch schlimmer – Ergänzungen einfügten, die vom »wahren Bewußtsein« der sozialistischen Gesellschaft, vom »objektiven Tatbestand« der Entwicklungen zeugen sollten.

Dies ist sicherlich ein etwas grobes Bild, aber in der Summe entspricht es wohl der Wirklichkeit dieser Jahre. Natürlich haben sie intern heftig über die Zustände »im ersten sozialistischen Staat auf deutschem Boden« diskutiert, haben sich gelegentlich öffentlich gegen Eingriffe und Anordnungen gewehrt, sich eingesetzt für Künstler, die in Ungnade gefallen waren, für ihren Mut, gegen die geforderte Meinung aufzubegehren, von der Justiz verfolgt wurden. Aber die Regel war dies nicht. Im Gegenteil: Sie ließen sich hinreißen zu platten politischen Bekenntnissen, begrüßten bereitwillig die ideologischen Richtungswechsel, die den politischen Machtkämpfen in Moskau oder in der Staatsbürokratie des eigenen Landes meist auf dem Fuß folgten.

Auch auf Arnold Zweig trifft das hier Gesagte in vollem Umfang zu. Er stellte sich dem Staat zur Verfügung, der ihm Anerkennung und materielle Sicherheit bot. Die Folgen waren tragisch, denn die letzten 20 Lebensjahre dieses Dichters haben sein Bild bei uns bis heute verdunkelt. Seine persönliche Entscheidung, in Ostberlin zu leben, sein politisches Engagement für die DDR trugen zweifellos dazu bei, daß die Zweig-Rezeption verkümmerte, und stießen bereits zu seinen Lebenszeiten auf Unverständnis, wenn nicht sogar auf aggressive Ablehnung. Das bedeutende Werk des Schriftstellers, das bis 1943 entstanden war, geriet zudem in den Schatten seiner späten – nimmt man alles in allem – mißlungenen Romane. Die wenigen Veröffentlichungen über Zweigs Werk, die im Westen nach 1949 erschienen, nahmen sehr häufig Bezug auf die Altersprosa. Die Urteile waren hart. Hermann Kesten nannte ihn einen »Propagandisten von Tyrannen«, der wie Brecht »denselben Herrn aus ähnlichen Gründen besang«[25]. Fritz Raddatz warf ihm vor, er habe sich zur »politischen Galionsfigur«[26] machen lassen. Jürgen Rühle meinte, Zweig habe übersehen, »wie sich die Zuchthäuser und Arbeitslager der DDR füllten«[27], in der liberalen, zu diesem Zeitpunkt allerdings auch noch »deutschnational« argumentierenden »Zeit« schrieb er, Zweig sei »ein Mitglied jener Gruppe der Aushängeschilder, ... die mit dem Mißbrauch ihres Namens einverstanden sein müssen, weil sie, wie Brecht mit dem Zynismus des Enttäuschten eingesteht, nichts besseres wissen«[28]. Robert Neumann sprach von einem Mann, »der im Wilhelminischen Deutschland, in der Weimarer Republik, in Frankreich, England, Israel und jetzt wieder in Deutschland nie irgendeiner Regierung nach dem Munde geredet hat. Man wird sagen: er könne sich das eben leisten, auch jetzt in der DDR. Das stimmt – aber auf jederzeitigen Widerruf.«[29]

Über ein Vierteljahrhundert nach Zweigs Tod zeichnet der einstige DDR-Schriftsteller Günter de Bruyn in seinen Erinnerungen ein wenig schmeichelhaftes Bild des Dichters, dem er bei einem Erholungsaufenthalt im Petzower Schriftstellerheim begegnet war. Eitel, herrisch, egomanisch – so erschien ihm der Autor, den de Bruyn einst verehrt hatte. »Der Fünfundsiebzigjährige hatte vom Wortschatz der DDR und von ihrer Sprachregelung nichts übernommen, so daß der Eindruck hätte entstehen können, hier setzte sich ein Selbstdenker bewußt vom Verordneten ab. Dem aber stand sein DDR-Lob entgegen, das einen einfachen und einleuchtenden Grund hatte, den nämlich, daß die DDR gut zu ihm war.«[30]

Solche Kritiken und Einschätzungen sind nicht einfach beiseite zu schieben, sie treffen sicher eine Teilwahrheit. Zweig hat, objektiv gesehen, einer politischen Diktatur gedient. Er verleugnete dabei, was über Jahrzehnte hinweg fest in seinem Denken verwurzelt gewesen war: die Freiheit des Individuums, die sozialistische Demokratie. Aber ein Opportunist war Arnold Zweig nicht. Er glaubte fest an die Zukunft der DDR, fand dort dankbar eine neue politische Heimat. Subjektiv sah er sich auf der richtigen Seite, im Lager der Antifaschisten, also der Kräfte, die bereit waren, die notwendigen Konsequenzen aus der europäischen Katastrophe zu ziehen. Er fühlte sich als Mitglied einer weltweiten Friedensbewegung, die in der atomaren Aufrüstung, die aus seiner Sicht allein der Westen zu verantworten hatte, eine neue Apokalypse der Menschheit heraufdämmern sah. »Und es ist sehr schwer zu entscheiden«, schrieb Marcel Reich-Ranicki, »wo hier Irrtum und Selbsttäuschung aufhören und Kapitulation und Selbstaufgabe beginnen.«[31]

Erklärbar ist seine Haltung in der DDR sicher ein gut Stück durch den Idealismus, der sein Denken schon in den frühen Jahren so überdeutlich ausgezeichnet hatte. Ob als Kulturzionist oder Anhänger von Landauers Siedlungssozialismus, ob als Befürworter der Volksfront oder als Kritiker des jüdischen Nationalismus, die Realität wurde bei ihm sehr häufig der Theorie untergeordnet. Trotz bewegter äußerer Lebensumstände berührte ihn die Wirklichkeit des Alltags im Grunde nur wenig, betrachtete er den Weltenlauf vom Schreibtisch aus. Nicht daß dies stets zum Irrtum führte, aber es waren die großen gesellschaftlichen Visionen, die ihn fesselten, und nur selten die graue Wirklichkeit des Heute, mit dem die Massen im autoritären Zeitalter des Wilhelminismus, in den Krisenjahren der Republik, im Überlebenskampf der Besiedlung Palästinas oder im real existierenden Sozialismus seiner neuen Heimat konfrontiert wurden. Er war ein Überzeugungstäter, der Einwände oder grundsätzliche Kritik nur selten zuließ. »Wir sind freie Schriftsteller«, entgegnete er einmal der »Basler Nationalzeitung«, in der er in einer Rezension als »Moskauer Befehlsempfänger« bezeichnet worden war. »Wir empfangen Befehle – aber von uns selbst.«[32]

Viele, die in diesen Jahren in seiner Umgebung lebten, bestätigten nachdrücklich, wie ernst er seine Aufgaben als Volkskammerabgeordneter, als Akademiepräsident, als repräsentativer Schriftsteller der DDR nahm. Aber sie bezeugten ebenso, daß der eifrige Nachrichtenhörer sich weigerte, Informationen aus den westlichen Medien aufzunehmen. Er ließ – auch in privaten Gesprächen – nicht zu, daß »seine« Wahrheit in Frage gestellt wurde. Gerade das aber macht jedes apodiktische Urteil über den späten Arnold Zweig so schwer: Der »Ja-Sager«, der in einer Umgebung der Aggression und Unterdrückung lebt, bleibt zwar ein persönlich schwieriger, aber in seiner Gesinnung gütiger Mensch, erfüllt vom Glauben an eine Humanität, der sich eine dem Materialismus verfallene Zivilisation nur noch in ihren Träumen hingibt.

Die Rolle der künstlerischen und intellektuellen Eliten im von der Sowjetunion beherrschten Deutschland unterlag deutlichen Schwankungen, war keineswegs so eindimensional, wie die westliche Propaganda es hinstellte. Als Zweig nach Ostberlin kam, herrschte in der sowjetischen Zone ein kultureller Frühling. Die östliche Besatzungsmacht hatte wesentlich früher als die westalliierten Sieger erkannt, daß in der Auseinandersetzung um die Vorherrschaft in dem geteilten Land die geistige Führerschaft von besonderem Gewicht war. Künstler – vor allem aus dem Kreis des deutschen Exils – wurden eingeladen, auch durch ihre Tätigkeit im Dritten Reich belastete »Geistesarbeiter« erhielten Produktions- und Arbeitsmöglichkeiten, so beispielsweise der einstige Staatstheaterintendant Gustaf Gründgens. Der wohl bedeutendste marxistische Wirtschafthistoriker in der späteren DDR, der 1945 aus dem Londoner Exil zurückgekehrte Kommunist Jürgen

Kuczynski, hält in seinen 1992 erschienenen Erinnerungen fest: »Die [sowjetischen – d. V.] Kulturoffiziere jedoch sprachen nicht nur gut deutsch, sondern waren auch in der deutschen Kultur wohlbewandert. Sie waren von einer erstaunlichen Offenheit für Goethe und Heine, ebenso wie für Kellermann und Hauptmann. Sie waren kulturgebildet und kulturoffen im besten Sinne des Wortes.«[33]

Am 3. Juli 1945 wurde der Kulturbund zur demokratischen Erneuerung Deutschlands ins Leben gerufen, Johannes R. Becher war sein erster Präsident. Das Ziel dieser bald in zahlreichen östlichen Städten sehr wirksam tätigen Vereinigung war, »alle humanistischen Kräfte der Intelligenz« zu sammeln. Auch viele bürgerliche Künstler und Intellektuelle sahen in dieser Institution ein Forum, das eine Anknüpfung an die durch den Nationalsozialismus abgebrochenen Traditionen deutscher Kultur ermöglichte. In seinen sieben Leitsätzen war praktisch nicht zu erkennen, daß auch diese Tribüne der Kultur von den Kommunisten instrumentalisiert werden sollte. »Vernichtung der Naziideologie auf allen Lebens- und Wissensgebieten. Kampf gegen die geistigen Urheber der Naziverbrechen und die Kriegsverbrecher. Kampf gegen alle reaktionären, militaristischen Auffassungen. Säuberung und Reinhaltung des öffentlichen Lebens von deren Einfluß.«[34] Wer konnte diesen Eingangssätzen der Kulturbund-Charta unmittelbar nach der Kapitulation und den ersten, nun nicht mehr zu verdrängenden Nachrichten über die Verbrechen des Hitlerregimes widersprechen? »Im Allgemeinen wurde darauf geachtet«, schreibt Ernst Niekisch später, »den Kulturbund als überparteiisch erscheinen zu lassen; obwohl Parteimänner ihn führten, wurde doch darauf Bedacht genommen, die bürgerlichen Mitglieder nicht zu verprellen.«[35] Ehrenpräsident war im übrigen der greise Gerhart Hauptmann geworden.

Schon im August 1945 wurde in Berlin der Aufbau-Verlag gegründet, der sehr bald in beachtlich hoher Auflage zeitgenössische Autoren veröffentlichte, darunter Werke von Anna Seghers, Lion Feuchtwanger, Heinrich Mann, Gerhart Hauptmann und Theodor Plivier. Die ersten Theater öffneten auf Befehl der Besatzungsmacht kurz nach der Kapitulation wieder ihre Tore, Kunstausstellungen und Diskussionsveranstaltungen fanden regen Zulauf, Zeitschriften wurden gedruckt, deren Meinungsspannbreite zunächst weit über den kommunistischen Parteistandpunkt hinausging. In der Sowjetzone machte das Wort vom »kulturellen Erbe« die Runde, deutsche Klassiker wie Goethe, Schiller oder Lessing wurden gewürdigt, bald gedruckt und aufgeführt.

Wie die gesamte Politik wurde auch der kulturelle Bereich eindeutig von Moskau bestimmt. Da Stalin bis zur Gründung der beiden deutschen Staaten immer noch hoffte, eine gesamtdeutsche Lösung zu erreichen, die seinen Einflußbereich bis ins Ruhrgebiet hinein ausdehnen sollte, warben die sowjetischen Kulturfunktionäre verstärkt um das Bürgertum. Eine Scheinliberalität bestimmte daher ihre Politik in den Jahren von 1945 bis 1949. Aber schon 1945 hatte der Leiter der »Moskauer Gruppe«, Walter Ulbricht, festgehalten: »Es ist doch ganz klar: Es muß demokratisch aussehen, aber wir müssen alles in der Hand haben.«[36]

Ulbricht formulierte mit diesem Satz, was bis zum letzten Tag der DDR bestimmend bleiben sollte. Kulturpolitik war für die sowjetischen und deutschen Kommunisten eine Dienstmagd der Machtpolitik. »Tauwetter« und doktrinäre Gängelung wechselten einander ab, wurden bestimmt von den Machtkämpfen innerhalb der Nomenklatura und den Entwicklungen beim »großen Bruder« in Moskau. »Abgesehen von ganz kurzen Perioden«, bilanziert nach dem Zusammenbruch der DDR der Zeitzeuge Jürgen Kuczynski diese Jahrzehnte, »haben weder KPD noch SED je ein gesundes Verhältnis zur Intelligenz gehabt – so ganz im Gegensatz zur SPD oder zu so vielen kommunistischen Parteien im Westen.«[37]

Die Betroffenen – Schriftsteller, Musiker, bildende Künstler, Lektoren, Zeitschriftenherausgeber, Schauspieler, Regisseure – reagierten auf diese ständigen Wellenbewegungen mit devotem Opportunismus, geschmeidiger Anpassung oder geschicktem Widerstand. Viele von ihnen verließen schließlich die DDR. Gerhard Zwerenz, Uwe Johnson und Alfred Kantorowicz nach den gescheiterten Reformbewegungen in Polen und Ungarn in den fünfziger Jahren, als die SED zum »Kultur-Stalinismus« zurückkehrte. Ernst Bloch und Hans Mayer blieben in den sechziger Jahren in der Bundesrepublik. Günter Kunert, Sarah Kirsch, Rolf Schneider, Jurek Becker, Hans-Joachim Schädlich, Reiner Kunze, Peter Huchel, Wolf Biermann, Manfred Krug in den siebziger Jahren, als mit der Niederschlagung des Prager Frühlings (1968) und der Biermann-Affäre (1976) jede Hoffnung auf »Liberalisierung«

erstickt wurde. Sie alle wurden drangsaliert, gedemütigt oder erhielten »Berufsverbot« und wurden aus der Partei oder dem Schriftstellerverband geworfen, ihre Bücher durften in der DDR nicht erscheinen, ihre öffentlichen Auftritte wurden boykottiert. Erich Loest, Wolfgang Harich, Walter Janka und Gustav Just wurden in juristischen Scheinverfahren zu langjährigen Kerkerstrafen verurteilt, Robert Havemann über Jahrzehnte schikaniert und unter Hausarrest gestellt.

Andere hielten die Gratwanderung durch, ließen sich ebenfalls nicht einschüchtern, agierten in ihren Werken geschickt, deuteten die gesellschaftliche Wirklichkeit der DDR in einer Weise, die die Funktionärselite teilweise ebenfalls empörte und verstörte: Stefan Heym, Christa Wolf, Erwin Strittmatter, Heiner Müller, Volker Braun, Christoph Hein, Günter de Bruyn – so unterschiedlich ihre Haltung zum Marxismus und zur SED auch war – zählten zu diesem Kreis.

Es herrschte in den vierzig Lebensjahren der DDR ein permanentes Spannungsverhältnis zwischen Staat und Kultur. Sieger blieb stets die Partei, die den Kurs bestimmte, Veröffentlichungen verbot, über sich nicht unterordnende »Kulturschaffende« ein dichtmaschiges Überwachungnetz ausbreitete, nicht selten ihre materielle Existenz vernichtete. »... nie aber auch war der konkrete Zustand der Partei so jämmerlich wie heute«, notiert im April 1963 das SED-Mitglied Jürgen Kuczynski in seinem Tagebuch. »Wahrlich, man kann von einer Parteimisere sprechen – in jeder Beziehung: in der Parteipolitik (besonders Wirtschaft und Kultur betreffend), im Apparat, der wirklich zersetzt ist, in den Beziehungen zwischen Parteiführung und Masse der Mitglieder, in den Beziehungen zwischen Partei und Werktätigen.«[38] Im April 1966 hält er fest: »Die Politik der Partei gegenüber der Intelligenz wird immer wirrer. Nachdem auf dem 11. Plenum Havemann, Heym und Biermann gewissermaßen zu einer feindlichen Gruppe deklariert wurden, nachdem auf der Berliner Schriftstellerverbandssitzung Abusch einen ›großen Kampf‹ gegen Heym siegreich bestanden hatte, nachdem Heym dort zynisch erklärt hatte, er hätte volles Vertrauen in Politbüro und den Sicherheitsdienst ...«[39]

Die SED-Führung fand unter den Intellektuellen ihres Landes viele freiwillige Helfer. Die Debatten auf Parteitagen und Konferenzen, auf Schriftstellertagungen und in den staatsgelenkten

Medien oder die Öffnung der Stasi-Akten nach dem Zusammenbruch des Systems zeugen vielfach vom charakterlichen Elend und gelegentlich auch von der Gewissensnot der Mitläufer und Denunzianten.

Arnold Zweig erlebte die ersten zwei Jahrzehnte der DDR. Nach dem Tode von Brecht 1956 war er zweifellos der herausragende Autor im östlichen Deutschland, dessen Name noch herüberreichte aus der legendären Weimarer Literaturszene. Thomas Mann, Lion Feuchtwanger, Oskar Maria Graf, Erich Maria Remarque hatten sich nicht zur Rückkehr in einen der beiden deutschen Staaten entschließen können, Alfred Döblin lebte seit 1953 in Paris. Die Organisation und Durchsetzung der von der Parteiführung geforderten »sozialistischen« Literaturpolitik in Ostberlin lag in den Händen der aus dem Exil zurückgekehrten Schriftsteller, die überwiegend im Moskau der stalinistischen Schreckensjahre überlebt hatten. Johannes R. Becher, Erich Weinert, Friedrich Wolf, Alfred Kurella und Willi Bredel hatten wichtige Ämter inne, Anna Seghers, die aus Mexiko kam, nahm eine ähnliche Rolle wie Zweig ein: bewundert und hochgeachtet, sich zur DDR bekennend und zu den vielen Kurswechseln und ästhetisch verbrämten Parteianweisungen öffentlich häufig schweigend.

Die Wurzeln der von der Sowjetunion bestimmten Kulturpolitik in Ostdeutschland reichen zurück auf den Moskauer Schriftstellerkongreß von 1934. Hier setzte Stalin die »Parteilichkeit der Kunst«, den »sozialistischen Realismus« als Doktrin durch. Sein Kultur-Statthalter Shdanow – einer »der primitivsten Kulturverantwortlichen in der Weltgeschichte«[40] – erklärte damals unmißverständlich: »Dabei muß die wahrheitsgetreue und historisch konkrete künstlerische Darstellung mit der Aufgabe verbunden werden, die werktätigen Menschen im Geiste des Sozialismus ideologisch umzuformen und zu erziehen. Das ist die Methode, die wir in der schönen Literatur und in der Literaturkritik als Methode des sozialistischen Realismus bezeichnen.«[41] Stalins »Ingenieure der menschlichen Seele« sollten zu Propagandisten der einzig wahren Lehre werden. Kunst als Ideologie, Literatur als Instrument der Machtpolitik – das war Stalins Credo, und dabei blieb es im Grundsatz allen Schwankungen und Auflockerungen zum Trotz bis zum Zusammenbruch der kommunistischen Herrschaft in der Sowjetunion und in Osteuropa. Formalismusdebatten, Druck- und Aufführungsverbote, Parteianweisungen an Verlage, Theater, Filmproduktionsstätten, Medien oder an Kunstschulen beruhten auf diesen die Unabhängigkeit des Künstlers einschneidend zensierenden Auflagen. Sie raubten den Schriftstellern ihr ureigenstes Thema: Nicht das Individuum, sondern das Kollektiv sollte der »Held« des sozialistischen Realismus sein.

Die »Kulturarbeiter« scheuten dabei nicht die primitivste Gedankenakrobatik, forderten von ihren Künstlern, die Wahrheit zu verleugnen und die Lüge zu favorisieren. Wie auf den Gebieten der Wirtschaft, der Wissenschaft oder der Politik verlangten sie auch von der Kultur, eine Scheinwelt zu errichten, die vom wirklichen Leben in der DDR doch weit entfernt war.

Autoren wie Becher, Weinert, Bredel und Friedrich Wolf – zu einflußreichen und weitgehend willfährigen Funktionären der SED-Kulturpolitik aufgestiegen – hatten ihre Lektion im alptraumartigen Moskauer Exil gelernt. Die 1991 publizierte Dokumentation einer geheimen Parteiversammlung im Moskau von 1936, an der diese Schriftsteller teilgenommen hatten, öffnet den Blick in einen Abgrund von Angst, Denunziation und ideologischer Besessenheit.[42] Sie setzten in der Sowjetischen Besatzungszone und dann in der DDR nur fort, was sie in der Sowjetunion praktiziert hatten.

Auch Arnold Zweig übernahm nach seiner Rückkehr Ämter und »politische« Aufgaben in der DDR. Er hatte Einfluß, seine Stimme war bis in die frühen sechziger Jahre hinein von Gewicht. Aber seine Haltung und seine Machtmöglichkeiten lassen sich mit denen eines Becher, Weinert oder Bredel nicht vergleichen. Er blieb letztlich auch in der DDR so etwas wie ein »Außenseiter«, ließ sich nicht so einfach einordnen, wurde mit Skepsis von den Mächtigen beobachtet, die sich mit seinem Namen schmückten. Er ergriff nicht selten sehr unorthodox das Wort, wenn ihm bestimmte kulturpolitische Entscheidungen nicht behagten, blieb unberechenbar. Übereinstimmend berichteten dem Verfasser mehrere Menschen, die ihm in Berlin begegnet waren oder zu seinem engeren Kreis gehörten, häufig habe man »Zweig vor Zweig schützen« müssen. Impulsiv und leicht zu verärgern, neigte er auch zu öffentlichen Äußerungen, die der Parteilinie heftig widersprachen.

Der Staat jedenfalls ließ seinen prominenten Untertanen auch in seiner engsten Umgebung überwachen. Sein ständiger Begleiter und »Adlatus«, der junge Heinz Kamnitzer, später wurde er bis zum Ende der DDR PEN-Präsident, entpuppte sich nach der Wende als Stasi-Informant. Kaum ein Pressegespräch oder ein Rundfunkinterview Zweigs, bei dem er nicht dabei war. Wie einige Journalisten dem Verfasser später berichteten, hemmte dies Zweig, drängte ihn in seine offizielle Rolle hinein. Kamnitzer hielt seine Auftraggeber zweifellos auch über die privaten Lebensumstände in der Homeyerstraße auf dem laufenden. Da Zweig auf seine Hilfe in vielen praktischen Alltagsfragen angewiesen war, er ihm auf Reisen oder Vortragsveranstaltungen zur Seite stand, einer seiner Vorleser und Berater blieb, dürfte Kamnitzer auch ein permanenter ideologischer »Lehrmeister« gewesen sein.

Bis zu ihrem Tode war die Germanistin Johanna Rudolph ständig als literarische »Beraterin« für Zweig abgestellt. Doktrinär lag sie auf Parteilinie, und es besteht wohl kein Zweifel, daß sich dies auch auf ihre Aufgabe der Betreuung des Dichters auswirkte. Sie schrieb über ihn und seine Arbeiten Gutachten und Exposés für die vorgesetzten Behörden. Wie immer man den Einfluß dieser beiden engen Begleiter einschätzen muß, Zeitzeugen berichten, daß der Schriftsteller sehr viel freier und offener, witziger und kritischer zu argumentieren pflegte, wenn er alleine mit seinen Gesprächspartnern diskutierte. Er ahnte wohl im letzten doch, wie sein Staat funktionierte.

Die Stasi-Akte über Arnold Zweig, in der weder Notizen von Kamnitzer noch von Johanna Rudolph belegt sind, ist nicht umfangreich, beschäftigt sich überwiegend mit den Plänen seines Sohnes Michael, in den fünfziger Jahren seinen Wohnsitz in der DDR zu nehmen. Aber manche Bemerkung der Sicherheitsbehörde, die in diesen Unterlagen zu finden ist, zeigt, daß der alternde Schriftsteller keineswegs ein willenloses Werkzeug des Staates und der Partei ist, seine Äußerungen und Begegnungen mit anderen Menschen vom Staatssicherheitsdienst voller Mißtrauen beobachtet werden. »Zweig ist ein sehr komplizierter, bürgerlicher Mensch, der zwar treu zur SU und uns steht, jedoch eine Fülle von abweichenden Meinungen hat«, berichtet der IM »Kurt« seinen Führungsoffizieren bei der Stasi am 3. September 1958. »Zweig ist ein bürgerlicher Schriftsteller«, heißt es ähnlich in einem »Auskunfts-Bericht« der Hauptabteilung V vom 17. April

1961, »mit einem sehr komplizierten Charakter. Er hat eine Fülle von falschen Auffassungen, steht aber in den entscheidenden Fragen zu der DDR und zu SU …« In einem undatierten Vermerk des Staatssicherheitsdienstes wird festgehalten: »Zweig gehört zu dem Kreis von Schriftstellern, die sich von jeder Mitarbeit im Vorstand des DSV [Deutschen Schriftsteller Verbandes – d. V.] zurückgezogen haben und ihre oppositionelle Politik in der AdK [Akademie der Künste – d. V.] betreiben. So trat er z. B. am 10. 2. 61 bei einer Plenartagung der AdK, wo u. a. neue Akademiemitglieder gewählt wurden, mit Gleichgesinnten gegen die Neuwahl des Genossen Gotsche auf und beharrte auf seinem Standpunkt, daß Stefan Heym und Peter Hacks, die beide mit der Kultur der Partei nicht einverstanden sind, gewählt werden. … Zweig unterhält zu einer Reihe Künstler und Personen enge Verbindungen, in erster Linie zu solchen, die ebenfalls die Kulturpolitik der Partei ablehnen bezw. starken politischen Schwankungen unterliegen.« Vom Juni 1954 findet sich der lapidare Vermerk eines Oberstleutnant Tschapek: »Gegen Zweig liegt bei uns belastendes Material vor, aus welchem hervorgeht, daß er auf dem IV. Bundestag des Kulturbundes in Dresden am 13. 2. 54 sich gegen unsere gesellschaftliche Entwicklung, insbesonderen auf dem Kultursektor aussprach.«

Der berühmte Autor bleibt unter ständiger Beobachtung, die Schnüffelwut hält die Sicherheitsorgane auch von den albernsten Vermerken nicht ab. So wird etwa folgende empörte Äußerung notiert: »Wie mir mein Mann heute erzählte, hat der Dichter A. Zweig auf der letzten Fraktionssitzung des Deutschen Kulturbundes … verlangt, an W. U. [Walter Ulbricht – d. V.] die Bitte zu richten, daß er künftig nicht mehr als höchstens 20 Min. sprechen würde.« In der Information Nr. 295 der Hauptabteilung II vom 28. März 1960 ist zu lesen: »Durch eine Quelle wurde bekannt, daß Arnold Zweig vor einigen Tagen mit einem Pkw bei dem Buchhändler [Name in der Akte geschwärzt – d. V.], Berlin Friedenau, vorgefahren ist und einige Bücher gekauft hat. … ist als alter Trotzkist bekannt. … Die Quelle ist zuverlässig.« Nicht weniger kleinkariert notieren die wachsamen Staatsschützer am 16. Juni 1954: »Wie uns außerdem bekannt ist, verkehrt er in Westberlin, wo er sich mit der geschiedenen Frau des Schriftstellers … [Name in der Akte geschwärzt – d. V.] traf. Während einer Theaterveranstaltung im Theater am Schiffbauer Damm ließ er die Bemerkung fallen, daß die Schuhe aus Westberlin besser seien als unsere. Dies geschah im Zusammenhang mit der Aufführung des Schauspiels ›Wo der Schuh drückt‹.«

Selbst in den letzten Lebensjahren des Dichters, als er sich nur noch selten in den öffentlichen Debatten zu Wort meldet, bleibt die Stasi im Geschäft. »Die Besichtigung des Wohngebietes in der Umgebung des Hauses Berlin-Niederschönhausen, Homeyerstr. 13 ergab«, berichtet Oberleutnant Gütling am 13. September 1967 seinen Vorgesetzten, »daß für Beobachtungszwecke dieses Hauses die Häuser Homeyer Str. 12, 12a, 14, 14a und 18 als Stützpunkte am besten geeignet sind.«[43] Beigelegt hatten die akribischen Bürokraten einen genauen Lageplan von Zweigs Wohnsitz.

All diese Zeugnisse deuten zumindest an, daß Zweigs Rolle in der DDR differenzierter gesehen werden muß, als es während der Jahre des Ost-West-Konflikts der Fall gewesen ist. Seine Grundposition war eindeutig, aber er stand doch in vielen Fragen der Kultur- und Justizpolitik seines Staates auf der Seite derjenigen, die mehr oder weniger energisch Widerspruch einlegten. Er hat sich die Freiräume der eigenen Meinung nicht nehmen lassen und blieb auch in den intellektuellen Kreisen der DDR, die mit wachsendem Abscheu die Kluft zwischen Theorie und Praxis des »real existierenden Sozialismus« konstatierten, ein geachteter und geschätzter Gesprächspartner. Victor Klemperer hielt am 30. November 1949 nach einer offensichtlich äußerst deprimierenden und langweiligen Veranstaltung im Deutschen Theater bewundernd fest: »Und dann riß Arnold Zweig, dem ich das nie zugetraut hätte, alle Welt mit ein paar wahrhaft herzlichen Worten hoch. Das Deutsche Theater, diese Bühne! Hier hat die Bergner Shaws Johanna gespielt, hier Reinhardt den Sommernachtstraum, hier ist Kulturboden. Ich war wirklich erschüttert u. bekam Sympathie für Arnold Zweig.«[44]

Die Bequemlichkeiten im alltäglichen Leben, die der Staat Arnold Zweig bietet, in dem er sich zu wohnen entschlossen hat, genießt er dabei nicht weniger als die Bewunderung, die er als Dichter erfährt. »Mit Zweig wohnte ich zusammen im ›Adlon‹«, berichtet Brecht in einem Brief an Feuchtwanger vom April 1949. »Er war sehr munter und aktiv, diskutierte, rundfunkte usw. (behindert freilich von einigen Sorgen wegen seiner Frau, die gemütsleidend ist).«[45]

Mancher Besucher aus dem Westen hat über die behagliche

»Naivität« gelächelt, wenn nicht gar böse gespottet, mit der der Dichter über seinen bürgerlichen Wohlstand und die Auflagenhöhe seiner Werke, die vielfältigen Ehrungen und Ämter spricht. Kein Zweifel, es geht ihm gut in Berlin. »Zweig ist in Berlin und überglücklich«, teilt Louis Fürnberg einem Freund in Tel Aviv im Januar 1949 mit. »Er wird gefeiert und auf Händen getragen. Er hat Gerhart Hauptmanns Nachfolge angetreten, und man wikkelt ihn in Gold und Ehren.«[46]

Im Sommer 1949 zog er aus dem »Adlon« aus: »... die Russen haben mir unmittelbar neben dem Schlößchen Niederschönhausen (Pankow) eine Wohnung angeboten, acht Zimmer, Garten, eine Pforte in den Park, ganz ruhige Straße – früher Schloß-, jetzt Ossietzkystraße.« Stolz berichtet er Freund Feuchtwanger auch, daß die Besatzungsmacht ihm ein Auto zur Verfügung gestellt habe, leider fehle aber noch das Reserverad. »So sind die Russen gegen uns Geizige, während die Engländer gerade mein Atelierhaus [Zweigs alte Arbeitsstätte, die jetzt in Westberlin liegt – d. V.] ... der Naziwitwe Kaupisch zum Einzug freigegeben haben.«[47] Nach den Jahren der finanziellen Sorgen atmet er sichtlich auf: »... hier haben wir, d. h. ich, Reichweite und money, und zum ersten Male seit dem ›Grischa‹, d. h. seit 20 Jahren, kann ich machen, was mir Spaß macht, ohne an die Ausgaben zu denken, die der Tag fordert.«[48]

Mitten im Park liegt das Schloß Niederschönhausen, in dem ursprünglich die Akademie der Künste untergebracht werden sollte, aber bald der erste Präsident der im Oktober 1949 gegründeten DDR, Wilhelm Pieck, residiert. Zweig verbindet mit diesem alten Kommunisten, der seit 1935 Vorsitzender der Exil-KPD gewesen ist und nach der Rückkehr aus Moskau (in den fünfziger Jahren war er schon so schwer erkrankt, daß er fast nur noch repräsentierte) politisch mehr und mehr in den Schatten Walter Ulbrichts gerät, ein vertrauensvolles Verhältnis. Er schätzt Piecks Interesse am kulturellen Aufbau der DDR, arbeitet bei der Akademie-Gründung eng mit ihm zusammen und übersieht dabei geflissentlich, daß Pieck nicht nur ein getreuer Gefolgsmann des Stalinismus gewesen, sondern auch an der Zerschlagung der Ost-SPD beteiligt war.

Schon wenige Wochen nach seiner Ankunft in Ostberlin hat er eine Sekretärin gefunden. Ilse Lange, die spätere Nachlaßverwalterin und Leiterin des Arnold-Zweig-Archivs, wird bis zu seinem Tod eine unentbehrliche Helferin sein, ihr diktiert er jetzt seine Manuskripte und Briefe, sie wird – neben Frau Beatrice – zur geschätzten Vorleserin. Später steht ihm ein Chauffeur zur Verfügung, und er kann im Gegensatz zu Millionen seiner Mitbürger ins westliche Ausland reisen. Schon im Frühjahr 1950 zieht Zweig in die Homeyerstraße 13. Er findet hier in einem hübschen kleinen Haus mit prächtigem Garten sein endgültiges Domizil, wird dort bis zu seinem Tode leben. Keine »15-Zimmer-Villa mit prachtvoller Bibliothek«[49], wie die israelische Journalistin Alice Schwarz-Gardos in ihren Erinnerungen über den »linientreuen« Zweig in Ostberlin berichtet, sondern eine gutbürgerliche Wohnstätte.

In all diesen Jahren wird er seine persönlichen Kontakte zu höchsten Partei- und Regierungsstellen recht selbstverständlich nutzen, um die Bequemlichkeit des Alltags auf dem von ihm erwarteten Standard zu halten. Teppiche, Läufer, Heizmaterial, Draht für den Gartenzaun, Auto und »Autoschläuche 16 Zoll«, Staatskredite für Erholungsaufenthalte seiner Frau, 250 Dollar für die Überfahrt des Sohnes Michael, Genehmigung von Westreisen und die Erlaubnis, Publikationen aus der Bundesrepublik zu beziehen – immer wieder erreichen die Wirtschaftskommission Bitten des Dichters, und sie werden rasch und in der Regel unbürokratisch erfüllt. Als sein Sohn Michael in die DDR umsiedeln will, schreibt Zweig an Ulbricht und Grotewohl, und das Innenministerium gerät ins Rotieren. Den Minister für Staatssicherheit, Wilhelm Zaisser, erreicht in dieser Angelegenheit Post vom wichtigsten Mann im Land. »Aus politischen Gründen sollte man vielleicht doch Arnold Zweig entgegenkommen«, schreibt Walter Ulbricht, »und die Erlaubnis zu Einreise seines Sohnes Michael geben, selbstverständlich unter der Bedingung, daß er die amerikanische Staatsbürgerschaft aufgibt. Er könnte zunächst in der Automobilindustrie arbeiten.«[50] Die DDR-Mächtigen nutzen den berühmten Mann für ihre Zwecke, umgekehrt aber können sie es sich auch nicht leisten, seine Gunst zu verspielen. Der Umworbene wiederum dankt häufig mit einer ziemlich rabiaten Verdrängung der historischen Systemwirklichkeit und einer fatalen Überhöhung der ihm gewährten materiellen Privilegien. »Heute aber fühle ich vor allem das Bedürfnis, Ihnen und Ihren Kollegen, verehrter Herr Ministerpräsident, für das Geschenk des prachtvollen Wagens und die warmen Worte zu danken, die es begleitet haben«, schreibt er 1952 artig an Otto Grotewohl. »Es beglückt einen geistigen Arbeiter tief, festzustellen, daß bei uns und unter dem Leitstern des Sozialismus das werktätige Volk, in Gestalt seiner gewählten Vertreter, an die Stelle getreten ist, die zu Zeiten des Horaz von Augustus und seinem Minister Maecenas eingenommen wurde.«[51]

Niederschönhausen wird bald zum Wohnsitz der DDR-Kulturelite. Das Haus in der Homeyerstraße war ursprünglich gedacht für Heinrich Mann, der der erste Präsident der Akademie der Künste werden sollte. Einst einer der bedeutendsten Autoren der Weimarer Republik, lebte Mann nach seiner Flucht aus Europa in Kalifornien, in der Nähe des geliebt-gehaßten Bruders Thomas und Lion Feuchtwangers. Es war in den USA einsam geworden um den Autor des »Untertan« und der Henri Quatre-Romane. Die finanziellen Unterstützungen Feuchtwangers und des Bruders bewahrten ihn zwar vor dem Elend, aber der Selbstmord seiner Frau verdüsterte die letzten Lebensjahre dieses großen Schriftstellers. In den Dreißigern war er der geistige Repräsentant des deutschen Exils gewesen, ein unbedingter Befürworter der dann gescheiterten Volksfront-Politik. Im März 1950, unmittelbar vor seiner Abreise in die DDR, starb Heinrich Mann.

Dreizehn Tage später, am 25. März 1950, wird Zweig zum Präsidenten der Akademie der Künste gewählt. Energisch und mit großem Engagement hatte er sich schon im »Vorbereitungsausschuß« für diese Gründung eingesetzt. Bert Brecht und Hanns Eisler, Anna Seghers und Helene Weigel, Wolfgang Langhoff und Gustav Seitz, Erich Engel und Johannes R. Becher sind unter den 22 »Kulturschaffenden«, die Wilhelm Pieck zu ordentlichen Akademiemitgliedern beruft. Bald gehören auch Erich Weinert, Friedrich Wolf, Ernst Busch und Herbert Ihering zu diesem Kreis. Bis 1953 wird Zweig das Präsidentenamt innehaben. Weitere offizielle Aufgaben kommen hinzu. Er wird Delegierter beim Friedenskongreß in Paris (Frühjahr 1949), als Abgeordneter in die Volkskammer »gewählt« (Herbst 1949) und nach Brechts Tod Präsident des PEN-Zentrums Ost und West (1957). Parteimitglied ist er nie gewesen. Zeitungen und Zeitschriften fordern Aufrufe und Artikel aus seiner Feder, er muß Stellung beziehen zu aktuellen Fragen der Politik.

Er tut es bereitwillig und überzeugt; etwa auf einer internationalen Pressekonferenz im Juli 1960, die das »Neue Deutschland« in vollem Wortlaut nachdruckt und auf der er ganz eindeutig Position bezieht: »... ich kam zurück ... in unser demokratisches Berlin. So sehen Sie, daß ich hierher zurückgekommen bin und hier bleiben werde und nirgendwo anders leben könnte als eben in dieser DDR ... Sie müssen sich ganz klar darüber sein, wenn über die DDR gesprochen wird: Hier ist Deutschland! Hier können deutsche Schriftsteller atmen, arbeiten und planen! Hier ist die Basis dafür gegeben, daß sich der Rückrutsch in die Barbarei, den wir für Deutschland niemals für möglich gehalten hätten, nicht wiederholen kann, auch kein dritter Weltkrieg, weil jetzt unsere Front die stärkere Partei ist.«[52] Ein Jahr später wird er in einem Rundfunkgespräch diese Haltung durch eine sehr persönliche Bemerkung unterstreichen: »Wäre nicht dieser Staat DDR gegründet worden, so hätte ich nicht gewußt, wo ich meine Bleibe aufschlagen sollte.«[53]

Die Aufrüstung des Westens, der Koreakrieg, die Politik des westdeutschen Kanzlers Konrad Adenauer werden in Artikeln, Aufrufen oder Rundfunksendungen von Zweig polemisch kritisiert. Wie sehr er dabei den Blick für die historischen Dimensionen verliert, zeigen auch private Äußerungen. So schreibt er beispielsweise am 24. August 1951 an Lily Leuchter nach Tel Aviv: »Wie wenig aber die schrecklichen Ereignisse seit 1933 einem Volkscharakter zuzuschreiben sind, wirst Du wohl längst von der Tatsache abgelesen haben – falls man sie Euch zur Kenntnis gebracht hat – daß in Korea amerikanische und UNO-Truppen an dem uralten Kulturvolk der Koreaner ebenso grausig gehaust haben und noch hausen wie die SS und die Wehrmacht an den Städten ... in denen unsere jüdischen Massensiedlungen beheimatet waren.«[54]

Das eigene System, die Sowjetunion und ihre wechselnden Führungen begleitet der politische Essayist Arnold Zweig dagegen mit wohlwollenden, nicht selten peinlich oberflächlichen öffentlichen Anmerkungen. Zum Tode Stalins formuliert er in der DDR-Zeitschrift »Sinn und Form« einen Nachruf, der in dem Satz gipfelt: »In der Weltgeschichte der neueren Zeit können wir – nach Lenin – nur einen Mann nennen, der im Verlauf von fünfzig Jahren eine positive Veränderung aller menschlichen Perspektiven hervorgebracht hat: J. W. Stalin.«[55] Und als 1959 Moskau den »Sputnik« in den Weltraum schießt, beschreibt Zweig das Ereignis mit dem Pathos, der Diktaturen jeglicher Couleur stets ausgezeichnet hat: »Und Euer großes Land ist es, Bürger der Sowjetunion, das uns die neue Ära schenkt, dank der unermüdlichen geistigen Schulung und technischen Vervollkommnung, die seit der großen Oktoberrevolution Euch in die vorderste Reihe der europäischen Menschheit brachte.«[56]

Solche Textstellen ließen sich aus der späten Essayistik Zweigs seitenlang anführen. Sie zeigen einen politischen Bekenner, der in den Grundfragen, die den Ost-West-Konflikt bestimmen, nicht mehr differenzieren will. In gewisser Weise bleibt er sich dabei selbst treu, glaubt – wie in den vergangenen Jahrzehnten –, mit der Waffe des Schriftstellers, dem Wort, der Erhaltung des Friedens in einer wieder gefährdeten Welt dienen zu können. Die Selbsteinschätzung jedenfalls bleibt in all diesen Jahren ungebrochen. 1958 hält er fest: Martin Buber »rühmte mich als einen wirklich freien Schriftsteller, der ich immer gewesen und geblieben sei … Vielleicht liegt alles daran, daß ich niemals in eine Partei einzuordnen war und als Einzelgänger und Vorausläufer meinen eigenen Weg aufzuspüren und durchzuhalten wußte«[57].

Gab es aber einen anderen Weg für ihn? Hätte er lieber schweigen sollen zu den politischen Weltenläufen in einem ideologisch verkümmerten Zeitalter? »Eine Alternative«, schreibt Klaus-Rüdiger Metze, »die Zweig *auch*, aber längst nicht konsequent zu nutzen gewillt war: Der Dichter überantwortete sich so zwangsläufig einem Dilemma permanenter Widersprüche, aus dem ihn das öffentliche Engagement für das gesellschaftliche System der DDR bis zum Schluß nicht mehr entließ.«[58]

Zweig verdrängte diese Widersprüche, war sicher, mit der marxistischen Weltanschauung nur eine weitere Stufe der eigenen »Erziehung« erklommen zu haben. Hatte er den Krieg in den ersten vier Romanen seines Zyklus noch als Folge des Zerstörungs- und Todestriebes gedeutet, wie es ihm die Schriften Sigmund Freuds so überwältigend offenbart hatten, übernahm in seinem Denken diese Rolle nun die kapitalistische Gesellschaftsordnung. Wie seine späte Epik zeigen auch seine Äußerungen zur Tagespolitik, daß Zweig von der Wahrheit eines klassischen Satzes, den Karl Marx einst formuliert hatte, durchdrungen war: Das gesellschaftliche Sein wird bestimmt durch das Bewußtsein, das diese Gesellschaft durch den Einfluß seiner politischen und intellektuellen Führung erlangt. So wollte er eine neue Generation mit seinen Visionen von einer sozialistischen, friedenversprechenden Gesellschaft davor bewahren, die furchtbaren Fehler ihrer Väter und Großväter zu wiederholen. »Ohne diese Bewußtseinsänderung derjenigen Menschen, welche zum Mitläufer werden könnten, kommen wir nicht in eine bessere, positivere, festere Gesittungsgrundlage unserer gesamten Zivilisation.«[59] Zweig stellt nicht nur sein politisches Denken in den Dienst des Staates, von dem er glaubt, daß er diese »Gesittungsgrundlage« anstreben und erringen werde. Er unterwirft sich zeitweise auch als Künstler, verteidigt sogar die staatliche Zensur: »... wie ihr wißt ... ist der erhobene Zeigefinger leider nötig. Wir wissen, daß er im Augenblick der Kunst schadet. Aber Kunst ist in diesem Zeitabschnitt nicht das Wichtigste. Wichtig ist, daß durch Schulung in die Gehirne unserer Massen eingeschliffen wird, was notwendig ist, zu tun, um nicht einem neuen Sonnenadolf und Blindenführer zu verfallen.«[60]

Wir wissen heute noch sehr viel besser als damals, welchen Illusionen und Irrtümern Zweig in der Darstellung seines Staates und seiner Führer erlegen war. Und doch gilt im Grundsätzlichen, was Geoffrey V. Davis schon Mitte der siebziger Jahre über die politischen Äußerungen Zweigs in der DDR schrieb: »Zu den Problemen der DDR, zum Aufbau, zum Stalinismus, zu den Beziehungen zwischen dem Einzelnen und dem Gemeinwesen, existieren so gut wie keine Äußerungen Zweigs, die über Gemeinplätze hinausgehen. Das bedeutet nicht zuletzt, daß von dieser Seite her ein sehr einseitiges Bild von Arnold Zweig entsteht.«[61]

Der Staat jedenfalls, dem er sich willig und überzeugt zur Verfügung stellt, geizt nicht mit Dank. Zweig, der seinen letzten Literaturpreis 1915 erhalten hatte, wird mit Ehrungen überschüttet. 1950 erhält er den Nationalpreis 1. Klasse, 1952 wird er Ehrendoktor der Leipziger Universität, 1958 nimmt er in Moskau den Internationalen Lenin-Friedenspreis entgegen, 1962 wird er zum Professor ernannt. Er ist ein Repräsentant geworden, ein Staatsschriftsteller, und er liebt diese Rolle, nimmt sie mit Stolz an, fühlt sich geschmeichelt.

Zweigs Haltung, seine Bereitschaft, sich politisch anzupassen, kann aber, wie geschildert, nicht losgelöst von ganz privaten Umständen gesehen werden. Er war als 60jähriger in die DDR gekommen, frühzeitig gealtert (auch wenn er ganz und gar nicht bereit war, dies wahrzunehmen) und müde vom Kampf im Exil. Sein Augenleiden läßt ein intensives Studium der täglichen Zeitungsmeldungen nicht zu, Informationen erreichen ihn vielfach nur durch den Filter der Berichte seiner Umwelt. Er begegnet in Ostberlin Menschen, die ihn verehren, knüpft neue Freundschaften, findet wieder Kontakt zu geistigen Weggefährten der Jahre vor 1933. Er glaubt, eine neue Generation heranwachsen zu sehen, die sich dem Antifaschismus verschrieben hat. Nachbar Hanns Eisler, der 1950 nach einer Vorladung des Kongreßausschusses für unamerikanische Aktivitäten aus den USA ausgewiesen worden war, gehört bald zu seinem engen Freundeskreis. Ebenso Rudolf Hirsch, der einstige Gefährte im Palästina-Exil, der Bildhauer Gustav Seitz, der in diesen Jahren eine gelungene Büste des Dichters geschaffen hatte, oder der bald in Weimar lebende Louis Fürnberg. Heinz Kamnitzer, der als Jude den Krieg in Großbritannien überlebt hatte, wird bis in die letzten Tage des Dichters hinein zum hilfreichen und eben auch »überwachenden« Bewunderer. Brechts Regiearbeiten in Ostberlin, die einen Höhepunkt der DDR-Kulturarbeit darstellen, schätzt er, über sein episches Theater diskutiert er kritisch-freundschaftlich. Als dessen gemeinsam mit Paul Dessau geschaffene Oper »Lukullus« ins Kreuzfeuer der Parteiideologen geriet, verteidigte Zweig das Werk energisch. Felsensteins Operninszenierungen kommen seiner lebenslangen Liebe zur Musik entgegen. Zu Johannes R. Becher, dem politisch Kulturgewaltigen, bleibt Distanz.

Es bindet ihn auch die Beziehung zu einer jungen Frau, die er 1953 im Ostseebad Wustrow kennengelernt hat. Susanne Hanslik wird die letzte Liebe dieses dem Eros so hingegebenen Mannes. Bis zu ihrer Heirat im Jahre 1965 lebt sie eng mit der Familie Zweig zusammen, ist nahezu täglich Gast in der Homeyerstraße, begleitet das Ehepaar auf seinen Reisen nach Südtirol und Venedig, in den Harz, auf den Semmering und an die Ostsee. Wieder eine »Ehe zu dritt«, wieder von Beatrice geduldet. Es ist eine Beziehung, in der nicht mehr das Physische die dominierende Rolle spielen kann. Zweigs körperlicher Alterungsprozeß, der sein späten Jahre auch psychisch überschattet, ist nicht mehr zu übersehen. Aber er liebt immer noch den Anblick schöner Frauen, bleibt auch im Alter, das er nur schwer zu akzeptieren bereit ist, ein hoffnungsloser Romantiker. Susanne Hanslik, die durch Vermittlung Zweigs als Dozentin für Bewegung an der staatlichen

Schauspielschule beschäftigt ist, hellt mit ihrer natürlichen Heiterkeit und regen Phantasie, aber auch ihrer kritischen Offenheit die stiller werdende Welt des Dichters auf. Ihr Bild steht in seinem Zimmer, fast jeden Abend telefoniert er mit der »Geliebten«. Hunderte von Briefen voll romantisch-resignierender Zärtlichkeit, in der er die verlorene Jugend wiederzugewinnen sucht, wird er an sie schreiben. Als sie geht, senkt sich die Dunkelheit über dieses lange Leben.

Lebensalter, persönliche Freundschaften und Bindungen, materielle Sicherheit und politische Überzeugung vermischen sich eng und sind nicht zu trennen, wenn Zweigs Entscheidung, nach Ostberlin zu gehen und dort zu bleiben, gerecht beurteilt werden soll. Während mancher den anderen Weg wählt und das Land verläßt, weil er die Heuchelei nicht mehr erträgt oder vor den wachsenden Schwierigkeiten, die ihm die Kulturbürokratie bereitet, in den Westen ausweicht, zeugt kein Beleg davon, daß Zweig jemals ernsthaft mit dem Gedanken an eine Umsiedlung gespielt hat. Er fühlte sich »zu Hause« in der DDR. »Jetzt ... wohnen wir in einem Teil Berlins«, wird er im Juni 1952 zufrieden an Lily Leuchter schreiben, »der auf seine Art ebenso entzückend ist wie der Carmel – zwar flach, aber unbeschreiblich grün, voller Obstanlagen, riesigen Baumalleen, langen Spazierwegen voller Nachtigallen und Drosseln zwischen Schrebergärten ...«[62] Schließlich und wohl hauptsächlich: im Gegensatz zu den Werken von Thomas Mann oder – allerdings in weit geringerem Maße – Lion Feuchtwanger, die außerhalb Deutschlands leben, bleiben seine alten und neuen Romane im Westen praktisch ohne Echo. Sie stoßen bei den dortigen Verlagen weitgehend auf einen ideologisch motivierten Boykott. »Er erstreckt sich auf alle meine Bücher, die nach 1932 in deutscher Sprache erschienen«, schreibt er anläßlich der Veröffentlichung von »Die Zeit ist reif« im August 1957 verbittert an Klaus Gysi.[63]

Allerdings, die Anpassung hatte – wie bereits erwähnt – auch ihre Grenzen. Manche öffentliche und viele private Äußerungen Zweigs beweisen, daß er den Verkrustungen der ideologischen Parteibürokratie keineswegs blind gegenüberstand. »Der sogenannte sozialistische Realismus«, schreibt er im Februar 1951 an Feuchtwanger, »über den ich nur mit Ihnen und Ehrenburg frei sprechen kann, soweit es sich um Schriftsteller handelt, denn unsere begabten Maler und Bildhauer denken darüber genau wie wir – dieser soziale Realismus hält die Kunst für ein Panoptikum und möchte am liebsten alle Gesetze der Form und Prinzipien der Kunst als Formalismus denunzieren und abschaffen. Es haben nämlich bei uns z. Zt. drei bis fünf ehemalige, wegen Mangel an Begabung steckengebliebene Kunstschüler, verkleidet als Journalisten, das große Wort. Ich selber opponiere dagegen …«[64] Ein Jahr später heißt es: »Mein ganzer Aufenthalt hier will kritisch beleuchtet werden. Daß man noch nicht einmal eines meiner Stücke gespielt hat, gibt mir zu denken, ebenso die Schwierigkeiten, die das Theater anderen Autoren macht, die nicht auf der Parteilinie wandeln.«[65] Und im Oktober 1956, nur wenige Tage bevor die Welt auf die Flammenzeichen in Ungarn blickt, meint er resigniert: »Vielleicht schreiben Sie mir mal, lieber Feuchtwanger, wenn Sie jetzt dazu Zeit und Lust haben, wie Ihnen die Tatsache vorkommt, daß sich in unserer DDR so wenig verändert hat und ich immer weiter ihr Schildhalter bin und bleibe.«[66]

In der Volkskammer äußert er sich freimütig und kritisch, seine Enttäuschung über viele Entwicklungen offen artikulierend. Victor Klemperer notiert am 14. Oktober 1949 in seinem Tagebuch nach einer Regierungserklärung von Otto Grotewohl: »Arnold Zweig tobte heftig u. meist zu Recht gegen Grotewohl u. die Volkskammer, man habe allen mehr gedankt als der Intelligenz, sie gelte soviel ›wie das Schwänzchen am Schwein‹ …«[67] Auf der Sitzung der Volkskammer am 13. Januar 1953 wird Zweig nach Klemperers Tagesnotat erneut sehr deutlich: »Leidenschaftliche Rede Arnold Zweigs, der neben mir saß, gegen die Barbarei unserer Justiz, die unsern Anschluß an Westdeutschland u. Europa unmöglich mache. 25 Jahre Zuchthaus mit Leichtigkeit …«[68]

Aber der sich in einer sehr ähnlichen, widerstreitigen Position befindliche Klemperer hält nach einer Abstimmung in der Volkskammer vom November 1950 ebenfalls fest: »Zweig murmelt starken Protest, als wir die ganz unbekannten zwei Gesetze annahmen, aber auch er erhob die Hand; er murmelte noch stärkeren Protest, als wir uns für … Stalin erhoben u. klatschten, aber er erhob sich mit und klatschte mit.«[69] Unwirsch reagiert der angesichts der parlamentarischen Rituale verärgerte Zweig bei einer anderen Volkskammersitzung mit der Bemerkung »er habe noch 6 Romane zu schreiben«, als die Partei »Selbstkritik« und mehr Präsenz von ihm und anderen Intellektuellen im DDR-Parlament einfordert.

Sein Unmut über die »Kunstkaffern« in der Kulturbürokratie, über die Zensur, die an den Theatern und den Verlagen mehrere hochwertige Werke verbietet und damit weit mehr ist als nur der »erhobene Zeigefinger«, erreicht 1953 seinen ersten Höhepunkt. Er protestiert gemeinsam mit anderen Akademiemitgliedern bei Otto Grotewohl, schreibt an Feuchtwanger: »Wir Mitglieder der Akademie sind geschlossen bereit, unsere Ämter niederzulegen ...«[70] Er selbst vollzieht schließlich (mehr oder weniger gedrängt) diesen Schritt, scheidet im März 1953 aus dem Präsidentenamt aus. In seiner letzten Rede als Akademiepräsident charakterisiert er sein Wirken als »Bremsen gegenüber allzu taktischen Fortschritten«[71]. Feuchtwanger berichtet er zum Abschied von diesem Amt: »Da ich all das gedruckte Tageszeug weder lesen kann noch will und mein Unbehagen mit der Kunstentwicklung nicht verhohlen habe, die sich auf allen Sparten betätigt, bin ich wirklich nicht mehr der geeignete Präsident.«[72]

Gegenüber Ministerpräsident Otto Grotewohl, der sich in jenen Tagen zu einem Krisengespräch mit Mitgliedern der Akademie trifft, erklärt Zweig klar und eindeutig seine Position: »Es ist tatsächlich so, daß die Begriffe Formalismus oder Realismus bei einer gewissen Schicht von bürokratischen Köpfen Formen angenommen haben, die wir unter gar keinen Umständen werden von der bildenden Kunst noch von der Literatur und Musik aus dulden können ... Wir sind also der Meinung, daß die erste Befreiung, die kommen muß, die Befreiung von der Bevormundung, von dem Eingriff in die Existenz bereits vorliegender und gelungener künstlerischer Werke sein muß.«[73] Zweig setzt sich für die angefeindeten »Chinesischen Skizzen« von Gustav Seitz ein, schwärmt von der Oper »Der Mond« des »dekadenten« westlichen Komponisten Carl Orff, erklärt zum ZK-Beschluß der Absetzung der Brecht / Dessau-Oper »Das Verhör des Lukullus« unmißverständlich: »Wenn Sie also ein solches Werk heute auf der Bühne dargeboten bekommen, so haben Sie meiner Meinung nach nicht das Recht, das Publikum dieser Stadt davon auszusperren.«[74]

Im westlichen Freundeskreis wachsen angesichts dieser Auseinandersetzungen in der DDR die Sorgen um Zweigs Zukunft. Robert Neumann schreibt Feuchtwanger im Januar 1953 aus London: »Ich frage mich, was wir für unsern Arnold Zweig tun können. Sie wissen ja wohl, daß er durch Becher in der Akademie ersetzt worden ist. Er ist zweifellos gefährdet. Andererseits kann ich nicht ermessen, ob auch er das fühlt und ob er weg will. Es ist ja so schwer, all das von hier aus zu beurteilen. Wie denken Sie darüber?«[75] Die beschwichtigende Antwort aus Kalifornien kommt drei Wochen später: »Vorläufig kann von ernsthafter Gefahr wohl kaum die Rede sein. Zweig selber ist freilich sehr naiv, und er hat gerade jetzt in einer Ostberliner Zeitschrift einen Offenen Brief an mich veröffentlicht, in welchem er den Zionismus mit ebenso glühender wie Don Quichotescher Tapferkeit verteidigt.«[76]

Zum 17. Juni 1953 – er ist in diesen aufwühlenden Tagen, in denen das SED-Regime vor dem Bankrott steht, in Budapest und Wien – schweigt Zweig dagegen in der Öffentlichkeit, äußert sich auch in privaten Briefen nur sehr zurückhaltend und ausweichend: »Die politischen Veränderungen bei uns, nach denen Sie fragen, liebster Feuchtwanger, vollziehen sich außerhalb der Sphäre, in der ich wirke, nämlich in der Partei, und machen sich außerdem in einem größeren Warenangebot bemerkbar, das ich aber nicht persönlich kontrolliere, da mir meine Augen ja das Betrachten von Schaufenstern zu einer allzu zeitraubenden Beschäftigung machen.«[77] Im Herbst äußert Zweig bei einem Treffen Grotewohls mit einigen Künstlern »Dankbarkeit gegenüber der Regierung«[78]. In diesen Monaten schreibt er an Agnes Hesse einen Satz, der zeigt, in welchem grundsätzlichen Dilemma dieser Schriftsteller angesichts der Entwicklungen in der DDR steckt: »Revolutionen wie die französische und alle folgenden sind unvermeidlich, um einen gerechten Zustand unseres Zusammenlebens zu erzwingen und einen produktiven dazu.«[79]

Drei Jahre später, als die Ungarn in den Straßen Budapests gegen sowjetische Panzer kämpfen, verdrängt er wie so oft die Wirklichkeit, schweigt oder verharmlost: »Dennoch glauben wir beide wohl ... daß sich die Aufregung wieder besänftigen wird, um Ungarn und Ägypten [gemeint ist die Suez-Krise – d. V.], wie sie es um Polen tat ...«[80] Die auf den niedergeschlagenen Aufstand in Ungarn folgende kulturpolitische Verhärtung in der DDR bedrückt und empört ihn jedoch. Die Nomenklatura schlägt unerbittlich zurück. Universitäten (vor allem Leipzig, wo Hans Mayer und Ernst Bloch lehren), Zeitschriften und Zeitungen (Gustav Just, Chefredakteur des »Sonntag«, wird inhaftiert), Verlage (der Leiter des Aufbau-Verlages, Walter Janka, wird zu einer langjährigen Zuchthausstrafe verurteilt), Schriftsteller (Erich

Loest wird verhaftet, Gerhard Zwerenz flieht), aber auch der kleine politische Reformflügel in der Partei (Schirdewan, Herrnstadt und Oelßner werden entmachtet) verspüren den brutalen Zugriff der durch die ungarischen Ereignisse verunsicherten Funktionäre. Es schlägt wieder einmal die Stunde Walter Ulbrichts, der seinem Volk den Weg in die Illusion weist: »In Staat und Wirtschaft ist die Arbeiterklasse der DDR bereits der Herr. Jetzt muß sie auch die Höhen der Kultur stürmen und von ihnen Besitz ergreifen.«[81]

Solche omnipotenten Machtansprüche münden 1958 in den »Bitterfelder Weg« ein, die Partei fordert den schreibenden, musizierenden oder malenden Arbeiter. Die Literatur soll das »Heldentum der Arbeit« feiern, was sich in Ulbrichts eigenwilligem Kunst(un)verständnis so anhörte: »Ich möchte ... unterstreichen, daß wir die Aufgaben der Schriftsteller in den Rahmen der sozialistischen Umwälzung, in den Rahmen der Lösung der ökonomischen Hauptaufgabe stellen, die das Ziel hat, das Übergewicht gegenüber Westdeutschland in Bezug auf den Pro-Kopf-Verbrauch der Bevölkerung und im Kampf um das wissenschaftlich-technische Weltniveau zu erreichen.«[82]

Zweig bleibt in den teilweise aberwitzigen kulturpolitischen Wendungen der SED ein unbeeindruckter Skeptiker, lehnt sie in vielen Gesprächen mit der Parteiführung oder auf öffentlichen Veranstaltungen ab. Schon 1950, als Anna Seghers' Roman »Die Toten bleiben jung« in die politische Kritik geriet, weil die Autorin die Rolle der Partei nicht ausreichend gewürdigt habe, erklärte er in einem Rundfunkgespräch mit Ilja Ehrenburg unzweideutig, man müsse sich fragen, »ob etwas so Unanschauliches wie eine Partei in einem Buche das von anderen Menschen als von Parteimitgliedern handelt überhaupt einen Platz finden kann. Ich stelle fest, daß hier vom Werden und Wesen der Literatur ganz offenbar überhaupt keine Vorstellungen mehr existieren ...«[83] Immerhin war es Walter Ulbricht persönlich gewesen, der die dümmliche, aber von dem gehorsamen Kulturapparat sofort aufgegriffene Frage gestellt hatte: »Wo bleibt im Roman von Anna Seghers die Partei?«[84]

In manchen anderen Fällen jedoch folgt er den kulturpolitischen Zensur- und Diffamierungsmaßnahmen der Partei offensichtlich recht bereitwillig. Der DDR-Dramatiker Heiner Müller weist bei seiner Darstellung der Affäre um sein Stück »Die Umsiedlerin«, das 1961 die Funktionärselite erregte, darauf hin, daß alle Mitglieder der Sektion Theater und Literatur der Akademie der Künste einem negativen Gutachten von Franz Fühmann zugestimmt hätten, darunter auch Arnold Zweig.[85] Nun ist Heiner Müller sicher kein ganz »unbelasteter« Zeuge für den kulturpolitischen Alltag der DDR, aber seine Anmerkung erscheint nicht unglaubwürdig.

Übrigens trifft eine andere, grundsätzlichere Äußerung Müllers mit Blick auf die Situation der zurückgekehrten »bürgerlichen« Schriftsteller die Lage sehr präzis: »Das war überhaupt ein Problem, daß Brecht mit seinen klassisch marxistischen Kategorien in eine Wirklichkeit kam, die damit überhaupt nicht zu fassen, die viel differenzierter und komplexer war. ... Das galt auch für die Seghers oder eigentlich für alle, die aus der Emigration kamen und versuchten, an 1933 anzuschließen, oder an 1932. Und das ging dann nicht mehr nach dem Krieg, im ›Arbeiter-und-Bauern-Staat‹, der nur eine Behauptung war, wie der Sozialismus, ein Phantom.«[86] Ähnlich argumentiert im Rückblick auf die Auseinandersetzungen in den fünfziger Jahren der Schriftsteller Gerhard Zwerenz: »Erst als ich darüber nachzudenken begann, verstand ich, weshalb ich Bertolt Brecht, Arnold Zweig und andere Klassiker der vorhergehenden Generation nicht mehr so recht mochte. Sie lebten nur physisch in der Gegenwart und der DDR, ihre Werke aber bezogen sich auf andere Länder und Zeiten. ... Je mehr ich darüber nachsann, desto deutlicher wurde, die alten Autoren führten längst veraltete Kämpfe weiter, die uns gar nicht mehr wirklich betrafen. Brecht ironisierte den in der Schweiz wohnenden Thomas Mann, Arnold Zweig ignorierte die Gegenwart mit einer schon wieder souveränen Verachtung ...«[87] Andere, es waren meist die Generationsgenossen oder Weggefährten aus dem Exil, bewundern ihn nach wie vor. »Warum knebeln wir uns so«, fragt Louis Fürnberg im Januar 1951 den Schriftsteller Franz Carl Weiskopf, »warum seufzen wir neidisch beim Lesen eines Buchs von Arnold Zweig?«[88] Dessen tschechischem Übersetzer Lumir Civrný teilt er im April 1955 mit: »Zweig [ist] wirklich einer der größten Epiker der deutschen Sprache ...«[89] Für die jüngere Schriftstellergeneration in der DDR aber war Zweig ein Klassiker geworden, dessen Werk sie in der Jugend gelesen und verehrt hatten. Seine Ästhetik, sein von der Epoche des Ersten Weltkriegs entscheidend mitgeprägtes Weltbild, war für ihre eigene künstlerische Entwicklung kein Wegweiser mehr. Da standen Hemingway und Faulkner, Böll und Grass, Camus und der wiederentdeckte Kafka, die »lost generation« des 20. Jahrhunderts, der sie sich in ihrem isolierenden Seinsgefühl verwandt fühlten. Aber jenseits aller ideologischen oder literaturästhetischen Positionen blieb Zweig die wohl wichtigste und prominenteste Stimme des »Antimilitarismus« in der DDR.

Den härtesten Konflikt mit der politischen Führung löst Zweig im Februar 1954 aus, also wenige Monate nach dem Arbeiteraufstand. Auf einer Tagung des Kulturbundes in Dresden übt er scharfe Kritik am politischen System der DDR, vor allem geißelt er die Beziehungen des einzelnen zur Gesellschaft. Die Jugend, so erklärt Zweig, müsse »unter den dauernden Konflikten ihrer Umgebung« leiden, denn »Humanismus und stramme Organisation« hätten sich noch immer widersprochen. »Selbst die Jesuiten, welche uns eine sehr große geistige Potenz hinterlassen haben, waren in ihrer Organisation nicht so angestrengt wie wir im Aufbau der DDR.«[90] Weiter erklärt er, einen Krebsschaden des Systems unverblümt ansprechend: »Wir müssen meiner Meinung nach darauf Wert legen, daß wir als Kulturbund unser kostbarstes Gut, die jungen Menschen, überhaupt unsere Menschen, vor den Beschädigungen des gesellschaftlichen Apparates schützen. Es ist nicht so, daß sich nur unsere Sprache in Kauderwelsch verwandelt oder zu verwandeln droht. Es ist sogar so, daß viele Begriffe nicht mehr da sind, die unsereinem, als wir aufwuchsen, selbstverständlich waren, z. B. der Begriff der Muße, daß ein Mensch spazieren gehen muß, um Gedanken zu fassen, daß ein Mensch imstande sein muß, sich allein einzuschließen oder isoliert auf eine Bank zu setzen und etwas zu lesen, ohne daß das zu einer Instruktion wird, ohne daß er gefragt wird, ob das in Übereinstimmung mit irgendeiner Verpflichtung geschieht, die in die Grundlagen der DDR eingegangen ist.«[91]

Als einzige Zeitung der DDR veröffentlicht das »Sächsische Tageblatt« diese Rede am 14. Februar 1954. Die kommunistische Nomenklatura reagiert sofort. Der verantwortliche Redakteur muß in den Westen fliehen. In diesem Konflikt offenbart sich eine nicht untypische Haltung Zweigs. Neben allen ernstgemeinten Loyalitätsbekundungen bricht es immer wieder aus ihm heraus, nennt er die Dinge beim Namen, gibt er sich der Illusion hin, der Geist könne die Macht durch Hinweise auf Mißstände korrigieren.

So setzt er sich auch, auf sein Ansehen bauend, für Häftlinge ein, die Opfer einer politischen Justiz geworden sind. In einem persönlichen Brief an Walter Ulbricht bittet er 1957 um Gnade für den zu zehn Jahren Zuchthaus verurteilten Wolfgang Harich, weil dieser »junge, tapfere Bursche lediglich auf Mißstände bei uns hingedeutet hatte«[92]. Den stellvertretenden Justizminister der DDR erreicht noch 1962 der dringliche Hinweis zur Situation des verurteilten und im Zuchthaus sitzenden ehemaligen Berliner Journalisten und Hochschuldozenten: »Gleichwohl bleibe ich dabei, wie ich es bei einer Konferenz mit dem Politbüro vorbrachte, daß mir der Fall Harich vor allem zur Behandlung durch einen Psychiater zu drängen scheine. Wie sehr mir das Strafmaß, zu welchem Harich damals verurteilt wurde, übertrieben scheint, möchte ich auch heute nicht verschweigen.«[93]

Und als kurz darauf der Leiter des Aufbau-Verlages, Walter Janka, verhaftet wird, bittet er Feuchtwanger, sich ebenfalls bei der DDR-Regierung für den Verfolgten zu verwenden. Auf Feuchtwangers Brief antwortet Ministerpräsident Grotewohl kühl, er könne nicht in ein schwebendes Verfahren eingreifen. Janka wird zu fünf Jahren Haft verurteilt. Nach anhaltenden internationalen Protesten kommt er 1960 wieder frei. Harich muß bis 1964 im Gefängnis bleiben.

Die Kampagne für Janka, die vom Westen aus durch Katja und Erika Mann ausgelöst wird und an der auch Lion Feuchtwanger aktiv teilnimmt, bewegt Zweig sehr. In mehreren Interpellationen an die Staatsführung setzt er sich für bessere Haftbedingungen ein. Nach einem Gespräch mit Jankas Frau schreibt er an Walter Ulbricht: »Die Auskünfte erscheinen mir so beunruhigend, daß ich vorschlagen möchte, Walter Janka aus Bautzen in einen Ort bei Leipzig zu überführen, wo sich eine Strafanstalt mit ausgezeichneter Klinik befindet. … Außerdem erscheint es mir unstatthaft, Janka von jeder geistigen Beschäftigung abzusperren, die man, wie ich höre, dem Urheber des Ganzen, nämlich des Falles Harich, durchaus gestattet.«[94] Zweig sendet in seiner Eigenschaft als Volkskammerabgeordneter mehrere Briefe an Janka selbst. Eine Notiz des Staatssicherheitsamtes weist darauf hin, daß Zweig »sogar in einer Volkskammer-Sitzung über Janka« sprechen wollte, »wovon ihn der Genosse Wendt (Vorsitzender der Volkskammer-Fraktion des Kulturbundes) abbringen konnte«[95]. Weiter hält die Spitzel-Behörde fest: »Als Janka Ende Dezember 1960 aus der Haft entlassen wurde, nahm er gleich Verbindung zu Zweig auf, wobei Zweig großes Interesse an einer Zusammenkunft mit Janka zeigte und beide vereinbarten, noch einmal über den Termin ihrer Zusammenkunft zu sprechen. Zweig sagte Janka zu, dass er sich für ihn wegen einer Arbeitsregelung einsetzen will.«[96]

Janka selbst äußert sich in seinen Erinnerungen, die 1991 erschienen, mit großer Bitterkeit über das damalige Verhalten seiner Aufbau-Autoren: »Meine vorzeitige Entlassung aus dem Zuchthaus Bautzen war nicht der solidarischen Haltung von DDR-Schriftstellern zu danken, denen ich ehedem so verbunden war. Die wirkliche Hilfe, aus welchen Gründen immer, kam von Literaten aus der Bundesrepublik ...«[97] Zumindest für Arnold Zweig gilt dies nicht. Die Dokumente zeigen eindeutig, daß er sich – wie die Westautoren Robert Neumann, Siegfried Lenz oder Martin Walser und andere – über all die Jahre für Janka an höchsten Stellen eingesetzt hat, seine Verurteilung und sein Leiden in der Haft mehrfach auf Partei- und Schriftstellerkonferenzen thematisierte.

Schon 1951, als die letzte stalinistische Säuberungswelle die östlichen »Volksdemokratien« überflutete, hatte sich Zweig in mehreren Schreiben an Walter Ulbricht für eine »rechtsstaatliche« Behandlung der Verfolgten ausgesprochen, Hilferufe ihrer Familienmitglieder weitergegeben. »Es müsste zu erreichen sein«, fordert er am 11. Juni von Ulbricht, »daß die Angehörigen eines Verhafteten spätestens 14 Tage nach seiner Inhaftierung von der Polizei benachrichtigt werden, wo sich der Betreffende befindet und was ihm zur Last gelegt wird. ... Alle Kulturarbeit geht davon aus, daß ›justitia fundamentum regnorum‹, Gerechtigkeit die Basis des Staates ist.«[98] Als Walter Ulbricht im August 1961 den Flüchtlingsstrom aus der DDR durch den Bau der Berliner Mauer stoppt, ist Zweig bestürzt. Alfred Kantorowicz schildert Jahre später, wie Zweig auf einer Sitzung der Akademie der Künste im Herbst 1961 – die Kollegen preisen den Mauerbau als »sozialistische Großtat« – überraschend erklärt, »er verstünde die Notwendigkeit dieser Aktion nicht, denn: wenn in der DDR alles so wäre, wie es sein sollte, und man immer vorgebe, daß es sei, dann mußten doch eigentlich die anderen da drüben die Mauer bauen. Nach diesen Worten setzte er sich unter eisigem, verlegenem Schweigen aller Anwesenden. Da man ihn nicht mehr ganz ernst nahm, geschah ihm nichts Übles.«[99] Es dürfte wohl weniger daran gelegen haben, daß Zweig unbehelligt blieb. Er war schlichtweg zu berühmt, ein zu wichtiges Aushängeschild der um Anerkennung ringenden DDR, und der Partei erschien das Wagnis einer öffentlichen Maßregelung daher als zu hoch. Er blieb ein »Unberührbarer«, und schon 1961 war sein Einfluß auf die kulturpolitischen Entwicklungen seines Landes praktisch ohne Bedeutung.

Arnold Zweig sieht also fraglos die Brüchigkeit des Systems, er kämpft gegen Fehlentwicklungen und eine inhumane Politik des Staates an, aber er zieht weder in seinem politischen Denken noch in seiner persönlichen Haltung grundsätzliche Konsequenzen daraus. Die Macht im kommunistischen Deutschland läßt zudem dem Geist nur sehr geringe Spielräume.

Wie so viele Intellektuelle in der DDR der fünfziger und sechziger Jahre scheitert Zweig mit seinen Einwendungen und Forderungen, gelegentlich selbst dort, wo es um das eigene Werk geht. Er muß sich den Lektoren beugen, wenn einzelne Passagen seiner Romane nicht dem gerade gültigen offiziellen Sprach- und Denkgebrauch entsprechen. Er wehrt sich dabei nicht allzu heftig, aber immerhin erreichen den Aufbau-Verlag auch solche Zeilen: »Ich möchte Ihnen aber zu erwägen geben, daß in meinen Manuskripten nur von mir selber genehmigte Veränderungen vorgenommen werden dürfen.«[100] Zornig reagiert er, wenn immer wieder Verzögerungen und Bedenken gemeldet werden, als die Neuauflage des Henker-Romans zu Debatte steht. Feuchtwanger erfährt dann in einem erbosten Brief, Zweig denke ernsthaft an eine Ausgabe im Westen, falls der DDR-Verlag nicht bald positiv entscheide. Ärgerlich meldet er sich bei seinem Verlag, wenn seine Bücher nicht rechtzeitig neu gedruckt werden: »Zu dem Vertrag möchte ich bemerken, daß im vergangenen Jahr von ›Die Zeit ist reif‹ Exemplare nicht vorhanden waren, als wir Schriftsteller sie am 1. Mai signieren sollten; das darf nicht noch einmal vorkommen.«[101]

Auf was sich Zweig eingelassen hat, erfährt er schon bald nach seiner Niederlassung in Ostberlin am eigenen Leibe. Die DEFA-Verfilmung des »Beil von Wandsbek« endet mit einem Desaster. Die Produktion des Kinostreifens, die Ende 1950 beginnt, wird von einer umfangreichen ideologischen Diskussion begleitet. In der »Berliner Zeitung« (DDR) schreibt ein mutiger Leser: »Was in der Nazi-Zeit möglich war und wozu sich damals deutsche

Bürger hergaben, siehe Fleischermeister Teetjen, wiederholt sich heute noch allzuoft.«[102] Regisseur Falk Harnack folgte in dieser Romanverfilmung der Intention der literarischen Vorlage und deutete in den Figuren die Verstrickungen der Menschen des Dritten Reiches in den Terror psychologisch sehr differenziert. Der große Publikumserfolg auf diese Darstellungsweise ließ die Partei empfindlich und abwehrend reagieren. »Verständnis und Mitgefühl« für das Schicksal des »Henkers« und seiner Frau, die der Film trotz der natürlich unübersehbaren Grundhaltung bei den Zuschauern auslöste, paßten aus ideologischer Sicht nicht in die aktuelle politische Situation der deutsch-deutschen Auseinandersetzungen. Im Mai 1951 – zum Zeitpunkt der Uraufführung des Wandsbek-Films – propagierte die DDR eine Volksbefragung über die Zukunft des geteilten Landes, bei der es in Sachen Antifaschismus um eine eindeutige Abgrenzung gegenüber Bonn ging. Film, Regisseur und Autor wurden verdammt, weil sie das Nazi-Mitläufertum nicht mit einer unmißverständlichen Verurteilung belegt hatten.

Die »Leipziger Volkszeitung« eröffnet die Hexenjagd mit einer Leserbriefkampagne: »[Der Film] zeigt uns einen Nazimörder als nationalen Helden.«[103] Sofort stimmt sich die gelenkte Presse massiv auf diesen Tenor ein. »Ich kann nur deutlich sagen«, erklärte Erich Honecker schon am 17. März 1951 auf einer Versammlung der FDJ, deren Vorsitzender er damals war, »daß es nicht mehr so weitergeht, daß unsere Partei Filme wie ›Das Beil von Wandsbek‹ verbieten muß, weil reaktionäre Ideologien den Zuschauer negativ und falsch über die Geschichte der Arbeiterbewegung zu beeinflussen suchen ...«[104] Welche fatale Ähnlichkeit das Denken und Handeln der DDR-Zensoren in diesen Monaten mit den einstigen Kulturagitatoren der Nationalsozialisten hatte, zeigt eine weitere Bemerkung Honeckers auf dieser Sitzung, die auch die Verurteilung der Brecht/Dessau-Oper »Das Verhör des Lukullus« mit einbezog: »Genosse Walter Ulbricht fordert heute von euch eine besondere Initiative. Ihr werdet heute abend mit Freikarten in die Staatsoper gehen und in der Pause diesen dekadenten Künstlern ein anständiges Pfeifkonzert geben.«[105] Genau in diesem Stil war Joseph Goebbels 1930 gegen die Aufführung der amerikanischen Verfilmung von Erich Maria Remarques »Im Westen nichts Neues« vorgegangen. Und wie Goebbels hatten zwanzig Jahre später auch Ulbricht und Honecker Erfolg: Die Weimarer Republik beugte sich den wilden Störungen der Nazis und setzte den Remarque-Streifen ab. Die »Lukullus«-Oper und Zweigs Henker-Verfilmung verschwanden ebenfalls von der Bühne bzw. aus den Kinos.

Die Journalistin Sabine Brandt schreibt: »Ich war dabei, als der Film in geschlossener Veranstaltung dem Gericht der Kulturfunktionäre vorgeführt wurde, in Gegenwart Johannes R. Bechers und Bertolt Brechts. Ich hörte, wie diese beiden, Alexander Abusch und andere dem Autor vorwarfen, er habe den Helden ... zu positiv gezeichnet, ihn zu tragisch untergehen lassen und dadurch Mitleid mit einem Faschisten provoziert ... Zweig sprach hinterher von einem Mißverständnis und bat mich, in einem Grundsatzartikel der Partei seine guten Absichten zu erklären. Er wollte nicht wahrhaben, daß ein solcher Artikel nicht gedruckt werden würde, weil das Filmverbot nicht aus einem Mißverständnis, sondern aus politischer Gesetzmäßigkeit heraus verhängt worden war.«[106]

Zweig ist von den Vorgängen um den Film betroffen, aber er will tatsächlich die ganze Dimension dieser Affäre nicht zur Kenntnis nehmen. Jedenfalls läßt er es sich nicht anmerken. Mit großer Naivität berichtet er Freund Feuchtwanger: »Da alle politischen Schwierigkeiten des Themas schon im Drehbuch und während des Drehens ersetzt worden waren und die ganze Produktion vor und nach dem Abschluß von den maßgebenden Instanzen begutachtet worden war – ein höchst überraschender Eingriff.«[107] Als Feuchtwanger ihm in seiner Antwort andeutet, über die Absetzung des Films habe er »hier mancherlei gelesen, auch über andere ›antisemitische‹ Akte«[108], reagiert Zweig sofort mit der Bemerkung: »Lieber Feuchtwanger, wenn das so einfach wäre! Auf Antisemitismus steht hier Gefängnis ...«[109]

Der Regisseur Falk Harnack ging in den Westen, der Film wurde erst 1962 nach erheblichen Veränderungen wieder in den Kinos der DDR gezeigt. Die Auflage der Wandsbek-Ausgabe, so berichtet Sabine Brandt, wurde damals sofort gedrosselt. An den verzweifelten Harnack schrieb Stephan Hermlin auf dem Höhepunkt der Kampagne: »Da es bei uns, den Kulturarbeitern, ein unlöblicher Brauch ist, dem anderen über dessen Arbeit nicht seine Meinung zu sagen, will ich anders handeln und Dir nur sagen, daß ich das ›Beil von Wandsbek‹, das ich bei der Premiere sah, für ein Meisterwerk halte.«[110]

Solche Urteile zählten nicht, der kulturpolitische Wind wurde wieder von einer stalinistischen Wetterlage bestimmt. Es traf in diesen Monaten nicht nur Zweig oder Brecht oder Dessau, sondern auch Hanns Eisler, eine Ausstellung von Ernst Barlach, den wieder bevorzugten »Bauhausstil« einiger Architekten oder Schaupielaufführungen, deren »Mängel ... hier in der ungenügenden Auswahl der Stücke vom Standpunkt der Hilfe und Begeisterung unseres Volkes zur Lösung seiner großen Lebensfragen (wie Erfüllung des Fünfjahrplans, des Kampfes um den Frieden, der Einheit Deutschlands usw.) und in teilweise schwachen künstlerischen Inszenierungen (bestehen)«[111].

Verletzt, aber auch mit Resignation konstatiert Zweig zudem, daß seine Theaterstücke auf den DDR-Bühnen kaum aufgeführt werden, sein dramatisches Werk praktisch ohne Echo bleibt. »In meinem inneren Herzen bin ich immer noch mit der Bühne und meinen Dramen verbunden«, schreibt er im April 1964 an Lily Leuchter, »obwohl ich mich dem Theater gegenüber nicht halb so geschickt erwies wie zum Beispiel unser Freund Feuchtwanger.«[112] Wie bescheiden seine Ansprüche in dieser Frage geworden sind, zeigt, daß auch Feuchtwangers Stücke nach dem Krieg keineswegs erfolgreich waren oder etwa viele Neuinszenierungen erlebten.

In all diesen Auseinandersetzungen wirkt er häufig hilflos, nimmt schließlich vieles hin und zieht sich mehr und mehr aus dem öffentlichen Leben zurück, vom Alter bedrückt und müde des ideologischen Kampfes mit zweitklassigen Parteibonzen.

Unerschütterlich bleibt er dagegen in seiner Verehrung für Sigmund Freud, läßt trotz einiger vordergründiger ideologischer Verbeugungen keinen Zweifel daran, welche Bedeutung er den Schriften des Wiener Arztes – im Gegensatz zur offiziellen Lehrmeinung – nach wie vor beimißt. So bereit Zweig ist, sein früheres Denken in gesellschaftspolitischen Fragen »marxistisch« zu korrigieren, für Freud findet er immer wieder Sätze der Bewunderung. Die DDR-Interpreten des Schriftstellers hatten damit ihre Schwierigkeiten. So behauptet Heinz Kamnitzer auf der einen Seite, für den späten Zweig sei die Psychoanalyse ein überwundenes Stadium auf seinem Weg zum Sozialismus gewesen, andererseits finden sich in seinen Erinnerungen an die letzten Jahre des Dichters Passagen, die dem diametral entgegengesetzt sind. »Wer mit Arnold Zweig zu tun hatte, weiß, welche Rolle er dem Mann und seinem Werk beimaß. Fast wie ein Hausgott, jedenfalls als Vaterfigur wurde der Seelenarzt verehrt. Selten ging ein Gespräch vorüber, in das er Freud nicht einbezogen, kaum ein Vortrag, in dem er ihn unerwähnt ließ.«[113] Eberhard Hilscher mochte recht haben, wenn er in einem Referat, das er 20 Jahre nach Zweigs Tod hielt, anmerkt: »Nein, wir kennen in der DDR keine Berührungsfurcht mehr gegenüber Sigmund Freud, was sich hoffentlich bald auf die Arnold-Zweig-Philologie auswirken wird.«[114] Aber zu Lebzeiten des Dichters sah dies ganz anders aus. Freud wurde in der DDR tabuisiert, Zweigs Manuskript »Freundschaft mit Freud« fand dort keinen Verlag, und in den Werkdeutungen seitens der DDR-Forschung blieb der elementare konzeptionelle und ästhetische Einfluß der Psychoanalyse auf Zweigs Epik weitgehend unberücksichtigt.

Zweig selbst machte sich da keine Illusionen. Schon im Februar 1950 schrieb er an Feuchtwanger: »In Sachen Freud ist die DDR und sind anscheinend alle Volksdemokratien zwanzig Jahre zurück. Ich werde ihnen klarmachen, welch grosses naturwissenschaftliches Ereignis und welch deutsches Ereignis dieser Psycholog und Schriftsteller Freud ist und bleibt und wie es sich mit ihm und Marx verhält.«[115] Ähnlich eine Briefbemerkung gegenüber Agnes Hesse von 1957: »Durch die Feindschaft der deutschen Psychiater gegen Freud, sind große Teile moderner Erkenntnis und Therapie nicht erst heute oder durch die Nazis den deutschen Gebildeten vorenthalten worden.«[116]

Es läßt also schon aufhorchen, wenn Arnold Zweig gerade in diesem Punkt »unbelehrbar« bleibt. Er setzt hier deutliche Signale. Im letzten Roman, »Traum ist teuer«, weist nicht nur der Titel auf die Seelenlandschaft hin, die Freud einst einer erstaunten Welt in seinen Schriften offenbart hatte. Die Hauptfigur des Buches, Richard Karthaus, ist Psychoanalytiker und bezeichnet sich ausdrücklich als »Schülersschüler Freuds«. Auf seiner Überfahrt nach Palästina grübelt Karthaus über das Geschehen in Europa nach, und er denkt an die Bücherverbrennungen, denen auch die Werke »der drei Großen des 19. Jahrhunderts« zum Opfer gefallen waren: Heine, Einstein und Freud. Wenige Zeilen später heißt es: »Und wer nun weiß besser, was Traum und Wunscherfüllung bedeuten, wer hat von dem großen alten Mann damals in Wien gelernt, wenn nicht unsereiner, daß man den Traum nicht ohne weiteres an der Wirklichkeit messen kann, daß

Traum dann sehr teuer kommt, dadurch, daß er der Ich-Zensur unterliegt, alle Wirklichkeitsvorstellungen schminkt und das Lebensgefühl schwindelhaft erhöht, um es in sich selbst zusammenkrachen zu lassen, wenn dem Traumgeschwellten die Wirklichkeitsprobe auferlegt wird!«[117]

1955 veröffentlicht Zweig zum 100. Geburtstag Freuds einen Aufsatz mit dem Titel »Die Natur des Menschen und Sigmund Freud«. In den ersten Passagen zollt er der herrschenden Ideologie Tribut, vermerkt, auch der »geniale Arzt und Naturforscher« sei ein Kind des 19. Jahrhunderts gewesen, aufgewachsen in einem streng bürgerlichen Milieu und daher von »den Irrtümern seiner Klasse« nicht frei. »Freud ignoriert ... das Wesentliche, sowohl was die Rolle der menschlichen Arbeit beim Prozeß der Vergesellschaftung betrifft, als auch die der Vergesellschaftung bei der Formung der menschlichen Natur, einschließlich aller derjenigen Eigenschaften, die uns überhaupt erst zum heutigen Menschen machen.«[118] Was dann aber folgt, ist Zweigs Hohelied auf die überragende Bedeutung des großen Analytikers: »Freud hat die Stellung des Menschen in der Welt entscheidend geändert, indem er ihr eine volle Hälfte an Erkenntnisraum hinzufügte, gleich als hätte die weiße Rasse bislang nur die der Sonne zugewendete Seite ihres Planeten bewohnt und von Freud die Entdeckung der unbesonnten empfangen ... Niemand hat mehr gesehen als er, und niemand hat geduldiger dem Gesehenen auch zugehört, es nach den Gesetzmäßigkeiten befragt, denen es unterlag, und nach den Aufschlüssen, die es über den Lauf der Welt, das heißt des Menschen, zu geben vermochte. Dadurch wurde er Schritt für Schritt zu einem neuen Deuter fast unserer ganzen kulturellen Sphäre ... Bei Freud und seit Freud gab es plötzlich als wissenschaftliche, genau beschreibbare Wirklichkeit Angst und Lust, Schrecken und Zweifel, Machtgier und Verzicht – eine neue Psychologie, die vielschichtig und bestürzend herrlich das Innere eines wirklich lebenden Wesens, des Einzelmenschen, aufdeckte und zur Nachprüfung hinhielt. Seine Fehlleistungen, vor Freuds Tagen als Zufälle oder Ungeschicklichkeiten abgetan, enthüllten ihren Sinn: Man versprach sich nicht ohne Grund, vergaß Dinge, Worte, Personen, weil eine Instanz in uns deren Existenz ablehnte; man verspätete sich, erlitt Unfälle, brachte anderen gefährliche oder harmlose Verletzungen bei, oft mehrere Male, und erfuhr erst in der Psychoanalyse, warum man sich selbst oder diese Menschen zu schädigen wünschte. Jahrelange Angst vor Examina hemmten Studenten, deren Fähigkeiten weit über das Erforderliche hinausgingen. Schöne junge Frauen entzogen sich Bewerbern und der Ehe, und niemand wußte warum. All diese und noch viel mehr Vorkommnisse des Tages und vor allem der Nacht (Impotenz!) wurden von Freud und seinen Schülern den Leidenden bewußt gemacht ...«[119]

Es sind Sätze, die an Eindeutigkeit nichts zu wünschen übriglassen, die zeigen, daß die Verehrung für den einstigen Briefpartner, Lehrer und »Vater« auch in Zweigs letzten Jahren keinen Bruch erfahren hat. Sie fand lediglich eine Ergänzung in dem Versuch, eine Synthese zwischen Freud und Marx zu konstruieren, wie es übrigens schon in den Dreißigern der Adler-Schüler Manès Sperber unternommen hatte. Zweig schreibt: »Sogar die Sphäre der großen Politik wird Dank der Entdeckung und Beschreibung jener Gruppenleidenschaften, die sie beherrschen, in Zukunft ihren eigenen Gesetzen entsprechend beeinflussbar sein, sobald diese Erkenntnis um die Wirkungen bereichert worden ist, die vom Besitze der Produktionsmittel, der Absatzgebiete und Rohstoffquellen abhängen.«[120]

Verraten hat Zweig auch nicht sein Judentum, blieb ihm bei aller Kritik gegenüber der Politik Israels innerlich eng verbunden. Nicht nur eine Fotografie Sigmund Freuds hing (neben dem Bild Lenins) in seinem Niederschönhausener Arbeitszimmer, sondern es stand in der Homeyerstraße auch der siebenarmige Leuchter, den er liebte und der die Jahre heraufbeschwor, die er auf dem Berg Karmel gelebt hatte. So beschwerlich er gelegentlich die persönlichen Umstände in Palästina empfunden hatte, es gab auch schöne intensive Erinnerungen, die häufig die Gespräche im Familien- und Freundeskreis ausfüllten. In seinem Rußland-Tagebuch, das er 1952 anläßlich einer Reise nach Moskau und auf die Krim schrieb, heißt es: »Sehr muß ich heute an den Karmel denken, wo wir's vierzehn Jahre fast so gut hatten wie heute hier, bloß daß die Menschen dort nur in unserem persönlichen Umkreis so freundschaftlich waren wie hier die ganze offizielle Staats- und Autorengemeinschaft.«[121]

Zweig lebt in einem Staatensystem, in dem der Antisemitismus entgegen allen offiziellen Bekundungen keineswegs überwunden ist. »Der Antisemitismus hatte seit langem den Status einer offiziellen staatlichen Politik«, schreibt Anton Antonow-Owssejenko in seinen Betrachtungen über die Spätphase der Stalin-Ära.[122] Unmittelbar vor seinem Tod befahl der rote Diktator die Verfolgung der Kreml-Ärzte, unter denen viele Juden waren. Die Schauprozesse, denen zahlreiche Stalinisten in den politischen Führungen Ungarns, Polens und der Tschechoslowakei zwischen 1948 und 1954 zum Opfer fielen, trugen Züge latenter Judenfeindlichkeit. Im spektakulären Prozeß gegen Rudolf Slánský – der tschechoslowakische KP-Generalsekretär wurde im Dezember 1952 hingerichtet – gab es Zeugenaussagen, die die jüdische Abstammung der »Verbrecher« ausdrücklich hervorhoben. »Slánský ... stammt aus einer alten jüdischen Familie«, heißt es beispielsweise in dem Prozeß. »Er ist eine große Hoffnung der Juden innerhalb der kommunistischen Partei.«[123] Unter den nach stets gleichem Muster formulierten Anklagepunkten – Trotzkisten, titoistische Agenten, bürgerliche Nationalisten, Spione des Imperialismus – tauchte in den stalinistischen Schauprozessen auch regelmäßig der Begriff »zionistische Verschwörer« auf. Der Vorwurf des Zionismus ersetzte im Imperium Stalins den über Jahrhunderte zu beobachtenden europäischen Antisemitismus.

Stalin verzichtete zwar mit Blick auf die Teilung und die durch sie zunächst erzwungene Imagewerbung auf deutsche Schauprozesse, aber auch die DDR überzogen Säuberungswellen. Der sowjetische Sicherheitsdienst wurde 1952, parallel zu den blutigen Verfolgungen in der Tschechoslowakei, in der DDR aktiver, Stalin gab den Griff auf die Führungsspitze der SED frei, selbst Walter Ulbricht geriet in Gefahr. Wie in Moskau, Prag oder Warschau erklärten auch die Ankläger im östlichen deutschen Staat »die zionistische Agentur des amerikanischen Imperialismus« zum Hauptfeind. Unter den verfolgten, gestürzten und verurteilten Funktionären waren viele deutsche Juden. Jürgen Kuczynski schreibt über diese Zeit: »In der Sowjetunion war unter Stalin und Beria der Antisemitismus 1948 schnell gewachsen, es gab schlimmste Verfolgungen von Juden. Und entsprechend reagierte Semjonow in der Zone. Mein Freund Hans Mark ... und ich mußten wegen ›jüdischer Abstammung‹ von unseren Funktionen entbunden werden.«[124]

Zweig verdrängt das unübersehbare Wiederaufflackern antisemitischer Tendenzen im real existierenden Sozialismus. Er will nicht wahrhaben, daß es verborgene oder offene Judenfeindlichkeit nicht nur im Adenauer-Staat gibt, wie es die östliche Propaganda häufig zu belegen weiß, sondern auch im »antifaschistischen Lager«. In einem Brief an Lion Feuchtwanger vom Januar 1953 setzt sich Zweig damit auseinander. Einen Monat vorher ist Slánský hingerichtet worden, in Moskau verbreiten die Prozesse gegen die jüdischen Ärzte Schrecken. Seine Argumentation wirkt unsicher, streckenweise verlegen: »Daß die westliche Welt, und genauer gesagt die westliche Druckerpresse, auf die Vorgänge in Prag und Moskau mit hohen Anklagewellen unseres Antisemitismus wegen reagieren würde, war vorauszusehen und hat Sie sicher nicht beirrt, da ja dort kein Rassenhaß entstehen kann, wo der Kampf zwischen den Klassen aus einer verdeckten zu einer offenen politischen Parole wurde und ausgefochten ist. Andererseits war ebenso vorauszusehen, daß auch die Menschen jüdischer Abstammung in der DDR noch nicht abgehärtet sein konnten gegen Schlagworte und Anwürfe, für sie nicht unähnlich denen, die sie 15 Jahre hindurch in der Hitlerpresse hatten schlucken müssen. Daher haben sich da und dort jüdische Menschen in ihrer staatsbürgerlichen Situation erschüttert gefühlt, obwohl östlich der Elbe Antisemitismus eine gesetzlich strafbare Handlung ist.«[125]

Zweig berichtet dem Freund von der Flucht jüdischer DDR-Bürger, »deren plötzliche Abwesenheit uns schockartig traf«, bezeichnet sie jedoch als »arme Leute«, auf die in der Bundesrepublik ein politischer Kampf warte, der sie zerreiben werde. Aber er ist doch erschrocken über die antizionistische Kampagne in der kommunistischen Welt und weist sie im Briefdialog mit Feuchtwanger zurück: »Daß in der zionistischen Bewegung, diesem Stiefbrüderchen des Sozialismus von 1880, ein idealistisches Element lebendig war, das noch heute unter der israelischen Bevölkerung pulsiert und pocht, brauche ich Ihnen nicht in Erinnerung zu bringen ... Unsere journalistischen Freunde aber hätten sich bei uns informieren sollen, bevor sie ihre Schreibmaschinen öffneten, wie sehr das Werden der zionistischen Armee und ihre Taten im Zweiten Weltkrieg und nach diesem dieselben Erscheinungen und Gründe einer staunenden Welt vor Augen führten, die jetzt bei uns als Parallele zum Befreiungskrieg von 1813 wieder beschworen werden. Daß man vieles in der Welt fälschen und alles in ihr mißbrauchen kann auf kurze Zeit, wissen wir ja nicht erst von Abraham Lincoln her, so daß zionistische Politik im Laufe der Jahrzehnte in mehreren Farben zu schillern vermochte ...«[126]

Und er fragt: »... kann man da eine Bewegung verächtlich machen, die vor zehn Jahren ein anderes unvergleichlich kleineres Volk befähigte, seine nationale Wiedergeburt durch glänzende Waffentaten gegen einen viel stärkeren Feind unter Beweis zu stellen?«[127]

Über die antisemitischen Hintergründe der Schauprozesse konnte er sich nicht im unklaren sein. Ein halbes Jahr nach dem Slánský-Urteil schrieb ihm Ruth Klinger aus Prag: »Wer Ihren ›Caliban‹ gelesen hat, weiß wie ich, um Ihre profunden Kenntnisse der jahrhundertealten jüdischen Probleme mit allen ihren Auswirkungen. Somit glaube ich, daß Sie geradzu berufen sind, gewisse Verwirrungen zu klären, die in letzter Zeit um sich greifen.«[128] Da war Zweig zweifellos überfordert und letztlich auch ohne jede Macht, öffentlich einzugreifen.

Immerhin, auch in dieser, ihn zutiefst persönlich berührenden Frage verweigert Zweig seinem Staat und der politischen Ideologie die Gefolgschaft, lehnt er es ab, in die vielstimmige Kampagne gegen den »Zionismus« oder die Polemik gegen Israel mit einzustimmen. Als die DDR im Sechstagekrieg, der am 5. Juni 1967 ausbricht, eindeutig auf die Seite der arabischen Staaten tritt und die offizielle Politik Ostberlins scharfe Angriffe gegen Israel führt, läßt sich der Dichter nicht dazu bewegen, gegen das Land seines Volkes zu zeugen. Am 9. Juni erscheint im Parteiblatt »Neues Deutschland« eine Erklärung jüdischer DDR-Bürger: »Nach allen schrecklichen Lehren der Vergangenheit genügte es den Machthabern Israels nicht, ein verhängnisvolles und widernatürliches Bündnis mit dem Imperialismus einzugehen, sondern darüber hinaus arbeiten sie noch offen mit den Nazimördern des jüdischen Volkes, mit den westdeutschen Imperialisten in Bonn, auf das allerengste zusammen ...«[129] Unter den zehn Unterschriften fehlt die des wohl bekanntesten Juden, der in der DDR lebt, die Unterschrift Arnold Zweigs. Schon 1949 ließ er Ruth Klinger wissen: »Später werde ich Ihnen einmal schreiben, daß ich und wie ich hier für Israel tätig bin ...«[130] Und im Oktober 1952 hält er fest: »Es ist ja sehr schade, daß sich unsere Beziehung zum Staat Israel nicht so einfach und positiv abspielen kann, wie uns allen zumute ist ...«[131]

In der Bundesrepublik führt die Unterschriftenaktion gegen

Israel zu einer Fälschungskampagne. In drei Zeitungen des Springer-Konzerns erscheint ein angeblicher Brief Zweigs an den israelischen Schriftstellerverband, in dem es heißt: »Das Leben in der deutschen demokratischen Republik ist die Hölle. Sie ist nicht deutsch, noch demokratisch, noch Republik, sondern ein russischer Satrap, der nach Moskaus Pfeife tanzt … Könnte ich nur die Uhr um zwanzig Jahre zurückdrehen, ich würde jeden Stein des Berges Karmel küssen. Ich verfluche mich, daß ich Haifa verließ.«[132] Eine plumpe Fälschung, die in der DDR-Presse leicht zu entlarven ist.

Am 10. September 1967 erscheint in der Zeitung »Neues Deutschland« ein Artikel unter der Überschrift »Unverschämte Verleumdung«. Die Nachrichtenagentur ADN vermerkt darin sarkastisch, Arnold Zweig sei nicht, wie in dem Springer-Artikel nachzulesen, ein Bruder von Stefan Zweig, und der Lehrstuhl für Literatur an der Berliner Humboldt-Universität sei ihm nie aberkannt worden, wie die westlichen Zeitungen behauptet hatten. Beigefügt ist eine erregte Erklärung des Betroffenen: »Noch niemals, selbst nicht im braunen Reich des Herrn Goebbels, sind derart faustdicke Lügen über mich verbreitet worden. Jedes Wort, selbst die Interpunktionszeichen, sind erfunden. Seit Jahren habe ich erklärt, daß ich mich nirgendwo so heimisch fühle wie in unserer Deutschen Demokratischen Republik. Die Schwindler bestätigen mir wieder einmal die Richtigkeit meiner Entscheidung.«

Die Affäre schlägt hohe Wellen, am 11. September schreibt »Neues Deutschland«: »Sie hassen ihn seit er den ›Grischa‹ schrieb.« Und Günter Grass entschuldigt sich einen Monat später in den »Voltaire-Flugschriften« bei Arnold Zweig.[133] Wenige Tage nach den Springer-Veröffentlichungen hat ein Reporter des Nachrichtenmagazins »Der Spiegel« den Dichter in der Homeyerstraße besucht. Auf die Frage des Journalisten, warum er die antiisraelische Erklärung vom 9. Juni nicht unterschrieben habe, antwortet der Greis: »Ich denke, man muß nicht alles unterschreiben …«[134]

Die Springer-Affäre und der Wirbel um die Anti-Israel-Resolution bringen den Namen Arnold Zweig zum letzten Mal vor seinem Tod in die Schlagzeilen. Noch einmal bekennt sich dieser Bekenner auf doppelte Weise: abwehrend gegen die Unterstellungen des Westens, die DDR sei nicht seine politische Heimat geworden; verweigernd gegenüber dem Osten, dessen Kampagne gegen Israel er nicht mitmacht. Letzteres wird wenige Monate später erneut verdeutlicht durch ein Interview des Schriftstellers in einer kommunistischen Zeitung Israels, auf das Zweigs Biograph Manuel Wiznitzer hinweist. Das im Januar 1968 veröffentlichte Gespräch zeigt eindrucksvoll, wie sehr er sich bis in die letzten Tage seines Lebens hinein mit dem um sein Überleben ringenden jüdischen Staat verbunden fühlt. Zwar erklärt er nachdrücklich, Israel müsse versuchen, die arabischen Führer von seinem Friedenswillen zu überzeugen, aber »wenn das Schicksal will, daß das jüdische Volk um seine Existenz kämpft ...«, so fügt er, ohne den Satz zu vollenden, hinzu und läßt Beatrice widerspruchslos die Bemerkung machen: »Dann muß man sich verteidigen!«[135]

Wenn in diesem Kapitel bislang noch fast nichts vom dichterischen Werk in Zweigs Spätphase gesagt worden ist, hat dies seinen Grund. Denn nicht die Romane und Erzählungen, die er nach 1948 veröffentlicht hat, prägen für die Außenwelt die letzten zwanzig Jahre dieses Lebens, sondern der politische Streit, den er durch seine essayistischen Schriften und öffentlichen Stellungnahmen teils selbst auslöste, in den er im deutsch-deutschen Ideologiekrieg aber auch unfreiwillig hineingestoßen wurde. Keineswegs verstummte er als Dichter, sondern war voller Pläne, und die Zahl seiner Werke, die von den DDR-Verlagen herausgegeben wurden, ist beachtlich. Bis zu seinem Tod erschienen hier neun Sammelbände mit Erzählungen, für die zahlreiche Geschichten aus früheren Jahren überarbeitet wurden, und zwei eigenständige umfangreiche Novellen. Drei neue Romane, seine Dramen und ein Band mit Gedichten wurden in die »Ausgewählten Werke in Einzelausgaben« des Aufbau-Verlages (16 Bände) aufgenommen. In den ersten etwa zwölf Jahren seines DDR-Aufenthaltes fanden seine literarischen Veröffentlichungen, auch die in der Homeyerstraße neu diktierten, ein vielfaches Echo, zählte er neben Brecht und Anna Seghers zu den gefeierten und verehrten »klassischen« Autoren im zweiten deutschen Staat.

Aber in den sechziger Jahren begann das Leseinteresse in der DDR an den Werken der »Klassiker«, die sich für den Arbeiter- und Bauernstaat entschieden hatten, nachzulassen. Die Auflagen ihrer Bücher wurden von den Verlagen gedrosselt. Junge Autoren begannen jetzt den Buchmarkt zu erobern. Ihr Blick auf Geschichte und Gegenwart, auf die Teilung Deutschlands wurde von einer neuen Ästhetik und einer Empfindsamkeit geprägt, die vor allem von der jüngeren Generation ihres Staates angenommen wurde. Die Theaterstücke von Heiner Müller (»Die Umsiedlerin« 1961) und von Peter Hacks (»Der Frieden« 1963, »Amphitryon« 1968), die Romane von Christa Wolf (»Der geteilte Himmel« 1963, »Nachdenken über Christa T.« 1968), Hermann Kant (»Die Aula« 1965) oder Günter de Bruyn (»Buridans Esel« 1968) – das war die neue, wichtige DDR-Literatur.

Es ist nicht zu verhehlen, daß Zweig in seinem Spätwerk – und hier gilt der Blick in erster Linie den drei letzten Romanen – nicht mehr die Höhen poetischer Kraft erreicht, wie er sie zuletzt auf so wunderbare Weise mit dem Henker-Roman unter Beweis gestellt hat. Ein Urteil, das nicht erst mit dem zeitlichen Abstand Gültigkeit erhält, sondern sich schon in den Rezensionen widerspiegelt, die aus Anlaß von Neuerscheinungen in den Fünfzigern und Sechzigern geschrieben wurden. Überblickt man heute, über dreißig Jahre nach seinem Tod, das Gesamtwerk, dann wird deutlich, daß Zweigs große Schaffensphase Mitte der Zwanziger einsetzt und mit dem Abschluß des Manuskriptes über das Schicksal des Schlächtermeisters Teetjen 1943 endet. Als meisterlicher Stilist zeigt er sich in den Werken, die in dieser Zeitspanne entstanden sind, als Erzähler spannender und zeit- und geistesgeschichtlich höchst aktueller Geschichten. Er entwirft in den ersten Büchern des Grischa-Zyklus und im Wandsbek-Roman ein gesellschaftliches Panorama, das mit eindringlicher Sprachkraft die massenpsychologischen Verkümmerungen der Moderne und die Schrecken seiner Epoche nachzeichnet. Hier steht er auf einer künstlerischen Höhe, die nur von wenigen seiner schreibenden Zeitgenossen erreicht worden ist.

Auch im Frühwerk – beispielsweise in der Klopfer-Novelle, dem Claudia-»Roman« oder der Erzählung »Pont und Anna« – ist schon manches von Zweigs später so bewunderter Ästhetik und seiner ungemein wirkungsvollen Konzeptionskraft zu ahnen. Die jüdischen Essays, die zwischen 1919 und 1933 entstanden, bleiben zumindest für die historische Betrachtung der untergegangenen Welt des europäischen Judentums reizvoll und interessant. In den letzten Romanen dagegen spürt der Leser nur noch phasenweise, welch ein Epiker Arnold Zweig auf dem Gipfel seiner Künstlerschaft gewesen ist.

Das Geheimnis künstlerischer Produktionsprozesse, der Ausbruch lange im Unbewußten schlummernder Schöpfungsakte ist letztlich nicht deutbar. Wenn im folgenden einige Punkte angesprochen werden, die Zweigs Schaffen in der DDR berühren, so geschieht dies mit allem Vorbehalt. Zweifellos ist der 60jährige Emigrant tief erschöpft nach Deutschland zurückgekehrt. Er wirkt frühzeitig gealtert, zwar immer noch voller geistiger Energie, aber manches läßt die Vermutung zu, daß er sich ausgebrannt fühlt. Er kommt nicht los von dem großen Lebensthema, das ihm durch die Erlebnisse im Ersten Weltkrieg bewußt geworden ist. Dazwischen liegt nun aber ein viel grauenvollerer Vernichtungskrieg, und mit dem Namen Auschwitz verbindet sich ein Zusammenbruch ethischer Werte, der weit über die geistige Krise des europäischen Spätbürgertums hinausführt. Zweigs letzte Romane bleiben demgegenüber seltsam indifferent, seine späte Ästhetik wirkt rückwärtsgewandt, erschöpft sich in einem breiten Erzählstil, der in seinen schwächsten Passagen angesichts der Ungeheuerlichkeiten unseres Jahrhunderts hilflos wirkt. Die drei Romane, die Zweig in der DDR veröffentlicht, beruhen auf alten Manuskripten, ihre Konzeption entwarf er bereits Anfang der dreißiger Jahre – »Die Feuerpause« und »Die Zeit ist reif« – oder Mitte der vierziger, als die ersten Entwürfe für den Palästina-Roman »Traum ist teuer« enstanden. Die Manuskripte werden in Ostberlin natürlich umgeschrieben und durch zahlreiche Kapitel ergänzt. Ein solches Vorgehen zeigt doch, daß Zweig ganz offensichtlich die Kraft fehlt, sich einem völlig neuen epischen Sujet zuzuwenden und es auszuführen.

Kunst und Ideologie sind von alters her kaum zu trennen, sie schließen nur allzu häufig ein – wenn auch nicht immer bewußtes – Bündnis. Die großen schöpferischen Werke der Menschheitsgeschichte entstanden jedoch in der Regel im Kampf gegen den Zeitgeist. Auf Zweig bezogen heißt dies, die ersten vier Romane des Kriegszyklus standen der Ideologie des späten Weimar so konträr gegenüber wie »De Vriendt kehrt heim« dem neuerwachten Nationalismus der palästinensischen Juden oder »Das Beil von Wandsbek« dem Massenrausch des Nationalsozialismus. In der DDR folgt Zweig dagegen der Staatsideologie trotz aller politischen Vorbehalte in einem Ausmaß, das schließlich seine Ästhetik nicht unberührt lassen konnte. Der bürgerliche Linksintellektuelle stellt seine Epik in den Dienst des Marxismus. Es ist ihr schlecht bekommen, auch wenn die letzten Romane, die er schreibt, im Vergleich zu anderen älteren DDR-Autoren wie Becher, Bredel, Weinert oder Wolf nicht vollends in die Platitüden des Parteijargons einmünden. Ideen und Personen wirken jetzt bei Zweig häufig flach und gekünstelt, bis in die Sprache hinein entbehrt diese Prosa nicht einer gewissen gedanklichen Armut. Der konzeptionelle Aufbau, die Grundfabel und ihre Verbindung mit den vielen Verästelungen, in die Zweig seine Geschichten immer wieder hineinführt, erreichen nicht mehr die großartige Geschlossenheit, die etwa die Leser des Grischa-Romans fasziniert.

Er selbst hat dies gespürt. Neigte er schon immer dazu, sich durch Nachworte und Stellungnahmen zum eigenen Werk zu äußern, so verstärkt sich dieser Zug nun. Um »zukünftige Leser gegen irrige Schlüsse zu feien«[136], versucht er immer wieder und recht mühsam, sein »neues Bewußtsein« zu erklären. Der Roman »Die Feuerpause« – er erschien 1954, der erste Entwurf war 1930 entstanden – sollte erst in seiner fünften Fassung zum Druck kommen. »Die Zeit ist reif« – 1957 erschienen – entstand aus zahlreichen Kapiteln, die er zwischen 1928 und 1930 diktiert hat und die bis zum Druck des letzten Manuskriptes ebenfalls mehrere Fassungen erleben. Als »Traum ist teuer« schließlich 1962 veröffentlicht wird, ist es die dritte Textfassung, die der Verlag übernimmt. Zweig steht also mit seinem Entschluß, sich nicht einem völlig neuen Werk zuzuwenden, sondern alte Manuskripte wieder aufzunehmen, vor einem unlösbaren Dilemma. Der Zwang, sein früheres Denken mit den neuen Erkenntnissen und »Wahrheiten« zu verbinden, führt zu ästhetischen und gedanklichen Brüchen.

Ein Weg, der ihn bald in Konflikt bringt mit der Romantheorie, die er einst selbst beschworen hat. In seinen Reflexionen über Goethes »Dichtung und Wahrheit« bezeichnet Zweig die Autobiographie als Nebenzweig der Epik. »Unsere gemeinsame Herkunft ist der falsche, autobiographische Roman der deutschen Klassiker«, schrieb er 1937. »Das Geheimnis des europäischen Romans aber ist seine Fabel.«[137] »Die Feuerpause« und »Traum ist teuer« jedoch sind Ich-Erzählungen, also die einst so kritisierten »Autobiographien«. Die Ichform grenzt zudem den Erkenntnisbereich auf Sicht und Reflexion des Erzählers ein – für einen Roman, dessen Held eine ganze Gesellschaft ist, bedeutet dies Verzicht, die perspektivische Einengung verdrängt das Gesamtpanorama. Früher hatte Zweig das erkannt und zu Recht korrigiert. So war beispielsweise die ursprüngliche Fassung der »Erziehung vor Verdun« ebenfalls in der Ichform geschrieben.

Mancher Hinweis läßt im übrigen die Vermutung zu, daß Zweig sich gedrängt fühlt nach der langen Pause, die seit dem Erscheinen seines letzten Romans, des Henker-Buches, entstanden ist, rasch mit einem neuen großen Werk an die Öffentlichkeit zu treten. Als die Bücherkisten und Manuskriptkoffer im Juni 1950 aus Haifa eintreffen, entscheidet er sich wohl auch deswegen für »Die Feuerpause«, weil er glaubt, den vorliegenden Text ohne allzu große Überarbeitungen veröffentlichen zu können. Ein Irrtum, denn zu seinem Verdruß muß er mühselige Um- und Neubearbeitungen vornehmen, bis die Lektoren den Text endlich akzeptieren. Ähnlich geht es ihm mit »Die Zeit ist reif«, auch hier müssen viele Kapitel neu geschrieben werden. Im März 1958 erreicht Feuchtwanger die optimistische Botschaft, er, Zweig, glaube, seinen Palästina-Roman »Traum ist teuer« noch »in diesem Jahre« abschließen zu können.[138] Aber auch diesmal sollten noch über drei Jahre vergehen, bis die letzte Fassung schließlich in Druck gehen kann. Es sind nicht nur die »politischen« Ablenkungen, die den dichterischen Produktionsprozeß in qualvolle Längen ziehen. Sicher hat Feuchtwanger recht, wenn er den Freund gelegentlich mahnt, über seine Repräsentationspflichten und sein öffentliches politisches Engagement nicht den »Hauptberuf« zu vernachlässigen. Aber entscheidend für den langsamen Fortgang der Romane sind wohl die fast unüberwindbaren Schwierigkeiten, die Zweig selbst herausgefordert hat, weil er nicht auf die Verwertung der alten Manuskripte verzichten will.

Während »Die Feuerpause« und »Die Zeit ist reif« zum Zyklus »Der große Krieg der weißen Männer« gehören, kehrt Zweig mit »Traum ist teuer« noch einmal nach Palästina zurück, in die letzten Kriegsjahre an der nahöstlichen Front. Es sollte eine »Abrechnung« mit dem Land werden, in dem er so lange übersehen worden war, dessen Politik er zwar einerseits bewunderte, andererseits aber auch als »nationalistisch« scharf kritisierte. Es wird aber eine »Abrechnung« mit sich selbst, mit den eigenen politischen und privaten Träumen.

Der Psychoanalytiker Richard Karthaus erzählt die Geschichte eines jungen griechischen Soldaten, den er im Auftrag der britischen Armee auf seinen Geisteszustand untersucht. George Gordon Kephalides hat einen profaschistischen Offizier geohrfeigt und soll vor ein Militärgericht gestellt werden. Wegen eines Unfalls, so behauptet Kephalides, könne er sich an nichts mehr erinnern. Wieder ein Rechtsfall, wieder ein junger Soldat, der in die Maschen einer elitär-konservativen Militärjustiz zu fallen droht. Eine Grischa-Erzählung also, aber welch ein Unterschied! Der Erzähler verliert sich in weitschweifige Reflexionen über Politik, Kultur und Liebe, der Leser muß häufig Buchseite um Buchseite umblättern, bis der Faden der Kephalides-Erzählung wieder geknüpft wird, die Fabel lebt von allzu vielen unglaubwürdigen Zufällen. Während Zweig es im Grischa-Buch versteht, die innere Entwicklung des russischen Sergeanten packend zu schildern, bleibt Kephalides eine Gestalt aus dem Bilderbuch des sozialistischen Realismus. Er steht nicht nur auf der »richtigen« Seite, er weiß auch stets die richtigen Antworten, gerät dem Erzähler letztlich zur langweiligen Kunstfigur. Die Schilderung der Beziehung zwischen Karthaus und der Fahrerin Lydia überschreitet gelegentlich die Grenzen zum Kitsch. Die Verse, die Zweig vor jedes der sechs Bücher des Romans gestellt hat, wirken in ihrem agitatorischen Wollen verkrampft. Es ist aber auch ein Buch der Erinnerung an die Jahre in Palästina. In den Landschaftsschilderungen, in Zweigs überraschend differenziertem Blick auf die amerikanischen Tugenden oder die britische Armee liegen zweifellos die Stärken dieses schwachen Romans.

Der Palästina-Roman ist Zweigs letzte epische Botschaft. Eine sehr persönliche Bilanz über seine gescheiterten Träume als bürgerlicher Intellektueller, als Zionist, aber auch als Mann, der die »Ehe zu dritt« unbeschädigt leben zu können glaubte. Der politische Optimismus, den Zweig zu vermitteln bemüht ist, kann die Resignation, die das Buch durchzieht, nicht überdecken. »Man konnte ... nicht leugnen: Traum war teuer, die Sehnsucht, jung zu bleiben, Lebensvorgänge ohne Gewalt zu ordnen, einen goldenen Mittelweg zu finden ... in jeder Beziehung!«[139]

Es läßt sich sicherlich kein unumstößlicher Beweis erbringen, daß die Schwäche des Zweigschen Alterswerkes in einem direkten Zusammenhang mit der Wahl seines Wohnsitzes steht. Immerhin bleibt es nachdenkenswert, daß nicht nur Arnold Zweig, sondern auch Anna Seghers und Bert Brecht in ihren DDR-Jahren kein bedeutendes Werk mehr geschrieben haben. 1953 hatte Lion Feuchtwanger seiner früheren Sekretärin Lola Humm-Sernau schon sehr skeptisch mitgeteilt: »Soviel ist Tatsache, daß keiner von unseren

Freunden in den Jahren, die sie nun in Berlin sind, ein wirklich wesentliches Werk veröffentlicht hat oder ein solches, das einem seiner wesentlichen früheren Werke gleichgekommen wäre. Ganz offenbar also ist ersprießliche Tätigkeit dort nicht leicht.«[140]

Literarische Veröffentlichungen in der DDR hingen generell von den Verlagsgutachten ab, was zunächst einmal nicht ein spezielles Charakteristikum der Ostberliner Kulturpolitik war. Auch in westlichen Verlagen hatten und haben solche »Bewertungen« entscheidenden Einfluß auf die Annahme oder Ablehnung eines Manuskripts. Natürlich sind die Kriterien in Diktaturen vielfach (aber keineswegs ausschließlich) andere als in demokratischen Staaten. So wundert es nicht, daß in den Gutachten der DDR stets die ideologische Komponente starke Bedeutung besaß. Auch Zweigs Bücher unterlagen solchen Bewertungen, wobei lediglich erstaunt, wie sehr selbst ein so prominenter Autor mit der Elle des Mittelmaßes gemessen wurde.

Seine neuen, in den Jahren der DDR veröffentlichten Romane, aber auch die Wiederauflage älterer Erzählungen, Theaterstücke oder Essays treffen dabei auf sehr kritische Begutachter. Subjektiv ist es häufig die Ablehnung seiner »falschen«, d. h. »bürgerlichen« Grundeinstellung, die in den Verlagsbemerkungen breiten Raum einnehmen. Aber die Lektoren erkennen auch die objektiven, ästhetischen Schwächen seines Spätwerkes. Ebenfalls nicht zu übersehen ist ein unterschwelliger Antisemitismus, der sich in diesen Dokumenten widerspiegelt. »Abgesehen von den Zügen der Geschwätzigkeit und von bleicher Dekadenz«, heißt es da etwa in einem Gutachten für den geplanten Erzählungsband »Küchengarten«, »durchziehn die Novellen Züge einer – zum Teil überheblichen – Distanzierung der Juden von den andern Menschen …«[141] Oder: »Zu den erwähnten politischen Illusionen der Vergangenheit gehört auch der Zionismus.«[142] Walter Janka, damals Leiter des Aufbau-Verlages, wird in seiner internen Bewertung des Romanmanuskripts »Frage und Antwort«, veröffentlicht unter dem Titel »Die Feuerpause«, besonders deutlich: »Untragbar scheint mir der umfangreiche Abschnitt über das Judentum. Es werden geschichtliche Kriegstaten der Juden aufgezählt – ganz im Sinne der kleinbürgerlichen Ehrenrettung; es wird von den größeren geistigen Fähigkeiten der Juden gesprochen, sodass man fragen muss, ob die Juden nicht doch ein auserwähltes Volk sind; der Zionismus wird erwähnt, ohne von ihm abzurücken; absolut kleinbürgerlich ist die Vorstellung von der nationalen Einordnung oder Abgrenzung der Juden usw.«[143]

Über »Traum ist teuer« schreibt die Lektorin Elga Abramowitz: »Der Roman hinterläßt beim Leser einen zwiespältigen Eindruck. Weder die Fabel noch die Zeichnung der Charaktere vermögen wirklich zu überzeugen. ... Die Romane über den Zweiten Weltkrieg aber müssen von einer jüngeren Generation geschrieben werden.«[144] Janka wiederum bemängelt: »Ebenso unzulänglich und sogar falsch ist die Einschätzung Lenins als ›unbekannter Rechtsanwalt‹ ... der vielleicht in einem Vierteljahr wieder von der politischen Bühne verschwindet wie sein Vorgänger, Rechtsanwalt Kerenski ...«[145] Viele solcher Beispiele finden sich in den Dokumenten des Aufbau-Archivs. Berechtigte künstlerische Einwände vermischen sich mit sehr kleinkarierten und ängstlichen Hinweisen auf Abweichungen gegenüber dem gerade gültigen kulturpolitischen Kurs. Auch solche vernichtenden Schlußfolgerungen: »Als Leser wie als Lektor hat mich dieses Buch [gemeint ist »Die Feuerpause« – d. V.] tief enttäuscht.«[146]

Wie immer man die Wirkung des ideologischen Umfeldes in der DDR auf die Arbeit der heimkehrenden Exilanten beurteilen mag, sicher ist, daß Arnold Zweig in Ostberlin nicht mehr bereit war, sich wie so oft in seinem früheren Leben auf die »andere« Seite zu stellen. In »Traum ist teuer« läßt er Richard Karthaus bei seiner Überfahrt nach Palästina Lebensgedanken reflektieren, die die eigene Situation wohl recht genau umschreiben: »Aufzugehen in Ströme einer großen Übereinstimmung, zu gutem Ziel – nichts Besseres vermag sich der Mensch zu wünschen. Und nichts ist so unbehaglich und so schwer, wie Tag für Tag mit diesem Ganzen im Widerspruch stehen zu müssen, sich mit ihm auseinanderzusetzen, sich gegen den Strom zu behaupten. Auch ein langsamer Strom macht den Schwimmer schließlich müde.«[147]

Es sei allerdings auch daran erinnert, daß die Spätwerke mancher berühmter Autoren, die nicht in einem sozialistischen Staat lebten, dem Vergleich mit ihren früheren Arbeiten kaum standhielten. Thomas Mann schrieb nach dem »Doktor Faustus« (1948) keinen wirklich bedeutenden Roman mehr. Die im Mittelalter angesiedelte Inzestgeschichte »Der Erwählte« oder die Hochstaplerkomödie »Felix Krull« waren erfolgreich und sicherlich auf ihre Weise »hübsch«, aber lassen sich doch nicht an den »Buddenbrooks«, dem »Zauberberg« oder dem Bericht über »Joseph und seine Brüder« messen. Thomas Manns Tagebuchhinweise zeigen vielfach, wie sehr er selbst dies verspürt hat. Der Bruder Heinrich hat nach den meisterhaften Henri-Quatre-Romanen (1935/38) kein Werk mehr geschrieben, das an »Die kleine Stadt« oder »Der Untertan« heranreichte. Ähnliches gilt für die letzten Romane von Lion Feuchtwanger oder Alfred Döblin. Zweig war keine Ausnahme, der schöpferische Ermüdungsprozeß ist ein Tribut, den das Alter nicht nur von ihm forderte. Allzu klischeehafte Schlußfolgerungen über den »politischen« Hintergrund, der seine DDR-Zeit bestimmte, gehen also an der Wahrheit vorbei.

Die Konsequenzen, die der »Erfolg« der letzten Romane Zweigs nach sich zog, wurden rasch sichtbar. In der DDR natürlich in guten Auflagenhöhen gedruckt, stießen sie im westlichen Ausland auf breite Ablehnung. Zweigs Agent in Amerika, Barthold Fles, erhielt trotz vielfacher Bemühungen eine Flut von Absagen. »From reading ›THE TIME IS RIPE‹ by Arnold Zweig«, begründet William Pool vom New Yorker Verlag Harper and Row seine Absage, »I have decided that too much time has gone by to make this a salable novel in this country now. Few readers here would be familiar enough with the continent before World War I to understand what the author is trying to portray.«[148] Der Cheflektor der »New American Library of World Literature« in New York urteilt kaum weniger kritisch: »I read Arnold Zweig's ›The Time is Ripe‹ and while I found it most interesting, I don't think it is quite strong enough to work for us.«[149] Die amerikanischen Leser, die seine früheren Romane anerkennend und interessiert aufgenommen hatten, konnten nun offensichtlich nichts mehr anfangen mit Zweigs erneuten und jetzt wesentlich schwächeren Prosareflexionen über die Welt des Ersten Weltkrieges.

In den letzten Jahren wird es still um den Dichter. Viele Romanpläne bleiben unausgeführt. Er denkt sogar an einen neuen Zyklus, der sich um die Gestalt des Carl Steinitz ranken sollte, dem der Leser bereits in dem kleinen Roman »Versunkene Tage« und in der Tatra-Novelle »Über den Nebeln« begegnet war. Vor allem aber ringt er um den Schlußband seines Kriegspanoramas, den Roman »Das Eis bricht«, »der die letzte Phase des ersten Weltkrieges gestalten soll, von März/April, von der Offensive im Westen bis zum Schluß, eigentlich bis zur Ermordung von Karl

Liebknecht und Rosa Luxemburg«[150]. Doch die kompositorischen Schwierigkeiten, die Einbindung bereits vor Jahrzehnten geschriebener Kapitel in neu zu entwickelnde Passagen, die Positionierung bisher noch nicht eingeführter Figuren übersteigen jetzt seine Kräfte. Der so sehnlichst gewünschte Abschluß des Grischa-Zyklus bleibt Fragment. Einige Kapitel werden erst nach seinem Tod in der »Neuen Deutschen Literatur« veröffentlicht.

Der Tod Brechts 1956, vor allem aber der Abschied von Feuchtwanger, der im Dezember 1958 gestorben war, hatten ihn schon einige Jahre vorher die wachsende Vereinsamung spüren lassen. Das Alter, dem er so lange ausgewichen ist, beginnt ihn zu erdrücken. Seine öffentlichen Auftritte und Äußerungen werden immer seltener. Noch einmal feiert ihn sein Staat, als am 10. November 1967 der 80. Geburtstag ansteht. Walter Ulbricht schickt ein Telegramm, Alexander Abusch überreicht in der Homeyerstraße die Ehrenspange zum Vaterländischen Verdienstorden in Gold. Die DDR-Presse, die jetzt seltener über ihn berichtet, feiert den Staatsdichter, im Deutschen Theater gibt es eine Festveranstaltung. Der Greis empfängt Ehrungen und Glückwünsche mit stillem Lächeln.

Es bleibt ihm noch ein Jahr. Der tägliche Spaziergang fällt zusehends schwerer, Stunden liegt er auf dem Sofa, läßt sich aus den Werken Goethes und Fontanes vorlesen, lauscht gedankenverloren der Musik Mozarts oder Schuberts, die ihm schon immer in Stunden der Angst und der Depression heilbringende Trösterin war. Die Ärzte verbieten ihm das Rauchen, Körper und schließlich auch Geist verfallen. »Es dauerte nicht mehr lange, und er lag nur noch auf seinem Sofa am Fenster. Seine Brust hob sich kaum, oft schien er nicht zu atmen. Der Kopf wurde kleiner, die Haut durchsichtiger, die Flecke im Gesicht und Händen mehr. Selbst seine geliebte Musik schien ihm überflüssig, so als ob sie ihn daran hindern mochte einzuschlafen. Als er aufhörte zu arbeiten, ahnte man, daß er nicht nur die Kraft, sondern auch die Lust zu leben verloren hatte. Als ihm die Musik gleichgültig wurde, wußte man, daß es zu Ende ging.«[151]

Schließlich kann er ohne fremde Hilfe nicht mehr aufstehen oder Nahrung zu sich nehmen. Die letzte Lebensstation ist das Krankenhaus. Am 26. November 1968 stirbt Arnold Zweig im Alter von 81 Jahren – satt des Lebens und müde des Kampfes.

Danksagung

Die erste Fassung dieser überarbeiteten Biographie von Arnold Zweig, deren jetzt vorgelegte Taschenbuchausgabe leicht ergänzt wurde, erschien vor 14 Jahren. Einen Sammelband mit Studien über den Schriftsteller, sein Leben und Werk und eine Auswahl aus Zweigs Arbeiten veröffentlichte ich 1987 bzw. 1995. Zum 100. Geburtstag Zweigs produzierte ich 1987 für die ARD eine Fernsehdokumentation. Bei all diesen Projekten begegnete ich vielen Menschen in Deutschland, Amerika, Großbritannien und Israel, die mir mit großer Bereitwilligkeit Auskunft über ihre Arbeiten zum Thema Zweig, über ihre persönlichen Begegnungen mit diesem Schriftsteller, über ihre Gedanken zu seinem Schreiben und Denken gaben. Mein besonderer Dank gilt Schalom Ben-Chorin, Marta Feuchtwanger, Eberhard Hilscher, Harold von Hofe, Heinz Kamnitzer, Susanne Koch-Hanslik, Ruth Klinger, Walter Nowojski, Eli Pinter, Ilse Lange, Hans-Albert Walter, Manuel Wiznitzer und Michael Zweig.

Nicht weniger zuvorkommend und hilfreich waren die Mitarbeiter verschiedener Archive. Mein Dank gilt den engagierten und überaus freundlichen Helfern im Arnold-Zweig-Archiv der Akademie der Künste in Berlin (AZA), in der Arnold Zweig Sammlung der Staatsbibliothek Berlin (AZS), im Deutschen Exilarchiv der Deutschen Bibliothek in Frankfurt (DEA), beim Deutschen Rundfunkarchiv in Berlin und Frankfurt, im Deutschen Literaturarchiv Marbach (DLA), im Archiv des Bundesbeauftragten für die Unterlagen des Staatsicherheitsdienstes der ehemaligen DDR.

Meine Tochter Judith hat dieses Buch über all die Jahre mit vielen klugen Ratschlägen und skeptischem Redakteursblick liebevoll begleitet, mein Sohn Maximilian war bei der Schlußredaktion ein geduldiger und genauer Helfer beim Prüfen der Zitate. Beide wissen, daß ich ihnen viel mehr verdanke. Irrtümer und Fehler sind alleine mir anzulasten.

Ballinrobe, Rep. of Ireland, im November 2003.

Wilhelm von Sternburg

Anmerkungen

Der Streit um den Schriftsteller Arnold Zweig

1 Marcel Reich-Ranicki: Der preußische Jude Arnold Zweig. In: Ders.: Deutsche Literatur in Ost und West. Stuttgart 1983, S. 253.

2 Arnold Zweig/Beatrice Zweig/Helene Weyl: Komm her, wir lieben dich. Briefe einer ungewöhnlichen Freundschaft zu dritt. Berlin 1996, S. 149f.

3 Es handelt sich hier um die Essays: Das ostjüdische Antlitz. Zu 50 Steinzeichnungen von Hermann Struck. Berlin 1920. (Neudruck in der Bundesrepublik 1988); Das neue Kanaan. Eine Untersuchung über Land und Geist zu 15 Steinzeichnungen von Hermann Struck. Berlin 1925; Caliban oder Politik und Leidenschaft. Versuch über die menschlichen Gruppenleidenschaften dargetan am Antisemitismus. Potsdam 1927; Juden auf der deutschen Bühne. Berlin 1927; Jüdischer Ausdruckswille. In: Lion Feuchtwanger/Arnold Zweig: Die Aufgabe des Judentums. Paris 1933; Bilanz der deutschen Judenheit 1933. Amsterdam 1934 (Neudruck in der Bundesrepublik 1961).

4 David R. Midgley: Arnold Zweig. Eine Einführung in Leben und Werk. Königstein i. Ts. 1980; Manuel Wiznitzer: Arnold Zweig. Das Leben eines deutsch-jüdischen Schriftstellers. Frankfurt/M. 1987; Arie Wolf: Größe und Tragik Arnold Zweigs. Ein jüdisch-deutsches Dichterschicksal in jüdischer Sicht. London 1991.

5 Eberhard Hilscher: Arnold Zweig. Leben und Werk. Berlin (DDR) 1985; Georg Wenzel (Hrsg.): Arnold Zweig 1887–1968. Werk und Leben in Dokumenten und Bildern. Berlin und Weimar 1978. Sehr einseitig: Johanna Rudolph: Der Humanist Arnold Zweig. Ein Versuch. Berlin (DDR) 1955; Eva Kaufmann: Arnold Zweigs Weg zum Roman. Vorgeschichte und Analyse des Grischaromans. Berlin (DDR) 1967.

6 Hans-Albert Walter: Im Anfang war die Tat. Arnold Zweigs »Beil von Wandsbek«. Roman einer Welt – Welt eines Romans. Frankfurt/M. 1985, S. 9.

7 Hans-Harald Müller: Der Krieg und die Schriftsteller. Der Kriegsroman der Weimarer Republik. Stuttgart 1986, S. 104–186.

8 Reich-Ranicki: Der preußische Jude Arnold Zweig, S. 255.

9 Hilscher: Arnold Zweig, S. 62.

10 Ebenda, S. 63.

11 Eberhard Hilscher: Wiederentdeckung Arnold Zweigs? Zur Forschungssituation der achtziger Jahre. Vortrag an der Hamburger Universität am 2. Juni 1989.

12 Wenzel: Arnold Zweig, S. 152.

13 Maritta Rost (unter Mitarbeit von Jörg Armer, Rosemarie Geist und Ilse

Lange): Bibliographie Arnold Zweig. Band 1: Primärliteratur. Band 2: Sekundärliteratur. Berlin und Weimar 1987.

14 In der DDR wurden schon früh die Romane »Der Streit um den Sergeanten Grischa« (1962 und 1968), »Junge Frau von 1914« (1970), »Erziehung vor Verdun« (1973), »Das Beil von Wandsbek« (1951) sowie das Theaterstück »Ritualmord in Ungarn« (1964) verfilmt. Der Norddeutsche Rundfunk produzierte 1982 eine Dokumentation (mit Spielszenen) über den Henker-Roman für das Fernsehen. 1987 strahlte die ARD das Zweig-Porträt »Wer das Recht verläßt, der ist erledigt« aus (Autor: Wilhelm von Sternburg).

15 Midgley: Arnold Zweig; Wiznitzer: Arnold Zweig; Geoffrey V. Davis: Arnold Zweig in der DDR. Entstehung und Bearbeitung der Romane »Die Feuerpause«, »Das Eis bricht« und »Traum ist teuer«. Bonn 1977; Walter: Im Anfang war die Tat; Müller: Der Krieg und die Schriftsteller. Nicht sehr schmeichelhaft für die Zweig-Rezeption in der alten Bundesrepublik ist es, daß die ersten in Westdeutschland erschienenen Zweig-Bücher aus der Feder von zwei Briten und einem Israeli stammen.

16 Als Sammelbände liegen vor: Rudolf Wolff (Hrsg.): Arnold Zweig. Der Streit um den Sergeanten Grischa. Bonn 1986; Wilhelm von Sternburg (Hrsg.): Arnold Zweig. Materialien zu Leben und Werk. Frankfurt/M. 1987; Midgley, Müller, Davis (Hrsg.): Arnold Zweig – Poetik, Judentum und Politik. Akten des Internationalen Arnold-Zweig-Symposiums aus Anlaß des 100. Geburtstags Cambridge 1987. Bern 1989; Heinz Ludwig Arnold (Hrsg.): Arnold Zweig. München 1989; David Midgley, Hans-Harald Müller, Luc Lamberechts (Hrsg.): Arnold Zweig – Psyche, Politik und Literatur. Akten des II. Internationalen Arnold-Zweig-Symposiums Gent 1991. Bern 1993.

17 Vgl. Hilscher: Wiederentdeckung Arnold Zweigs?

18 Sigmund Freud/Arnold Zweig: Briefwechsel. Hrsg. von Ernst L. Freud. Frankfurt/M. 1968; Lion Feuchtwanger/Arnold Zweig: Briefwechsel. Band I: 1933–1948. Band II: 1949–1958. Hrsg. von Harold von Hofe. Berlin und Weimar 1984; Louis Fürnberg/Arnold Zweig: Der Briefwechsel zwischen Louis Fürnberg und Arnold Zweig: Dokumente einer Freundschaft. Hrsg. im Auftr. d. Akad. d. Künste d. DDR von Rosemarie Poschmann u. Gerhard Wolf. Berlin und Weimar 1978. Dieser Briefwechsel ist nur in der DDR erschienen. Arnold Zweig/Beatrice Zweig/Helene Weyl: Komm her, wir lieben dich. Briefe einer ungewöhnlichen Freundschaft. Hrsg. von Ilse Lange. Berlin 1996.

19 Dies gilt in überragendem Maße für das Arnold-Zweig-Archiv in Berlin. Der Briefwechsel mit Agnes Hesse liegt in der Handschriftenabteilung der Staatsbibliothek Berlin, die Korrespondenz mit Walter Berendsohn in der Deutschen Bibliothek, Deutsches Exilarchiv 1933–1945, Frankfurt/M.

20 Arnold Zweig/Beatrice Zweig/Helene Weyl: Komm her, wir lieben dich, S. 39.

21 Es handelt sich um Bubers Schriften: »Die Geschichten des Rabbi Nachmann«, »Die Legende des Baal-Schem« und »Drei Reden über das Judentum«.

22 Martin Buber: Briefwechsel aus sieben Jahrzehnten. Band I: 1897–1918. Heidelberg 1972, S. 321 f.

23 Siehe hier vor allem Jakob Wassermanns Bekenntnisschrift: »Mein Weg als Deutscher und Jude«. Berlin 1921.

24 Julius Bab: Arnold Zweig. In: Die Schaubühne 12 (1916) 37, S. 242.

25 Moritz Goldstein: Arnold Zweig. In: Gustav Kronjanker (Hrsg.): Juden in der deutschen Literatur. Berlin 1922, S. 248.

26 Sigmund Freud / Arnold Zweig: Briefwechsel, S. 9.

27 Ebenda, S. 123 f.

28 Lion Feuchtwanger / Arnold Zweig: Briefwechsel. Bd. II, S. 143.

29 Arnold Zweig: Cinema Esther Pantomime. In: Orient 3 (1942) 13, S. 1.

30 Müller: Der Krieg und die Schriftsteller, S. 127.

31 Arnold Zweig: Ich bin ein Ja-Sager. In: Arnold Zweig: Essays. Zweiter Band: Krieg und Frieden. Frankfurt / M. 1987, S. 446.

32 Arnold Zweig: Das Zeugnis »Jiskor«. In: Der Jude 3 (1918/19) 5, S. 246. Zweig rezensierte in diesem Artikel »Jiskor. Ein Buch des Gedenkens an gefallene Wächter und Arbeiter im Lande Israel«, Berlin 1918.

33 Brief an Agnes Hesse, 25. Dezember 1917. AZS.

34 Gert Mattenklott: Nachwort. In: Georg Hermann: Der etruskische Spiegel. Berlin 1996, S. 293.

35 Walter: Im Anfang war die Tat, S. 196.

Junger Mann vor 1914

1 Fritz Fischer: Griff nach der Weltmacht. Die Kriegszielpolitik des kaiserlichen Deutschland 1914/18. Düsseldorf 1977, S. 14.

2 Kaiser Wilhelm II.: Kunst und Rinnsteinkunst. In: Lesebuch zur deutschen Geschichte. Bd. III: Vom Deutschen Reich bis zur Gegenwart. Dortmund 1984, S. 80. Der Kaiser hielt diese Rede beim Festmahl zur Eröffnung der Berliner Siegesallee.

3 Brief an Willi Handl, 20. Juli 1917. Zitiert nach: Georg Wenzel (Hrsg.): Arnold Zweig 1887–1967. Werk und Leben in Bildern und Dokumenten. Berlin und Weimar 1978, S. 78.

4 Hans-Günther Zmarzlik: Antisemitismus im Deutschen Kaiserreich 1871–1918. In: Bernd Martin und Ernst Schulin (Hrsg.): Die Juden als Minderheit in der Geschichte. München 1981, S. 267. Ähnlich wie Zmarzlik bewerteten viele deutsche Historiker den Antisemitismus im kaiserlichen Deutschland in der Debatte über das 1996 erschienene Buch »Hitlers willige Vollstrecker« des Amerikaners Daniel Goldhagen.

5 Walther Rathenau: Staat und Judentum. Eine Polemik. In: Ders.: Gesammelte Schriften. Bd. I. Berlin 1918, S. 186.

6 Arthur Schnitzler: Jugend in Wien. Eine Autobiographie. Frankfurt/M. 1971, S. 322.

7 Jakob Wassermann: Mein Weg als Deutscher und Jude. Berlin 1921, S. 125.

8 Zitiert nach: Georg Wenzel: Arnold Zweig, S. 12.

9 Arnold Zweig: Aufzeichnungen über eine Familie Klopfer. In: Ders.: Mädchen und Frauen. Berlin 1931, S. 171 f.

10 »La Croix« v. 12. Januar 1893. Zitiert nach: Leon Poliakov: Geschichte des Antisemitismus. Bd. VII: Zwischen Assimilation und »Jüdischer Weltverschwörung«. Frankfurt/M. 1988, S. 55.

11 Zitiert nach: Poliakov: Geschichte des Antisemitismus, S. 75.

12 Jean Jaurès gab diese Erklärung in der Zeitung »La Petite République« v. 12. April 1894 ab. Das Kriegsgericht hatte, im Gegensatz zu Jaurès' Annahme, die Höchststrafe verhängt.

13 Beide Zitate nach: Poliakov: Geschichte des Antisemitismus, S. 40.

14 Zitiert nach: John C. Röhl: Kaiser, Hof und Staat. Wilhelm II. und die deutsche Politik. München 1987, S. 22. Das Zitat stammt aus einem Brief des Kaisers an Generalfeldmarschall August von Mackensen, 2. Dezember 1919. Er ist – wie Röhl ausdrücklich hervorhebt – handgeschrieben.

15 Vgl. Brigitte Hamann: Hitlers Wien. Lehrjahre eines Diktators. München 1996.

16 Theodor Herzl: Wenn Ihr wollt, ist es kein Märchen. Altneuland/Der Judenstaat. Königstein i. Ts. 1985, S. 201 f.

17 Zitiert nach: Amos Elon: Morgen in Jerusalem. Theodor Herzl. Sein Leben und sein Werk. Wien – München – Zürich 1974, S. 243.

18 Brief an Hans Zweig, 23. Dezember 1934. AZA.

19 Arnold Zweig: Werbedruck. Vereinigte Bühnenvertriebe Drei Masken Verlag. Berlin 1919. AZA.

20 Arnold Zweig: Lebensabriß. In: Ders.: Früchtekorb, jüngste Ernte: Aufsätze. Rudolstadt 1956, S. 153.

21 Arnold Zweig: Aufzeichnungen über eine Familie Klopfer, S. 158.

22 Arnold Zweig: Lebensabriß, S. 153.

23 Zitiert nach: Wolf: Größe und Tragik Arnold Zweigs, S. 77.

24 Brief an Agnes Hesse, 29. Januar 1952. AZS.

25 Zitiert nach: Wolf: Größe und Tragik Arnold Zweigs, S. 77.

26 Reich-Ranicki: Der preußische Jude Arnold Zweig, S. 253–288.

27 Jean Améry: Auch ein »roter Preuße«. Über den deutschen Enzyklopädisten des Ersten Weltkriegs, Arnold Zweig. In: Ders.: Bücher aus der Jugend unseres Jahrhunderts. Stuttgart 1981, S. 148–161.

28 Peter Panter (Kurt Tucholsky): Der Streit um den Sergeanten Grischa. In: Die Weltbühne 23 (1927) 50, S. 89.

29 Arnold Zweig: Bilanz der deutschen Judenheit. Ein Versuch. Köln 1961, S. 138.

30 Arnold Zweig: Caliban oder Politik und Leidenschaft, S. 16.

31 Arnold Zweig: Jüdischer Ausdruckswille. In: Lion Feuchtwanger/Arnold Zweig: Die Aufgabe des Judentums. Paris 1933, S. 61.

32 Arnold Zweig: Der Streit um den Sergeanten Grischa. Potsdam 1928, S. 360.
33 Manuskript von Ruth Zweig, 30. Oktober 1975. AZA.
34 Arnold Zweig: Cinéma. In: Ders.: Knaben und Männer. Berlin 1931, S. 74f.
35 Arnold Zweig: Aufzeichnungen über eine Familie Klopfer, S. 159.
36 Ebenda.
37 Brief an die Eltern, 17./18. Februar 1908. AZA.
38 Arnold Zweig: Aufzeichnungen über eine Familie Klopfer, S. 141.
39 Arnold Zweig: Die Zeit ist reif. Berlin 1957, S. 225.
40 Ebenda, S. 231.
41 Arnold Zweig: Aufzeichnungen über eine Familie Klopfer, S. 190f.
42 Ebenda, S. 163.
43 Ebenda, S. 140f.
44 Ebenda, S. 189.
45 Ebenda, S. 190.
46 Ebenda, S. 191.
47 Moritz Goldstein: Arnold Zweig. In: Gustav Kronjanker (Hrsg.): Juden in der deutschen Literatur. Berlin 1922, S. 242.
48 Brief an die Eltern, 1. Dezember 1913. AZA.
49 Arnold Zweig: Versunkene Tage. Roman aus dem Jahre 1908. Amsterdam 1938, S. 180.
50 Barbara Naumann: »... an die Stelle romanhafter Empfindungen musikalische zu setzen.« Musikalische Themen in Arnold Zweigs Frühwerk. In: TEXT + KRITIK: Arnold Zweig (1989) 104, S. 35.
51 Arnold Zweig: Autobiographie um 1930. AZA.
52 Arnold Zweig: Aufzeichnungen über eine Familie Klopfer, S. 171.
53 Arnold Zweig: Lebensabriß, S. 153f.
54 Arnold Zweig: Begegnung mit einem Manne. In: Früchtekorb, jüngste Ernte: Aufsätze, S. 168.
55 Ebenda.
56 Arnold Zweig: Lebensabriß, S. 154.
57 Arnold Zweig: Lessing, Kleist, Büchner. Drei Versuche. Berlin 1925, S. 190.
58 Ebenda, S. 90.
59 Arnold Zweig: Einsetzung eines Königs. Amsterdam 1937, S. 407.
60 Georg Lukács: Schicksalswende. Beiträge zur neuen deutschen Ideologie. Berlin (DDR) 1956, S. 162.
61 Vgl. vor allem Walter: Im Anfang war die Tat, S. 180ff.
62 Lion Feuchtwanger / Arnold Zweig: Briefwechsel. Bd. II, S. 136.
63 Ebenda, S. 139.
64 Ebenda, S. 143.
65 Arnold Zweig: Die Kunst der Erzählung. In: Ders.: Essays. Erster Bd. Frankfurt/M. 1987, S. 352.
66 Midgley: Arnold Zweig, S. 207.
67 Ebenda.

68 Arnold Zweig: Wie lehrt man deutsche Prosa? In: Essays. Erster Bd., S. 336.
69 Arnold Zweig: Jahresringe. Gedichte und Spiele. Berlin (DDR) 1967, S. 10.
70 Arnold Zweig: Lebensabriß, S. 154f.
71 Arnold Zweig/Beatrice Zweig/Helene Weyl: Komm her, wir lieben dich, S. 20f.
72 Ebenda, S. 64.
73 Ebenda, S. 51.
74 Ebenda, S. 19.
75 Ebenda, S. 12.
76 Ebenda, S. 44.
77 Brief an Heinrich Margulies, 5. Februar 1908. AZA.
78 Arnold Zweig/Beatrice Zweig/Helene Weyl: Komm her, wir lieben dich, S. 37.
79 Zitiert nach: Wenzel: Arnold Zweig, S. 12.
80 Arnold Zweig: Caliban oder Politik und Leidenschaft, S. 251.
81 Ebenda, S. 174.
82 Arnold Zweig: Die Novellen um Claudia. München o. J., S. 264f.
83 Lion Feuchtwanger/Arnold Zweig: Briefwechsel. Bd. I, S. 336.
84 Sigmund Freud/Arnold Zweig: Briefwechsel, S. 85.
85 Ebenda.
86 Max Scheler: Vom Wesen der Philosophie. In: Ders.: Gesammelte Werke. Bd. 5. Bern 1954, S. 68.
87 Scheler: Ordo amoris. In: Ders.: Gesammelte Werke. Bd. 10. Bern 1955, S. 347.
88 Scheler: Zur Idee des Menschen. In: Ders.: Gesammelte Werke. Bd. 3. Bern 1955. S. 190f.
89 Zitiert nach: Wilhelm Mader: Max Scheler. Hamburg 1984, S. 86.
90 Scheler: Der Genius des Krieges und der Deutsche Krieg. Leipzig 1915, S. 77f.
91 Brief an Marie Scheler aus dem Jahre 1928 (Privatbesitz). Zitiert nach: Mader, S. 145.
92 Arnold Zweig/Beatrice Zweig/Helene Weyl: Komm her, wir lieben dich, S. 18.
93 Ebenda, S. 25.
94 Zitiert nach: Peter Maser: Martin Buber. In: Metzler Philosophen Lexikon. Stuttgart 1988, S. 131.
95 Brief an Martin Buber, 5. Februar 1916. In: Martin Buber: Briefwechsel aus sieben Jahrzehnten. Bd. I: 1897–1918. Heidelberg 1972, S. 427f. Bei dem in diesem Brief angesprochenen Buch Bubers handelt es sich um die Schrift »Vom Geist des Judentums«.
96 Vom Judentum. Ein Sammelband. Hrsg. vom Verein jüdischer Hochschüler Bar Kochba in Prag. Leipzig 1914, S. VI.
97 Ebenda, S. VIf.
98 Arnold Zweig: Die Demokratie und die Seele des Juden. In: Vom Judentum. Hrsg. vom Verein jüdischer Hochschüler, S. 213f.

99 Ebenda, S. 232f.
100 Ebenda, S. 233.
101 Arnold Zweig: Lebensabriß, S. 158.
102 Arnold Zweig: Die Demokratie und die Seele des Juden, S. 213.
103 Brief an Heinrich Margulies, 9. Juni. AZA.
104 Brief an Agnes Hesse, 4. Februar 1917. AZS.
105 Arnold Zweig: Versunkene Tage, S. 13.
106 Ebenda, S. 220.
107 Arnold Zweig: Allah. In: Ders.: Knaben und Männer. Berlin 1931, S. 106.
108 Ebenda.
109 Ebenda. S. 107.
110 Ebenda. S. 104.
111 Ebenda. S. 105.
112 Arnold Zweig: Die Brüder. In: Ders.: Knaben und Männer, S. 164.
113 Brief an Martin Buber, 27. Dezember 1917. In: Martin Buber: Briefwechsel aus sieben Jahrzehnten. Bd. I, S. 520.
114 Wolf: Größe und Tragik Arnold Zweigs, S. 19.
115 Arnold Zweig/Beatrice Zweig/Helene Weyl: Komm her, wir lieben dich, S. 55.
116 Ebenda, S. 69.
117 1908 wurde die wilhelminische Gesellschaft durch den Eulenburg-Skandal erschüttert. Fürst Philipp zu Eulenburg war einer der engsten Freunde und Berater von Kaiser Wilhelm II. Der Journalist Maximilian Harden warf Eulenburg in seiner Zeitschrift »Die Zukunft« Homosexualität vor. Die Affäre vernichtete Eulenburgs politische Existenz und schwächte die Position des Kaisers entscheidend.
118 Arnold Zweig: Entwurf einer Ankündigung der »Novellen um Claudia«. AZA.
119 Arnold Zweig: Die Novellen um Claudia, S. 93.
120 Sigmund Freud / Arnold Zweig: Briefwechsel, S. 10.
121 Lion Feuchtwanger / Arnold Zweig: Briefwechsel. Bd. II, S. 343.
122 Moritz Goldstein: Arnold Zweig, S. 244f.
123 Brief an Agnes Hesse, 16. Januar 1917. AZS.
124 Arnold Zweig/Beatrice Zweig/Helene Weyl: Komm her, wir lieben dich, S. 106.
125 Reich-Ranicki: Der preußische Jude Arnold Zweig, S. 268.
126 Arnold Zweig/Beatrice Zweig/Helene Weyl: Komm her, wir lieben dich, S. 26.
127 Arnold Zweig: Freundschaft mit Freud. Ein Bericht. Berlin 1996, S. 19.
128 Brief an Beatrice Zweig vom 5. Mai 1912, AZA.
129 Eva Kaufmann: Arnold Zweigs Weg zum Roman, S. 24.
130 Hilscher: Arnold Zweig, S. 21.
131 An den Städtischen Bühnen Münster hatte am 12. März 1989 das Zweig-Schauspiel »Das Spiel um den Sergeanten Grischa« Premiere.
132 Zitiert nach: Wenzel: Arnold Zweig, S. 45.

133 Arnold Zweig/Beatrice Zweig/Helene Weyl: Komm her, wir lieben dich, S. 59.
134 Brief an Friedrich Kayssler, 6. März 1917. Zitiert nach: Wenzel: Arnold Zweig, S. 46.
135 Arnold Zweig: Abigail und Nabal. Tragödie in drei Akten. Leipzig 1913, S. 95.
136 Julius Bab: Arnold Zweig. In: Neue jüdische Monatshefte 1 (1916/17) 1, S. 46.
137 Goldstein: Arnold Zweig, S. 246.
138 Vgl. Theodor Lessing: Europa und Asien. Hannover 1923, S. 167f.
139 Arnold Zweig/Beatrice Zweig/Helene Weyl: Komm her, wir lieben dich, S. 58f.
140 Arnold Zweig: Abigail und Nabal, S. 97.
141 Arnold Zweig: Der Streit um den Sergeanten Grischa, S. 357.
142 Brief an Agnes Hesse, 16. Januar 1917. AZS.
143 Arnold Zweig/Beatrice Zweig/Helene Weyl: Komm her, wir lieben dich, S. 68f.
144 Johanna Rudolph: Der Humanist Arnold Zweig, S. 40.
145 Arnold Zweig: Die Sendung Semaels. Jüdische Tragödie in fünf Aufzügen. München 1920, S. 88.
146 Ebenda, S. 121.
147 Ebenda.
148 Jost Hermand: Das Licht in der Finsternis. Arnold Zweigs »Ritualmord in Ungarn« als prosemitisches Tendenz- und Läuterungsdrama. In: Arnold Zweig – Psyche, Politik, Literatur. Akten des II. Internationalen Arnold-Zweig-Symposiums Gent 1991, S. 42f.
149 Arnold Zweig: Theaterjubiläum – realistisch betrachtet. In: Theater der Zeit 8 (1953) 10, S. 8.
150 Alfred Kerr: Mit Schleuder und Harfe. Theaterkritiken aus drei Jahrzehnten. Berlin 1982, S. 178ff.
151 Goldstein: Arnold Zweig. In: Juden in der deutschen Literatur, S. 247.
152 Ebenda, S. 248.
153 Arnold Zweig/Beatrice Zweig/Helene Weyl: Komm her, wir lieben dich, S. 87.
154 Franz Kafka: Briefe an Felice und andere Briefe aus der Verlobungszeit. Frankfurt/M. 1967, S. 735f.
155 Ebenda, S. 736.
156 Arnold Zweig: Die Zeit ist reif, S. 258f.
157 Brief an Agnes Hesse, 4. Februar 1917. AZS.
158 Arnold Zweig/Beatrice Zweig/Helene Weyl: Komm her, wir lieben dich, S. 75.
159 Ebenda, S. 62.
160 Ebenda, S. 81.
161 Brief an Beatrice, 26. September 1915. AZA.
162 Arnold Zweig/Beatrice Zweig/Helene Weyl: Komm her, wir lieben dich, S. 91.

163 Ebenda, S. 55.
164 Arnold Zweig: Erinnerung an einen 1. August. In: Essays. Zweiter Bd., S. 23–27.

Erziehung im Krieg

1 Victor Klemperer: Curriculum Vitae. Jugend um 1900. Bd. II. Berlin 1989, S. 179.
2 Theodor Lessing: Maximilian Harden. In: Theodor Lessing: Wir machen nicht mit! Schriften gegen den Nationalismus und zur Judenfrage. Bremen 1997, S. 154.
3 Zitiert nach: Georg Wenzel (Hrsg.): Arnold Zweig 1887–1968. Werk und Leben in Dokumenten und Bildern. Berlin und Weimar 1978, S. 61.
4 Arnold Zweig: Die Bestie. Erzählungen. München 1914, S. 16f.
5 Ebenda, S. 21.
6 Arnold Zweig: Der Schießplatz. In: Die Bestie, S. 38.
7 Arnold Zweig: Blick auf Deutschland. In: Die Bestie, S. 75f.
8 Arnold Zweig: Versunkene Tage, S. 137.
9 Ebenda.
10 Arnold Zweig/Beatrice Zweig/Helene Weyl: Komm her, wir lieben dich, S. 77.
11 Arnold Zweig: Der Genius des Krieges. In: Die Schaubühne 11 (1915) 16, S. 368.
12 Zitiert nach: Heinz Kamnitzer: Im Fegefeuer. In: Neue Deutsche Literatur 21 (1973) 3, S. 92.
13 Arnold Zweig/Beatrice Zweig/Helene Weyl: Komm her, wir lieben dich, S. 78.
14 Ludwig Marcuse: Mein zwanzigstes Jahrhundert. Zürich 1975, S. 368.
15 Golo Mann: Erinnerungen und Gedanken. Eine Jugend in Deutschland. Frankfurt/M. 1986, S. 546.
16 Marcuse: Mein zwanzigstes Jahrhundert, S. 369.
17 Arnold Zweig/Beatrice Zweig/Helene Weyl: Komm her, wir lieben dich, S. 78.
18 Zitiert nach: Heinz Kamnitzer: Im Fegefeuer, S. 89.
19 Arnold Zweig: Die Festung meiner Jugend. In: Essays. Zweiter Bd., S. 295.
20 Brief an Willi Handl, 16. Mai 1915. AZA.
21 Brief an Beatrice, 6. Juni 1915. AZA.
22 Brief an Willi Handl, 21. Juni 1915. AZA.
23 Arnold Zweig: Verdun 1916. In: Essays. Zweiter Bd., S. 29f.
24 Arnold Zweig: Erziehung vor Verdun, S. 28.
25 Brief an Beatrice Zweig, 14. Mai 1916. AZA.
26 Arnold Zweig/Beatrice Zweig/Helene Weyl: Komm her, wir lieben dich, S. 105.
27 Ebenda, S. 101.

28 Ebenda, S. 104.
29 Ebenda, S. 108.
30 Brief an Agnes Hesse, 22. Februar 1917. AZS.
31 Brief an Agnes Hesse, 18. Juni 1917. AZS.
32 Brief an Hans Zweig, 8. April 1917. AZA.
33 Brief an Agnes Hesse, 22. April 1917. AZS.
34 Arnold Zweig: Lebensabriß. In: Früchtekorb, jüngste Ernte: Aufsätze. Rudolstadt 1956, S. 156.
35 Monatsschrift für Geschichte und Wissenschaft des Judentums. 63 Jahrgang, Juli / Dezember 1919, S. 19.
36 Eva G. Reichmann: Der Bewußtseinswandel der deutschen Juden. In: Werner E. Mosse (Hrsg.): Deutsches Judentum in Krieg und Revolution 1916–1923. Tübingen 1971, S. 513.
37 Volker Ullrich: »Dazu hält man für sein Land den Schädel hin!« In: Die Zeit, 11. Oktober 1996, S. 46.
38 Klemperer: Curriculum Vitae, S. 174/180.
39 Zitiert nach: Ullrich: »Dazu hält man für sein Land den Schädel hin!«, S. 46.
40 Arnold Zweig / Beatrice Zweig / Helene Weyl: Komm her, wir lieben dich, S. 86.
41 Ebenda, S. 98f.
42 Brief an Martin Buber, 15. Februar 1917. AZA.
43 Brief an Agnes Hesse, 4. Februar 1917. AZS.
44 Arnold Zweig: Das Mittel des Geistes. In: Der Jude 1 (1916/17) 1, S. 53.
45 Arnold Zweig: Juden und Deutsche. In: Der Jude 2 (1917) 3, S. 205–207.
46 Ebenda.
47 Arnold Zweig: Jude und Europäer: Entgegnung an Max Hildebert Boehm. In: Der Jude 2 (1917/1918) 1, S. 23.
48 Brief an Agnes Hesse, 22. Februar 1917. AZS.
49 Ebenda.
50 Arnold Zweig: Jude und Europäer, S. 28.
51 Gustav Landauer: Anarchismus – Sozialismus. Zitiert nach: Gustav Landauer im »Sozialist« (1892–1899). Frankfurt / M. 1986, S. 218.
52 Landauer: Aufruf zum Sozialismus. Berlin 1920, S. 5.
53 Ebenda, S. 107.
54 Ebenda, S. 142.
55 Ebenda, S. 140.
56 Arnold Zweig: Gustav Landauer zum Gedächtnis. In: Ders.: Über Schriftsteller. Berlin und Weimar 1967, S. 176f.
57 Ebenda, S. 175.
58 Brief an Agnes Hesse, 4. Februar 1917. AZS.
59 Arnold Zweig / Beatrice Zweig / Helene Weyl: Komm her, wir lieben dich, S. 123.
60 Brief an Agnes Hesse, 26. Mai 1917. AZS.
61 Klemperer: Curriculum Vitae, S. 477.
62 Ebenda, S. 679.

63 Ebenda.
64 Ebenda, S. 680.
65 Max Brod: Über Franz Kafka. Frankfurt/M. 1966, S. 98.
66 Sammy Gronemann: Hawdoloh und Zapfenstreich. Erinnerungen an die ostjüdische Etappe 1916–1918. Königstein/Ts. 1984, S. 167.
67 Ebenda, S. 163f.
68 Klemperer: Curriculum Vitae, S. 681.
69 Brief an Agnes Hesse, 25. April 1918. AZS.
70 Brief an Agnes Hesse, 23. August 1917. AZS.
71 Brief an Agnes Hesse, 16. Januar 1917. AZS.
72 Brief an Willi Handl, 21. August 1917. AZA.
73 Arnold Zweig: Entstehungsbericht. In: Das Spiel vom Sergeanten Grischa. Hrsg. vom Theater der jungen Garde Halle. Spielzeit 1957/58, Heft 2, S. 1.
74 Arnold Zweig: Die Feuerpause. Berlin (DDR) 1954, S. 23.
75 Ebenda, S. 31.
76 Arnold Zweig: Triumphzug. Zitiert nach: Wenzel (Hrsg.): Arnold Zweig, S. 91f. Zweig hatte dieses Gedicht Ende der fünfziger Jahre umgearbeitet umd mit dem Titel »Aufstand« versehen. Siehe auch Arnold Zweig: Jahresringe. Gedichte und Spiele. Berlin (DDR) 1964, S. 119.
77 Brief an Agnes Hesse, 22. April 1917. AZS.
78 Brief an Willi Handl, 17. November 1917. AZA.
79 Brief an Agnes Hesse, 6. März 1918. AZS.
80 Brief an Agnes Hesse, 19. Mai 1917. AZS.
81 Arthur Tilo Alt: Zu Arnold Zweigs »Das ostjüdische Antlitz«. In: Midgley u.a. (Hrsg.): Arnold Zweig – Poetik, Judentum und Politik. Bern 1989, S. 171.
82 Buber: Briefwechsel aus sieben Jahrzehnten. Bd. I. Heidelberg., S. 534.
83 Ebenda.
84 Arnold Zweig: Das ostjüdische Antlitz. Berlin 1922, S. 7.
85 Ebenda, S. 5.
86 Lessings Artikel erschienen 1909 unter der Überschrift »Eindrücke aus Galizien« in der »Allgemeinen Zeitung des Judentums«.
87 Klemperer: Curriculum Vitae, S. 481.
88 Arnold Zweig: Das ostjüdische Antlitz, S. 31.
89 Ebenda, S. 36.
90 Ebenda, S. 162f.
91 Wolf: Größe und Tragik Arnold Zweigs, S. 132.
92 Arnold Zweig: Das neue Kanaan. In: Herkunft und Zukunft. Zwei Essays zum Schicksal meines Volkes. Wien 1929, S. 213.
93 Ebenda, S. 217.
94 Brief an Agnes Hesse, 4. Februar 1917. AZS.

1 Zitiert nach Heinz Kamnitzer: Im Fegefeuer, S. 95.
2 Klemperer: Curriculum Vitae. Jugend um 1900. Bd. II, S. 704.
3 Ebenda, S. 705.
4 Ebenda.
5 Arnold Zweig: Freundschaft mit Freud, S. 43f.
6 Ebenda, S. 48.
7 Ebenda.
8 Ebenda, S. 42.
9 Arnold Zweig/Beatrice Zweig/Helene Weyl: Komm her, wir lieben dich, S. 162.
10 Arnold Zweig: Freundschaft mit Freud, S. 43.
11 Buber: Briefwechsel aus sieben Jahrzehnten. Bd. II, S. 13f.
12 Arnold Zweig/Beatrice Zweig/Helene Weyl: Komm her, wir lieben dich, S. 150.
13 Ebenda, S. 163.
14 Arnold Zweig: Freundschaft mit Freud, S. 47.
15 Brief an Hermann Struck, 26. Juni 1919. AZA.
16 Siegfried Jacobsohn: Briefe an Kurt Tucholsky. 1915–1926. München – Hamburg 1989, S. 109.
17 Brief an Hermann Struck, 26. Juni 1919. AZA.
18 Arnold Zweig: Pont und Anna. In: Mädchen und Frauen. Vierzehn Erzählungen. Berlin 1931, S. 329.
19 Ebenda, S. 406.
20 Arnold Zweig: Gustav Landauer. In: Die Weltbühne 17 (1921) 37, S. 266.
21 Arnold Zweig: Abdankung. In: Die Weltbühne 15 (1919) 3, S. 56.
22 Ebenda.
23 Arnold Zweig: Grabrede auf Spartakus. In: Die Weltbühne 15 (1919) 4, S. 76.
24 Ebenda, S. 78.
25 Arnold Zweig: Abdankung, S. 55.
26 Wilhelm Groener: Lebenserinnerungen. Göttingen 1957, S. 477.
27 Arnold Zweig: Das ostjüdische Antlitz. Berlin 1922, S. 156.
28 Arnold Zweig: Der Antisemitismus und die deutsche Jugend. In: Der Jude 6 (1921/22) 3, S. 144f.
29 Ebenda, S. 144.
30 Arnold Zweig/Beatrice Zweig/Helene Weyl: Komm her, wir lieben dich, S. 196.
31 Ebenda, S. 179.
32 Ebenda, S. 168.
33 Ebenda, S. 179.
34 Rahel Straus: Wir lebten in Deutschland. Erinnerungen einer deutschen Jüdin. Stuttgart 1961, S. 241.
35 Brief an Hermann Struck, 28. Juni 1922. AZA.
36 Brief an Hermann Struck, 22. November 1920. AZA.

37 Brief an Hermann Struck, 2. September 1920. AZA.
38 Arnold Zweig/Beatrice Zweig/Helene Weyl: Komm her, wir lieben dich, S. 165.
39 Ebenda, S. 172.
40 Brief an Hermann Struck, 2. September 1920. AZA.
41 Arnold Zweig/Beatrice Zweig/Helene Weyl: Komm her, wir lieben dich, S. 259.
42 Ebenda, S. 252.
43 Ebenda, S. 261.
44 Ebenda, S. 180.
45 Ebenda, S. 234.
46 Sina Grosshut: Mosaik eines Lebens. London – Worms 1987, S. 57.
47 Ebenda, S. 63.
48 Hans Mayer: Meister Arnold, Vater Freud. In: Wilhelm von Sternburg (Hrsg.): Arnold Zweig. Materialien zu Leben und Werk. Frankfurt/M. 1987, S. 119.
49 Sigmund Freud/Arnold Zweig: Briefwechsel, S. 137.
50 Ernest Jones: Das Leben und Werk von Sigmund Freud. Bd. III. Die letzte Phase. 1919–1939. Bern – Stuttgart – Wien, S. 495f.
51 Arnold Zweig: Über die Verfasser von »Goethes« Werken. In: Ost und West 3 (1949) 8, S. 27.
52 Julia Bernhard: Entstehung und Textgeschichte. In: Arnold Zweig: Freundschaft mit Freud, S. 353.
53 Walter: Im Anfang war die Tat, S. 113.
54 Bernhard: Entstehung und Textgeschichte, S. 341.
55 Marta Feuchtwanger: Nur eine Frau. Jahre – Tage – Stunden. München – Wien 1983, S. 136.
56 Lion Feuchtwanger – Briefe an Eva Boy. Hrsg. v. Nurtrud Gomringer. 2 Bde. Wien 1996, S. 152.
57 Arnold Zweig: Die antisemitische Welle. In: Die Weltbühne 15 (1919) 15, S. 382–384.
58 Arnold Zweig: Die antisemitische Welle, S. 442.
59 Arnold Zweig/Beatrice Zweig/Helene Weyl: Komm her, wir lieben dich, S. 271.
60 Ebenda.
61 Ebenda, S. 284
62 Ebenda, S. 288f.
63 Ebenda, S. 299.
64 Ebenda, S. 339f.
65 Arnold Zweig: Freundschaft mit Freud, S. 61.
66 Arnold Zweig/Beatrice Zweig/Helene Weyl: Komm her, wir lieben dich, S. 300.
67 Arnold Zweig: Freundschaft mit Freud, S. 47.
68 Arnold Zweig: Der Streit um den Sergeanten Grischa, S. 553.
69 Arnold Zweig: Erziehung vor Verdun, S. 28.
70 Arnold Zweig: Der Streit um den Sergeanten Grischa, S. 537.

71 Arnold Zweig: Einsetzung eines Königs, S. 426f.
72 Arnold Zweig: Der Streit um den Sergeanten Grischa, S. 9.
73 Arnold Zweig: Junge Frau von 1914, S. 89f.
74 Ebenda, S. 44.
75 Arnold Zweig: Einsetzung eines Königs, S. 524.
76 Arnold Zweig: Erziehung vor Verdun, S. 383.
77 Ebenda, S. 418.
78 Arnold Zweig: Junge Frau von 1914, S. 405.
79 Arnold Zweig: Erziehung vor Verdun, S. 359.
80 Arnold Zweig: Der Streit um den Sergeanten Grischa, S. 222.
81 Ebenda, S. 222f.
82 Arnold Zweig: Junge Frau von 1914, S. 345.
83 Jean Améry: Auch ein »roter Preuße«, S. 156.
84 Arnold Zweig: Der Streit um den Sergeanten Grischa, S. 493.
85 Ebenda, S. 480.
86 Ebenda, S. 358.
87 Arnold Zweig: Das ostjüdische Antlitz, S. 166.
88 Arnold Zweig: Der Streit um den Sergeanten Grischa, S. 65.
89 Ebenda, S. 286.
90 Ebenda, S. 398.
91 Arnold Zweig: Freundschaft mit Freud, S. 61f.
92 Arnold Zweig: Der Streit um den Sergeanten Grischa, S. 366.
93 Ebenda, S. 409f.
94 Erich Maria Remarque: Im Westen nichts Neues. Köln 1987, S. 5.
95 Peter Panter (Kurt Tucholsky): Der Streit um den Sergeanten Grischa, S. 894f.
96 Lion Feuchtwanger: Der Sergeant Grischa. In: Lion Feuchtwanger: Centum opuscula. Eine Auswahl. Rudolstadt 1956, S. 354.
97 Romain Rolland/Stefan Zweig: Briefwechsel 1910–1940. Bd. II. Berlin (DDR) 1987, S. 363f.
98 Ebenda, S. 367.
99 Diese Zitate aus der Weimarer Rechtspresse nach: Hilscher: Arnold Zweig, S. 129.
100 Arnold Zweig: Kriegsromane. In: Die Weltbühne 25 (1929) 16, S. 597.
101 Harry Graf Kessler: Tagebücher 1918–1937. Frankfurt/M. 1961, S. 593f.
102 Arnold Zweig/Beatrice Zweig/Helene Weyl: Komm her, wir lieben dich, S. 311.
103 Ebenda, S. 313.
104 Monatshefte für Baukunst und Städtebau. Berlin 16 (1932) 3, S. 102. In dieser Nummer der Zeitschrift wird »Die Werkstatt Arnold Zweigs« in Bildern und Texten vorgestellt. Zweig schrieb dazu ein Geleitwort.
105 Lion Feuchtwanger: Briefe an Eva Boy, S. 101.
106 Zitiert nach: Hans-Albert Walter: Deutsche Exilliteratur 1933–1950. Bd. I: Bedrohung und Verfolgung bis 1933. Darmstadt 1973, S. 44.
107 Carl von Ossietzky: Remarque-Film. In: Die Weltbühne 26 (1930) 51, S. 889f.

108 Walter: Deutsche Exilliteratur 1933–1950, S. 72f.
109 Lion Feuchtwanger: Briefe an Eva Boy, S. 112.
110 Arnold Zweig: Die Moskauer Hinrichtungen. In: Die Weltbühne 26 (1930) 46, S. 707f.
111 Ebenda, S. 708.
112 Ebenda.
113 Arnold Zweig: Macht oder Freiheit? In: Die Weltbühne 26 (1930) 48, S. 785.
114 Sigmund Freud / Arnold Zweig: Briefwechsel, S. 33.
115 Ebenda, S. 34.
116 Arnold Zweig: Ein Brief, der nicht abgesandt wurde. In: Essays. Zweiter Bd., S. 266.
117 Vgl. Wilhelm von Sternburg: Lion Feuchtwanger. Ein deutsches Schriftstellerleben. Berlin 1994, S. 350f.
118 Carl von Ossietzky: Brutus schläft. In: Die Weltbühne 27 (1931) 5, S. 157.
119 Ignaz Wrobel (Kurt Tucholsky): Der Hellseher. In: Die Weltbühne 28 (1932) 15, S. 541f.
120 Arnold Zweig: Der Typus Hitler. In: Heinrich Mann: Das Führerprinzip. Arnold Zweig: Der Typus Hitler. Texte zur Kritik der NS-Diktatur. Hrsg. v. Werner Herden. Berlin 1991, S. 83f.
121 Ebenda, S. 90.
122 Ebenda, S. 91.
123 Ebenda, S. 96.
124 Ebenda, S. 98.
125 Ebenda, S. 103.
126 Ebenda, S. 114.
127 Ebenda, S. 106.
128 Brief an Walter Berendsohn, 1. Mai 1947. DEA.
129 Arnold Zweig: Junge Frau von 1914, S. 26.
130 Ebenda, S. 52.
131 Ebenda, S. 331f.
132 Ebenda, S. 39f.
133 Ebenda, S. 226.
134 Arnold Zweig / Beatrice Zweig / Helene Weyl: Komm her, wir lieben dich, S. 325.
135 Ebenda, S. 355.
136 Alle hier aufgeführten Notizen aus dem Taschenkalender von Zweig zitiert nach: Wenzel (Hrsg): Arnold Zweig, S. 207f.; und Julia Bernhard: Enstehung und Wirkung. In: Arnold Zweig: De Vriendt kehrt heim. Berlin 1996, S. 277.
137 Brief an Beatrice Zweig, 5. März 1933. AZA.
138 Arnold Zweig: Freundschaft mit Freud, S. 125.

1 Zitiert nach: Susann Heenen-Wolf: Erez Palästina. Juden und Palästinenser im Konflikt um ein Land. Frankfurt/M. 1987, S. 33.
2 Zitiert nach: Abba Eban: Dies ist mein Volk. Die Geschichte der Juden. Zürich 1970, S. 284.
3 Zitiert nach: Heenen-Wolf: Erez Palästina, S. 39.
4 Eban: Dies ist mein Volk, S. 289.
5 Wiznitzer: Arnold Zweig, S. 59f.
6 Heenen-Wolf: Erez Palästina, S. 45.
7 Arnold Zweig/Beatrice Zweig/Helene Weyl: Komm her, wir lieben dich. S. 352.
8 Brief von Lily Offenstadt an Arnold Zweig, 2. April 1933. AZA.
9 Arnold Zweig/Beatrice Zweig/Helene Weyl: Komm her, wir lieben dich, S. 353.
10 Arnold Zweig: Freundschaft mit Freud, S. 127f.
11 Ebenda, S. 133.
12 Ebenda, S. 134.
13 Arnold Zweig: Bilanz der deutschen Judenheit. Köln 1961, S. 10.
14 Ebenda, S. 101f.
15 Ebenda, S. 28f.
16 Ebenda, S. 308.
17 Ebenda, S. 315.
18 Thomas Mann: Tagebuch 1933–1934. Frankfurt/M. 1977, S. 392.
19 Achim von Borries: Nachwort. In: Arnold Zweig: Bilanz der deutschen Judenheit, S. 316.
20 Ebenda, S. 318.
21 Zitiert nach: Ernst Loewy (Hrsg.): Exil. Literarische und politische Texte aus dem deutschen Exil 1933–1945. Bd. 1. Mit dem Gesicht nach Deutschland. Frankfurt/M. 1981, S. 266ff.
22 Kurt Tucholsky: Briefe aus dem Schweigen. 1932–1935. Briefe an Nuuna. Reinbek bei Hamburg 1977, S. 245f.
23 Ebenda, S. 250.
24 Zitiert nach: Ernst Loewy (Hrsg.): Exil, S. 273.
25 Ebenda.
26 Ebenda, S. 276f.
27 Ebenda, S. 278.
28 Sigmund Freud/Arnold Zweig: Briefwechsel, S. 65.
29 Brief von Lily Offenstadt an Arnold Zweig, 10. April 1933. AZA.
30 Brief an Beatrice Zweig, 25. Februar 1933. AZA.
31 Brief an Beatrice Zweig, 10. Februar 1933. AZA.
32 Rudolf Hirsch: Exil in Palästina. In: Kunst und Literatur im antifaschistischen Exil 1933–1945 in sieben Bänden. Bd. 5. Leipzig 1987, S. 612.
33 Walter: Deutsche Exilliteratur 1933–1950. Bd. 4: Exilpresse. Stuttgart 1978, S. 689.
34 Walter Zadek: »Sprich hebräisch – oder stirb!« In: Orient 3 (1942) 7, S. 16.

35 Eban: Dies ist mein Volk, S. 295.
36 Eva Beling: Die gesellschaftliche Eingliederung der deutschen Einwanderer in Israel. Eine soziologische Untersuchung der Einwanderung aus Deutschland zwischen 1933 und 1945. Frankfurt/M. 1967, S. 22.
37 Louis Fürnberg: Briefe: 1932–1957. Ausw. in 2 Bde. Bd. I. 1932–1954. Berlin und Weimar 1986, S. 271.
38 Ebenda, S. 307.
39 Lion Feuchtwanger: Briefe an Eva Boy, S. 165.
40 Notiz des Solidaritäts-Werks der Alijah aus Deutschland und Österreich betreffend Arnold Zweig, 2. August 1943. AZA.
41 Zitiert nach einem Fernsehinterview, das der Verfasser mit Ruth Klinger im Mai 1987 in Zürich aufgenommen hat. Siehe auch: Wer das Recht verläßt, der ist verloren. Arnold Zweig – Ein Porträt. Fernsehfilm, erstmals ausgestrahlt in der ARD am 10. November 1987.
42 Walter Grab: Arnold Zweig und der Kreis für fortschrittliche Kultur. Erinnerungen an die Jahre 1942–1945. In: Wilhelm von Sternburg (Hrsg.): Arnold Zweig, S. 75.
43 Brief an Hedwig Michaelis, 1. November 1935. DEA.
44 Von dieser Äußerung Zweigs berichtete Schalom Ben-Chorin dem Verfasser in einem Gespräch am 19. September 1986 in Jerusalem.
45 Ruth Klinger: Die Frau im Kaftan. Lebensbericht einer Schauspielerin. Gerlingen 1992, S. 147.
46 Brief an Rudolf Olden, 7. Mai 1935. DEA.
47 Brief an Leo Perutz, 12. März 1946. DEA.
48 Im Sommer 1987 hatte der Verfasser Gelegenheit, in Haifa mit einigen Menschen zu sprechen, die Arnold Zweig in den Exiljahren zwischen 1934 und 1948 begegnet waren oder in seiner unmittelbaren Nachbarschaft gelebt hatten.
49 Sigmund Freud/Arnold Zweig: Briefwechsel, S. 66f.
50 Lion Feuchtwanger/Arnold Zweig: Briefwechsel 1933–1958. Bd. I, S. 45f.
51 Lion Feuchtwanger: Briefe an Eva Boy, S. 148.
52 Alice Schwarz-Gardos: Arnold Zweig und Max Brod. In: Alice Schwarz-Gardos (Hrsg.): Heimat ist anderswo. Deutsche Schriftsteller in Israel. Erzählungen und Gedichte. Freiburg im Breisgau 1983, S. 134.
53 Louis Fürnberg: Briefe, Bd. I, S. 197.
54 Ebenda, S. 281.
55 Brief an Franz Goldstein, 14. Juli 1941. DEA.
56 Erika und Klaus Mann: Escape to life. Deutsche Kultur im Exil. München 1991, S. 240.
57 Sigmund Freud/Arnold Zweig: Briefwechsel, S. 68.
58 Zitiert nach: Bernhard: Enstehung und Wirkung. In: Arnold Zweig: De Vriendt kehrt heim. Berlin 1996, S. 277.
59 Ebenda.
60 Jüdische Rundschau, Nr. 27, 5. April 1932, S. 130.
61 Sigmund Freud/Arnold Zweig: Briefwechsel, S. 52f.

62 Arnold Zweig: Modell, Dokument und Dichtung. In: Jüdische Rundschau, Nr. 94, 25. November 1932, S. 457.
63 Arnold Zweig: Das neue Kanaan. In: Arnold Zweig: Herkunft und Zukunft, S. 220.
64 Sigmund Freud / Arnold Zweig: Briefwechsel, S. 56.
65 Arnold Zweig: De Vriendt kehrt heim. Berlin 1932, S. 23.
66 Ebenda, S. 207.
67 Sigmund Freud / Arnold Zweig: Briefwechsel, S. 131.
68 Lion Feuchtwanger / Arnold Zweig: Briefwechsel 1933–1958. Bd. I, S. 274.
69 Brief von Georg Landauer an Arnold Zweig, 22. August 1942. AZA.
70 Joseph Roth: Briefe 1911–1939. Köln 1970, S. 244.
71 Bernhard: Enstehung und Wirkung, S. 295.
72 Zitiert nach: Manuel Wiznitzer: Arnold Zweig, S. 64.
73 Ebenda, S. 71.
74 Ebenda.
75 Lion Feuchtwanger / Arnold Zweig: Briefwechsel. Bd. I, S. 179.
76 Ebenda, S. 229.
77 Sigmund Freud / Arnold Zweig: Briefwechsel, S. 69. Der Niederländer Marinus van der Lubbe wurde von der Nazi-Justiz zum Tode verurteilt und hingerichtet, weil er für den Brandanschlag auf das Berliner Reichstagsgebäude im Februar 1933 verantwortlich gewesen sein soll.
78 Brief an Hans Zweig, 22. August 1934. AZA.
79 Zitiert nach: Wiznitzer: Arnold Zweig, S. 68.
80 Sigmund Freud / Arnold Zweig: Briefwechsel, S. 130f.
81 Ebenda, S. 132.
82 Lion Feuchtwanger / Arnold Zweig: Briefwechsel. Bd. I, S. 151.
83 Arnold Zweig: Der Krieg und der Schriftsteller. In: Die Sammlung 1 (1934) 12, S. 627.
84 Lion Feuchtwanger / Arnold Zweig: Briefwechsel. Bd. I, S. 139.
85 Ebenda, S. 140.
86 Vgl. Wilhelm von Sternburg: Lion Feuchtwanger. Ein deutsches Schriftstellerleben. Berlin 1994, S. 387f.
87 Lion Feuchtwanger / Arnold Zweig: Briefwechsel. Bd. I, S. 163.
88 Ebenda, S. 166.
89 Lion Feuchtwanger: Briefwechsel mit Freunden. 1933–1958. Bd. I. Berlin 1991, S. 386f.
90 Sigmund Freud / Arnold Zweig: Briefwechsel, S. 183.
91 Arnold Zweig: Essays. Zweiter Bd., S. 139.
92 Sigmund Freud / Arnold Zweig: Briefwechsel, S. 185.
93 Brief an Beatrice Zweig, 29. Mai 1939. AZA.
94 Brief an Hubertus Prinz zu Löwenstein, 14. August 1939. DEA.
95 Arnold Zweig: Dialektik der Alpen. Fortschritt und Hemmnis. In: Arnold Zweig: Dialektik der Alpen. Fortschritt und Hemmnis. Emigrationsbericht oder Warum wir nach Palästina gingen. Berlin 1997, S. 87.
96 Ebenda, S. 223.

97 Ebenda, S. 243.
98 Zitiert nach: Julia Bernhard: Entstehung und Textgeschichte. In: Arnold Zweig: Dialektik der Alpen, S. 470.
99 Zitiert nach: Georg Wenzel (Hrsg.): Arnold Zweig. 1887–1968. Werk und Leben in Dokumenten und Bildern. Berlin und Weimar 1978, S. 282f.
100 Arnold Zweig: Zum 3. September 1942. In: Orient 3 (1942) 26, S. 6.
101 Zitiert nach: Hans-Albert Walter: Deutsche Exilliteratur 1933–1950. Bd. 4: Exilpresse. Stuttgart 1978, S. 679.
102 Wolfgang Yourgrau: Auftakt. In: Orient 3 (1942) 1, S. 3f.
103 Walter: Deutsche Exilliteratur 1933–1950. Bd. 4, S. 697.
104 Wolfgang Yourgrau: Bilanz. In: Orient 3 (1942) 5, S. 2.
105 Wolfgang Yourgrau: Nach einer Bombe. In: Orient 4 (1943) 6–8, S. 1f.
106 Wolfgang Yourgrau: Auftakt, S. 3.
107 Zitiert nach: Walter: Deutsche Exilliteratur 1933–1950. Bd. 4, S. 679.
108 Brief an Walter Berendsohn, 30. April 1947. DEA.
109 Arnold Zweig: Erziehung vor Verdun. Amsterdam 1935.
110 Ebenda, S. 233f.
111 Ebenda, S. 477.
112 Albert Vigoleis Thelen: Die Literatur in der Fremde. Bonn 1996, S. 93.
113 Arnold Zweig: Erziehung vor Verdun, S. 224f.
114 Arnold Zweig: Einsetzung eines Königs. Amsterdam 1937, S. 184.
115 Thelen: Die Literatur in der Fremde, S. 192.
116 Arnold Zweig: Einsetzung eines Königs, S. 573.
117 Ebenda.
118 Sigmund Freud / Arnold Zweig: Briefwechsel, S. 159f.
119 Ebenda, S. 160.
120 Lion Feuchtwanger / Arnold Zweig: Briefwechsel. Bd. I, S. 182.
121 Arnold Zweig: Versunkene Tage. Amsterdam 1938, S. 221.
122 Ebenda, S. 222.
123 Ebenda, S. 198.
124 Ebenda, S. 217.
125 Lion Feuchtwanger / Arnold Zweig: Briefwechsel. Bd. I, S. 193.
126 Arnold Zweig: Das Beil von Wandsbek. Stockholm 1947, S. 658.
127 Ebenda.
128 Vgl. Walter: Im Anfang war die Tat.
129 Manuskript Arnold Zweig: Dr. Faustus u. Beil v. Wdsbk. AZA.
130 Deutsche Volkszeitung, 18. April 1937, 2. Jg., Nr. 16, S. 2.
131 Brief an Hubertus Prinz zu Löwenstein, 14. August 1939. DEA.
132 Gottfried S. Landmann (Hans-Albert Walter): Portraits zur deutsch-jüdischen Geistesgeschichte: Arnold Zweig. Radioessay. Ausgestrahlt im Süddeutschen Rundfunk am 28. Februar 1989.
133 Walter: Im Anfang war die Tat, S. 186.
134 Reich-Ranicki: Der preußische Jude Arnold Zweig, S. 280.
135 Lion Feuchtwanger / Arnold Zweig: Briefwechsel. Bd. I, S. 305.
136 Brief an Walter Berendsohn, 15. Januar 1948. DEA.
137 Arnold Zweig: Das Beil von Wandsbek, S. 5f.

138 Lion Feuchtwanger / Arnold Zweig: Briefwechsel. Bd. I, S. 315f.
139 Walter: Im Anfang war die Tat, S. 181.
140 Lion Feuchtwanger / Arnold Zweig: Briefwechsel. Bd. I, S. 220f.
141 Klinger: Die Frau im Kaftan, S. 246f.
142 Der Briefwechsel zwischen Louis Fürnberg und Arnold Zweig, S. 70.
143 Brief an Heinz Stroh, 15. November 1940. DEA.
144 Ebenda.
145 Lion Feuchtwanger / Arnold Zweig: Briefwechsel. Bd. I, S. 333.
146 Der Briefwechsel zwischen Louis Fürnberg und Arnold Zweig, S. 134.
147 Ebenda, S. 180.
148 Alice Schwarz-Gardos: Von Wien nach Tel Aviv. Lebensweg einer Journalistin. Gerlingen 1991, S. 151.
149 Klinger: Die Frau im Kaftan, S. 292.
150 Lion Feuchtwanger: Briefe an Eva Boy, S. 215.
151 Heinz Kamnitzer: Der Tod des Dichters. Berlin (DDR) 1981, S. 28.
152 Zitiert nach: Klinger: Die Frau im Kaftan, S. 296.
153 Lion Feuchtwanger: Briefwechsel mit Freunden. Bd. II, S. 303.
154 Ebenda, S. 304.
155 Lion Feuchtwanger / Arnold Zweig: Briefwechsel. Bd. I, S. 396f.
156 Brief an Erich Weinert, 31. Mai 1947. AZA.
157 Brief des Aufbau-Verlages an Arnold Zweig, 6. August 1947. AZA.
158 Brief des Aufbau-Verlages an Arnold Zweig, 13. Januar 1948. AZA.
159 Brief an Robert Neumann, 13. August 1947. AZA.
160 Lion Feuchtwanger / Arnold Zweig: Briefwechsel. Bd. I, S. 362.
161 Brief an Ruth Klinger, 25. März 1948. AZA.
162 Brief an Hans Zweig, 23. Dezember 1934. AZA.
163 Zitiert nach: Arie Wolf: Ein Schriftsteller nimmt Urlaub. In: Thomas Koebner u.a. (Hrsg.): Vertreibung der Wissenschaften. Exilforschung. Bd. 6, München 1988, S. 232.
164 Louis Fürnberg / Arnold Zweig: Der Briefwechsel zwischen Louis Fürnberg und Arnold Zweig: Dokumente e. Freundschaft, S. 152.
165 Zitiert nach: Arie Wolf: Ein Schriftsteller nimmt Urlaub, S. 235f.
166 Ebenda, S. 236.
167 Ebenda, S. 237.
168 Ebenda, S. 235.

Ein teurer Traum

1 Zitiert nach: Wiznitzer: Arnold Zweig, S. 177.
2 Lion Feuchtwanger / Arnold Zweig: Briefwechsel. Bd. I, S. 508.
3 Zitiert nach: Wiznitzer: Arnold Zweig, S. 177.
4 Ebenda, S. 178.
5 Klinger: Die Frau im Kaftan, S. 299.
6 Arnold Zweig: Emigrationsbericht oder Warum wir nach Palästina gingen. In: Arnold Zweig: Dialektik der Alpen, S. 370.
7 Ebenda, S. 363.

8 Brief von Wilhelm Pieck an das ZK der Kommunistischen Partei der Tschechoslowakei, 22. September 1948. AZA.
9 Zitiert nach: Klinger: Die Frau im Kaftan, S. 300.
10 Der Briefwechsel zwischen Louis Fürnberg und Arnold Zweig, S. 181.
11 Brief an Johannes R. Becher, 10. Oktober 1948. AZA.
12 Brief von Beatrice Zweig an Ruth Klinger, 24. Januar 1949. AZA.
13 Lion Feuchtwanger / Arnold Zweig: Briefwechsel, Bd. II, S. 11.
14 Zitiert nach: Ilse Lange: Arbeitsjahre mit Arnold Zweig (1948 bis 1968). In: David Midgley u.a. (Hrsg.): Arnold Zweig – Poetik, Judentum und Politik. Akten des Internationalen Arnold-Zweig-Symposiums aus Anlaß des 100. Geburtstags Cambridge 1987. Bern – Frankfurt / M. – New York – Paris 1989, S. 337.
15 Begrüßungsworte von Johannes R. Becher beim Empfang Arnold Zweigs am 18. Oktober 1948 in Ostberlin. Dok. 231, Deutsches Rundfunkarchiv, Berlin.
16 Ebenda.
17 Ebenda.
18 Zitiert nach: Lange: Arbeitsjahre mit Arnold Zweig, S. 337.
19 Lion Feuchtwanger / Arnold Zweig: Briefwechsel. Bd. II, S. 12.
20 Brief an Lily Leuchter, 7. April 1949. AZA.
21 Brief an Walter Berendsohn, 6. Mai 1949. DEA.
22 Brief an Walter Berendsohn, 26. Juli 1949. DEA.
23 Arnold Zweig: Aufruf zur Vernunft. In: Arnold Zweig: Essays. Zweiter Bd., S. 272.
24 Festansprache Arnold Zweigs auf dem Deutschlandtreffen der Jugend für Frieden und Völkerfreundschaft, für Einheit und Unabhängigkeit Deutschlands am 30. Mai 1950 in Berlin. Dok. 255, Deutsches Rundfunkarchiv, Berlin.
25 Hermann Kesten: Dichter im Café. Berlin 1983, S. 400.
26 Fritz Raddatz: Traditionen und Tendenzen – Materialien zur Literatur der DDR. Frankfurt / M. 1972, S. 299.
27 Jürgen Rühle: Literatur und Revolution. Die Schriftsteller und der Kommunismus in der Epoche Lenins und Stalins. Frankfurt / M. – Wien 1987, S. 288.
28 Jürgen Rühle: Arnold Zweig. In: Die Zeit, 16. September 1954, S. 6.
29 Robert Neumann: Ein leichtes Leben. Bericht über mich selbst und Zeitgenossen. Wien – München – Basel 1963, S. 68.
30 Günter de Bruyn: Vierzig Jahre. Ein Lebensbericht. Frankfurt / M. 1996, S. 119.
31 Reich-Ranicki: Der preußische Jude Arnold Zweig, S. 283.
32 Arnold Zweig: Selbstverantwortung unserer freien Schriftsteller. Rede auf dem IV. Deutschen Schriftstellerkongreß im Januar 1956. Zitiert nach: »Beiträge zur Gegenwartsliteratur«. Hrsg. vom Deutschen Schriftstellerverband. Heft 1, 1956.
33 Jürgen Kuczynski: Ein linientreuer Dissident. Memoiren 1945–1989. Berlin und Weimar 1992, S. 41.

34 Zitiert nach: Aufbau (1945) 2, S. 200.

35 Ernst Niekisch: Erinnerungen eines deutschen Revolutionärs. Bd. 2: Gegen den Strom. 1945–1967. Köln 1974, S. 53f.

36 Zitiert nach: Wolfgang Leonhard: Die Revolution entläßt ihre Kinder. Köln – Berlin 1955, S. 332.

37 Kuczynski: Ein linientreuer Dissident, S. 30.

38 Ebenda, S. 170.

39 Ebenda, S. 173.

40 Ebenda, S. 41.

41 Zitiert nach: Hans-Jürgen Schmitt / Godehard Schramm (Hrsg.): Sozialistische Realismuskonzeptionen. Dokumente zum I. Allunionskongreß der Sowjetschriftsteller. Frankfurt / M. 1974, S. 47.

42 Vgl. Georg Lukács / Johannes R. Becher / Friedrich Wolf u. a.: Die Säuberung. Moskau 1936: Stenogramm einer geschlossenen Parteiversammlung. Hrsg. v. Reinhard Müller. Reinbek bei Hamburg 1991.

43 Alle Zitate aus den Stasi-Papieren sind der Akte entnommen, die sich im Archiv des Bundesbeauftragten für die Unterlagen des Staatssicherheitsdienstes der ehemaligen Deutschen Demokratischen Republik befindet.

44 Victor Klemperer: So sitze ich denn zwischen allen Stühlen. Tagebücher 1945–1949. Hrsg. von Walter Nowojski. Berlin 1999, S. 703.

45 Lion Feuchtwanger: Briefwechsel mit Freunden. Bd. I, S. 77.

46 Louis Fürnberg: Briefe. Bd. I, S. 490.

47 Lion Feuchtwanger / Arnold Zweig: Briefwechsel. Bd. II, S. 16f.

48 Ebenda, S. 46.

49 Alice Schwarz-Gardos: Arnold Zweig und Max Brod. In: Alice Schwarz-Gardos (Hrsg.): Heimat ist anderswo. Deutsche Schriftsteller in Israel. Erzählungen und Gedichte. Freiburg im Breisgau 1983, S. 136.

50 Brief von Walter Ulbricht an Wilhelm Zaisser, 25. März 1952. Akte Arnold Zweig, Archiv des Bundesbeauftragten für die Unterlagen des Staatsicherheitsdienstes der ehmaligen Deutschen Demokratischen Republik.

51 Brief an Otto Grotewohl, 20. November 1952. AZA.

52 Arnold Zweig: Hier ist Deutschland. In: Essays. Zweiter Bd., S. 407f.

53 Quo Vadis Germania? Versuch einer Bilanz von Raimund Schnabel und Dieter Arnhold. Sendung vom 18. August 1961. Dok. 1296, Deutsches Rundfunkarchiv, Berlin.

54 Brief an Lily Leuchter, 24. August 1951. AZA.

55 Arnold Zweig: Zum Tode J. W. Stalins. In: Sinn und Form 5 (1953) 2, S. 17.

56 Arnold Zweig: Der Sputnik. In: Essays. Zweiter Bd., S. 428.

57 Brief an Georg Lukács, 11. März 1958. AZA.

58 Klaus-Rüdiger Metze: Arnold Zweig in der DDR. Versuch einer politischen Standortbestimmung. In: Wilhelm von Sternburg (Hrsg.): Arnold Zweig. Materialien zu Leben und Werk. Frankfurt / M. 1987, S. 85.

59 Zitiert nach: Geoffrey V. Davis: Arnold Zweig in der DDR: Entstehung und Bearbeitung der Romane »Die Feuerpause«, »Das Eis bricht« und »Traum ist teuer«. Bonn 1977, S. 21.

60 Ebenda, S. 58.
61 Ebenda, S. 44.
62 Brief an Lily Leuchter, 20. Juni 1952. AZA.
63 Brief an Klaus Gysi, 10. August 1957. AZA.
64 Lion Feuchtwanger / Arnold Zweig: Briefwechsel. Bd. II, S. 106.
65 Ebenda, S. 161.
66 Ebenda, S. 335.
67 Victor Klemperer: So sitze ich denn zwischen allen Stühlen, S. 693.
68 Ebenda, 13. Januar 1955.
69 Ebenda, 8. November 1950.
70 Lion Feuchtwanger / Arnold Zweig: Briefwechsel. Bd. II, S. 142.
71 Ebenda, S. 215.
72 Ebenda, S. 207.
73 Protokoll eines Gesprächs von Otto Grotewohl mit Mitgliedern der Akademie der Künste im Sommer 1953. AZA.
74 5. Tagung des ZK der SED, 15.–17. März 1951. AZA.
75 Lion Feuchtwanger: Briefwechsel mit Freunden. 1933–1958. Bd. II, Berlin und Weimar 1991, S. 310f.
76 Ebenda, S. 312.
77 Lion Feuchtwanger / Arnold Zweig: Briefwechsel. Bd. II, S. 214f.
78 Zitiert nach: Joachim-Rüdiger Groth: Widersprüche. Literatur und Politik in der DDR 1949–1989. Frankfurt / M. 1994, S. 36.
79 Brief an Agnes Hesse, 14. November 1953. AZS.
80 Lion Feuchtwanger / Arnold Zweig: Briefwechsel. Bd. II, S. 339.
81 Zitiert nach: Manfred Jäger: Kultur und Politik in der DDR. 1945–1990. Köln 1994, S. 86.
82 Zitiert nach: Ebenda, S. 88.
83 Gespräch im Kulturbund zwischen Arnold Zweig und Ilja Ehrenburg am 29. Mai 1950 aus Anlaß des ersten Deutschlandtreffens der Jugend in Berlin. Dok. 961, Deutsches Rundfunkarchiv, Berlin.
84 Zitiert nach: Jürgen Kuczynski: Ein linientreuer Dissident, S. 52.
85 Vgl. Heiner Müller: Krieg ohne Schlacht. Leben in zwei Diktaturen. Köln 1992, S. 172.
86 Ebenda, S. 229f.
87 Gerhard Zwerenz: Der Widerspruch. Autobiographischer Bericht. Berlin 1991, S. 159.
88 Louis Fürnberg: Briefe, Bd. I, S. 536.
89 Louis Fürnberg: Briefe, Bd. II, S. 126.
90 Zitiert nach: Davis: Arnold Zweig in der DDR, S. 54f.
91 Zitiert nach: Jäger: Kultur und Politik in der DDR, S. 76.
92 Zitiert nach: Metze: Arnold Zweig in der DDR, S. 100.
93 Brief an Ranke von Liebenstein, 13. Dezember 1962. AZA.
94 Brief an Walter Ulbricht, 3. Januar 1959. Akte Arnold Zweig.
95 Akte Arnold Zweig.
96 Ebenda.
97 Walter Janka: Spuren eines Lebens. Berlin 1991, S. 448.

98 Brief an Walter Ulbricht, 11. Juni 1951. AZA.
99 Zitiert nach: Metze: Arnold Zweig in der DDR, S. 100f.
100 Brief an Günter Caspar, (amtierender) Cheflektor des Aufbau-Verlags, 4. September 1961. In: »Das letzte Wort hat der Minister«. Autoren- und Verlegerbriefe 1960–1969. Hrsg. v. Elmar Faber und Carsten Wurm. Berlin 1994, S. 320.
101 Ebenda, S. 321.
102 Zitiert nach: Günter Agde: Der Fall »Beil von Wandsbek«. In: Die Weltbühne, 26. Juni 1990, S. 821.
103 Ebenda, S. 822.
104 Zitiert nach: Joachim-Rüdiger Groth: Widersprüche, S. 24.
105 Ebenda, S. 25.
106 Zitiert nach: Metze: Arnold Zweig in der DDR, S. 93.
107 Lion Feuchtwanger / Arnold Zweig: Briefwechsel. Bd. II, S. 135f.
108 Ebenda, S. 140.
109 Ebenda, S. 141f.
110 Brief von Stephan Hermlin an Falk Harnack, 15. Mai 1951. AZA.
111 Zitiert nach: Jäger: Kultur und Politik in der DDR, S. 38.
112 Brief an Lily Leuchter, 28. April 1964. AZA.
113 Heinz Kamnitzer: Der Tod des Dichters. Berlin (DDR) 1981, S. 112.
114 Eberhard Hilscher: Wiederentdeckung Arnold Zweigs? Zur Forschungssituation der achtziger Jahre. Vortrags-Manuskript, S. 11.
115 Lion Feuchtwanger / Arnold Zweig: Briefwechsel. Bd. II, S. 89.
116 Brief an Agnes Hesse, 2. November 1957. AZS.
117 Arnold Zweig: Traum ist teuer. Berlin und Weimar 1983, S. 57.
118 Arnold Zweig: Die Natur des Menschen und Sigmund Freud. Zu Freuds 100. Geburtstag. In: Früchtekorb, jüngste Ernte, S. 71.
119 Ebenda, S. 72f.
120 Ebenda, S. 77.
121 Arnold Zweig: Sowjetisches Tagebuch 1952. In: Sinn und Form, Sonderheft Arnold Zweig (1952), S. 245f.
122 Anton Antonow-Owssejenko: Stalin. Porträt einer Tyrannei. Berlin 1986, S. 368.
123 Georg Hermann Hodos: Schauprozesse. Stalinistische Säuberungen in Osteuropa 1948–54. Frankfurt/M. – New York 1988, S. 138.
124 Kuczynski: Ein linientreuer Dissident, S. 47.
125 Lion Feuchtwanger / Arnold Zweig: Briefwechsel. Bd. II, S. 199.
126 Ebenda, S. 200.
127 Ebenda.
128 Brief von Ruth Klinger, 23. Oktober 1952. AZA.
129 Zitiert nach: Wiznitzer: Arnold Zweig, S. 198.
130 Brief an Ruth Klinger, 23. März 1949. AZA.
131 Brief an Ruth Klinger, 23. Oktober 1952. AZA.
132 Veröffentlicht ist diese Erklärung und der Artikel »Unverschämte Verleumdung Arnold Zweigs durch Springer-Presse« in: Neues Deutschland, 10. September 1967.

133 Vgl. Voltaire-Flugschriften, Nr. 15, Berlin (West) 1967.
134 Der Spiegel, Nr. 39, 18. September 1967, S. 33.
135 Zitiert nach: Wiznitzer: Arnold Zweig, S. 201.
136 Arnold Zweig: Zu meinem Roman »Die Feuerpause«. In: Früchtekorb, jüngste Ernte, S. 144.
137 Arnold Zweig: Über den Roman. In: Essays. Erster Bd., S. 345.
138 Lion Feuchtwanger / Arnold Zweig: Briefwechsel. Bd. II, S. 381.
139 Arnold Zweig: Traum ist teuer, S. 342.
140 Brief von Lion Feuchtwanger an Lola Humm-Sernau, 10. März 1953. DLA.
141 Bemerkungen zu Zweigs »Küchengarten«. Gutachten für den Aufbau-Verlag, o. D. AZS.
142 Ebenda.
143 Arnold Zweig: »Frage und Antwort«. Kurze Beurteilung von Walter Janka, o. D. AZS.
144 »Traum ist teuer«. Gutachten von Elga Abramowitz für den Aufbau-Verlag, o. D. AZS.
145 Arnold Zweig: »Frage und Antwort«. Kurze Beurteilung von Walter Janka, o. D. AZS.
146 Arnold Zweig: Die Feuerpause. Lektorengutachten, o. D. AZS.
147 Arnold Zweig: Traum ist teuer, S. 86.
148 Brief von William Pool an Barthold Fles, 7. Dezember 1964. DEA.
149 Brief von David Brown an Barthold Fles, 9. September 1963. DEA.
150 Aussprechen des Lebens. Gepräch mit Arnold Zweig. Abdruck eines Rundfunkinterviews mit Walter Nowojski, ausgestrahlt am 16. Juni 1965 im Radio DDR. In: Neue Deutsche Literatur 35 (1987) 12, S. 104f.
151 Heinz Kamnitzer: Der Tod des Dichters, S. 138.

Bildnachweis

Stiftung Archiv der Akademie der Künste, Berlin
Fotoarchiv Gerhard Kiesling im Bildarchiv Preußischer Kulturbesitz (Arnold Zweig, 1965)

Personenregister